Complete Guide to the
TOPIK
II

Intermediate
- Advanced

Complete Guide to the
3rd Edition **TOPIK** **II** Intermediate - Advanced

Written by	Seoul Korean Language Academy
Translated by	Hemmeke Katelyn Joy, Jamie Lypka
First Published	April, 2022
2nd Published	February, 2024
Publisher	Chung Kyudo
Editors	Lee Suk-hee, Baek Da-heuin, Kim Sook-hee
Cover Design	Yoon Ji-young
Interior Design	Yoon Ji-young, Park Eun-bi
Proofread by	Michael A. Putlack, Jamie Lypka
Illustrated by	AFEAL
Voice Actors	Shin So-yun, Kim Rae-whan

DARAKWON

Darakwon Bldg., 211 Munbal-ro, Paju-si,
Gyeonggi-do, 10881 Republic of Korea
Tel: 82-2-736-2031 Fax: 82-2-732-2037
(Sales Dept. ext.: 250~252 Book Publishing Dept. ext.: 420~426)

ISBN: 978-89-277-3292-1 14710
         978-89-277-3290-7 (set)

http://www.darakwon.co.kr
http://koreanbooks.darakwon.co.kr

Visit the Darakwon homepage to learn about our other publications and promotions and
to download the contents of the MP3 format.

Complete Guide to the
TOPIK

II

Intermediate
- Advanced

DARAKWON

서문

최근 K-Pop, K-Movie, K-Drama, K-Beauty 등 K로 표현되는 한국의 모든 것이 전 세계에 전해지면서 한국을 이해하고 한국어를 배우려는 열기가 곳곳에서 뜨겁게 달아오르고 있습니다. 그리고 자신의 한국어 실력을 점검하기 위해 TOPIK 시험에 응시하는 외국인의 숫자 역시 해를 거듭할수록 가파르게 증가하고 있습니다.

이러한 추세에 발맞춰 TOPIK의 문제 형식과 내용이 계속해서 바뀌고 있어서 응시자들이 시험에 적응하고 준비하는 것이 쉽지 않습니다. 오랜 시간 한국어 교육을 해 온 저희 저자진은 2009년에 "Complete Guide to the TOPIK"을 첫 출간하고, 2014년에 새로운 출제 유형에 따른 개정판 "Complete Guide to the TOPIK (New Edition)"을 다시 출간했습니다. 이번에도 새로운 TOPIK 출제 유형에 맞춘 "Complete Guide to the TOPIK (3rd Edition)"을 출간하여 학습자가 TOPIK 시험 준비를 더욱 더 완벽하게 할 수 있도록 했습니다.

"Complete Guide to the TOPIK (3rd Edition)"은 새로운 문제 유형을 분류하고 그 유형별 풀이 전략을 설명하여 학습자가 답을 찾아가는 과정이 좀 더 쉬워지도록 안내하고 있습니다. 아울러 새로운 어휘들을 보강하여 학습자가 정확하고 풍부한 어휘력을 기를 수 있게 했습니다. 특히 이번 3rd Edition에서는 토픽 시험에 대한 개요 및 각 영역별 유형 전략을 소개하는 특강을 마련하여 학습자가 TOPIK 시험에 대해 더 깊이 이해할 수 있도록 했습니다. 교재의 연습 문제와 실전 모의고사를 풀어 보고 동영상 강의 수강을 통해 시험에 대한 이해를 높인다면 금세 TOPIK 고득점에 다다를 수 있을 것입니다.

학습자 여러분들이 이 책을 통해 차근차근 TOPIK 시험을 준비해 나가다 보면, 어느 순간 시험 성적뿐만 아니라 실생활에서의 한국어 사용과 듣기 능력이 눈에 띄게 향상된 것을 실감하실 거라고 확신합니다. 부디 이 책이 학습자의 TOPIK 준비에 충실한 길잡이 역할이 되었으면 좋겠습니다. 한국어 학습에 대한 여러분의 열정에 감사드리며, 좋은 결과가 있기를 응원합니다. 책을 만드는 데 함께 애써 주신 이지운 선생님과 다락원의 한국어출판부 편집진께 감사드립니다.

김진애
서울한국어아카데미 원장

Preface

Recently, as expressions with K, such as K-Pop, K-Movies, K-Dramas, and K-Beauty, spread across the entire globe, a passion for understanding Korea and learning Korean is heating up everywhere. And as expected, the number of foreigners who are taking the TOPIK exam to check on their Korean language skills is increasing steeply over the years.

In line with these trends, the question types and content of the TOPIK exam continue to change, making it difficult for test takers to adapt to and prepare for the test. Our authors, who have been teaching Korean language for a long time, first published "Complete Guide to the TOPIK" in 2009, and re-published "Complete Guide to the TOPIK (New Edition)" in 2014, a revised version that followed the new question types. This time, we've published "Complete Guide to the TOPIK (3rd Edition)," tailored to the newest TOPIK question types, in order for learners to be able to more perfectly prepare for the TOPIK exam.

"Complete Guide to the TOPIK (3rd Edition)" classifies the new question types and explains strategies for solving them by type so that the task of finding the correct answers becomes easier for learners. In addition, new vocabulary is reinforced so that learners can develop a precise and rich vocabulary. In particular, in this 3rd Edition, we've prepared special lectures introducing an overview and strategies for each section of the test so that learners can understand the TOPIK exam in greater depth. By solving the practice questions and mock tests in the textbook, and by improving their understanding of the exam by watching the lecture videos, learners will quickly be able to reach a high score.

As you prepare for the TOPIK exam step by step through this book, I am certain that at some point, you will notice that not only your test scores but your listening skills and use of Korean have noticeably improved. I hope that this book can serve as a faithful guide in learners' TOPIK preparations. I thank you for your passion for learning Korean, and I wish you good results. I also give my thanks to Lee Ji-woon, who worked hard to make this book with me, and to the editors of the Korean Book Publishing Department at Darakwon.

Kim Jin-ae
Seoul Korean Language Academy

이 책의 구성 및 활용

이 책은 한국어능력시험(TOPIK)에 응시하는 학생들의 준비 학습을 위해 만들어졌다. Part 1, 2, 3의 세 부분으로 구성되어 있으며, 기출문제 유형 분석을 통해 각 문제의 특징과 성격을 이해한 후 연습 문제와 실전 모의고사를 풀어 보며 실제 시험에 대비할 수 있도록 하였다. MP3 파일과 저자 직강의 무료 특강은 QR 코드나 홈페이지를 통해 확인할 수 있으며, 이를 활용하여 실전 감각을 익히고, 토픽 문제 이해도를 높일 수 있다.

Part 1 은 기존에 출제되었던 문제 중 자주 출제된 핵심 유형 문제를 선별하여 각각의 유형을 분석하고 핵심 풀이 전략과 해설을 제시하였다. 뿐만 아니라 문제에 나오는 어휘를 제시하고 그 어휘와 관련 있는 보충 어휘도 수록하여 어휘의 폭을 넓히는 데 도움이 되도록 하였다.

Part 2 는 Part 1에서 소개된 핵심 유형 외에 한국어능력시험 전반에 걸친 문제의 유형을 분석하여 그에 따른 문제를 출제하고 각 문제의 풀이 전략을 제시하여 전체적인 시험 경향을 파악할 수 있도록 하였다. 이번 개정판에서는 연습 문제에 어휘도 함께 제시하여 공부할 수 있도록 하였다.

Part 3 는 2회 분의 모의고사를 통해 실전 경험을 미리 해 볼 수 있도록 구성하였다. 이 모의고사를 통해 자신의 실력을 사전 진단해 보고 부족한 부분을 확인할 수 있어 시험 시간을 안배하는 등 시험 전략을 짜는 데 큰 도움이 될 것이다.

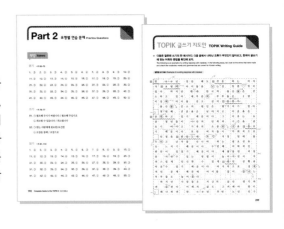

정답 및 해설, 쓰기 지도안 이 책의 부록에서는 연습 문제와 실전 모의고사의 정답과 해설을 확인할 수 있으며, 특히 듣기, 쓰기와 읽기 지문의 영어 번역을 함께 수록하여 학습자들의 이해를 높이도록 했다. 또한 부록으로 '쓰기 지도안'까지 포함하여 학습자들이 쓰기 영역에서 고득점을 받을 수 있도록 자주 틀리는 표현 및 문장에 대한 설명과 예시를 영어 해설과 함께 담았다.

How to Use This Book

This book was written for students preparing for the TOPIK. It consists of Parts 1, 2 and 3, and students can prepare for the actual test by analyzing the patterns of TOPIK questions that have appeared on previous tests, understanding the characteristics of each question, and then solving practice questions and taking mock tests. Students can also access MP3 files and free special lectures by the author via QR code or our homepage, and use these to gain practical experience and enhance their understanding of TOPIK questions.

Part 1 selectively introduces the main question types that frequently appeared on previous tests, analyzes their patterns, and presents key strategy solutions and explanations. In addition, it presents not only the words that appeared in the questions but related supplemental words as well, helping test takers expand their knowledge of vocabulary.

Part 2 analyzes question types other than the core patterns already introduced in Part 1, providing a more comprehensive picture of TOPIK question trends to students by suggesting strategies for solving each question. In this revised edition, vocabulary is also provided for practice questions.

Part 3 provides students with a real test simulation through two mock test sets. These mock tests will help students measure their abilities in advance and identify areas that require more attention than others, enabling them to establish test-taking strategies such as proper time allocation.

Answers & Explanations, TOPIK Writing Guide Using the appendix of the book, students can check over the answers and explanations for the practice questions and mock tests. Note that English translations of the listening, writing, and reading scripts are provided for better understanding. In addition, a "Writing Guide" is included as a supplement, including explanations and examples of commonly mistaken expressions and sentences along with English explanations so students can receive a high score on the writing section.

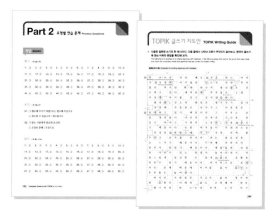

차례 Contents

부록 Appendix

한국어능력시험 TOPIK 안내

1. 시험의 목적
– 한국어를 모국어로 하지 않는 외국인 및 재외 동포의 한국어 학습 방향 제시 및 한국어 보급 확대
– 한국어 사용 능력을 측정·평가하여 그 결과를 유학 및 취업 등에 활용

2. 응시 대상
한국어를 모국어로 하지 않는 재외 동포 및 외국인으로서
– 한국어 학습자 및 국내외 대학 유학 희망자
– 국내외 한국 기업체 및 공공 기관 취업 희망자
– 외국 학교 재학 중이거나 졸업한 재외국민

3. 유효 기간
성적 발표일로부터 2년간 유효

4. 시험 주관 기관
교육부 국립국제교육원

5. 시험의 활용처
– 외국인 및 재외동포의 국내 대학(원) 입학 및 졸업
– 국내/외 기업체 및 공공기관 취업
– 영주권/취업 등 체류 비자 취득
– 정부 초청 외국인 장학생 프로그램 진학 및 학사 관리
– 국외 대학의 한국어 관련 학과 학점 및 졸업 요건

6. 시험 시간표

구분	교시	영역	한국			시험 시간 (분)
			입실 완료 시간	시작	종료	
TOPIK I	1교시	듣기 읽기	09:20까지	10:00	11:40	100
TOPIK II	1교시	듣기 쓰기	12:20까지	13:00	14:50	110
	2교시	읽기	15:10까지	15:20	16:30	70

※ TOPIK I 은 1교시만 실시합니다.
※ 해외 시험 시간은 현지 접수 기관에 문의하시기 바랍니다.

7. 시험 시기

- – 연 6회 시험 실시
- – 지역별·시차별 시험 날짜 상이

8. 시험의 수준 및 등급

- – 시험 수준: TOPIK I, TOPIK II
- – 평가 등급: 6개 등급 (1~6급)
- – 획득한 종합 점수를 기준으로 판정되며, 등급별 분할 점수는 아래와 같습니다.

구분	TOPIK I		TOPIK II			
	1급	2급	3급	4급	5급	6급
등급 결정	80 ~ 139	140 ~ 200	120 ~ 149	150 ~ 189	190 ~ 229	230 ~ 300

※ 35회 이전 시험 기준으로 TOPIK I 은 초급, TOPIK II 는 중·고급 수준입니다.

9. 문항 구성

(1) 수준별 구성

구분	교시	영역 (시간)	유형	문항 수	배점	총점
TOPIK I	1교시	듣기 (40분)	선택형	30	100	200
		읽기 (60분)	선택형	40	100	
TOPIK II 등급 결정	1교시	듣기 (60분)	선택형	50	100	300
		쓰기 (50분)	서답형	4	100	
	2교시	읽기 (70분)	선택형	50	100	

(2) 문제 유형

- – 선택형 문항 (4지선다형)
- – 서답형 문항 (쓰기 영역)
  - • 문장 완성형 (단답형): 2문항
  - • 작문형: 2문항 (200~300자 정도의 중급 수준 설명문 1문항, 600~700자 정도의 고급 수준 논술문 1문항)

10. 쓰기 영역 작문 문항 평가 범주

문항	평가 범주	평가 내용
51–52	내용 및 과제 수행	– 제시된 과제에 맞게 적절한 내용으로 썼는가?
	언어 사용	– 어휘와 문법 등의 사용이 정확한가?
53–54	내용 및 과제 수행	– 주어진 과제를 충실히 수행하였는가? – 주제에 관련된 내용으로 구성하였는가? – 주어진 내용을 풍부하고 다양하게 표현하였는가?
	글의 전개 구조	– 글의 구성이 명확하고 논리적인가? – 글의 내용에 따라 단락 구성이 잘 이루어졌는가? – 논리 전개에 도움이 되는 담화 표지를 적절하게 사용하여 조직적으로 연결하였는가?
	언어 사용	– 문법과 어휘를 다양하고 풍부하게 사용하며 적절한 문법과 어휘를 선택하여 사용하였는가? – 문법, 어휘, 맞춤법 등의 사용이 정확한가? – 글의 목적과 기능에 따라 격식에 맞게 글을 썼는가?

11. 문제지의 종류: 2종 (A · B형)

종류	A형	B형
시행 지역	미주 · 유럽 · 아프리카 · 오세아니아	아시아
시행 요일	토요일	일요일

12. 등급별 평가 기준

시험 수준	등급	평가 기준
TOPIK I	1급	– '자기소개하기, 물건 사기, 음식 주문하기' 등 생존에 필요한 기초적인 언어 기능을 수행할 수 있으며 '자기 자신, 가족, 취미, 날씨' 등 매우 사적이고 친숙한 화제에 관련된 내용을 이해하고 표현할 수 있다. – 약 800개의 기초 어휘와 기본 문법에 대한 이해를 바탕으로 간단한 문장을 생성할 수 있다. – 간단한 생활문과 실용문을 이해하고, 구성할 수 있다.
	2급	– '전화하기, 부탁하기' 등의 일상생활에 필요한 기능과 '우체국, 은행' 등의 공공시설 이용에 필요한 기능을 수행할 수 있다. – 약 1,500~2,000개의 어휘를 이용하여 사적이고 친숙한 화제에 관해 문단 단위로 이해하고 사용할 수 있다. – 공식적 상황과 비공식적 상황에서의 언어를 구분해 사용할 수 있다.
TOPIK II	3급	– 일상생활을 영위하는 데 별 어려움을 느끼지 않으며, 다양한 공공시설의 이용과 사회적 관계 유지에 필요한 기초적 언어 기능을 수행할 수 있다. – 친숙하고 구체적인 소재는 물론, 자신에게 친숙한 사회적 소재를 문단 단위로 표현하거나 이해할 수 있다. – 문어와 구어의 기본적인 특성을 구분해서 이해하고 사용할 수 있다.
	4급	– 공공시설 이용과 사회적 관계 유지에 필요한 언어 기능을 수행할 수 있으며, 일반적인 업무 수행에 필요한 기능을 어느 정도 수행할 수 있다. – 또한 '뉴스, 신문 기사' 중 평이한 내용을 이해할 수 있다. 일반적인 사회적·추상적 소재를 비교적 정확하고 유창하게 이해하고, 사용할 수 있다. – 자주 사용되는 관용적 표현과 대표적인 한국 문화에 대한 이해를 바탕으로 사회·문화적인 내용을 이해하고 사용할 수 있다.
	5급	– 전문 분야에서의 연구나 업무 수행에 필요한 언어 기능을 어느 정도 수행할 수 있다. – '정치, 경제, 사회, 문화' 전반에 걸쳐 친숙하지 않은 소재에 관해서도 이해하고 사용할 수 있다. – 공식적, 비공식적 맥락과 구어적, 문어적 맥락에 따라 언어를 적절히 구분해 사용할 수 있다.
	6급	– 전문 분야에서의 연구나 업무 수행에 필요한 언어 기능을 비교적 정확하고 유창하게 수행할 수 있다. – '정치, 경제, 사회, 문화' 전반에 걸쳐 친숙하지 않은 주제에 관해서도 이용하고 사용할 수 있다. – 원어민 화자의 수준에는 이르지 못하나 기능 수행이나 의미 표현에는 어려움을 겪지 않는다.

13. 성적 발표 및 성적 증명서 발급

(1) 성적 발표 및 성적 확인 방법

홈페이지 (www.topik.go.kr) 접속 후 확인

※ 홈페이지에 접속하여 성적을 확인할 경우 시험 회차, 수험 번호, 생년월일이 필요합니다.

※ 해외 응시자도 홈페이지 (www.topik.go.kr)를 통해 자기 성적 확인이 가능합니다.

(2) 성적 증명서 발급 대상

부정 행위자를 제외하고 합격·불합격 여부에 관계없이 응시자 전원에게 발급

(3) 성적 증명서 발급 방법

※ 인터넷 발급 TOPIK 홈페이지 성적 증명서 발급 메뉴를 이용하여 온라인 발급 (성적 발표 당일 출력 가능)

14. 접수 방법

(1) 원수 접수 방법

구분	개인 접수	단체 접수
한국	개인별 인터넷 접수	단체 대표자에 의한 일괄 접수
해외	해외 접수 기관 방침에 의함.	

※ 접수 시 필요한 항목: 사진, 영문 이름, 생년월일, 시험장, 시험 수준

(2) 응시료 결제

구분	주의사항
신용 카드	국내 신용 카드만 사용 가능
실시간 계좌 이체	외국인 등록 번호로 즉시 결제 가능 ※ 국내 은행에 개설한 계좌가 있어야 합니다.
가상 계좌 (무통장 입금)	본인에게 발급 받은 가상 계좌로 응시료 입금 지원자마다 계좌 번호를 서로 다르게 부여하기 때문에 타인의 가상 계좌로 입금할 경우 확인이 불가능하므로 반드시 본인 계좌 번호로만 입금해야 함. – 은행 창구에서 직접 입금 – ATM, 인터넷 뱅킹, 폰뱅킹 시 결제 확인 필수 – 해외 송금 불가

15. 시험 당일 응시 안내

홈페이지 (**www.topik.go.kr**) 접속 후 확인

TOPIK (Test of Proficiency in Korean) Guidelines

1. ## Objective of the TOPIK

   - This examination aims to set a proper Korean language-learning path for overseas Koreans and foreigners who do not speak Korean as their mother tongue and to promote the use of the Korean language.
   - TOPIK scores can also be used for local university applications as well as for employment purposes.

2. ## TOPIK Target Test Takers

   Overseas Koreans and foreigners who do not speak Korean as their mother tongue
   - Those learning the Korean language and those with the intention of applying to local universities
   - Those who intend to join/work for domestic/overseas Korean companies and public organizations
   - Koreans who studied at or graduated from schools overseas

3. ## Validity

   Valid for two (2) years after the announcement of the examination results

4. ## Administrator

   National Institute for International Education (NIIED), Ministry of Education

5. ## Benefits of TOPIK

   - Serving as admission and graduation standard for universities in Korea
   - Applying for companies and public institutions in Korea and abroad
   - Meeting requirements to obtain visas for permanent residency, employment, etc.
   - Taking courses under the Global Korean Scholarship (GKS) Program
   - Serving as substitute credits and graduation requirements for Korean majors at overseas universities

6. ## Examination Timetable

Exam	Period	Areas Tested	Korea			Length of Exam (minutes)
			Entry Time	Start	End	
TOPIK I	1st period	Listening, reading	By 09:20	10:00	11:40	100
TOPIK II	1st period	Listening, writing	By 12:20	13:00	14:50	110
	2nd period	Reading	By 15:10	15:20	16:30	70

   Note: TOPIK 1 consists of only one period. Please contact your local application center regarding TOPIK dates and times.

7. Testing Schedule

- 6 times per year (Korea)
- Exam dates differ by region and time zone.

8. Levels and Grades of Examination

- Levels of examination: TOPIK I, TOPIK II
- Evaluation grades: 6 grades (1st to 6th)
- The evaluation is based on the total score earned, and the cut-off scores by grades are as follows:

Type*	TOPIK I		TOPIK II			
	1st Grade	2nd Grade	3rd Grade	4th Grade	5th Grade	6th Grade
Determination of grade	80 - 139	140 - 200	120 - 149	150 - 189	190 - 229	230 - 300

* Based on the difficulty level before the 35th examination, TOPIK I is the basic level test and TOPIK II is the intermediate/advanced level test.

9. Structure of Questions

(1) Structure by Difficulty Level

Examination Level	Period	Area Tested (length of exam)	Question Type	Number of Questions	Points	Total Points
TOPIK I	1st period	Listening (40 minutes)	Multiple-choice questions	30	100	200
		Reading (60 minutes)	Multiple-choice questions	40	100	
TOPIK II	1st period	Listening (60 minutes)	Multiple-choice questions	50	100	300
		Writing (50 minutes)	Subjective questions	4	100	
	2nd period	Reading (70 minutes)	Multiple-choice questions	50	100	

(2) Question Types

- Multiple-choice question (selecting 1 answer among the 4 given choices)
- Subjective questions (writing section)
- Complete-the-sentence questions (short answers): 2 questions
- Essay: 2 questions (one intermediate-level question requiring a response of about 200 to 300 characters and one advanced-level question requiring a response of about 600 to 700 characters)

10. Evaluation of Writing Section:

Questions	Evaluation Category	Specific Criteria
51-52	Content and task execution	- Are the written contents suitable for the presented task?
	Use of language	- Are the vocabulary, words, etc. correct?

53-54	Content and task execution	- Has the given task been performed adequately? - Is the related writing rich in content? - Is it constructed in a diversified way?
	Development structure	- Is the writing structure clear and logical, and is the key idea conveyed well? - Is the writing well structured based on the given topic? - Are discourse markers used properly in order to logically develop the argument?
	Use of language	- Are vocabulary, grammar, etc. used correctly and in a diversified way? - Are the grammar structures, choice of vocabulary, and spelling correct? - Is the writing written in the correct level of formality according to the purpose and function of the text?

11. Exam Types: 2 types (Type A, Type B)

Type	A	B
Exam Region	Ameriacas, Europe, Africa, Oceania	Asia
Day of Exam	Saturday	Sunday

12. Evaluation Standards by Grade

Examination Level	Grade	Evaluation Criteria
TOPIK I	1st grade	- Able to carry out basic conversations related to daily survival skills, self-introduction, purchasing things, ordering food, etc., and can understand contents related to very personal and familiar subjects, such as the student themself, family, hobbies, weather, etc. - Able to create simple sentences based on about 800 basic vocabulary words and possess an understanding of basic grammar - Able to understand and compose simple and useful sentences related to everyday life
	2nd grade	- Able to carry out simple conversations related to daily routines, such as making phone calls and asking favors, as well as using public facilities in daily life. - Able to use about 1,500 to 2,000 vocabulary words and can understand the natural order of sentences on personal and familiar subjects. - Able to use formal and informal expressions depending on the situation.
TOPIK II	3rd grade	- Able to perform basic linguistic functions necessary to use various public facilities and to maintain social relationships without experiencing significant difficulty in routine life. - Able to carry out a daily routine with fair use of public facilities and able to socialize without significant difficulty. - Able to express or understand social subjects familiar to the student themself, as well as specific subjects, based on paragraphs. Able to understand and use written and spoken language based on its basic, distinctive characteristics.
	4th grade	- Able to use various public facilities and maintain social relationships and can carry out, to some degree, the functions necessary for the performance of ordinary work. - Able to understand easy parts of news broadcasts and newspapers and can understand and use expressions related to social and abstract subjects relatively correctly and fluently. - Able to understand social and cultural subjects based on an understanding of Korean culture and frequently used idiomatic expressions.
	5th grade	- Able to perform, to some degree, linguistic functions which are necessary for research and work in professional fields. - Able to understand and use expressions related to even unfamiliar aspects of politics, economics, society, and culture. - Able to use expressions properly depending on formal, informal, and spoken/written context.

TOPIK II	6th grade	- Able to perform linguistic functions necessary to do research and work in professional fields relatively correctly and fluently. - Able to understand and use expressions related to even unfamiliar subjects of politics, economics, society, and culture. - Experiences no difficulty performing functions or conveying meanings although proficiency has not reached full native speaker proficiency.

13. Announcement of Examination Results & Issuance of Score Report

(1) Checking Examination Results

Log on to the website (www.topik.go.kr) to check the results and status of the score report.
- The number of the examination, the candidate's seat number, and the candidate's date of birth are required to check the results via the website.
- Overseas examinees can also check their score via the same website.

(2) Issuance of Score Report

With the exception of cases of fraud, regardless of whether the candidate attains a level or not, a score report is issued to all candidates.

(3) Methods of Issuing the Score Report

Online:
- The score report can be printed online by using the score report issuance menu on the TOPIK website (available from the day the results are announced).

Postal Mail:
- The score report will be sent to those in Korea three days after the examination results are announced.
- Please note that delivery is not guaranteed because the score report is sent via ordinary mail.

14. Procedure for Examination Application

(1) Procedure for Application

Location	Individual Application	Collective Application
Korea	Acceptance of individual online applications	Acceptance of collective applications made by the representative of a concerned group
Overseas	Depends on the policy of designated overseas organizations that accept applications	

Please note that a photo and the following information are required for the application: English name, date of birth, examination venue, and examination level

(2) Payment Method for Application Fee

Type	Individual Application
Credit card	Only domestic credit cards can be used.
Real-time account transfer	Payment can be made immediately based on alien registration number. Please note that a domestic bank account number is required.
Virtual account (deposit without a bankbook)	The application fee must be deposited in the unique virtual account issued to the applicant. The applicant should deposit this amount in the designated bank account only, as amounts deposited into virtual accounts issued to other applicants cannot be verified. - Deposit can be made directly at a bank. - In case of payment via ATM, internet banking, or phone banking, the applicant should verify the payment as necessary. - Overseas remittance is not allowed.

15. Further Guidance on the Examination

Please refer to the website **www.topik.go.kr.**

Complete Guide to the

TOPIK

PART 2

유형별 연습 문제

Practice Questions

3rd Edition

듣기 Listening

쓰기 Writing

읽기 Reading

듣기 Listening

문제유형
Question Type
01
대화를 듣고 알맞은 그림 고르기
Choosing the correct picture after listening to a conversation

🔊 Track 01

이 유형에서는 내용을 듣기 전에 그림의 상황을 먼저 이해해 두는 것이 좋다. 도표가 나올 경우, 제목을 미리 읽어 두면 대화의 내용이 더 잘 들려 이해하기 쉽다. 대화의 내용에서 중심이 되는 주요 단어를 기억해야 한다.

For this type of question, it is a good idea to understand the situations in the pictures before listening to the content. If there is a diagram, read the title in advance so that it is easier to listen to and understand the content of the conversation. You should remember the main vocabulary words that are central to the content of the conversation.

01~03 다음을 듣고 알맞은 그림을 고르십시오. (각 2점)

어휘 및 표현
Vocabulary & Expressions

3   [41회]

수하물 luggage
파손 damage

> 남자: 여러분, 혹시 비행기를 이용하면서 짐이 없어지거나 늦게 도착한 적이 있으십니까? 한 보고서에 따르면 2006년부터 2014년까지 비행기 수하물 사고 수는 2010년에 최고였다가 감소하고 있습니다. 사고 종류로는 짐이 늦게 도착하는 지연 사고가 가장 많았고 가방 안의 물건이 깨지는 파손 그리고 분실이 각각 그 뒤를 이었습니다.

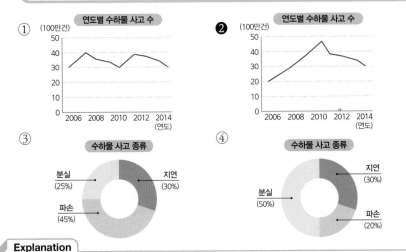

Explanation

사고 수가 '2010년'에 최고였다가 감소한 그래프와 사고의 유형으로 '지연'이 가장 많고 '파손'과 '분실'이 각각 그 뒤를 따른 그래프를 찾아야 한다. 지연–파손–분실의 순서대로 적어지는 그래프가 없기 때문에 이 내용에 맞는 그래프는 ②번뿐이다.

You should find the graph that shows had the highest number of accidents in 2010, with accidents declining afterward, and where "delay" was the most frequent type of accident, followed by "damage" and "loss," in that order. Because there is no graph that follows the diminishing order of delay-damage-loss, the only picture that matches this content is ②.

| **대화 뒤에 이어질 말 고르기**
Choosing the sentence that follows a conversation

🔊 Track 02

듣기 4번부터 8번까지가 이 유형으로 총 다섯 문제가 출제된다. 보통 A-B-A의 대화 형식으로 마지막 A가 할 말을 찾는 문제이다. 처음에 이야기를 시작한 A의 말과 B의 답변을 주의 깊게 듣고 주로 일상생활이나 학교, 직장에서 일어나는 대화 상황에서 가장 자연스럽게 이어질 수 있는 답을 찾아야 한다.

There are a total of 5 questions of this type, from listening question number 4 to number 8. These questions usually require finding the last thing that A will say in an A-B-A conversation format. Listen carefully to A's words when starting the conversation and B's answer. You must then find the answer that would be the most natural in conversations that arise in daily life, school, or workplace situations.

04~08 다음 대화를 잘 듣고 이어질 수 있는 말을 고르십시오. (각 2점)

4 [37회]

> 남자: 소설가 박인수 씨가 오늘 강연하러 학교에 온대.
> 여자: 그래? 몇 시 시작인데? 난 3시까지 수업이 있어서.
> 남자: _____

① 제시간에 도착해서 다행이야.　❷ 수업 끝나고 가도 늦지 않아.
③ 강연은 누구든지 들을 수 있어.　④ 시간이 얼마나 걸릴지 모르겠어.

어휘 및 표현
Vocabulary & Expressions

소설가 novelist
강연하다
to give a lecture
제시간
on time

Explanation

여자는 남자가 알려 준 정보에 대해 관심을 가지고 있지만, 강연 시간에 맞춰 갈 수 있을지 염려하고 있다. 그래서 강연 시간이 언제인지 남자에게 물어보고 있다. 따라서 강연 시간에 대한 대답이 나오는 ②번이 적절하다. ④번도 시간과 관련된 표현이 있지만 여자는 수업이 끝나기 전에 강연이 시작될까 봐 걱정을 하고 있는 것이기 때문에 전체 강의 시간에 대한 표현은 어울리지 않는다.

The woman is interested in the information the man has told her, but she is concerned about whether she will be able to go to the lecture at that time. Therefore, she is asking the man at what time the lecture will be held. Accordingly, answer ②, which is about the lecture time, is the appropriate answer. Answer ④ also has an expression of time, but since the woman is worried that the lecture will start before her class ends, an expression about the duration of the entire lecture is not suitable.

- **다행이다** This vocabulary word is used in particular when something bad has happened but it unexpectedly turned out well. It is usually used in the form "–아/어/여서 다행이다" or "다행이다 + (predicate)."
- 📝 가방을 잃어버렸지만 다시 찾아서 다행이다.
  I lost my bag, but thankfully, I found it again.
  불이 났는데, 사람들은 다치지 않아서 정말 다행이다.
  A fire broke out, but no one was injured, which is such a relief.

문제유형
Question Type
03 | 대화를 듣고 남자/여자가 이어서 할 행동 고르기
Listening to a conversation and choosing the action the man or woman will take afterward

◀) Track 03

문제를 읽을 때 이어서 행동할 사람이 남자인지 여자인지 유의해야 한다. 그리고 앞으로 할 행동이기 때문에 남자나 여자의 의지 또는 계획을 얘기하는 내용이 나올 때는 더욱 유의해서 들어야 한다. 다음에 어떻게 할 것인지는 대화의 마지막 부분에 주로 나오므로 집중해서 들어야 한다.

As you read the question, you should take note of whether the person who will subsequently act is a man or a woman. And since the upcoming action will be taken in the future, you should listen carefully and pay attention when content about the man or woman's plans or intentions appear. Next, you should listen to and concentrate mainly on the last part of the conversation about what they are going to do.

09~12 다음 대화를 잘 듣고 여자가 이어서 할 행동으로 알맞은 것을 고르십시오. (각 2점)

9
[52회]

> 여자: 민수 씨, 지난번에 산 내 검은색 코트 못 봤어요?
>
> 남자: 그거 월요일에 세탁소에 맡겼잖아요. 내가 찾아다 줄까요?
>
> 여자: 괜찮아요. 그냥 내가 가서 찾아올게요.
>
> 남자: 그럼 들어올 때 우편물도 좀 갖다줘요.

① 옷을 맡긴다.　　　　② 코트를 산다.

❸ 세탁소에 간다.　　　　④ 우편물을 가져온다.

✎ **Explanation**

남자가 검은색 코트를 세탁소에 맡겼다고 말하면서 찾아다 주겠다고 했지만, 여자가 자신이 가서 찾아오겠다고 말했으므로 여자의 다음 행동은 세탁소에 가는 것이다.

The man said that he brought the black coat to the cleaners and that he will pick it up, but the woman said she will go to pick it up herself, so the woman's next action is going to the cleaners.

어휘 및 표현
Vocabulary & Expressions

책자 booklet, pamphlet
거래처 account, client

> 여자: 여보세요? 민수 씨, 옆 사무실에서 안내 책자 받으러 왔는데요.
>
> 남자: 아, 네. 제가 밖에서 거래처 직원을 만나고 있어서요.
>   미안하지만 수미 씨가 상자에서 좀 꺼내서 주시겠어요?
>
> 여자: 네, 그럴게요. 그런데 상자는 어디에 있어요?
>
> 남자: 제 책상 밑에 뒀어요.

❶ 안내 책자를 꺼낸다.　　　② 안내 책자를 받는다.

③ 거래처 직원을 만난다.　　　④ 상자를 책상 밑에 둔다.

Explanation

남자가 상자에서 책자를 꺼내 달라고 부탁했는데, 여자는 상자의 위치를 몰라서 물었고 남자가 알려 주었으므로 다음 행동은 '책자를 꺼내 주는' 것이다.

The man asked the woman to take a booklet out of a box, but the woman does not know the location of the box, so she asked where it is. Since the man lets her know where it is, the next action would be to "take the booklet out" for the man.

대화를 듣고 내용과 일치하는 것 고르기
Choosing the answer that corresponds to the content

🔊 **Track 04**

두 사람의 대화 혹은 한 사람이 강의 또는 설명, 안내하는 형식의 문장이 주로 나온다. 이 유형은 뒤에서도 계속 나오는 문제 유형으로 점점 대화의 내용은 어려워진다. 전체 내용과 일치하는 내용을 하나만 찾아야 하기 때문에 전체적인 이해가 안 되면 혼동하기 쉬우므로 문장 하나하나를 다 꼼꼼하게 들어야 한다. 대화 내용을 듣기 전에 선택지 ①~④의 문장을 먼저 읽고 본문을 들으면 모르는 단어도 미리 봤기 때문에 잘 들을 수 있다.

This type of question is mainly composed of a conversation between two people or one person giving a lecture or explanation. This type of question appears again later, with the content of the conversation gradually becoming more difficult. Since you have to find only one answer that corresponds to all of the content, if you do not understand the whole question, you can easily become confused, so you must listen carefully to each sentence. Before listening to the conversation, read options ①~④ in advance. Then you will be able to better listen because you have already seen the vocabulary words that you don't know.

13~16 다음을 듣고 내용과 일치하는 것을 고르십시오. (각 2점)

어휘 및 표현
Vocabulary & Expressions

14

[52회]

> 여자: 고객님들께 쇼핑 안내드립니다. 행사장에서는 청바지를 만 원에 세일하고 있습니다. 이 행사는 오늘 하루만 진행되니 고객 여러분들의 많은 관심 부탁드립니다. 또한 오늘 저희 쇼핑몰에서 5만 원 이상 구매하신 분들께는 양말을 드립니다. 영수증을 가지고 고객 센터로 오십시오. 그럼 즐거운 쇼핑하시기 바랍니다. 감사합니다.

행사장 event hall

고객 센터
customer center

① 이 세일 행사는 어제부터 시작했다.
② 모든 고객에게 양말을 선물로 준다.
③ 선물을 받으려면 행사장으로 가야 한다.
❹ 행사장에 가면 청바지를 만 원에 살 수 있다.

Explanation

①~④의 내용과 들은 내용을 비교해서 일치하는 것을 고르는 문제다. 행사장에서는 청바지를 만 원에 세일하고 있으므로 답은 ④번이다.

① 이 세일 행사는 ~~어제부터 시작했다.~~
  → 이 세일 행사는 오늘 하루만 진행한다.
② ~~모든 고객에게~~ 양말을 선물로 준다.
  → 쇼핑몰에서 5만 원 이상 구매한 고객에게 양말을 선물로 준다.
③ 선물을 받으려면 ~~행사장으로~~ 가야 한다.
  → 선물을 받으려면 고객 센터로 가야 한다.

This question requires you to compare the content of options ①–④ with the content you heard and to choose the answer that corresponds. Since the event hall is having a sale on jeans for 10,000 won, the answer is ④.

① This sale event ~~started yesterday~~.
  → This sale event is being held today for one day only.
② ~~All customers~~ are given socks as a gift.
  → Socks are given as a gift to customers who spend 50,000 won or more at the shopping mall.
③ You should go to the ~~event hall~~ to receive your gift.
  → You should go to the customer center to receive your gift.

문제유형
Question Type

05

말하는 사람 (남자/여자)의 중심 생각 고르기
Choosing the main idea of the speaker (man/woman)

 Track 05

이 유형에서는 먼저 누구 (남자인지 여자인지)의 중심 생각을 묻는 것인지를 기억해야 한다. 선택지 ①~④까지의 내용이 본문의 내용과 일치하는 것이 많아서 혼동될 수 있으나, 말하는 사람이 정말 얘기하고 싶어 하는 가장 중요한 내용 (주제)을 고르면 된다. 주로 말하는 사람의 의견이나 주장이 답이 될 수 있다. 이 유형은 뒤에서도 계속 나오는데 말하는 사람의 중심 생각과 함께 들은 내용과 맞는 것을 고르는 문제가 주로 같이 연결되어 나온다.

For this type of question, you must first remember that it is asking about the person's (the man or woman's) main idea. The content of choices ①–④ will contain many things that match the content of the conversation so it can be confusing, but you should choose the most important subject about which the speaker really wants to talk. The answer will be the speaker's main opinion or argument. This type of question appears again later, connecting questions that ask you to choose the speaker's main idea and questions that ask you to choose the content that matches the conversation or lecture you listened to.

17~20   다음을 듣고 <u>남자</u>의 중심 생각을 고르십시오. (각 2점)

어휘 및 표현
Vocabulary & Expressions

20   [35회]

대중화하다 to popularize
기여하다 to contribute
과하다 to be excessive

> 여자: 김영재 선생님은 전통 그대로의 한복만 만드시는 걸로 유명한데요. 특별한 이유가 있나요?
>
> 남자: 전 한복의 대중화보다는 전통 한복의 아름다움을 지키는 게 중요하다고 봅니다. 현대 한복은 화려한 색과 실용적인 디자인으로 한복을 대중화하는 데 기여했지요. 하지만 한복의 가장 중요한 요소는 과하지 않은 색과 선입니다. 이런 고유의 특징이 빠진다면 진짜 한복이 아닌 거죠.

① 화려한 디자인의 한복은 대중화가 어렵다.

❷ 전통 한복의 특징을 지키는 것이 중요하다.

③ 전통 한복의 색과 선은 표현하기가 까다롭다.

④ 한복의 대중화를 위해 색과 디자인을 바꿔야 한다.

Explanation

여자의 질문에서 '남자가 전통 그대로의 한복만 만든다'는 말이 나왔고, 남자의 말에서 '한복의 대중화보다는 전통 한복의 아름다움을 지키는 게 중요하다'는 말이 있으므로 답은 ②번이 된다.

The woman who asked a question said, "He only makes *hanbok* according to tradition," and the man said, "Protecting the beauty of traditional *hanbok* is more important than the popularization of *hanbok*," so the answer is ②.

말하는 사람의 태도 및 생각 등을 고르기
Choosing the speaker's attitude, thoughts, etc.

🔊 Track **06**

말하는 사람의 감정이나 태도, 생각, 의도 등을 묻는 문제 유형이다. 이야기를 들을 때 말하는 사람이 상대방에 대해서 어떤 방식으로 이야기하는지, 자신의 주장에 대해 어떤 감정을 갖고 있는지 구별해야 한다. 그리고 전체적인 내용을 이해해야만 말하는 이의 구체적인 의도, 목적 등을 확인할 수 있다.

This type of question asks about the speaker's emotions, attitude, thoughts, opinions, etc. While listening to the conversation, you have to distinguish how the speaker is talking about the other person and what type of emotion they have about their own argument. And if you understand the whole content of the conversation, you can confirm the specific intention, goal, etc. of the speaker.

31~32 다음을 듣고 물음에 답하십시오. (각 2점)

어휘 및 표현
Vocabulary & Expressions

좌석별 by seat
차등제
differential/grade system
합리적이다
to be rational, to be sensible

> 남자: 요즘 몇몇 영화관에서는 '좌석별 가격 차등제'가 시행되고 있습니다. 앞자리처럼 영화를 보기 불편한 자리는 싸게, 편안한 자리는 더 비싸게 파는 제도라고 하는데요. 전 이 제도가 문제가 있다고 생각합니다.
>
> 여자: 제 생각에 이건 매우 합리적인 제도인 것 같습니다. 불편한 앞자리인데도 편안한 자리와 똑같은 돈을 내고 영화를 보는 건 불합리한 것 아닌가요? 관객에게 선택의 기회도 줄 수 있고요.
>
> 남자: 그런데 저라면 아무리 싸도 앞자리에는 앉지 않을 것 같습니다. 저 같은 사람들은 돈을 더 내더라도 편안한 자리에 앉을 것 같은데 이건 결국 극장이 돈을 더 벌기 위해 만든 제도 아닌가요?

32 남자의 태도로 맞는 것을 고르십시오.　　　　　　　[47회]

① 새로운 제도의 확대를 염려하고 있다.

② 새로운 제도의 시행을 촉구하고 있다.

❸ 새로운 제도의 문제점을 비판하고 있다.

④ 새로운 제도의 필요성에 공감하고 있다.

✎ **Explanation**

'좌석별 가격 차등제'는 불편한 자리는 싸게, 편안한 자리는 더 비싸게 파는 것이지만, 사람들은 돈을 더 내더라도 편안한 자리에 앉을 것이기 때문에 남자는 이 제도가 결국 극장이 돈을 더 벌기 위해 만든 제도라고 비판하고 있다. 그러므로 답은 ③번이다.

A "price grade system for seats" means to sell uncomfortable seats at inexpensive prices and comfortable seats at more expensive prices, but since people will sit in comfortable seats even if they have to pay more money, the man is criticizing this system as one that is ultimately made to make more money for theaters. Therefore, the answer is ③.

문제 유형
Question Type
07

🔊 Track 07

담화 전/후에 이어질 내용 고르기
Choosing the content that comes before/after a conversation

담화의 시작 부분을 잘 들어야 그 전에 어떤 이야기를 했는지 추측할 수 있다. 이야기를 처음 시작하는 사람이 앞에서 말한 내용을 다시 언급하기 때문에 그 내용을 주의 깊게 들으면 답을 알 수 있다. 뒤에 이어질 내용은 마지막 대화를 잘 들어야 그 후에 어떤 이야기가 이어질지 추측할 수 있다. 보통 마지막 대화에 대한 대답이나 느낌이 이어진다.

You must listen carefully to the beginning of the conversation in order to be able to guess what would have been said beforehand. The person who starts the conversation refers again to what they said beforehand, so if you listen very carefully to that content, you will be able to know the answer. For the content that comes after, you must listen carefully to the end of the conversation in order to be able to guess what would follow. Usually, it continues with the answer to or feeling of the end of the conversation.

39~40 다음은 대담입니다. 잘 듣고 물음에 답하십시오. (각 2점)

어휘 및 표현
Vocabulary & Expressions

척추 spine
웅크리다
to crouch, to huddle
분비량 secretion rate
감수하다 to endure
당당하다
to be confident, to be commanding
비법 secret

> 여자: 다리를 어깨 너비로 벌리고 가슴을 활짝 편 자세가 척추 건강에 많은 도움이 되고 있는 것 같은데요. 박사님, 이밖에 어떤 효과가 있습니까?
>
> 남자: 네, 웅크린 자세와 달리 가슴을 편 자세는 스트레스 호르몬의 분비량을 줄이고 남성 호르몬의 분비량을 늘립니다. 이러한 남성 호르몬의 변화로 우리 신체는 위험을 감수하려는 특성을 보이는데요. 이 때문에 적극적이고 자신감이 넘치는 사람으로 보이게 된다는 겁니다. 당당하고 힘을 느낄 수 있는 사람이 되는 거죠. 실제로 이런 자세가 업무의 성과를 높이거나 면접시험의 합격률에도 영향을 미치는 것으로 나타났습니다. 자세는 많은 투자를 하지 않고도 쉽게 자신을 변화시킬 수 있는 비법인 거죠.

39 이 대화 앞의 내용으로 알맞은 것을 고르십시오. [41회]

① 가슴을 편 자세는 업무 실적을 올린다.

❷ 가슴을 편 자세는 신체 건강에 도움이 된다.

③ 가슴을 편 자세는 능동적인 행동을 유발한다.

④ 가슴을 편 자세는 호르몬의 분비량을 변화시킨다.

Explanation

이야기를 시작하는 여자가 "가슴을 활짝 편 자세가 척추 건강에 많은 도움이 되고 있는 것 같은데요."라고 말했으므로 앞에서 이 내용에 대해 이야기했음을 알 수 있다. 그런 의미의 문장이 ②번이다.

The woman who starts the conversation says, "It seems that a wide-chested posture greatly helps the health of the spine," so you know they must have talked about this content beforehand. The sentence with this meaning is ②.

내용 이해를 바탕으로 한 전문적인 글 이해하기
Understanding a professional text based on an understanding of the content

앞에서 나왔던 여러 유형들이 뒤에서 계속 나오게 된다. 다만 전문적인 내용이 많으며 글의 장르도 강연, 대담, 다큐멘터리 등으로 다양하다. 전체 내용을 다 이해해야만 중심 내용, 들은 내용과 일치하는 것, 말하는 이의 태도, 생각 등을 파악할 수 있으므로 처음부터 끝까지 어휘와 문맥 위주로 잘 들어야 한다.

The various types of questions that appeared earlier on the test will appear again later. However, they will contain a lot of professional content, and the genre of the writing will vary (lecture, dialogue, documentary excerpt, etc.) If you can understand the content as a whole you will be able to distinguish the main idea, the answer that corresponds with the content that you heard, the attitude and thoughts of the speaker, etc., so you should listen carefully to the vocabulary and give first consideration to the context from beginning to end.

43~44 다음은 다큐멘터리입니다. 잘 듣고 물음에 답하십시오. (각 2점) [36회]

> 여자: 여기 보시는 해마는 수컷이 새끼를 낳습니다. 아주 특이하죠? 수컷의 배를 보면 캥거루와 비슷한 주머니가 있는데요. 주머니 내부에는 알들을 양육하는 데 필요한 혈관들이 가득합니다. 수컷 해마는 알을 가진 암컷을 만나 이 주머니에 알을 받아야 합니다. 암컷의 선택을 받기 위해 헛배를 부풀려 크기를 과시하기도 하지요. 일단 알을 받는 데 성공하면 아빠가 될 해마는 불룩해진 배를 가지고 헤엄쳐 가 버립니다. 1~2개월 후 해마는 수십에서 수백 마리의 어린 해마들을 낳는데요. 꼬리부터 톡톡 튀어나오는 모습이 정말 신기합니다. 주머니를 비틀어 짜는 듯한 행동으로 출산을 다 하고 나면 아빠 해마는 지쳐 버립니다.

어휘 및 표현
Vocabulary & Expressions

해마 seahorse
수컷 male
양육하다
to nurture or to raise (children)
암컷 female

43 수컷 해마가 배를 부풀리는 이유로 맞는 것을 고르십시오.

① 알을 더 많이 품으려고
② 새끼들을 쉽게 낳으려고
❸ 암컷 해마의 눈에 잘 띄려고
④ 새끼들에게 많은 양분을 주려고

Explanation

43번 문제에서 '수컷 해마가 배를 부풀리는 이유'를 물었으니까 그 대답을 집중적으로 들어야 한다. "암컷의 선택을 받기 위해 헛배를 부풀려 크기를 과시하기도 하지요."라고 말했으므로 그 이유는 '암컷의 선택을 받기 위한 것'이다. 같은 의미로 쓰인 것은 ③번이다.

Question number 43 asks "the reason why male seahorses inflate their stomachs," so you should listen while focusing on that answer. The woman says, "They show off the size of their inflated stomach in order to be chosen by females," so the reason is "to be chosen by females." The answer with the same meaning is ③.

44 이 이야기의 중심 내용으로 맞는 것을 고르십시오.

❶ 해마의 번식 방법은 독특하다.

② 해마는 모성애가 유난히 강하다.

③ 바다 생물은 대체로 번식력이 뛰어나다.

④ 해마는 새끼를 기르는 방식이 특이하다.

Explanation

44번 문제는 중심 내용을 묻고 있다. 본문 처음에 "해마는 수컷이 새끼를 낳습니다. 아주 특이하죠?"라는 말이 있고 그 뒤에 그 과정을 설명했으므로 중심 내용은 ①번이다.

Question number 44 asks about the main content. At the beginning of the conversation, the woman says, "Male seahorses have babies. It's very unique, right?" Next, she explains the process, so the main idea is ①.

쓰기 Writing

문제유형 Question Type 01 | 글의 문맥에 맞는 문장 쓰기
Writing a sentence that matches the context of the text

주로 공지문이나 실용문 등이 나오며, 글의 제목을 먼저 읽어서 글의 종류와 글을 쓴 목적을 파악해야 한다. 글의 문맥을 이해하여 괄호 앞뒤에 연결되는 문장을 보고 (   )에 들어갈 내용을 추측해야 한다.

This type of question appears mainly as notices and practical texts. You should read the title of the text first and figure out the type of text and the purpose with which it was written. You should understand the context of the text, look at the sentences that connect before and after the parentheses, and guess the content that should go in the blank.

51~52 다음을 읽고 ㉠과 ㉡에 들어갈 말을 각각 한 문장으로 쓰십시오.
(각 10점)

어휘 및 표현
Vocabulary & Expressions

동아리 club
학생회관 student union

51　　　　　　　　　　　　　　　　　　　　　　　　　[37회]

> ### 모 집
>
> 태권도 동아리 '태극'입니다.
> 이번에 (　　　　　　㉠　　　　　　).
> 신입 회원은 태권도에 관심이 있는 학생이면
> 누구나 환영합니다.
> (　　　　　　㉡　　　　　　)?
> 그래도 걱정하지 마십시오. 처음부터 천천히 가르쳐 드립니다.
> 다음 주 금요일까지 학생회관 201호에서 신청하십시오.

Explanation

㉠에 들어갈 말은 그 다음 문장에서 찾아야 한다. 다음 문장에서 '신입 회원'이라는 말이 나왔고 글의 제목이 '모집'이었으므로 이번에 '새로 신입 회원을 모집한다'는 말이 들어가야 한다.

You must find the phrase to fill in ㉠ using the sentence that follows it. In the next sentence, "신입 회원" appears and the title of the text is "모집," so "새로 신입 회원을 모집한다" should fill in the blank.

정답 ㉠ 새로 신입 회원을 모집하려고/뽑으려고 합니다 (10점)

㉡은 글을 읽는 사람에게 물어보는 말이 들어가야 하는데, 그 다음 문장에 '그래도 걱정하지 마십시오.' 라는 문장이 나오므로 글을 읽는 사람이 걱정할 만한 내용을 질문으로 만들어야 한다. '처음부터 가르쳐 준다'는 말에서 글을 읽는 사람이 '태권도를 모르거나 못하는' 내용이 나와야 한다.

㉡ should be filled in with a phrase that asks a question to the person reading the text, but since the sentence "그래도 걱정하지 마십시오." appears in the sentence that follows, you should find a question in which the person reading the text is worried. From the phrase "처음부터 가르쳐 준다," content that says "태권도를 모르거나 못하는" should appear from the person reading the text.

정답 ㉡ 태권도를 처음 배우십니까 / 태권도가 처음이십니까 / 태권도를 잘 모르십니까 (10점)

문제 유형
Question Type
02
( ) 안에 맞는 표현 넣기
Filling in the blank with the expression

이 유형은 앞뒤 문장의 연결 관계를 파악하는 것이 중요하다. 인과, 병렬, 역접, 대조 관계 등을 파악해서 ( )에 들어갈 말을 논리적으로 찾아내야 한다.

For this type of question, it is important to figure out the connection between the preceding and following sentences. You must logically find the phrase to fill in the blank by understanding cause and effect, parallels, inversions, comparative connections, etc.

52 [41회]

> 사람의 손에는 눈에 보이지 않는 세균이 많다. 그래서 병을 예방하기 위해서는 자주 (㉠). 그런데 전문가들은 손을 씻을 때 꼭 (㉡). 비누 없이 물로만 씻으면 손에 있는 세균을 제대로 없애기 어렵기 때문이다.

Explanation

뒤 문장에서 '전문가들은 손을 씻을 때'라는 말이 나왔으므로, ㉠에는 '손을 씻다'라는 말이 들어가야 한다. 그런데 세균이 많기 때문에 병을 예방하기 위해서는 '~해야 한다'는 말로 문장을 끝내야 한다. 그러므로 '손을 씻어야 한다' 또는 좀 더 부드러운 표현으로 '손을 씻는 것이 좋다'가 답이 된다.

The phrase "전문가들은 손을 씻을 때" appears in the sentence that follows so the phrase "손을 씻다" has to go in ㉠. However, you must finish the sentence about preventing diseases that occur due to a lot of germs with a "–해야 한다" phrase. Accordingly, the answer is "손을 씻어야 한다," or you can use a softer expression like "손을 씻는 것이 좋다."

정답 ㉠ 손을 씻어야 한다 / 손을 씻는 것이 좋다 (10점)

㉡의 뒤 문장에서 비누 없이 씻으면 세균을 없애기 어렵다는 말이 있으므로, '비누를 사용해서 손을 씻어야 한다'는 내용이 답이 된다. 또는 '비누로 손을 씻어야 한다', '비누로 손을 씻는 것이 좋다', '비누를 사용해서 손을 씻어야 한다' 등의 표현도 가능하다.

In the sentence after ㉡, it says that eliminating germs is difficult if you wash your hands without soap, so the answer should have content saying, "비누를 사용해서 손을 씻어야 한다." Expressions such as "비누로 손을 씻어야 한다," "비누로 손을 씻는 것이 좋다," "비누를 사용해서 손을 씻어야 한다," etc. are also possible.

정답 ㉡ 비누로 손을 씻어야 한다고 한다 / 비누로 손을 씻는 것이 좋다고 한다 / 비누를 사용해서 손을 씻어야 한다고 한다 (10점)

도표를 보고 분석해서 글쓰기

Writing an essay afer looking at and analyzing a diagram

문제에서 도표가 무엇을 나타내는지 설명하고 있기 때문에 문제를 활용해서 글을 시작하는 것이 좋다. 그리고 도표에서 제시하는 자료가 어떤 의미인지를 풀어서 설명해야 한다. 주어진 정보가 인과, 병렬, 역접 관계인지 분명하게 알고 문장을 써야 한다.

This question type explains what is shown in a given diagram, so you can start your sentence using the information that appears in the question. After that, you can explain the meaning of the numbers or simple sentence shown in the diagram. You need to know precisely whether the information given is causal, parallel, or reciprocal, and write your answer sentences accordingly.

---

53 다음을 참고하여 '아이를 꼭 낳아야 하는가?'에 대한 글을 200~300자로
    쓰시오. 단, 글의 제목을 쓰지 마시오. (30점)   [52회]

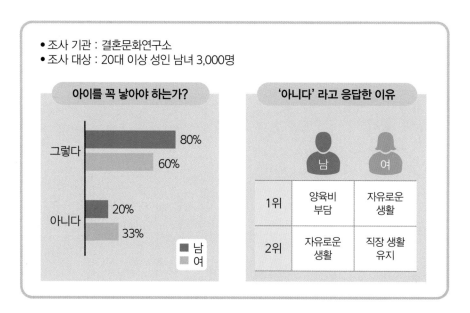

Explanation

20대 이상 성인 남녀 3,000명을 대상으로 '아이를 꼭 낳아야 하는가?' 를 물었고, '그렇지 않다'라고 대답한 사람들에게는 그 이유를 물어보는 설문 조사를 실시했다. 두 가지 질문에 대한 결과가 두 개의 표로 나타났으므로, 표를 보면서 공통점과 차이점을 찾아보고 비교해서 설명하면 된다.

조사 결과 '아이를 낳아야 한다'가 '아니다'보다 훨씬 많았고 여자보다 남자가 아이를 낳아야 한다는 생각이 더 많은 것으로 나타났다. 그런데 아이를 꼭 낳아야 하는 건 아니라고 생각한 이유는 남자와 여자가 다르게 나타났다. 남자가 그렇게 생각하는 가장 큰 이유는 양육비 부담인 것과는 달리, 여자들은 자유로운 생활을 가장 큰 이유로 응답했다. 그리고 여자들의 두 번째 이유는 직장 생활을 위한 것이었다. 왜 사람들이 이런 대답을 골랐는지 분석해서 자신의 의견을 마지막에 써 줌으로써 논리적으로 글을 완성할 수 있다.

A survey was conducted asking 3,000 adults who were in their 20s or older, "Do you absolutely have to have children?" and people who answered "no" were asked the reason why. Since the results of the two questions are presented in two diagrams, you can look at the diagrams to find common points and differences to explain as you compare them.

According to the survey, many more people answered, "I must have children," than those who answered "no," and more men than women thought that people must have children. However, the reason why people thought it was not absolutely necessary to have children was different for men and women. Men answered that the greatest reason why they thought this way was the burden of child-rearing expenses, while women answered that the greatest reason was a free lifestyle. The second reason for women was their work life. You can logically complete your essay by analyzing why people chose those answers and by writing your own opinion at the end.

정답

결혼문화연구소에서 20대 이상 성인 남녀 3,000명을 대상으로 '아이를 꼭 낳아야 하는가?'에 대해 조사하였다. 그 결과 '그렇다'라고 응답한 남자는 80%, 여자는 67%였고 '아니다'라고 응답한 남자는 20%, 여자는 33%였다. 이들이 '아니다'라고 응답한 이유에 대해 남자는 '양육비가 부담스러워서' 여자는 '자유로운 생활을 원해서'라고 응답한 경우가 가장 많았다. 이어서 남자는 '자유로운 생활을 원해서', 여자는 '직장 생활을 유지하고 싶어서'라고 응답하였다.

주어진 주제로 글쓰기
Writing about a given topic

이 유형에서는 문제를 제기하는 문장을 이용하여, 글을 쓸 때 서론으로 활용할 수 있다. 하나의 내용에 대해 '찬성과 반대' 또는 '장점과 단점' 같이 대조적인 내용을 쓰는 문제는 두 가지를 비교하면서 쓰는 것이 좋다. 비교하는 방법은 먼저 장점을 여러 개 쓰고 뒤에 단점을 여러 개 쓰는 방법과 장점-단점-장점-단점을 하나씩 비교하며 쓰는 방법이 있다. 하나의 주제에 대해 글을 쓸 때는 서론-본론-결론으로 구성하는 게 좋고, 본론 안에서 글의 내용에 따라 작은 주제로 문단을 만들어야 한다. 예를 들어 아래의 예문에서는 본론 부분에 '왜 역사를 알아야 하나?', '역사를 통해서 무엇을 배울 수 있나?'를 써야 한다. 각각의 글을 쓰면서 필요한 곳에 예를 들어 설명하면 내용을 더 풍부하게 해 주고 논리적인 뒷받침이 되는 효과가 있다.

This type of question uses a sentence that presents a problem, and you can use this to create your introduction when you write your essay. For questions that present contrasting content, it is a good idea to compare two things in your writing, such as arguments for and against something, or listing pros and cons. One way to make comparisons is to write several of the pros or advantages first and then several of the cons or disadvantages; you can also write using a method of comparing pro-con-pro-con one at a time. When writing about one topic, it is a good idea to organize your essay by introduction-main body-conclusion, and within the main body, you should make paragraphs with smaller topics according to the content of the essay. For example, in the example text below, in the main body of the essay, you should write, "Why do we have to know history?" and, "What can we learn through history?" By writing each answer and explaining with examples when necessary, the content becomes richer, and there is also an effect of logical support.

54 다음을 주제로 하여 600~700자로 글을 쓰십시오. (50점) [41회]

> 세계 어느 나라에서나 역사를 가르칩니다. 이는 지나간 일을 기록한 역사가 오늘날의 우리에게 주는 가치가 분명히 있기 때문일 것입니다. 여러분은 우리가 왜 역사를 알아야 하고, 그 역사를 통해서 무엇을 배울 수 있다고 생각하십니까? 이에 대해 쓰십시오.

Explanation

(1) 세계 어느 나라에서나 역사를 가르칩니다. 이는 지나간 일을 기록한 역사가 오늘날의 우리에게 주는 가치가 분명히 있기 때문일 것입니다. (2) 여러분은 우리가 왜 역사를 알아야 하고, (3) 그 역사를 통해서 무엇을 배울 수 있다고 생각하십니까?

제시문 (1)에서 이미 역사의 가치 또는 의미가 나왔기 때문에 이 내용을 응용해서 서론을 시작하거나 자신의 말로 자연스럽게 바꿔도 된다. 제시문 (2)와 (3)이 본론에 해당하는데, 그 내용이 두 가지니까 두 개의 문단으로 나누어서 쓰는 것이 좋다. 그리고 마지막으로 이상의 내용을 요약해서 결론을 쓰면 된다.

In question (1), since the value or meaning of history has already appeared in the text, you can start the introduction by using this content or naturally changing it into your own words.
Questions (2) and (3) correspond with the main body, and since the content is divided into two parts, it is recommended that you write the main body by dividing it into two paragraphs.
Finally, write the conclusion by summarizing the above content.

　　지난날에 대한 반성 또는 위대한 업적 등이 후대에게 전해지기를 바라는 마음이 기록으로 이어지고 그것이 바로 우리가 지금 '역사'라고 부르는 것이다. 우리가 역사를 기록하는 이유는 지금 일어나는 사실을 다음 세대에게 전달하는 데 그 목적이 있다.

　　이러한 역사는 우리에게 지금의 '나'를 이해할 수 있는 기회를 제공해 준다. 현재는 과거에서 비롯된 것이므로 과거를 살펴보는 것은 현재 일어나고 있는 일에 대해 이해하도록 돕는다. 그리고 역사는 과거에 있었던 가슴 아픈 사건이 다시 반복되지 않도록 우리에게 교훈을 주기도 한다.

　　더불어 역사의 기록을 통해 우리는 앞으로 일어날 일을 예측하고 준비할 수도 있다. 얼마 전 신문 기사에 따르면 한 연구자가 옛 문서에 기록된 역사적인 사실을 분석하여 오늘날의 우리가 겪고 있는 심한 가뭄을 미리 알리면서 대비를 경고한 바 있다. 이는 역사의 가치를 보여 주는 한 예라 할 수 있을 것이다.

　　이렇듯 역사는 과거의 사실을 아는 데에서 출발하여 현재의 '나'를 이해하고 더 나은 미래를 향한 방향을 제시해 줄 수 있다는 점에서 중요하다. 결국 과거의 역사는 현재로, 현재는 다시 미래의 역사로 이어지는 연속적인 관계 속에 존재하기 때문이다.

100

200

300

400

500

600

700

읽기 Reading

문제유형 Question Type 01 | 빈칸에 들어갈 어휘, 문법 고르기
Choosing the appropriate vocabulary & grammar for the blank

문장의 앞뒤를 보면서 그 의미와 가장 어울리는 단어나 문법 표현을 골라야 한다. 단어의 정확한 의미를 알아야 하고, 문법도 비슷한 의미를 가진 것들을 정리해 두면 문제를 푸는 데 도움이 된다.

You should look at the beginning and end of the sentence and choose the vocabulary word or grammatical expression that best matches the meaning. You must know the precise meanings of the vocabulary words, and if you sort out grammar with similar meanings, it will help you solve the question.

01~02 ( )에 들어갈 가장 알맞은 것을 고르십시오. (각 2점)

어휘 및 표현
Vocabulary & Expressions

2 민수 씨는 대학교를 ( ) 회사에 취직했다. [36회]

   ① 졸업해도   ② 졸업한다면

   ③ 졸업하더라도   ❹ 졸업하자마자

먹구름 dark clouds

03~04 다음 밑줄 친 부분과 의미가 비슷한 것을 고르십시오. (각 2점)

3 먹구름이 몰려오는 걸 보니 비가 올 <u>모양이다.</u> [36회]

   ① 오기도 한다   ❷ 올 것만 같다

   ③ 올 리가 없다   ④ 온 적이 없다

▶ Explanation

2 '대학교를 졸업하는 것'과 '회사에 취직하는 것'은 행동의 순서로 연결된다. 문장이 '회사에 취직했다'로 끝났으니까 그 이전에 '대학교를 졸업했다'는 말이 나와야 한다. 그런 의미로 연결된 것은 '대학교를 졸업하자마자' 뿐이다. ①~③은 아직 대학교를 졸업하지 않았고, 앞으로 졸업할 거라는 예정으로 연결된 말이라서 '취직했다'와 어울리지 않는다.

"Graduating from university" and "getting a job at a company" are linked in order of action. The sentence ends with "got a job at a company," so before that, "graduated from university" should appear. The connection with that meaning is "as soon as he graduated from university." ①–③ mean that he has not graduated from university yet and he will graduate in the future, so they do not match the word "got a job."

3 '비가 올 모양이다'는 추측을 나타내는 말이다. 그와 같은 의미의 연결 어미는 ②번이다.
① 오기도 한다: 올 때도 있다.
③ 올 리가 없다: 그럴 가능성이 전혀 없다.
④ 온 적이 없다: 과거에 온 경우가 전혀 없다.

"비가 올 모양이다" is a phrase that shows a guess. The connective ending with the same meaning is ②.
① There are times when it rains.
③ There is almost no possibility of that happening.
④ There is absolutely no occurrence of it having rained in the past.

문제유형 Question Type

02

짧은 문장을 보고 의미 파악하기
Looking at a short sentence and understanding the meaning

이 유형에서는 안내문, 광고, 제품 설명, 캠페인 문장 등이 나온다. 따라서 문장의 핵심 단어를 찾고 그 의미를 아는 것이 중요하다.

In this type of question, notices, advertisements, product explanations, campaign sentences, etc. appear. Accordingly, it is important to find the core vocabulary of the sentence and to know its meaning.

05~08 다음은 무엇에 대한 글인지 고르십시오. (각 2점)

6 [41회]

어휘 및 표현
Vocabulary & Expressions

안정되다 to stabilize
고객 customer
소중하다 to be precious

안정된 내일을 위하여!

고객님의 지갑을 소중히 생각하겠습니다.

---

① 병원   ❷ 은행   ③ 가게   ④ 학원

Explanation

'안정된 내일'을 위해 하는 것은 '저축'이고, '고객님의 지갑'에는 돈이 들어 있으니까 '돈'을 소중히 생각하는 것이다. 따라서 '저축'과 '돈'과 관계있는 것은 ②번 은행이다.

The thing for a "stable tomorrow" is "savings," and money is in the "customer's wallet," so "money" is the thing that is thought to be treasured. Accordingly, the answer with a relationship between "savings" and "money" is ②, the bank.

포스터/그래프와 같은 내용 고르기

Looking at a poster/graph and choosing the answer with the same content

이 유형은 안내문이나 도표(그림 또는 그래프)를 보고 그 내용을 문장으로 알맞게 설명한 것을 고르는 문제다. 먼저 그림이나 도표의 제목을 정확히 읽고, 선택지의 문장을 도표와 하나하나 대조해서 맞는 것을 찾으면 쉽게 풀 수 있다.

This type of question is a matter of looking at a notice or a diagram (picture or graph) and choosing the answer that correctly explains that content in a sentence. First, carefully read the title of the picture or diagram and compare the sentences in the answer options with the diagram one by one, and if you find the correct one, you can easily solve the question.

09~12 다음 글 또는 도표의 내용과 같은 것을 고르십시오. (각 2점)

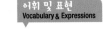
어휘 및 표현
Vocabulary & Expressions

10   [36회]

고민 worry, trouble

상담 counseling, advice

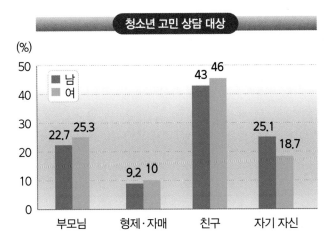

❶ 남녀 모두 부모님보다 친구에게 고민 상담을 많이 한다.

② 남녀 모두 형제와 자매에게 고민 상담을 가장 많이 한다.

③ 혼자서 고민을 해결하는 청소년은 여자보다 남자가 더 적다.

④ 부모님에게 고민을 말하는 청소년은 남자보다 여자가 더 적다.

Explanation

도표를 보면 청소년이 고민을 상담하는 대상은 친구가 남녀 각각 43%, 46%로 부모님보다 훨씬 높으므로 답은 ①번이다.

② 남녀 모두 형제와 자매에게 고민 상담을 가장 많이 한다.
  → 남녀 모두 친구에게 고민 상담을 가장 많이 한다.

③ 혼자서 고민을 해결하는 청소년은 여자보다 남자가 더 적다.
  → 남자가 25.1%이고 여자가 18.7%라서 남자가 더 많다.

④ 부모님에게 고민을 말하는 청소년은 남자보다 여자가 더 적다.
  → 남자가 22.7%이고 여자가 25.3%로 남자보다 여자가 더 많다.

As shown in the graph, among those whom adolescents ask for advice about their worries, male and female friends were 43% and 46%, respectively, which was much higher than parents. Therefore, the answer is ①.

② ~~Brothers and sisters~~ were asked the most often for advice about their worries. → Male and female friends were asked the most often for advice about their worries.

③ There were ~~fewer~~ boys than girls among adolescents who solved their problems alone. → 25.1% were boys and 18.7% were girls, so there were more boys.

④ There were ~~fewer~~ girls than boys among adolescents who told their worries to their parents. → 22.7% were boys and 25.3% were girls, so there were more girls than boys.

기사문 읽고 내용 같은 것 고르기

Reading an explanatory text and choosing the answer with the same content

설명하는 글을 읽고 내용과 같은 것을 고르는 문제다. 선택지의 문장을 하나하나 본문과 대조해서 맞는 것을 찾아야 한다.

This question type requires you to read an explanatory text and choose the answer with the same content. You must compare the sentences in the answer options one by one with the original text and find the correct answer.

09~12 다음 글 또는 도표의 내용과 같은 것을 고르십시오. (각 2점)

11 [37회]

어휘 및 표현
Vocabulary & Expressions

예선 preliminaries
원고 심사
manuscript evaluation
본선 final(s)

> 아침신문사에서는 오는 12월 20일에 한국어 말하기 대회를 개최한다. 이 대회는 한국에 사는 외국인 대학생을 대상으로 하며 주제는 '나와 한국'이다. 참가를 원하는 사람은 발표할 내용을 원고지 10장 정도의 글로 써서 12월 5일까지 이메일로 보내면 된다. 예선은 원고 심사로 대신하며 본선 참가자는 홈페이지를 통해 공지할 예정이다.

① 대회에서 발표할 원고의 양은 제한이 없다.

② 외국에서 살고 있는 사람도 참가할 수 있다.

❸ 본선 참가자는 홈페이지에서 확인할 수 있다.

④ 신청자는 신문사에 가서 원고를 제출하면 된다.

Explanation

글의 마지막 문장에서 '본선 참가자는 홈페이지를 통해 공지할 예정이다'라고 되어 있으므로 답은 ③번이다.

① 대회에서 발표할 원고의 양은 ~~제한이 없다~~.
→ '원고지 10장 정도의 글'이라는 제한이 있다.

② ~~외국에서 살고 있는 사람~~도 참가할 수 있다.
→ '한국에 사는 외국인 대학생'이라는 대상이 정해져 있다.

④ 신청자는 ~~신문사에 가서~~ 원고를 제출하면 된다.
→ '이메일로 보내면 된다'라고 했다.

In the last sentence of the text, it says, "Final participants will be announced through the homepage," so the answer is ③.

① ~~There is no page limit~~ for the script that will be presented at the competion. → It is limited to scripts of about 10 pages.

② ~~People who are living in foreign countries~~ can also participate.
→ The target is set for "foreign university students who are living in Korea."

④ Applicants can ~~go to the newspaper office~~ and submit their script. → It said, "You can send it by email."

순서대로 문장 나열하기
Placing the given sentences in the correct order

이 유형의 문제를 풀 때는 첫 문장을 찾는 것이 중요하다. 접속사 (그리고, 하지만, 왜냐하면 등)로 시작하는 문장, 지시어 (이런, 그 이유는, 이와 같은 등)로 시작하는 문장, 뒤에 이유를 나타내는 문장 (–기 때문이다)이나 앞의 말을 다시 설명하는 문장 (–는 것이다) 등은 첫 문장으로 올 수 없다. 이런 문장들을 배제하고 남은 문장 중에서 화제를 시작하는 내용의 문장을 첫 문장으로 고르면 된다.

When solving this type of question, it is important to find the first sentence. Sentences beginning with a conjunction (그리고, 하지만, 왜냐하면, etc.), sentences beginning with a directive (이런, 그 이유는, 이와 같은, etc.), sentences that show a reason (–기 때문이다), and sentences that re-explain a preceding phrase (–는 것이다) cannot appear as the first sentence. You can rule out these types of sentences and choose the first sentence with the content that starts the subject from among the sentences that remain.

13~15 다음을 순서대로 맞게 배열한 것을 고르십시오. (각 2점)

어휘 및 표현
Vocabulary & Expressions

13 [37회]

> (가) 그런 과정이 반복되면서 자연스럽게 광고가 된다.
> (나) 온라인에서 새로운 광고 기법이 주목을 받고 있다.
> (다) 이것은 제품을 직접 소개하지 않고 재미있는 동영상을 이용하는 방법이다.
> (라) 동영상을 보고 재미있으면 사람들은 친한 사람들에게 그 동영상을 전달한다.

과정 process
기법 technique
주목을 받다
to receive attention
동영상 video

① (나) – (가) – (라) – (다)　　❷ (나) – (다) – (라) – (가)
③ (라) – (가) – (나) – (다)　　④ (라) – (나) – (다) – (가)

Explanation

문장의 순서를 찾는 방법은 간단하다. (나)에서 '새로운 광고 기법'에 대해 소개하고 있고 (다)에서 '이것'이라고 그 광고 기법을 지칭하면서 '–는 방법이다'라고 구체적으로 설명했기 때문에, (나)의 다음 순서로 (다)가 오는 것이 적절하다. (다)에서 '동영상'이라는 단어가 나왔고 (라)에서 그 '동영상'이 어떻게 퍼져 나가는지 설명했으니 (라)가 (다)의 뒤에 들어간다. 그리고 (가)에서 이야기를 마무리해 준다. 답은 ②번이다.

The method of finding the order of sentences is simple. (나) is introducing a "new advertising technique" and (다) refers to that advertising technique as "이것" and is concretely explaining "–는 방법이다," so it is appropriate for (다) to follow (나). In (다), the word "동영상" appears, and in (라), it explains how that "동영상" spreads, so (라) goes after (다), and then (가) wraps up the story. The answer is ②.

문제 유형
Question Type
06

문장의 (　　　)에 들어가는 내용 고르기 1
Choosing the content to fill in the blank (1)

이 유형은 문장의 앞뒤 관계를 보면 답을 찾을 수 있다. 전체 문장의 내용을 이해한 후 (　　　)의 앞부분이나 뒷부분에서 답을 찾을 수 있다. 괄호에는 주로 단어나 관용적 표현, 절 등이 들어가는데 문장 전체의 내용을 파악해야 한다. 특히 글의 내용이 인과 관계로 연결된 글이 많은데 원인에 따른 결과나 그 결과를 만든 원인이 답이 된다. 그리고 서로 다른 두 가지 사실을 대조하는 내용의 글은 대조되는 문장을 비교해서 괄호에 넣을 말을 찾아야 한다.

For this type of question, if you look at the relationship between the beginning and end of the sentence, you can find the answer. After understanding the content of the whole sentence, look for and find the answer in the words that precede or follow the blank. Vocabulary words, idiomatic expressions, clauses, etc. usually go in the blank, but you must grasp the content of the entire sentence. In particular, there are many passages that connect the content through cause and effect, so either result according to the cause or the cause that made that result becomes the answer. For passages where the content compares two facts that are different from each other, you can find the phrase to put in the blank by comparing the contrasting sentences.

16~18 다음을 읽고 (　　　)에 들어갈 내용으로 가장 알맞은 것을 고르십시오. (각 2점)

어휘 및 표현
Vocabulary & Expressions

꺼리다 to shun, to avoid
본능 instinct
독성 toxicity

16 [52회]

> 사람들은 일반적으로 쓴맛을 꺼린다. 이것은 (　　　) 본능과 관계가 있다. 식물 중에는 독성이 있어 몸에 해로운 것들이 있다. 그런데 이런 독이 있는 식물은 보통 쓴맛이 난다. 따라서 사람들은 무의식적으로 쓴맛이 나는 것을 위험하다고 여기고 이를 거부하게 되는 것이다.

① 지나친 과식을 피하려는　　　❷ 자신의 몸을 보호하려는
③ 맛없는 음식을 멀리하려는　　　④ 입맛이 변하는 것을 막으려는

Explanation

독성이 있는 식물은 보통 쓴맛이 나고 몸에 해롭기 때문에 사람들은 위험을 피하기 위해 쓴맛을 꺼린다. 그러므로 이런 행동은 '자신의 몸을 보호하려는' 본능과 관계가 있다. 답은 ②번이다.

Toxic plants usually have a bitter taste and are harmful to the body, so people avoid the bitter taste in order to avoid danger. Therefore, this type of behavior has a relationship with the instinct of "trying to protect your own body." The answer is ②.

다음을 읽고 물음에 답하십시오. (각 2점)

어휘 및 표현
Vocabulary & Expressions

부담감 pressure, burden
성적을 거두다
to get a grade
을/를 떠올리다
to recall something
주의를 주다 to warn

운동선수가 실수에 대한 부담감을 가지게 되면 경기에서 좋은 성적을 거두기가 어렵다. 그렇기 때문에 감독은 선수를 지도할 때 실수를 떠올리게 하는 직접적인 말을 (   ) 않아야 한다. 예를 들어 스케이트 선수들은 넘어지면 안 된다는 부담감이 크다. 그러므로 감독은 선수에게 넘어지지 말라는 말 대신에 중심을 잡고 스케이트를 타라고 주의를 주는 것이 좋다.

21 (   )에 들어갈 알맞은 것을 고르십시오.   [37회]

❶ 입 밖에 내지   ② 눈 감아 주지

③ 한 술 더 뜨지   ④ 귓등으로 듣지

Explanation

문장의 내용을 보면 (   )의 내용은 '말을 하지 않아야 한다'는 의미로 연결된다. '말을 하다'를 나타내는 관용 표현은 '입 밖에 내다'이므로 답은 ①번이다.

② 눈감아 주다: 잘못한 것을 못 본 것처럼 해 주다, 용서하다

③ 한 술 더 뜨다: 잘못된 일에 대해 한 단계 더 나아가 엉뚱한 짓을 하다

④ 귓등으로 듣다: 어떤 말을 열심히 듣지 않고 들은 체 만 체하다

If you look at the content of the sentence, the content of the blank is connected through the meaning of "they should not talk." It is the idiomatic expression "입 밖에 내다" that shows the meaning "to say something," so the answer is ①.

② to turn a blind eye: to act as if you did not see a mistake, to forgive

③ to scoop up one more spoonful: to go one step beyond a mistake and do something outrageous

④ to listen with the back of an ear: to not listen diligently to something and only pretend to have listened

문제유형
Question Type
07
밑줄 친 부분에서 나타나는 감정 고르기
Choosing the emotion shown by the underlined portion

주로 수필이나 소설 같은 글에서 주인공의 감정을 표현하는 내용이 나오기 때문에 먼저 전체적인 흐름과 내용을 이해해야 한다. 그 후에 밑줄 친 부분에서 느낄 수 있는 감정을 찾아야 한다. 감정을 표현하는 형용사를 잘 알아야 정확하게 답을 찾을 수 있다.

As content that expresses a main character's feelings appears mainly in texts such as essays and novels, you must first understand the overall flow and content of the text. After that, you should find the emotion that can be felt in the underlined portion. You must know adjectives that express emotions well so you can precisely find the answer.

23~24 다음을 읽고 물음에 답하십시오. (각 2점)

어휘 및 표현
Vocabulary & Expressions

급기야 at last, in the end
붕대 bandage

할머니를 시골에 두고 혼자 서울로 올라오는 발걸음은 가볍지 않았다. 하지만 무거웠던 마음은 며칠 가지 않았다. 할머니는 날마다 전화를 하더니 급기야 서울로 올라오시고 말았다. 할머니의 손자 사랑은 어쩔 수 없나 보다. 할머니는 청소며 빨래며 나에게는 안 보이던 온갖 집안일들을 찾아서 하기 시작했다. 그냥 쉬다가 내려가시라고 <u>아무리 말해도 들은 척도 하지 않았다</u>. 서른이 넘은 나는 할머니가 보기엔 여전히 아이에 불과했다. 서울살이 몇 주 만에 낯선 동네에서 친구까지 사귄 할머니는 친구를 따라 시장에 갔다가 넘어지시고 말았다. 병원에서 온 연락을 받고 걱정이 되어 정신없이 달려갔더니 할머니는 같은 병실 사람들을 모아 놓고 환하게 웃으며 이야기하고 있었다. 다리에 붕대를 감고서 말이다. 그 광경을 보고 난 할 말을 잃었다.

23 밑줄 부분에 나타난 나의 심정으로 알맞은 것을 고르십시오. [41회]

❶ 답답하다 ② 후련하다
③ 민망하다 ④ 번거롭다

Explanation

'들은 척도 하지 않았다'는 말은 '전혀 듣지 않았다'는 뜻이다. 아무리 말해도 듣지 않는 사람을 볼 때 느끼는 감정은 ①번 '답답하다'이다.

"들은 척도 하지 않았다" means "did not listen at all." When looking at a person who did not listen no matter how much someone talked, the emotion that is felt is ①, "to be frustrated."

신문 기사의 제목을 잘 설명한 것 고르기
Choosing the answer that best explains the title of a newspaper article

신문 기사에 나오는 제목은 짧은 한 문장 안에 함축적인 의미의 단어가 쓰이기 때문에 그 단어의 의미를 정확하게 알아야 답을 찾을 수 있다. 시사와 관련된 문장이 많으므로 평소에 뉴스를 자주 보며 관련 표현에 익숙해지는 것이 좋다. 기사의 제목은 문장으로 끝나지 않고 명사형으로 끝나기 때문에 생략된 서술어의 의미도 알아야 한다.

In newspaper article headlines, vocabulary words with implicit meanings are written in one short phrase, so you must know the precise meanings of those words to be able to find the answer. There are many sentences related to current affairs, so it is good to watch the news often on a regular basis and become familiar with related expressions. Since the title ends in a noun form without ending the sentence, you must also know the meaning of the omitted predicate.

25~27 다음은 신문 기사의 제목입니다. 가장 잘 설명한 것을 고르십시오.
(각 2점)

어휘 및 표현
Vocabulary & Expressions

26

[41회]

> 불황에도 포도주 소비 '껑충', 불붙은 판매 경쟁

① 불황에도 업체 간 경쟁 때문에 포도주의 소비가 늘었다.
② 불황에도 포도주 판매 감소 때문에 포도주의 소비가 줄었다.
③ 불황에도 과도한 판매 경쟁 때문에 포도주의 공급이 증가했다.
❹ 불황에도 포도주 소비 증가 때문에 포도주의 판매 경쟁이 심해졌다.

불황
recession, depression
불붙다 to catch fire

Explanation

'껑충'은 어떤 단계나 순서를 한 번에 많이 건너뛰는 모양을 나타내는 말이고 '불붙다'는 어떤 일이나 감정이 치솟는 것을 말하니까 그런 의미로 설명한 것은 ④번이다.

"껑충" means to jump over many steps or sequences at once and "불붙다" means something or some emotion is soaring, so the answer that explains that meaning is ④.

문제유형 Question Type 09 | 문장의 (   )에 들어가는 내용 고르기 2
Choosing the content to fill in the blank (2)

앞서 나왔던 문제 유형 06과 같은 유형이지만 글의 내용이 더 전문적이며 설명문 등이 많이 나온다. 전체 내용을 이해해야 풀 수 있으며 논리적으로 문장이 연결될 수 있는 내용이 괄호 안에 들어가야 한다.

This is the same type of question as the preceding Question Type 06, but the content of the text is more specialized and texts such as explanations often appear. You must understand the content as a whole in order to solve the questions, and the content that can logically connect the sentence must go in the blank.

28~31 다음을 읽고 (   )에 들어갈 내용으로 가장 알맞은 것을 고르십시오. (각 2점)

31 [41회]

어휘 및 표현
Vocabulary & Expressions

기한 deadline
실시간 real time

> 기한이 정해져 있는 티켓의 경우 기간이 지나면 사용하지 못하게 된다. 그런데 기한이 얼마 남지 않은 티켓이라도 모바일 시장을 이용하면 판매할 수 있다. 이 시장에서는 판매자와 소비자가 실시간으로 필요한 정보를 교환한다. 이 시장을 통해 판매자는 기간이 지나면 (   ) 상품을 판매할 수 있고, 소비자는 필요한 시점에 싼 가격으로 상품을 구매할 수 있는 것이다.

❶ 가치가 사라지는
② 가격이 올라가는
③ 수요가 많아지는
④ 생산이 줄어드는

Explanation

기한이 얼마 남지 않은 티켓은 기간이 지나면 사용하지 못하게 돼서 그 가치가 사라지게 되므로 답은 ①번이다.

If the period passes for tickets for which the deadline is almost up, they become unable to be used, so their value disappears. Therefore, the answer is ①.

본문의 글을 읽고 내용이 같은 것 고르기

Choosing the answer with the same content as the text

가장 많이 출제되는 유형으로 8문제 정도가 나온다. 내용 전체를 이해하는 것도 중요하지만 선택지 ①~④까지의 내용과 본문 내용을 하나씩 대조하면 더 쉽게 답을 찾을 수 있다.

As the most frequent question type, about 8 of these questions will appear. Understanding the content as a whole is important, but you can more easily answer the question if you compare the answer options ①–④ with the original text one by one.

32~34   다음을 읽고 내용이 같은 것을 고르십시오. (각 2점)

34   [36회]

> 위조를 방지하기 위해 색깔과 디자인을 바꾼 수표가 곧 발행된다. 이 수표는 각도에 따라 문자의 색상이 뚜렷하게 바뀌며, 발행 번호의 색상도 기존 수표보다 더 선명하게 인쇄된다. 또한 고액권 수표는 이미지를 전산에 미리 등록하여 돈을 인출할 때 같은 수표인지를 확인하도록 했다. 이와 같은 수표의 발행으로 더욱 안전한 금융 거래를 할 수 있을 것으로 보인다.

① 이 수표는 각도에 따라 발행 번호가 바뀐다.
② 이 수표는 이미지를 인쇄하여 위조를 막는다.
❸ 이 수표는 문자의 색상 변화를 통해 위조를 방지한다.
④ 이 수표는 수표의 디자인을 개선하기 위해 만들어졌다.

어휘 및 표현
Vocabulary & Expressions

위조 forgery
각도 angle
기존 preexistence
고액권
large-denomination
banknote
전산
(electronic) data
processing
인출하다 to withdraw
금융 finance, banking

Explanation

글에서 '각도에 따라 문자의 색상이 뚜렷하게 바뀌며'라고 했으므로 답은 ③번이다.

① 이 수표는 각도에 따라 ~~발행 번호가 바뀐다.~~
  → 각도에 따라 문자의 색상이 뚜렷하게 바뀐다.

② 이 수표는 ~~이미지를 인쇄하여~~ 위조를 막는다.
  → 이미지를 전산에 미리 등록해서 위조를 막는다.

④ 이 수표는 ~~수표의 디자인을 개선하기 위해~~ 만들어졌다.
  → 위조를 방지하기 위해 디자인을 바꿨다.

In the text, it says, "Depending on the angle, the color of the characters distinctly changes," so the answer is ③.

① On these checks, the ~~issuance number changes~~ according to the angle.
  → The color of the characters changes according to the angle.

② On these checks, ~~an image is printed~~ to prevent forgery.
  → The image is electronically registered in advance to prevent forgery.

④ These checks were made in order to ~~improve the checks' design.~~
  → The design was changed in order to prevent forgery.

11

글의 주제 고르기
Choosing the topic of the text

먼저 문장 전체를 이해해야 하고 그 안에서 글을 쓴 사람이 주장하는 내용이 무엇인지 찾아야 한다. 선택지 ①~④의 내용이 모두 본문과 일치할 경우 혼동하기 쉽지만, 그중에서도 가장 주제로 적합한 내용이 답이 된다는 점을 유의해야 한다. 주로 '-해야 한다'로 끝나는 문장이 글쓴이의 주장이고 그것이 주제인 경우가 많다.

First, you have to understand the whole sentence, and then within that sentence, you have to find the content that the writer is asserting. You may get easily confused if all answer options ①–④ correspond with the text, but you must pay attention to the point that the answer is the one with the content that is the most suitable for the topic. The writer's opinion is usually a sentence that ends with "–해야 한다," and in many cases, that sentence is the topic.

35~38 **다음 글의 주제로 가장 알맞은 것을 고르십시오. (각 2점)**

35

[41회]

> 단순히 신맛을 내는 조미료 정도로만 여겨졌던 식초가 피로 회복이나 혈압 조절, 피부 미용 등에 효능이 있다는 것이 입증되면서 판매량이 늘고 있다. 이에 힘입어 식초 업계에서는 맛과 향을 다양화해 선택의 폭을 넓히고 식초 음료를 개발하는 등 식초의 대중화를 위해 노력하고 있다. 그 결과 식초의 시장 점유율은 꾸준히 상승하고 있다. 건강이나 미용 외에 청소나 세척 등 일상생활에서의 활용도가 높아진 것도 판매량 증가에 일조했다.

① 식초의 맛과 향의 종류가 많아졌다.
❷ 식초 시장의 규모가 성장하고 있다.
③ 식초의 다양한 효능이 입증되고 있다.
④ 식초가 건강식품으로 주목 받고 있다.

어휘 및 표현
Vocabulary & Expressions

효능 effectiveness
입증되다 to be proven
선택의 폭
variety of choices
시장 점유율
market share
세척 washing
일조하다
to help, to contribute
(to)

Explanation

①~④의 내용이 다 본문과 일치하지만, 첫 문장에 '판매량이 늘고 있다.'라고 했고 마지막 문장에도 '판매량 증가에 일조했다.'라는 말이 나와서 이 글 전체는 식초 시장의 규모가 커지고 있다는 것을 말하고 있다. 답은 ②번이다.

The content of ①–④ all correspond with the text, but the first sentence says, "The sales volume is increasing," and the last sentence also says, "It helped to increase the sales volume," so overall, this article is saying that the size of the vinegar market is growing. The answer is ②.

〈보기〉 문장이 들어갈 알맞은 곳 고르기
Choosing the best place to insert the example sentence

기본적으로 글의 전체적인 내용 파악이 중요하지만 〈보기〉 문장의 앞부분에 나오는 지시 대명사 또는 접속 부사를 유심히 봐야 한다. 그리고 문장이 들어갈 곳을 찾은 후에는 앞뒤의 연결이 자연스러운지 확인해야 한다.

Fundamentally understanding the overall content of the text is important, but you must closely look at the demonstrative pronoun or conjunctive adverb that appears at the beginning of the example sentence. Then, after finding the position where the sentence should go, you must check whether the connection between the beginning and end is natural.

39~41 **다음 글에서 〈보기〉의 문장이 들어가기에 가장 알맞은 곳을 고르십시오. (각 2점)**

40 [35회]

> 부자들을 대상으로 사업체 상속 계획에 대해 조사한 결과 부의 축적 유형에 따라 차이를 보였다. (㉠) 상속형 부자의 경우 절반 정도가 사업체를 자녀에게 물려주겠다고 응답했다. (㉡) 반면 자수성가형 부자는 자녀 상속 의향이 20% 정도에 지나지 않았다. (㉢) 상속형 부자는 자녀에게 기회를 주기 위해 물려준다고 응답한 반면 자수성가형 부자는 기술 및 비법 등을 전수하기 위해서 물려준다고 답했다. (㉣)

보기

자녀에게 사업체를 물려주려는 이유에서도 두 집단이 차이를 보였다.

---

① ㉠　　　② ㉡　　　❸ ㉢　　　④ ㉣

어휘 및 표현
Vocabulary & Expressions

상속 inheritance
축적 accumulation
자수성가
making one's own fortune
의향
intention, inclination
비법 secret method
전수하다 to hand down

Explanation

이 글은 크게 두 가지 내용으로 쓰였다. '부의 축적 유형에 따른 상속 계획의 차이' 그리고 '사업체를 물려주는 이유의 차이'다. 마지막 문장에서 물려주는 이유의 차이를 썼지만 그 내용을 이끄는 문장이 없으므로 그 앞에 〈보기〉의 문장이 들어가야 한다. 답은 ③번이다.

This text was largely written with two types of content. They are "differences in inheritance plans according to the type of accumulation of wealth" and "differences in reasons for transferring a business." The difference in reasons for transferring is written in the last sentence, but there is no sentence leading into that content, so the example sentence should go in front of it. The answer is ③.

문제 유형
Question Type

13

다양한 장르의 글 이해하기
Understanding texts in a variety of genres

42번 문제부터는 앞서 나왔던 문제 유형이 섞여서 나오며 문학 작품, 논설문, 설명문 등 다양한 장르의 글을 이해하고 한 텍스트에 문항이 두 개가 제시되는 문제를 풀어야 한다. 글이 길어서 50번까지 다 풀려면 시간 배분을 잘해야 하며 글의 문맥을 잘 파악하여 필자의 태도나 심정, 의견, 생각 등을 묻는 질문에 답을 해야 한다.

Starting with question number 42, the question types that previously appeared are mixed, and you have to understand a variety of genres of texts such as literary works, editorials, and explanatory texts and solve questions that present two items in one text. Since the texts are long, if you intend to solve all of them up to question number 50, you must allot your time well and understand the context of the texts, such as the writer's attitude, feelings, opinion, or thoughts, to answer the questions.

48~50 다음을 읽고 물음에 답하십시오. (각 2점)

어휘 및 표현
Vocabulary & Expressions

동력 power
당사자
the person directly involved
쟁점
(controversial) issue
부합되다 to coincide
지지
support, endorsement

현대 사회는 다양한 이익 집단의 관계가 복잡하게 얽혀 있기 때문에 많은 사회적 갈등이 존재한다. 사회 문화적 요소가 포함된 갈등에서부터 경제적 요인이 포함된 갈등, 일상생활과 관련된 갈등까지 사회적 갈등들은 여러 요인에 의해 끊임없이 발생한다. 그런데 이러한 사회적 갈등이 타협을 통해 합리적으로 조정된다면 사회를 통합하는 동력으로 작용할 수 있을 것이다. 따라서 사회적 갈등을 합리적으로 해결하기 위해 사회 구성원 모두가 합의할 수 있는 해결 원칙을 세울 필요가 있다. 먼저 (   ) 해결하는 것이 중요하다. 즉 당사자 간의 자유로운 대화와 협상을 통해 쟁점을 해결하려는 노력이 우선되어야 한다. 다음으로 갈등의 당사자 모두에게 이익이 되는 방향으로 해결해야 한다. 갈등 해결에 따른 이익이 한쪽에만 돌아가면 쟁점을 둘러싼 갈등이 계속 이어지기 때문이다. 또한 국민 전체의 이익과 부합되는 방향으로 해결되어야 그 해결 방안이 국민의 지지를 받을 수 있다는 점도 잊지 말아야 한다.

50 밑줄 친 부분에 나타난 필자의 태도로 알맞은 것을 고르십시오.　　　　[41회]

① 사회적 갈등 발생에 대해 경계하고 있다.

② 타협을 통한 갈등 해결에 대해 회의적이다.

③ 사회 통합의 어려움에 대해 공감하고 있다.

❹ 사회적 갈등의 긍정적인 측면을 인정하고 있다.

Explanation

사회적 갈등은 기본적으로 부정적이지만 '합리적으로 조정하면 사회를 통합하는 동력으로 작용할 수 있을 것이다.'라는 것은 긍정적인 역할도 있음을 말하고 있으므로 답은 ④번이다.

Social conflicts are fundamentally negative, but the text says they can also play a positive role because "rational adjustment can serve as a power that unites society," so the answer is ④.

TOPIK

PART 2

유형별 연습 문제

Practice Questions

3rd Edition

듣기 Listening

쓰기 Writing

읽기 Reading

듣기 Listening

문제유형 Question Type **01**	대화를 듣고 알맞은 그림 고르기 Choosing the correct picture after listening to a conversation	🔊 Track 09

01~03 다음을 듣고 가장 알맞은 그림 또는 그래프를 고르십시오. (각 2점)

어휘 및 표현
Vocabulary & Expressions

상영하다
to show, to screen
(a movie)

1

①

②

③

④

Explanation

두 사람의 대화에 나오는 단어와 상황을 정확히 파악해야 하는 문제이다. '예매하려고 한다'는 말이 나왔고 상영 시간 확인과 자리를 고르는 내용이 있으므로 영화를 예매하는 상황임을 알 수 있다.

For this question, you must accurately grasp the situation and vocabulary words that come up in the dialogue between the two people. Since the phrase "예매하려고 한다" appears and there is content about confirming a show time and choosing seats, you can infer that this is a situation in which someone is reserving movie tickets.

2

①

②

③

④

Explanation

세탁이 가능한지 물어보고 주말에 찾으러 온다고 했으니까 세탁을 부탁하는 상황임을 알 수 있다.

Since the woman asks whether her skirt can be washed and says that she will come to pick it up over the weekend, you can infer that this is a situation in which someone is making a request to do laundry.

3

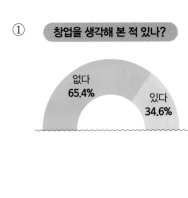

① 창업을 생각해 본 적 있나?

없다
65.4%

있다
34.6%

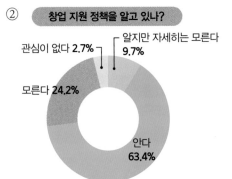

② 창업 지원 정책을 알고 있나?

관심이 없다 2.7%

알지만 자세히는 모른다
9.7%

모른다 24.2%

안다
63.4%

어휘 및 표현
Vocabulary & Expressions

묻다 to ask

빼다 to take out

창업 startup

고려하다
to take into account,
to consider

지원하다 to support

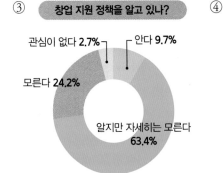

③ 창업 지원 정책을 알고 있나?

관심이 없다 2.7%

안다 9.7%

모른다 24.2%

알지만 자세히는 모른다
63.4%

④ 창업을 생각해 본 적 있나?

없다
65.4%

있다
9.7%

잘 모른다
24.9%

Explanation

듣기 지문에서 무엇에 대한 이야기인지 정확히 알고, 그에 따른 숫자를 주의해서 들어야 한다. 보통 그림이 두 종류가 나오는 것은 두 가지 이야기를 한 것이고, 이야기를 들으면서 선택지의 숫자를 미리 확인해 두는 것이 좋다. 여기서는 '창업을 생각해 본 적이 있나?'와 '창업 지원 정책을 알고 있나?'를 물은 결과가 도표에 나왔다.

For listening questions, you have to accurately infer what is being talked about and pay careful attention to numbers according to the subject. Usually, when two types of pictures appear, the passage will talk about two things, and it is good to check the numbers on the exam sheet in advance while you listen. Here, the results from asking, "Have you ever thought about starting your own business?" and, "Do you know about the startup support policy?" appear on the graphs.

04~08 다음을 듣고 이어질 수 있는 말로 가장 알맞은 것을 고르십시오.
(각 2점)

어휘 및 표현
Vocabulary & Expressions

청구되다
to be claimed, to be charged

연체료 late fee

4 ① 관리비를 내야 해요?
② 연체료가 얼마나 나올까요?
③ 연체료가 매달 나와서 힘들어요.
④ 관리비를 잊어버리지 말고 내세요.

5 ① 어느 방향이든지 괜찮아요.
② 지하철에서 핸드폰을 보면 안 돼요.
③ 지하철은 앞 칸에 타는 것이 좋아요.
④ 수서행을 탔는데 칸은 기억이 안 나요.

Explanation

4 대화를 들은 후 마지막에 어떤 말이 나올지 추측하는 문제이므로 마지막 대화 바로 전의 대화를 잘 들어야 한다. 여자가 '지난달에 못 낸 관리비에 대해 연체료가 있을 것'이라고 말했으므로 남자는 그 연체료에 대해 말하는 것이 자연스럽다.

For this question, after listening to the conversation, you must guess which phrase will come at the end. Since the woman says there will be a late fee for the maintenance fee that was not paid last month, it would be natural for the man to talk about the late fee.

• -치: a suffix that adds the meaning of price or value
🔁 세 달치 월급, 1년치 수업료
3 months' worth of rent, 1 year's worth of tuition fees

5 남자가 핸드폰을 찾는 것을 도와주기 위해 여자가 탔던 지하철의 방향과 칸을 물어봤으니까 여자는 그 질문에 맞는 대답을 해야 한다.

In order to help the woman find her cell phone, the man asks about the direction and car of the subway she took, so the woman should answer those questions.

• 칸: a space enclosed according to a fixed standard, such as in a building or on a train or a bookshelf
🔁 옆 칸에 앉은 사람, 방이 두 칸 있는 집
A person sitting in the next (train) car, a house with two rooms

어휘 및 표현
Vocabulary & Expressions

마감되다 to close, to end
주문하다 to order
재촉하다 to rush, to hurry

6 ① 양식 식당으로 갑시다.

② 내일 11시에 가겠습니다.

③ 저녁 대신 점심으로 예약해 주세요.

④ 그럼, 내일 저녁 시간으로 예약해 주세요.

7 ① 방송을 다시 보고 결정해 주십시오.

② 홈쇼핑은 전화로 주문할 수 없습니다.

③ 이전에 방송된 물건은 주문이 안 됩니다.

④ 그럼, 주문하시는 가방의 색상을 선택해 주십시오.

8 ① 개들도 재촉하는군요.

② 사람이 먼저 가야겠군요.

③ 개가 배려심이 더 많군요.

④ 사람보다 성격이 나쁘군요.

Explanation

6 점심 예약은 안 되지만 저녁 시간 예약이 가능하다는 정보를 들었으니 그에 대한 대답이 나와야 한다.

You hear in the passage that lunch reservations cannot be made, but it is still possible to make dinner reservations, so the answer with this information must come next.

7 남자가 지금 방송 중인 여행 가방을 주문하려고 한다고 했으므로 그것과 연관된 말을 해야 한다.

The man says that he would like to order the travel bag that is currently being broadcast, so the woman's answer should be related to this request.

8 재촉하지 않고 먼저 가서 기다리는 것은 배려하는 행동이다.

Not rushing and instead going first and waiting is considerate behavior.

대화를 듣고 남자/여자가 이어서 할 행동 고르기

Listening to a conversation and choosing the action that the man or woman will take afterward

🔊 Track 11

09~12 다음을 듣고 여자가 이어서 할 행동으로 가장 알맞은 것을 고르십시오. (각 2점)

어휘 및 표현
Vocabulary & Expressions

꼬박꼬박
regularly, on a regular basis

증상 symptom

처방하다 to prescribe

자제하다
to refrain from (doing something)

한도 초과
exceeding a limit

9 ① 음식을 준비한다. ② 쓰레기봉투를 만든다.
 ③ 슈퍼나 편의점에 간다. ④ 일반 쓰레기를 버리러 간다.

10 ① 운동을 한다. ② 약국에 간다.
 ③ 등산을 한다. ④ 건강 검진을 한다.

11 ① 물을 마신다. ② 야외로 나간다.
 ③ 창문을 닫는다. ④ 일기 예보를 듣는다.

12 ① 사용 한도를 늘린다. ② 다른 카드로 계산한다.
 ③ 신용 카드 회사에 전화한다. ④ 카드 패드에 다시 사인한다.

Explanation

9 남자가 음식물 쓰레기봉투를 구하는 방법을 말해 줬으니까 여자는 이를 사러 갈 것이다.

The man explains how to buy food waste bags, so the woman is going to buy trash bags.

10 남자가 약을 2주일분 처방해 준다고 했으니까 여자가 처방전을 가지고 할 다음 행동이 무엇인지 찾아야 한다.

The man says he will prescribe medicine for 2 weeks, so you have to find what the woman will do after getting the prescription.

11 여자가 창문이 열려 있는 것을 보고 놀랐으니까 그것과 연관된 행동을 찾아야 한다.

The woman is surprised to see that all the windows are open, so you should find the action connected to her reaction.

12 남자가 다른 카드를 주거나 현금으로 계산해 달라고 요구했으므로 둘 중 하나의 행동을 할 것이다.

The man asks the woman to use a different card or to pay with cash, so the woman will do one of these actions.

13~16 **다음을 듣고 들은 내용과 같은 것을 고르십시오. (각 2점)**

어휘 및 표현
Vocabulary & Expressions

기준 standard
기독교 Christianity
예수님 Jesus
뜯다 to tear, to rip
질병 disease
흡연율 smoking rate

13 ① 빵을 칼로 잘라서 먹는 것이 예의다.

② 오른손으로 빵을 잡고 왼손으로 뜯어 먹는다.

③ 서양에서의 빵은 기독교와 관련된 의미가 있다.

④ 접시를 기준으로 오른쪽에 있는 빵을 먹어야 한다.

14 ① 청소년은 어른들보다 담배를 4배 많이 피운다.

② 이 결과는 모든 흡연자들을 대상으로 조사했다.

③ 길거리에서 사람들을 대상으로 이 조사를 했다.

④ 주위에 흡연자가 있으면 담배 피울 가능성이 17배 높다.

◢ **Explanation**

13 어느 쪽에 있는 물과 빵을 먹어야 하는지 방향을 주의해서 듣고 듣기 지문에서 나오는 종교와 연관된 의미를 생각하면 답을 찾기가 쉽다.

Pay attention to which side has the water and bread that should be eaten, and if you think about the meaning that connects with the religion that appears in the listening passage, it is easy to find the answer.

14 듣는 내용의 전체적인 의미와 숫자 그리고 어휘들을 주의 깊게 들어야 한다. '청소년만', '온라인 조사' 라는 어휘와 각각의 숫자를 꼼꼼히 듣고 분석할 필요가 있다.

You have to listen carefully and pay attention to the vocabulary words, numbers, and general meaning of the listening content. It is necessary to listen carefully and to analyze the vocabulary words "adolescents only" and "online survey" and the numbers for each.

15 ① 강수 확률을 높이는 이유는 틀리지 않기 위해서다.

② 강수 확률을 높게 발표해서 더 욕을 많이 먹게 된다.

③ 산업 현장은 비를 대비했다가 비가 안 오면 손해가 커진다.

④ 우산이 없는데 비가 오면 일기 예보가 틀렸다고 생각하는 사람이 많다.

16 ① 해외 직구는 배송이 느린 단점이 있다.

② 해외 직구가 일반적인 유통 과정보다 더 비싸다.

③ 해외 물품을 구입하는 것은 합리적인 소비가 아니다.

④ 직구는 해외 소비자가 국내 물건을 구입하는 것이다.

어휘 및 표현
Vocabulary & Expressions

강수 확률
chance of precipitation

당혹스럽다
to be embarrassed,
to be perplexed

배송 delivery

유통 distribution

Explanation

15 우산이 없는데 비가 올 때와 우산을 들고 왔는데 비가 안 올 때 발생하는 문제와 사람들의 심리를 비교해서 이에 주의하면서 들어야 한다.

You have to pay careful attention while listening to compare the problem that occurs when people do not have an umbrella when it rains versus the problem that occurs when people bring an umbrella when it does not rain, and then compare people's mentalities.

16 해외 직구의 뜻을 정확하게 알고 그것의 장단점을 비교해서 들어야 한다.

You must listen to completely grasp the meaning of overseas direct purchases and to compare the pros and cons.

17~20 다음을 듣고 남자의 중심 생각으로 가장 알맞은 것을 고르십시오. (각 2점)

어휘 및 표현
Vocabulary & Expressions

업주 business owner
책임을 묻다
to hold responsible
절반 half
잡티 blemish
대면
meeting face to face

17 ① 술, 담배를 산 청소년도 벌을 받아야 한다.

② 어른들은 미성년자를 보호해야 할 책임이 없다.

③ 미성년자에게 술을 파는 어른들만 책임을 져야 한다.

④ 성인과 비슷한 외모 때문에 청소년들이 술, 담배를 사기 쉽다.

18 ① 가수는 노래 실력을 더 키워야 한다.

② 가수는 대중의 인기가 가장 중요하다.

③ 아이들은 아이들답게 노래하게 해야 한다.

④ 짧은 치마와 선정적인 춤이 인기에 큰 영향을 준다.

19 ① 피부 화장은 가볍게 하는 게 좋다.

② 마스크 착용으로 눈 화장품이 많이 팔린다.

③ 입술에 바르는 화장품은 매출 변화가 없다.

④ 코로나로 인해 모든 화장품의 매출이 줄었다.

20 ① 일자리 창출을 위해 비대면 서비스를 중단해야 한다.

② 비대면 마케팅 때문에 사회가 점점 개인화 되고 있다.

③ 신세대와 고령층의 갈등을 푸는 방법을 연구해야 한다.

④ 비대면 마케팅 서비스에 따르는 부작용도 같이 해결해야 한다.

Explanation

17 남자는 술, 담배를 사는 청소년들의 잘못을 지적하고 청소년들이 스스로 책임을 져야 한다고 주장하고 있다.

The man points out the fault of minors who buy alcohol and cigarettes and argues that minors should be responsible for themselves.

18 남자는 아이돌 가수의 선정적인 춤과 옷차림을 비판하면서 아이들답게 노래하게 해야 한다고 주장하고 있다.

The man is criticizing idol singers' suggestive dancing and outfits, and arguing that they should sing like children.

19 남자는 마스크로 얼굴의 절반을 가리기 때문에 눈을 강조하는 화장품 매출이 늘었다고 말하고 있다.

The man says that because half of people's faces are covered with a mask, the sales of cosmetics emphasizing the eyes have increased.

20 남자는 비대면 서비스가 편리하지만 그에 따른 문제점도 같이 고민해야 함을 주장하고 있다.

The man argues that non-face-to-face services are convenient, but we must also be concerned about the corresponding problems.

21~22 다음을 듣고 물음에 답하십시오. (각 2점)

어휘 및 표현
Vocabulary & Expressions

한몫을 하다
to have a share in,
to contribute

21 남자의 중심 생각으로 가장 알맞은 것을 고르십시오.

① 인쇄하지 않은 종이컵은 재활용할 수 없다.

② 커피 전문점에 갈 때 자기 컵을 가고 가야 한다.

③ 환경을 지키기 위해 종이컵 사용을 줄여야 한다.

④ 종이컵 사용은 숲이 사라지는 데 영향을 주지 않는다.

22 들은 내용과 같은 것을 고르십시오.

① 남자는 말로만 환경 운동을 하고 있다.

② 여자는 인쇄된 컵으로 커피 전문점을 광고해야 한다고 생각한다.

③ 남자는 어쩔 수 없이 종이컵을 사용하는 경우를 인정하지 않는다.

④ 남자는 지구의 숲이 사라지는 데 종이컵 사용이 책임이 있다고 생각한다.

Explanation

21 남자가 가능하면 컵을 갖고 다니고 어쩔 수 없이 종이컵을 쓸 때도 분리수거를 해야 한다고 말하는 것에서 중심 생각을 찾아야 한다.

You must find the main idea among the man's words in saying that he carries a cup with him when possible, and that in situations when using a paper cup is unavoidable, garbage must be properly separated.

22 들은 본문과 대조하면서 일치하는 내용을 찾아야 한다. 남자가 지구의 숲들이 사라져 가는 이유로 종이컵이 한몫한다고 예를 들었는데 여기에서 '한몫을 한다'는 말은 어떤 일에 일정 부분의 역할이나 책임이 있다는 의미다.

You must compare the conversation you heard and find the corresponding content. The man gave the example that paper cups contribute toward the reasons why the Earth's forests are disappearing; here, the phrase "한몫을 한다" means that something has a role or responsibility in part of something.

어휘 및 표현
Vocabulary & Expressions

체험 experience
담그다 to soak,
to immerse

23 남자가 무엇을 하고 있는지 맞는 것을 고르십시오.

① 외국인과 식사를 하고 있다.

② 한국 음식 문화를 소개하고 있다.

③ 서울 광장에서 외국인을 기다리고 있다.

④ 외국인 김장 체험 프로그램을 소개하고 있다.

24 들은 내용과 같은 것을 고르십시오.

① 식사를 한 후에 김치를 담글 예정이다.

② 이 행사는 외국인 관광객들을 위한 것이다.

③ 400명이 동시에 김치를 담그는 프로그램이다.

④ 외국인은 자신이 담근 김치를 가져갈 수 있다.

Explanation

23 남자는 외국인 김장 체험에 대한 여자의 질문에 대답하고 있다.

The man is answering the woman's questions about the kimchi-making experience for foreigners.

24 들은 내용과 대조하면서 일치하는 내용을 찾아야 한다. 이 행사는 한국에 살고 있는 외국인들을 위한 김장 체험으로 3일 동안 50명 씩 8번에 나누어 진행된다. 김치를 담근 후에 김치와 불고기 비빔밥으로 식사하고 자신이 담근 김치를 가져갈 수 있다.

You must compare the conversation you heard and find the corresponding content. This event is a kimchi-making experience for foreigners that will be held for 3 days, with 8 groups of 50 people each. After making the kimchi, they will eat a meal of *bulgogi bibimbap* and kimchi, and they can take home the kimchi that they make.

25~26 다음을 듣고 물음에 답하십시오. (각 2점)

어휘 및 표현
Vocabulary & Expressions

욕설 foul language
성희롱
sexual harassment
인격적 respectful, moral

25 남자의 중심 생각으로 가장 알맞은 것을 고르십시오.

　① 직원은 모두 우리 가족이다.

　② 카페의 분위기를 밝게 해야 한다.

　③ 젊은 직원들을 인격적으로 대해야 한다.

　④ 직원들이 손님을 존중하는 것이 중요하다.

26 들은 내용과 같은 것을 고르십시오.

　① 어려 보이는 직원은 어른이 아니다.

　② 주문 받는 곳에 적어 둔 글은 효과가 없다.

　③ 존댓말을 사용하는 손님은 존중을 받을 수 없다.

　④ 처음 보는 사람에게 반말을 하는 것은 예의가 아니다.

Explanation

25 남자는 손님들에게 젊은 직원을 대할 때 존댓말을 써 달라는 운동을 하고 있다고 하면서 그 효과에 대해 말하고 있다.

While saying he is carrying out a movement to ask customers to use formal speech when talking to young employees, the man is speaking about its effects.

26 들은 내용과 대조하면서 일치하는 내용을 찾아야 한다. 남자는 직원들도 어른인데 처음 보는 사람에게 반말을 하는 것은 예의가 아니라고 생각해서 이런 운동을 하게 되었다고 말했다.

You must compare the conversation you heard and find the corresponding content. The man said that he is carrying out this movement because the employees are adults and he thinks it is impolite for someone they are meeting for the first time to use informal speech with them.

말하는 사람의 태도 및 생각 등을 고르기
Choosing the speaker's attitude, thoughts, etc.

🔊 **Track 14**

27~28 다음을 듣고 물음에 답하십시오. (각 2점)

연봉 annual salary

27 남자가 말하는 의도로 알맞은 것을 고르십시오.

① 예전 직장의 나쁜 점을 고발하려고

② 회사를 그만둔 이유를 알려 주려고

③ 새로 찾고 싶은 직장의 조건을 설명하려고

④ 회사 내에서 남녀 직장인의 차별을 지적하려고

28 들은 내용과 같은 것을 고르십시오.

① 남자는 예전 직장에서 3년 동안 일했다.

② 대부분의 회사는 근무 시간 후에 일하지 않는다.

③ 남자는 직장 선택에서 연봉과 전망이 가장 중요하다.

④ 상사의 눈치를 보면서 휴기를 사용하는 회사가 없다.

Explanation

27 남자는 연봉도 높고 전망도 좋은 회사를 그만둔 이유를 말하면서 행복한 직장 생활을 할 수 있는 새 직장을 찾고 있다고 했다.

The man explains his reasons for quitting his job at a company where the annual salary was high and the prospects were good, and said that he was looking for a new workplace where he could have a happy work life.

28 들은 본문과 대조하면서 일치하는 내용을 찾아야 한다. 남자는 예전 직장에서 3년 동안 휴가 사용도 거의 못해 봤다고 말했다.

You must compare the conversation you heard and find the corresponding content. The man says that at his previous workplace, he could hardly even use his vacation time for three years.

29~30 다음을 듣고 물음에 답하십시오. (각 2점)

어휘 및 표현
Vocabulary & Expressions

무인 unmanned
택배함 delivery station
사칭하다 to impersonate

29 남자가 누구인지 고르십시오.

① 택배를 하는 사람

② 무인 택배를 이용하는 사람

③ 무인 택배 제도를 잘 아는 사람

④ 무인 택배로 물건을 주문한 사람

30 들은 내용과 같은 것을 고르십시오.

① 무인 택배를 이용하면 비용이 든다.

② 인주시의 여성들을 위해 이런 제도를 만들었다.

③ 물건 주문 후 48시간 안에 물건을 넣어 두어야 한다.

④ 물건을 주문할 때 배송지를 자신의 집으로 써야 한다.

Explanation

29 남자는 여성 행복 무인 택배함을 만든 이유와 이용 방법에 대해 자세히 설명하고 있다.

The man is explaining the reason for making the "women's happiness unmanned delivery stations" and explaining how to use them in detail.

30 들은 내용과 대조하면서 일치하는 내용을 찾아야 한다. 남자는 범죄로부터 여성의 안전을 지키는 데 도움을 주기 위해 무인 택배함을 설치했다고 말했다.

You must compare the conversation you heard and find the corresponding content. The man says that unmanned delivery stations were installed in order to help in areas where women's safety is protected.

어휘 및 표현
Vocabulary & Expressions

가정하다
to assume,
to hypothesize

바람직하다
to be desirable

31 남자의 중심 생각으로 가장 알맞은 것을 고르십시오.

① 미래를 알면 후회하지 않는 삶을 살 수 있다.

② 미래를 알면 모든 일을 미리 준비할 수 있는 장점이 있다.

③ 사람들은 미래의 일을 알면 후회할까 봐 미래를 알고 싶어 하지 않는다.

④ 사람들은 좋은 일은 미리 알고 싶지만 부정적인 일은 알고 싶어 하지 않는다.

32 남자의 태도로 가장 알맞은 것을 고르십시오.

① 여자의 의견에 대해 비판하고 있다.

② 대다수 사람들의 반응에 대해 염려하고 있다.

③ 여자의 의견과 남자의 생각을 비교 분석하고 있다.

④ 자신의 의견을 구체적인 예를 들며 설명하고 있다.

Explanation

31 남자는 대다수의 사람들이 미래를 알고 싶어 하지 않는다고 말하고 있다.

The man is saying that the majority of people say that they do not want to know about the future.

32 남자는 여러 가지 미래 상황을 가정해서 이를 미리 알고 싶은지 묻고 그에 대한 결과를 설명하고 있다.

The man hypothesizes about various future circumstances and asks if people want to know about them in advance. He is explaining the results.

다음을 듣고 물음에 답하십시오. (각 2점)

어휘 및 표현
Vocabulary & Expressions

굴뚝 효과 chimney effect

진공 vacuum

펄럭이다
to flutter; to wave;
to flap

33 무엇에 대한 내용인지 알맞은 것을 고르십시오.

① 고층 건물의 회전문을 만드는 방법

② 고층 건물에 회전문을 사용하는 이유

③ 고층 건물의 회전문과 일반 문의 차이점

④ 고층 건물의 회전문이 갖고 있는 문제점

34 들은 내용과 같은 것을 고르십시오.

① 회전문이 굴뚝 효과로 인한 불편한 현상을 방지한다.

② 굴뚝 효과 때문에 난방을 하면 상층부가 진공 상태가 된다.

③ 고층 건물의 1층 입구는 거의 대부분 여닫이문으로 되어 있다.

④ 회전문은 항상 열려 있어서 굴뚝 효과로 인한 현상을 해결할 수 있다.

Explanation

33 여자는 고층 건물의 1층 입구가 거의 회전문으로 되어 있는 것에 대해 재미 때문이 아니라 과학적 이유가 있다고 말하고 있다.

The woman is saying that the majority of high-rise buildings have a revolving door at the 1st floor entrance because of a scientific reason, not simply for fun.

34 들은 내용과 대조하면서 일치하는 내용을 찾아야 한다. 고층 건물 1층에 어떤 문이 있는지 알고, 그런 문이 생긴 이유와 역할을 정확히 파악해야 한다.

You must compare the content you heard and find the corresponding content. You must know what type of door is on the 1st floor of high-rise buildings, and you must precisely grasp the reason that type of door was developed and its role.

다음을 듣고 물음에 답하십시오. (각 2점)

35 남자가 무엇을 하고 있는지 고르십시오.

① 새로 시행될 제도에 대해 설명하고 있다.

② 시민들이 원하는 것이 무엇인지 조사하고 있다.

③ 불편한 교통 문제를 해결하라고 요구하고 있다.

④ 시의 발전을 위해 자신을 지지해 달라고 부탁하고 있다.

개찰구 turnstiles

감지하다
to sense, to detect

인식하다
to recognize,
to perceive

시범
demonstration, pilot

36 들은 내용과 같은 것을 고르십시오.

① 이 제도는 인주시가 혼자서 준비해 왔다.

② 이 제도는 올해 5월에 모든 역에서 시행될 예정이다.

③ 이 제도는 교통비를 안 내는 사람을 찾아내는 제도다.

④ 이 제도가 시행되면 개찰구 앞을 빨리 통과할 수 있다.

Explanation

35 남자는 '열린 문 제도'의 연구 과정과 장점을 말하고 올해 5월부터 시행될 것이라고 말하고 있다.

The man is talking about the research process and advantages of an "Open-Door System," and saying that it will be implemented starting in May of this year.

36 들은 내용과 대조하면서 일치하는 내용을 찾아야 한다. 남자가 설명하는 이 제도가 시행되면 혼잡한 출퇴근 시간에 승객들이 개찰구 앞에 길게 늘어설 일이 없어지게 된다.

You must compare the content you heard and find the corresponding content. If the system that the man explains is implemented, long lines of passengers in front of turnstiles during crowded commuting times will disappear.

37~38 다음을 듣고 물음에 답하십시오. (각 2점)

어휘 및 표현
Vocabulary & Expressions

지탱하다
to support, to sustain

유대 관계
ties, relationship

37 여자의 중심 생각으로 가장 알맞은 것을 고르십시오.

① 우주에서도 농사를 지어야 한다.

② 도시와 농촌의 유대 관계가 중요하다.

③ 도시의 학생들도 농업을 공부해야 한다.

④ 슈퍼에서 파는 고기를 먹기 전에 생산 과정을 확인해야 한다.

38 들은 내용과 같은 것을 고르십시오.

① 농촌에 직접 가야 먹거리에 대해 알게 된다.

② 농업보다는 과학의 발전이 인류에게 중요하다.

③ 농업을 배우면 먹거리에 대해 제대로 이해할 수 있다.

④ 기본적인 생존을 위해서는 스마트폰 기술이 더 발전해야 한다.

Explanation

37 학생들에게도 농업을 가르쳐야 한다고 주장하는 이유를 묻는 남자의 질문에 여자가 대답하고 있다.

The woman is answering the man's question about the reason for asserting that we should teach students about agriculture.

38 들은 내용과 대조하면서 일치하는 내용을 찾아야 한다. 여자는 농업을 배우면 먹거리에 대해 제대로 이해할 수 있다고 말했다.

You must compare the conversation you heard and find the corresponding content. The woman said that if you learn about agriculture, you will properly understand what you eat.

39~40 다음을 듣고 물음에 답하십시오. (각 2점)

어휘 및 표현
Vocabulary & Expressions

국한되다
to be limited (to)
여물다 to be ripe
웃자라다 to overgrow
은하수 the Milky Way

39 이 대화 전의 내용으로 가장 알맞은 것을 고르십시오.

① 인공조명의 발달로 빛 공해가 시작되었다.

② 인공조명 탓에 도시에서 별을 보기가 힘들어졌다.

③ 빛 공해로 인해 사람의 건강과 동물에 큰 피해가 있다.

④ 해가 진 후에도 활동이 가능해진 것은 인공조명 덕분이다.

40 들은 내용과 같은 것을 고르십시오.

① 빛 공해가 있으면 벼는 키가 자라지 않는다.

② 빛은 인간의 삶에 긍정적인 영향과 부정적인 영향을 준다.

③ 길가의 나무들은 밤에도 빛을 받아서 긍정적인 효과가 있다.

④ 밤에 인공조명과 별빛을 같이 부면 더 밝아서 한경에 도움이 됀다.

Explanation

39 여자가 인공조명으로 인한 어려움은 사람과 동물에만 국한되느냐고 물어봤으므로 앞에서 나온 이야기는 인공조명으로 인한 사람과 동물의 피해이다.

The woman asks if difficulties caused by artificial light are limited to people and animals, so "harm caused to people and animals by artificial light" is what should come before it.

40 들은 내용과 대조하면서 일치하는 내용을 찾아야 한다. 남자는 빛은 인간의 삶에 꼭 필요한 것이지만 지나친 빛은 에너지 낭비일 뿐만 아니라 사람과 동·식물의 생활을 위협한다고 말했다.

You must compare the conversation you heard and find the corresponding content. The man says that light is essential to human life; however, excessive light is not only a waste of energy, but it also threatens the lives of humans, animals, and plants.

문 제 유 형
Question Type
08

내용 이해를 바탕으로 한 전문적인 글 이해하기

Understanding a professional text based on an understanding of the content

🔊 Track 16

PART 2 | 유형별 연습 문제

41~42 다음을 듣고 물음에 답하십시오. (각 2점)

어휘 및 표현
Vocabulary & Expressions

41 이 강연의 중심 내용으로 가장 알맞은 것을 고르십시오.

① 그림책만이 거짓말하는 아이를 치료할 수 있다.

② 아이나 어른이나 거짓말을 하는 건 지극히 정상이다.

③ 아이들의 거짓말을 심각하게 받아들이지 말아야 한다.

④ 아이들의 거짓말에 어른들이 현명하게 대처해야 한다.

의도적 intentional
반복적 repetitive
공상 fantasy, daydream
불리하다
to be unfavorable
옳고 그르다
to be right and wrong
파악하다
to grasp, to understand;
to figure out
메우다 to fill
어조 tone
엿보다
to peek, to get a sense

42 들은 내용과 같은 것을 고르십시오.

① 의도적이고 반복적인 거짓말은 심각한 문제다.

② 6살이 넘으면 옳고 그른 것을 구별해서 거짓말을 안 한다.

③ 어른들은 아이에게 거짓말 하지 말라고 야단을 쳐야 한다.

④ 4~5살 아이들은 현실과 공상을 구별하지 못해 거짓말을 한다.

Explanation

41 중심 생각을 찾는 문제는 들은 내용과 일치하는 것을 찾는 게 아니라 말한 사람이 어떤 목적으로 이야기하는지 그 목적을 찾아야 한다. 여자는 아이가 거짓말을 할 때 어른들이 아이들에게 거짓말을 할 필요가 없다는 사실을 알 수 있도록 돕고 현명하게 문제를 풀어 나가는 것이 좋다고 말하고 있다.

Questions about finding the main idea are not questions that require you to find the corresponding content; you have to find the goal of the person who is talking. The woman is saying that when a child lies, adults should help children know the fact that there is no need to lie and that it is good to wisely solve the problem.

42 들은 내용과 대조하면서 일치하는 내용을 찾아야 한다. 여자는 의도적이고 반복적인 경우가 아니면 아이들의 거짓말을 너무 심각하게 받아들일 필요가 없다고 했으므로 의도적이고 반복적인 거짓말은 그 반대가 된다.

You must compare the content you heard and find the corresponding content. The woman says that if the lies are not intentional or repetitive, there is no need to take children's lies very seriously, so lies that are intentional and repetitive are the opposite.

어휘 및 표현
Vocabulary & Expressions

선천적 innate
유전자 genes
치매 dementia
조현병 schizophrenia
변수 variable

43 무엇에 대한 내용인지 알맞은 것을 고르십시오.

① 뇌는 여러 가지 경험이나 자극, 환경에 따라 달라질 수 있다.

② 인간의 학습 능력이 선천적인지, 환경적 영향인지 아직도 모른다.

③ 아이들이 집중해서 공부할 수 있는 환경을 만들어 주는 게 중요하다.

④ 학습 능력이 떨어지는 자녀에게 공부를 못한다고 야단치지 말아야 한다.

44 학업 능력을 발전시키는 방법으로 맞는 것을 고르십시오.

① 유전자의 상관관계를 분석해야 한다.

② 치매나 조현병 등 정신 질환을 미리 막아야 한다.

③ 누구를 닮았는지 잘 판단하는 것이 여러 가지 경험보다 중요하다.

④ 부모가 먼저 TV와 스마트폰을 끄고, 아이들과 같이 책을 읽어야 한다.

Explanation

43 강연자는 유전자보다는 가정의 경제적 여건이나 학습 환경 등이 학습 능력에 더 큰 변수가 될 것으로 보인다고 말하면서 아이들이 집중해서 공부할 수 있는 환경을 만들어 주는 게 중요하다고 말했다.

The speaker said that economic conditions and academic environments in families can be seen as more important variables for learning ability than genes, so it is important to create an environment in which children can concentrate and study.

44 아이들이 집중해서 공부할 수 있는 환경을 만들어 주는 게 중요하다고 말하면서 마지막 부분에서 그 구체적인 방법을 예를 들어서 제시하고 있다.

The speaker says that it is important to create an environment in which children can concentrate and study, and at the end, proposes an example of a concrete method for doing so.

45~46　다음을 듣고 물음에 답하십시오. (각 2점)

45 들은 내용과 같은 것을 고르십시오.

① 태풍의 이름에 한국 이름이 더 많은 것은 아니다.

② 태풍의 이름은 처음부터 2000년까지 계속 여성의 이름이었다.

③ 지금 태풍의 이름을 붙이는 것은 싫어하는 정치가를 놀리려는 것이다.

④ 다시 피해가 안 생기기를 원해서 큰 피해가 있었던 태풍의 이름을 바꾸기
　도 한다.

46 여자가 말하는 방식으로 알맞은 것을 고르십시오.

① 태풍이 발생하는 원인을 분석하고 있다.

② 태풍의 이름이 만들어지는 방식을 설명하고 있다.

③ 태풍을 막기 위한 14개 국가의 협력을 호소하고 있다.

④ 태풍이 지나가는 14개국에서 발생한 피해를 비교하고 있다.

Explanation

45 들은 내용과 대조하면서 일치하는 내용을 찾아야 한다. 여자는 실
제로 큰 피해를 일으킨 태풍의 이름은 다른 이름으로 대체하기도
하는데, 다시 그런 피해가 안 생기기를 바라는 마음 때문이라고
말했다.

You must compare the conversation you heard and find the
corresponding content. The woman said that the name of
a typhoon that causes great damage can be changed for
another, and that this is because of the wish for that kind of
damage never to happen again.

46 강연하는 사람이 강연 내용을 어떤 형식으로 말하는지 찾아야 한
다. 이 강연의 주요 내용은 태풍의 이름에 관한 것으로, 이전의 방
식을 소개하고 지금의 방식을 설명하고 있다.

You need to find what form the person who is lecturing is
delivering the lecture content in. The main content of this
lecture is about the names of typhoons, and it is introducing
the previous naming methods and explaining the current
method.

다음을 듣고 물음에 답하십시오. (각 2점)

어휘 및 표현
Vocabulary & Expressions

야생 wild
공존하다 to coexist
침범하다 to invade
불법적 unlawful, illegal

47 들은 내용과 같은 것을 고르십시오.

① 동물들이 자연 그대로 살도록 보호해야 한다.

② 야생 동물들이 먼저 인간을 공격하기 시작했다.

③ 도시를 더 확장해야 동물들의 공격을 막을 수 있다.

④ 동물들이 먹을 것이 많아지면 도시로 더 나오게 된다.

48 남자가 말하는 방식으로 알맞은 것을 고르십시오.

① 야생 동물의 종류를 분류하고 있다.

② 야생 동물과의 공존 방향을 제시하고 있다.

③ 도시에 나타나는 야생 동물들을 비판하고 있다.

④ 야생 동물로 인한 사고를 못 막은 정부에 분노하고 있다.

Explanation

47 들은 본문과 대조하면서 일치하는 내용을 찾아야 한다. 남자는 동물들이 자연 그대로 살아가게 보호해야 한다고 주장하고 있다.

You must compare the conversation you heard and find the corresponding content. The man is arguing that we should protect nature as it is so that animals can live in it.

48 남자는 인간이 자연과 공존할 방법을 모색해야 한다고 주장하며 그 구체적인 방법을 설명하고 있다.

The man is arguing that we must find a way for humans and nature to coexist and explaining a concrete method.

49~50 다음을 듣고 물음에 답하십시오. (각 2점)

어휘 및 표현
Vocabulary & Expressions

순수하다 to be pure
선천적 congenital
유전자 gene
길하다 to be lucky,
to be good
흉조 bad omen
보호색 protective color
생존 survival

49 들은 내용과 같은 것을 고르십시오.

① 알비노 동물은 태어날 때부터 몸이 흰색이다.

② 알비노 동물은 항상 좋은 징조로 생각해서 환영받는다.

③ 알비노 동물은 출현 확률이 높아서 별로 희귀하지 않다.

④ 흰색 동물은 약육강식에서 유리하기 때문에 생존율이 높다.

50 남자가 말하는 방식으로 알맞은 것을 고르십시오.

① 알비노 증상을 예방하는 방법을 제시하고 있다.

② 알비노 증상이 있는 사람과 동물의 차이를 비교하고 있다.

③ 동물의 종류와 알비노의 특성에 대해 연관 관계를 분석하고 있다.

④ 알비노의 정의와 생존의 불리함에 관한 인과 관계를 설명하고 있다.

Explanation

49 들은 본문과 대조하면서 일치하는 내용을 찾아야 한다. 남자는 보호색이 없이 태어나는 알비노가 생존 확률이 낮다고 인과 관계를 설명하고 있다.

You must compare the content you heard and find the corresponding content. The man explains the causal relationship between albino animals born with no protective color and their low ability to survive.

50 남자는 알비노 현상의 원인과 생존에 불리한 이유에 대해서 예를 들어 설명하고 있다.

The man explains with an example about the cause of albinism as a phenomenon and reasons for unfavorable survival.

쓰기 Writing

문 제 유 형
Question Type

01 | 글의 문맥에 맞는 문장 쓰기
Writing a sentence that matches the context of the text

51~52 다음 글의 ㉠과 ㉡에 알맞은 말을 각각 쓰시오. (각 10점)

어휘 및 표현
Vocabulary & Expressions

해충 방제 pest control
소독 fumigation
노약자 sick and elderly people

51

주민 여러분께 알려 드립니다.

아파트 단지 내 나무들의 해충 방제를 위해 소독을 실시하니,

다소 불편하시더라도 (㉠   ).

소독 시 어린이나 노약자 등은 이동을 자제해 주십시오.

5층 이하 저층 세대는 소독 시 창문을 닫아 주시기 바랍니다.

소독 당일 비가 오면 작업 일정이 (㉡   ).

◆ 작업 일시: 9월 2일 (수) 오후 3시~5시까지

꽃마을 아파트 관리소장

Explanation

㉠은 소독하는 것이 불편하더라도 필요한 상황이므로 주민의 도움을 구하는 내용이 들어가야 한다. ㉡은 소독하는 날에 비가 온다면 작업 일정이 어떻게 될지 예상할 수 있으므로 그 내용을 써야 한다.

㉠ is about how fumigation is necessary even if it is inconvenient, so content that requests help from the residents should go in the blank. For ㉡, you can predict what will happen to the operation schedule if it rains on the day of the fumigation, so you should write that content in the blank.

52

> 선물은 받는 사람에 대해 생각하는 마음이 들어 있어서 좋다. 하지만 당장 쓸모없는 물건보다는 (　㉠　) 선물이 더 반갑다. 따라서 선물을 고를 때는 받을 사람이 필요한 것이 무엇인지 추측해야 한다. 그리고 주는 사람의 마음을 더 잘 드러내는 포장도 중요하다. 받는 사람은 내용물보다 (　㉡　) 주는 사람의 마음을 먼저 읽게 되기 때문이다.

어휘 및 표현
Vocabulary & Expressions

쓸모없다 to be useless

Explanation

㉠은 쓸모없는 물건과 대조되는 표현을 써야 한다. ㉡은 앞에서 포장이 중요하다는 말을 했고 선물의 내용물보다 먼저 이것을 통해서 주는 사람의 마음을 읽게 된다고 했으므로 쉽게 추측할 수 있다.

For ㉠, you must write an expression that contrasts with useless objects. For ㉡, the preceding text says that gift wrapping is important and that more than the actual gift, the feelings of the person giving the gift are read through this first, so you can easily guess how to fill in the blank.

| 도표를 보고 분석해서 글쓰기
Writing an essay afer looking at and analyzing a diagram

53 다음은 50세 이상 성인 500명을 대상으로 '추석에 자식들과 얼마나 오랜 시간을 함께 보내고 싶은가?'라는 질문에 대한 설문 조사 자료이다. 이 내용을 200~300자의 글로 쓰시오. 단, 글의 제목은 쓰지 마시오. (30점)

어휘 및 표현
Vocabulary & Expressions

차례 ancestral rites
끼니 meal
선호 preference

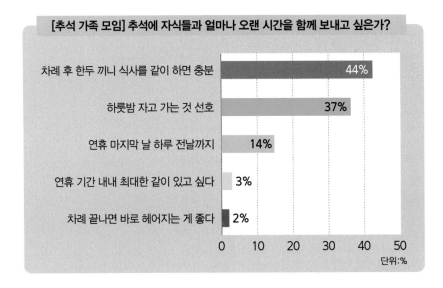

[추석 가족 모임] 추석에 자식들과 얼마나 오랜 시간을 함께 보내고 싶은가?

- 차례 후 한두 끼니 식사를 같이 하면 충분 — 44%
- 하룻밤 자고 가는 것 선호 — 37%
- 연휴 마지막 날 하루 전날까지 — 14%
- 연휴 기간 내내 최대한 같이 있고 싶다 — 3%
- 차례 끝나면 바로 헤어지는 게 좋다 — 2%

0 10 20 30 40 50

단위:%

원고지 쓰기의 예

	사	람	의		손	에	는		눈	에		보	이	지		않	는		세
균	이		많	다	.	그	래	서		병	을		예	방	하	기		위	해

(1) 글의 주제를 밝혀야 하므로 문제에서 알려 준 내용을 그대로 옮겨도 된다.

→ 50세 이상 성인 500명을 대상으로 '추석에 자식들과 얼마나 오랜 시간을 함께 보내고 싶은가?'라는 설문 조사를 진행했다.

(2) 도표에서 추석 당일만 같이 지내는 것과 하룻밤 이상 보내는 것 두 가지로 분류해서 두 경우를 중심으로 쓴다.

(2-1) 질문 중에 추석 당일에만 같이 보내는 경우는 '차례 후 한두 끼니 식사를 같이 하면 충분하다'와 '차례 끝나면 바로 헤어지는 게 좋다'이다.

→ 부모 세대의 절반 가까운 46%가 자녀들의 부모 방문은 서로 편한 당일치기를 선호하는 것으로 나타났다. 가장 많은 응답자인 44%가 '차례 후 한두 끼니 식사를 같이 하면 충분하다'라고 응답한 것과 더불어 '차례 끝나면 바로 헤어지는 게 좋다'라는 응답도 2%를 차지해, 총 46%의 응답자가 1박 미만, 즉 차례 당일에 헤어지는 게 서로 편하다고 응답했다.

(2-2) 하룻밤 이상 같이 보내는 경우는 '하룻밤 자고 가는 것을 선호한다', '연휴 기간 내내 최대한 같이 있고 싶다', '연휴 마지막 날 하루 전날까지는 같이 있고 싶다'이므로 연결해서 쓰면 된다.

→ 37%는 '하룻밤 자고 가는 것을 선호한다'라고 밝혔으며, '연휴 기간 내내 최대한 같이 있고 싶다'라는 응답은 3%, 귀경길 등을 고려해 '연휴 마지막 날 하루 전날까지는 같이 있고 싶다'라는 응답은 14%였다.

(1) You have to reveal the subject of the text so that you can transfer the content of the question as it is presented.

(2) The graph focuses on two situations: spending only the day of *Chuseok* together and spending more than one day and night together.

(2-1) In the question, situations where only the day of *Chuseok* is spent together are "eating one or two meals together after the ancestral rites is enough" and "leaving immediately after finishing the ancestral rites is good."

(2-2) Situations where more than one day and night are spent together are "sleeping over for one night and leaving is preferable," "I want to be together as much as possible throughout the holiday period," and "I want to be together until the day before the last day of the holiday," so you can connect and write them.

54 다음을 참고하여 600~700자로 글을 쓰시오. 단, 문제를 그대로 옮겨 쓰지 마시오. (50점)

어휘 및 표현
Vocabulary & Expressions

사생활 privacy
신분 세탁 identity laundering
팽팽히 tensely

> 사이버 공간에 있는 자신의 정보를 지울 수 있는 '잊힐 권리'에 대한 논쟁이 한창입니다. 사생활 보호 차원에서 적극적으로 도입해야 한다는 찬성 논리와 정치인, 범죄자의 신분 세탁에 악용될 수 있다는 반대 논리가 팽팽히 맞서고 있습니다. 이에 대한 여러분의 의견을 정리해서 쓰십시오.
>
> • 잊힐 권리를 찬성하는 쪽: 사생활 보호를 위해서 필요하다.
> • 잊힐 권리를 반대하는 쪽: 정치인, 범죄자의 신분 세탁에 악용될 수 있다.

Explanation

주어진 지문을 보고 두 가지 주장을 차례로 하나씩 소개하거나 정리하고 마지막에 자신의 견해를 밝히는 방법도 좋고, 처음부터 한쪽을 지지하는 자신의 입장을 정리한 후 반대쪽의 문제를 지적하면서 자신의 주장을 써 내려가도 좋다. 글의 시작은 일반적인 이야기로 시작하거나 지문에 주어진 내용을 자연스럽게 자신의 문장으로 바꿔서 써도 된다. 이야기를 좀 더 풍부하게 하고 싶으면 예를 들어 주는 것이 좋다.

It is good to look at the given text and to introduce the two arguments in turn one by one or to organize and reveal your own opinion at the end. It is also good to start by organizing the opinion you support and then pointing out the problems with the opposite side while writing down your own opinion. The beginning of the text can start with a general story or you can naturally change the content presented in the text into your own words. If you want to enrich your writing, it is good to give examples.

읽기 Reading

문제유형
Question Type
01 | 빈칸에 들어갈 어휘, 문법 고르기
Choosing the appropriate vocabulary & grammar for the blank

01~02 ( )에 들어갈 말로 가장 알맞은 것을 고르십시오. (각 2점)

어휘 및 표현
Vocabulary & Expressions

비린내 fishy smell
투신자살
suicide, death leap

1 생선은 비린내 때문에 맛없다고 하는데, 그것도 다 ( )

① 요리하곤 한다. ② 요리할 법하다.

③ 요리하기 일쑤다. ④ 요리하기 나름이다.

2 경찰의 오랜 ( ), 투신자살하려던 사람이 다리에서 내려왔다.

① 설득 끝에 ② 설득하더라도

③ 설득한 반면에 ④ 설득에도 불구하고

Explanation

1 생선 요리는 비린내가 날 수도 있지만, 요리하는 방법에 따라 안 날 수도 있다는 의미의 문법 표현을 찾아야 한다.
① –곤 하다: 어떤 일이 자주 반복되거나 습관처럼 자주 하는 행동
② –(으)ㄹ 법하다: 어떤 상황이 일어날 만한 가능성이 많거나 그럴 만한 이유가 있어 보인다.
③ –기 일쑤다: 어떤 일이 자주 일어나거나 으레 그렇게 된다.
④ –기 나름이다: 어떤 일이나 행동을 어떻게 하느냐에 따라 결과가 달라질 수 있다.

You have to find the grammatical expression that means that fish dishes can have a fish smell, but they can also not have a fishy smell depending on the cooking method.
① –곤 하다: something often repeats; indicate an action that is done often like a habit
② –(으)ㄹ 법하다: there seem to be a lot of possibilities or reasons for a certain situation to occur
③ –기 일쑤다: something often occurs; it naturally becomes that way
④ –기 나름이다: results can vary depending on how you do an action or task

2 자살을 포기한 것이 경찰이 오랫동안 설득한 행동의 결과이므로 그런 의미의 문법 표현을 찾아야 한다.
① –끝에: 오랜 시간이나 어려운 과정을 지나 얻게 되는 결과를 나타낸다.
② –더라도: 앞의 사실을 가정해도 뒤의 사실이 영향을 받지 않음을 나타낸다.
③ –(으)ㄴ/는 반면에: 앞과 뒤가 서로 반대되는 사실임을 나타낸다.
④ –에도 불구하고: 앞의 행동으로 기대한 것과 다르거나 반대의 결과가 나온다.

Giving up on suicide is the result of the police persuading the person for a long time, so you should find the grammatical expression with that meaning.
① –끝에: shows a result that is obtained after a long time or a difficult process
② –더라도: shows that even if the preceding fact is assumed, the following fact is not affected
③ –(으)ㄴ/는 반면에: shows that the beginning and end are opposites
④ –에도 불구하고: the result of the preceding action is different from or opposite to what you expected

밑줄 친 부분과 의미가 가장 비슷한 것을 고르십시오. (각 2점)

3 어젯밤에 중요한 <u>손님을 만나서</u> 가족 모임에 참석하지 못했다.

고통 pain, agony

① 손님을 만나거든   ② 손님을 만난 채로

③ 손님을 만나느라고   ④ 손님을 만날 수 없어서

4 환자들이 고통을 <u>참을 수 없어서</u> 결국 소리를 지르기도 한다.

① 참는 한   ② 참다 못해

③ 참을까 봐   ④ 참을 정도로

Explanation

3 가족 모임에 참석하지 못한 이유를 나타내는 연결 어미를 찾아야 한다.
① -거든: '어떤 일이 사실로 실현되면'의 의미를 나타낸다.
② -(으)ㄴ/는 채로: 앞말의 상태나 행동을 한 상태에서 뒷말의 행동이 이루어짐을 나타낸다.
③ -느라고: 앞말이 뒷말의 이유나 원인이 됨을 나타낸다.

You must find the connective ending that shows the reason why the speaker could not attend the family gathering.
① -거든: has a meaning of "if something becomes reality"
② -(으)ㄴ/는 채로: indicates that the action from the clause that follows takes place in the state of or having completed the action from the previous clause
③ -느라고: the preceding clause indicates the reason for or cause of the clause that follows

4 어떤 동작이나 상태가 너무 심해 더 이상 계속할 수 없다는 의미의 연결 어미를 찾아야 한다.
① -는 한: 뒷말에 대한 전제나 조건을 나타낸다.
② -다 못해: 상태나 정도가 심해서 더 이상 지속할 수 없음을 나타낸다.
③ -(으)ㄹ/끼 봐: 앞말이 뜻하는 상황이 될 것 같아 걱정하거나 두려워함을 나타낸다.
④ -(으)ㄹ 정도로: 앞말의 상태와 비슷한 수준으로 뒤의 행동을 하거나 일이 생김을 나타낸다.

You must find the connective ending with the meaning of being unable to continue anymore because a certain action or condition is too severe.
① -는 한: indicates a premise or condition for the clause that follows
② -다 못해: indicates that a condition or degree is so severe that it cannot be maintained any longer
③ -(으)ㄹ/까 봐: indicates worry or fear that the situation signified by the preceding clause will occur
④ -(으)ㄹ 정도로: indicates that the action or event at the end of the sentence happens at a similar level to the condition of the preceding clause

짧은 문장을 보고 의미 파악하기
Looking at a short sentence and understanding the meaning

05~08 다음은 무엇에 대한 글인지 고르십시오. (각 2점)

어휘 및 표현
Vocabulary & Expressions

나이테 growth ring
절호의 기회 golden opportunity
배낭 backpack
흡입하다 to inhale, to suck (something) up
닿다 to reach, to touch

PART 2 | 유형별 연습 문제

5

> 책 속에는 지식의 나이테가 있습니다.

① 독서　　　② 출산 장려　　　③ 수강 안내　　　④ 시험 정보

6

> 2박 요금으로 3박을 즐길 수 있는 절호의 기회!

① 식당　　　② 비만　　　③ 호텔　　　④ 콘서트

7

> 안아 주세요, 당신의 배낭… 버스, 지하철이 편해집니다.

① 가방 판매　　　　　　② 자리 양보
③ 아이들 돌보기　　　　④ 가방 앞으로 매기

8

> 크고 작은 어떤 먼지도 쉽고 빠르게 남김없이 흡입합니다.
> 손이 닿기 힘든 가구 위, 아래까지도 깨끗하게 해 줍니다.

① 세탁기　　　② 건조기　　　③ 공기청정기　　　④ 진공청소기

Explanation

5 '책'과 '지식'이라는 단어를 통해 답을 찾아야 한다.

You should find the answer through the vocabulary words "book" and "knowledge."

6 2박과 3박은 잠을 자는 날짜 수를 가리키므로 이에 알맞은 내용은 호텔이다.

2 nights and 3 nights refer to the number of days to sleep somewhere, so the appropriate content is "hotel."

7 버스, 지하철이 편해지도록 배낭을 안아 달라는 의미이다.

The meaning is that it is asking you to hold your backpack so that the bus and subway become more comfortable.

8 먼지를 흡입하고 '가구 위, 아래'도 깨끗하게 하는 도구를 찾아야 한다.

You should find the tool that sucks up dust and also makes "the top and bottom of furniture" clean.

09~12 다음 글 또는 그래프의 내용과 같은 것을 고르십시오. (각 2점)

어휘 및 표현
Vocabulary & Expressions

정기 구독
regular subscription

기증 donation

9

정기 구독 신청 안내

정기 구독을 신청하시면 세 가지 혜택과 두 가지 기쁨이 있습니다.

혜택 하나, 정기 구독 선물을 드립니다.

혜택 둘, 구독료를 5천 원 할인해 드립니다.

혜택 셋, 구독 기간 중에 책값이 인상되더라도 추가 금액을 내지 않습니다.

기쁨 하나, 내 마음에 좋은 생각이 쌓여 갑니다.

기쁨 둘, 소중한 분들에게 기증을 하시면 365일 즐거움을 선물할 수 있습니다.

정기 구독은 책 뒷장에 있는 정기 구독 신청 엽서를 작성해 우체통에 넣거나, 전화, 팩스, 인터넷 홈페이지를 통해 신청하시면 됩니다.

- **우편 접수처:** 서울 ○○○우체국 사서함 203호
- **전화 접수:** 02-2587-9431
- **팩스 접수:** 02-2587-9437

---

① 정기 구독해도 책값은 변함이 없다.

② 정기 구독하는 방법은 우체국을 이용하는 방법뿐이다.

③ 구독 기간 중에 책값이 올라가면 그 금액을 따로 내야 한다.

④ 다른 사람들에게 이 책을 기증하면 받은 사람들이 즐거워할 것이다.

Explanation

본문의 내용과 아래 선택지의 내용을 대조해서 일치하는 내용을 골라야 한다. 위의 글을 보면 소중한 분들에게 정기 구독 기증을 하면 365일 즐거움을 선물할 수 있다고 나와 있다.

You must choose the corresponding answer by comparing the content of the text with the content of the question below. If you look at the above text, it says that if you donate a regular subscription to your loved ones, you can give them the gift of enjoyment for 365 days.

10

제 15회 에너지의 날

불을 <u>끄고</u>

별을 보자

밤하늘의 별 잔치
2022년 8월 24일(수)
오후 2시 광화문 광장

모두 참여해 주세요.
- 전국 동시 소등 21:00~21:05 (5분 동안)
- 에어컨 설정 온도 2도 올리기 14:00~15:00 (1시간)

어휘 및 표현
Vocabulary & Expressions

소등
lights-out, turning off the lights

설정 온도
temperature setting

PART 2 | 유형별 연습 문제

① 밤에 전깃불을 끄면 별을 볼 수 있다.

② 에너지의 날은 올해 처음 시작한 날이다.

③ 8월 24일 지역에 따라 불을 끄는 시간이 다르다.

④ 더 시원해지려고 에어컨 설정 온도를 2°C 올린다.

Explanation

포스터를 보고 그 내용을 파악하는 문제다. 밤에 불을 끄고 그 대신에 별을 보자는 슬로건으로 에너지를 아끼는 운동을 하려고 만든 포스터이다.

For this question, you should look at the poster and understand the content. The poster was made for an energy-saving movement with the slogan of turning off the lights at night and looking at the stars instead.

기사문 읽고 내용 같은 것 고르기
Reading an explanatory writing and choosing the answer with matching content

11

어휘 및 표현
Vocabulary & Expressions

잔주름 fine wrinkles

당신은 진짜 미소와 가짜 미소를 구별할 수 있는가? 영국의 한 교수는 상대의 눈을 보라고 한다. 미소를 지을 때 잔주름이 많으면 진짜 미소라고 한다. 또 다른 교수는 입과 눈 주변의 근육이 함께 움직이면 진짜라고 한다. 서양 사람들은 여성이 가짜 미소를 더 잘 알아낸다고 하는데, 실험을 해 보니 가짜와 진짜 미소를 구별하는 능력이 남자는 71%, 여자는 72%로 비슷했다. 상대방의 미소가 진짜인지 가짜인지 알면 사회생활이 훨씬 편할 것이다. 꾸준히 노력하면 진짜 미소와 가짜 미소를 구별하는 능력이 향상된다고 하니 계속 노력해 보자.

① 웃을 때 잔주름이 많아지면 진짜 미소가 아니다.
② 계속 노력해도 진짜와 가짜 미소를 구별할 수 없다.
③ 진짜 미소와 가짜 미소의 구분은 사회생활에 전혀 영향이 없다.
④ 여성과 남성이 가짜 미소와 진짜 미소를 구별하는 능력은 별 차이가 없다.

Explanation

본문의 내용과 아래 선택지의 내용을 대조해서 일치하는 내용을 골라야 한다. 한 실험에 따르면 가짜 미소와 진짜 미소를 구별하는 능력이 남자는 71%, 여자는 72%로 비슷하다고 나와 있다.

You must choose the corresponding answer by comparing the content of the text with the content of the question below. According to one experiment, the ability to distinguish fake smiles and real smiles came out similarly at 71% for men and 72% for women.

12

> 만약 나무에 올라가는 능력으로 물고기의 재능을 평가한다면 물고기는 어떻게 될까? 아마 물속에서 헤엄치는 것을 포기하고, 자신이 재능이 없다고 여기며 남은 인생을 살게 될 것이다. 모든 사람은 사실 천재가 될 수 있다. 다만 자신이 잘하는 것이 무엇인지 아직 찾지 못한 것뿐이다. 그것이 많은 사람들이 천재인데도 불구하고 바보로 살아가는 이유이다. 당신이 나무에 올라갈 때 행복한지 물속에서 헤엄칠 때 행복한지 알게 된다면 당신도 천재가 될 수 있다.

어휘 및 표현
Vocabulary & Expressions

재능 talent

① 물속에서 행복한 사람은 천재다.

② 천재와 바보는 완전히 다른 사람들이다.

③ 자신이 어디에서 행복한지 알면 천재가 될 수 있다.

④ 물고기는 헤엄치는 것보다 나무에 오르는 걸 잘한다.

Explanation

본문의 내용과 아래 선택지의 내용을 대조해서 일치하는 내용을 골라야 한다. 이 사람은 당신이 나무에 올라갈 때 행복한지 물속에서 헤엄칠 때 행복한지 알게 된다면 당신도 천재가 될 수 있다고 말하고 있다.

You must choose the corresponding answer by comparing the content of the text with the content of the question. This person is saying that you can also become a genius if you realize whether you are happy when you are climbing trees or swimming in water.

순서대로 문장 나열하기
Placing the given sentences in the correct order

13~15 다음을 순서에 맞게 배열한 것을 고르십시오. (각 2점)

어휘 및 표현
Vocabulary & Expressions

식탐 gluttony

13

> (가) 그래서 개가 안정된 느낌을 받을 수 있는 훈련을 지속적으로 진행한다.
>
> (나) 점차 규칙적인 식사를 하게 되면서 개는 더 이상 식탐을 부리지 않게 되는 것이다.
>
> (다) 식탐이 많은 개를 훈련시킬 때 가장 중요한 방법은 불안감을 줄여 주는 것이다.
>
> (라) 정해진 시간에 개에게 충분한 음식을 공급해서 언제든지 먹을 수 있다는 걸 알려 준다.

① (다) – (나) – (가) – (라) ② (다) – (가) – (라) – (나)

③ (라) – (다) – (가) – (나) ④ (라) – (가) – (다) – (나)

Explanation

(가)는 '그래서'로 시작하기 때문에 첫 문장이 아니다. (나)는 '–는 것이다'라는 표현이 앞에서 한 말을 다시 설명하는 말이라서 첫 문장이 아니다. (라)는 개에게 하는 행동을 말했으므로 갑자기 첫 문장이 될 수 없다. 그러므로 첫 문장은 (다)로 시작되고, 개의 불안감을 줄여 주기 위해 안정된 느낌을 받는 훈련을 한다는 내용의 (가)가 그 뒤를 잇는다. 안정된 느낌의 훈련으로서 정해진 시간에 음식을 공급하는 내용의 (라)가 오고, 개가 더 이상 식탐을 부리지 않게 된 결과가 나온 (나) 문장이 마지막이 된다.

(가) starts with "그래서 (therefore)," so it is not the first sentence. (나) is not the first sentence because the expression "–는 것이다" is a phrase that explains a preceding phrase again. (라) talks about an action done for the dog, so it cannot suddenly become the first sentence. Therefore, the first sentence is (다), and is followed by (가), the content of which talks about training the dog so it receives a stable feeling in order to reduce its anxiety. Next comes (라), which is about providing food at a fixed time, which is training with a feeling of stability. The last sentence, with the result of the dog no longer being gluttonous, is (나).

14

(가) 그러므로 좋은 성적을 받으려면 어휘 실력은 필수적으로 갖춰야 한다.

(나) 이것이 모여 문장이 되고 문장이 모여 글이 되기 때문이다.

(다) 공부에서 가장 기본적인 도구이자 밑천은 어휘이다.

(라) 모든 과목에서 어휘력이 부족하면 내용 이해에 어려움이 생긴다.

밑천
capital, seed money
과목 subject
반려자 companion
확산되다
to be spread, to be diffused
정서적 emotional

① (라) – (다) – (가) – (나) 　② (다) – (라) – (나) – (가)

③ (라) – (나) – (다) – (가) 　④ (다) – (나) – (라) – (가)

15

(가) 과거에는 사람에게 귀여움을 받고 즐거움을 준다는 의미에서 애완동물로 불렸다.

(나) 애완동물은 인간이 주로 즐거움을 누리기 위한 대상으로 사육하는 동물이다.

(다) 요즘은 사람과 더불어 살아가는 반려자라는 인식이 확산되면서 반려동물이라고 부른다.

(라) 사람이 정서적으로 의지하기 위해 집에서 기르는 동물이라는 뜻이다.

① (나) – (라) – (가) – (다) 　② (나) – (가) – (다) – (라)

③ (가) – (라) – (나) – (다) 　④ (가) – (다) – (나) – (라)

Explanation

14 (가)는 '그러므로'로 시작하기 때문에 첫 문장이 아니다. (나)는 '–기 때문이다'라는 표현이 앞에서 한 말의 이유를 설명하는 말이라서 첫 문장이 아니다. (라)에서 어휘력이 부족하면 어렵다고 했지만 그 전에 어휘가 어떤 역할을 하는지 알려 주는 문장이 먼저 와야 하므로 (다)가 첫 문장이 된다. (다)에서 어휘의 역할이 나오고 그것이 모여 글이 되는 과정을 설명한 (나)가 두 번째 문장이다. 이런 글을 이해하지 못하면 모든 과목에 어려움이 생긴다는 (라)가 뒤를 잇고 결론의 문장인 (가)가 마지막으로 이어진다.

(가) starts with "그러므로 (therefore)," so it is not the first sentence. (나) is not the first sentence because the expression "–기 때문이다" explains the reason for something that was said before. (라) says that it is difficult if your vocabulary is lacking, but before that, a sentence that indicates what type of role vocabulary plays should appear,

so (다) is the first sentence. The role of vocabulary comes out in (다), and the second sentence is (나), which explains the process through which vocabulary is gathered to become writing. This is followed by (라), which says that if you cannot understand this type of writing, difficulty arises in all subjects, and, finally, the concluding sentence is (가).

15 '애완동물'이 무엇인지 설명한 것이 첫 문장이 된다. 그리고 과거에 불린 이름과 요즘에 불리는 이름이 달라진 것을 비교한 후 요즘에 불리는 이름의 의미를 설명하는 순서를 찾아야 한다.

The first sentence is the explanation of what a pet is. Next, you have to find the order that compares the name that they were called in the past with the different name that they are called these days, and then explains the meaning of the new name.

문장의 (　　)에 들어가는 내용 고르기 1
Choosing the content to fill in the blank (1)

16~18 (　　)에 들어갈 말로 가장 알맞은 것을 고르십시오. (각 2점)

16

> 한국에는 '책거리' 또는 '책씻이'라고 하는 책례가 있다. 아이가 서당에서 책 한 권을 다 배운 후 그동안 가르쳐 준 스승님께 감사드리고 같이 공부한 친구들과 자축하는 일종의 의례다. 이 책례 때는 깨나 콩, 팥 등으로 소를 채운 송편을 준비하는데, 속이 가득 찬 떡처럼 아이도 학문으로 자신을 가득 채우라는 의미가 들어 있다. 오늘날의 (　　) 책례의 자취를 찾아볼 수 있는데, 아이가 학문적으로 발전한 것을 부모가 축하하고 스승의 수고에 감사의 마음을 전할 때 전통적인 책례의 의미가 현대에서도 이어질 것이다.

① 달춤과 사물놀이에서
② 졸업식과 입학식에서
③ 결혼식과 장례식에서
④ 설날과 추석 명절에서

어휘 및 표현
Vocabulary & Expressions

의례 ceremony
소 filling
자취 trace

Explanation

오늘날 '아이의 학문이 성장함을 부모가 축하하고 또 스승의 은혜에 감사하는' 행사가 무엇인지 찾아야 한다.

You must find the present-day event in which "parents celebrate the growth of their children's studies and thank teachers for their kindness."

17

어휘 및 표현
Vocabulary & Expressions

패 group, party
강박 관념 obsession
훼손하다 to damage, to harm
대여하다 to rent

'흰곰 효과'라는 게 있다. 미국의 심리학자가 실험 참가자를 두 패로 나누어서 한 쪽은 "흰곰을 생각하지 말고 계속 말하라."라고 요구했다. 다른 쪽에는 반대로 "이야기하되 흰곰을 떠올려도 된다."라고 했다. 결과는 (   ) 더 자주 흰곰을 생각한 것으로 나타났다. 하면 안 된다는 강박 관념이 낳은 모순이다.

① 흰곰들이　　　　　　　　　② 심리학자가
③ 금지당한 쪽이　　　　　　　④ 흰곰을 떠올려도 되는 쪽이

18

밖으로 책 대출이 절대 불가능한 도서관이 있습니다. 심지어 책을 훼손하면 큰 책임까지 져야 합니다. 게다가 이곳의 책은 예약을 하지 않거나, 지정된 날이 아니면 읽을 수 없습니다. 대출 시간은 겨우 50분에 불과합니다. 도서관이 참 까다롭다고 불평하며 기다리다 보면 아주 신기한 일이 벌어집니다. 갑자기 한 사람이 나타나서 이렇게 이야기합니다. "반갑습니다. 대출하신 책의 저자 곽영진입니다." 기다리고 있던 건 종이로 만든 책이 아닌 사람입니다. 이 도서관에 있는 책은 '글자 책'이 아니라 대여한 책(사람)과 (   ) 저자의 인생과 경험을 듣고 교감하는 '사람 책'입니다.

① 종잇장을 넘기면서
② SNS로 연락하면서
③ 같이 책을 고르면서
④ 마주 앉아 대화를 나누면서

Explanation

17 마지막 부분에 '하면 안 된다는 강박 관념이 낳은 모순'이라는 말이 있으므로 더 자주 생각한 것은 원래 그러면 안 되는 쪽이다.

The last part says, "It is a contradiction created by the obsession that we are not allowed to do something," so the group that thought about it more often is the group that was originally told they were not allowed to do it.

18 대출을 신청한 사람 앞에 나타난 건 빌린 책이 아니라 그 책을 쓴 사람이니까 그 저자와 독자가 같이 할 수 있는 행동이 무엇인지 찾아야 한다.

What appears in front of the person who requested a loan is not a borrowed book but rather the person who wrote that book, so you have to find the action that the author and the reader can do together.

어휘 및 표현
Vocabulary & Expressions

늦깎이 late bloomer
인세 royalties
미혹되다
to become deluded

회사에서 잘려도 자본금 한 푼 없이 시작할 수 있는 사업이 하나 있다. (   ) 전업 작가다. 일본의 한 교수는 나이 마흔이 된 1996년에 처음 소설을 썼다. 평소에 장난감 로봇 수집이 취미인데, 교수 월급으로는 취미 생활을 하는 데 한계가 있었다. 용돈이나 좀 벌어 보려고 늦깎이 작가가 되었다. 이후 19년간 278권의 책을 쓰고, 인세로만 약 155억 원을 벌었다. 소설가가 되려면 이렇게 하라, 저렇게 하라는 기존의 방법에 미혹돼서는 안 된다. 여하튼 자기 작품을 쓰면 된다. '어떻게 쓸까'가 아니라 '어쨌든 쓴다'는 것이 중요하다. 어떤 분야든 일을 잘하는 정해진 방법은 없다. 자신의 색깔대로 해 나가는 게 중요하다. 인생의 행복은 꾸준한 시도 끝에 찾아오는 우연한 성공에서 나오는 것 같다.

19 (   )에 들어갈 말로 가장 알맞은 것을 고르십시오.

① 겨우   ② 부디   ③ 바로   ④ 드디어

20 윗글의 주제로 가장 알맞은 것을 고르십시오.

① 모든 분야에는 일을 잘하는 방법이 있다.

② 자본금 없이 시작하는 사업을 찾아야 한다.

③ 꾸준히 노력하면 어떻게든 성공할 수 있다.

④ 소설가가 되기 위해서는 쓰는 방법이 중요하다.

Explanation

19 하나 있는 그 사업이 다른 것이 아니라 '전업 작가'라는 말을 강조하는 표현을 찾아야한다.
① 겨우: 어렵게 힘들여
예 며칠 밤을 새워 오늘에야 겨우 작품을 완성했다.
② 부디: 남에게 청하거나 부탁할 때 바라는 마음이 간절함을 나타내는 말
예 이번 모임에 부디 참석하여 주시기 바랍니다.
③ 바로: 다름이 아니라 곧
④ 드디어: 무엇으로 말미암아 그 결과로
예 오랫동안 꿈꾸었던 내 집을 드디어 장만했다.

You must find the expression that emphasizes that the business is not something else but is the job of a "full-time writer."
① 겨우: making an effort with difficulty
Ex I barely finished my work today after staying up all night for several days.

② 부디: a word that expresses an earnest, wishful feeling when making a request or asking for a favor
Ex We kindly request your attendance at this meeting.
③ 바로: immediately
④ 드디어: at last, finally
Ex I finally bought my own house that I dreamed of for a long time.

20 일본의 한 교수의 성공 사례를 보여 주면서 뒤에 인생의 행복이 어떻게 찾아지는지 말하고 있다. 어떤 방법을 사용하든지 꾸준히 시도하다 보면 성공할 수 있다는 것이다.

It shows the success story of a Japanese professor, and at the end, says how happiness is found in life. It says that whatever method you use, you can succeed if you keep trying.

어휘 및 표현
Vocabulary & Expressions

선호하다 to prefer
자의적이다
to be arbitrary
역지사지 (易地思之)
to walk in someone
else's shoes
보편적 universal
인류애 love for humanity

유럽이나 북미 같은 백인 중심의 국가들을 여행하다 보면, 한국인들은 종종 다른 민족 사람들이 보내는 인종 차별적인 시선을 받아 본 적이 있을 것이다. 자신이 그러한 입장이 되고 나면 (   )고 우리가 피부색이 다르거나 다른 나라에서 온 사람들을 차별했던 것이 얼마나 교만하고 부끄러운 행동인지 깨닫게 된다. 사람들은 자신이 속해 있는 가족, 친구, 단체, 민족 같은 1차 집단을 선호하고 이와 다른 집단에 대해서는 차별하거나 무시하는 경향이 있다. 그래서 사람들의 주관적 판단만을 기준으로 한 차별이나 무시가 얼마나 자의적인 것인지 자신이 경험하기 전에는 잘 모른다. 정작 내가 그런 일을 당한 후에야 비로소 다른 사람이 어떤 기분이었을지 역지사지로 깨닫게 되고 보편적 인류애를 느끼게 된다. 그러므로 우리와 다른 사람들과 문화를 접할 때는, 단순히 다르다는 이유로 배척하기보다는 그들을 이해하고 받아들이는 노력을 해야 할 것이다.

21 (   )에 들어갈 말로 가장 알맞은 것을 고르십시오.

① 지렁이도 밟으면 꿈틀한다   ② 과부 사정은 홀아비가 안다

③ 벼는 익을수록 고개를 숙인다   ④ 열 번 찍어 안 넘어가는 나무 없다

22 윗글의 내용과 같은 것을 고르십시오.

① 내가 당한 차별을 다른 사람에게 똑같이 되갚아야 한다.

② 다른 문화와 집단을 이해하고 소통하려고 노력해야 한다.

③ 사람들은 차별이나 무시가 얼마나 자의적인지 늘 알고 있다.

④ 한국인들은 백인 중심 국가에서도 인종 차별하는 시선을 보낸다.

Explanation

21 '비슷한 경험을 한 사람이 그런 일을 당하는 사람을 이해할 수 있게 된다'라는 의미의 속담을 찾아야 한다.
① 지렁이도 밟으면 꿈틀한다: 아무리 약하거나, 순한 사람이라도 너무 업신여기면 가만 있지 않는다.
③ 벼는 익을수록 고개를 숙인다: 교양이 있고 수양을 쌓은 사람일수록 겸손하다.
④ 열 번 찍어 안 넘어가는 나무 없다: 여러 번 권하거나 꾀고 달래면 결국은 마음이 변한다.

You must find the proverb that means "a person who has had a similar experience can understand someone who undergoes that kind of experience."
① Even a worm will turn: No matter how weak or shy a person is, if you really belittle that person, he or she will not just sit there.
③ The riper the rice is, the more its head will bow: The more refined and self-disciplined a person is, the more humble he or she is.
④ There is no tree that does not fall after ten strokes: If you suggest or allure and coax someone many times, eventually that person will change their mind.

22 본문의 내용과 아래 선택지 내용을 대조해서 일치하는 내용을 골라야 한다. 우리와 다른 사람들과 문화를 접할 때는, 단순히 다르다는 이유로 배척하기보다는 그들을 이해하고 받아들이는 노력을 해야 한다는 내용이다.

You must choose the corresponding answer by comparing the content of the text with the content of the question below. The content is about how, when we come into contact with people and cultures that are different from us, we must make an effort to understand and accept them rather than reject them simply because they are different.

밑줄 친 부분에서 나타나는 감정 고르기

Choosing the emotion shown by the underlined portion

23~24 다음 글을 읽고 물음에 답하십시오. (각 2점)

어휘 및 표현
Vocabulary & Expressions

지끈지끈 throbbingly
더부룩하다 to be bloated
민간요법 folk remedy
체면 face, dignity

어제저녁에 회식으로 회사 동료들과 늦게까지 먹고 마시고 놀다 들어왔다. 아침에 일어나니 머리도 지끈지끈 아프고 속이 더부룩하며 배가 아팠다. 소화제를 먹으면 나을 것 같아서 하숙집 아주머니께 소화제가 있냐고 여쭤 보았다. 아주머니는 소화제보다 더 좋은 치료 방법이 있다며 방에서 실과 바늘을 들고 나오셨다. 체했을 때 한국에서 하는 민간요법이라며 엄지손가락 끝을 실로 감더니 바늘로 찌르려고 하셨다. 살짝 찔러서 피가 나오면 체한 것이 내려갈 거라고 하시는데, <u>내 눈에는 그 바늘이 젓가락만큼 커 보였다.</u> 배가 아파도 좋으니 그 자리를 피하고 싶었지만, 체면 때문에 꾹 참았다. 따끔한 느낌과 함께 피가 나오더니 차가웠던 손이 조금씩 따뜻해지기 시작했다. 이런 민간요법이 정말 효과가 있기는 하나 보다.

23 밑줄 친 부분에 나타난 '나'의 심정으로 가장 알맞은 것을 고르십시오.

① 두렵다　　　　② 슬프다　　　　③ 억울하다　　　　④ 답답하다

24 윗글의 내용과 같은 것을 고르십시오.

① 이 사람은 여자라서 두려움이 많다.

② 한국의 민간요법으로 아픈 것이 치료되었다.

③ 스트레스 때문에 머리가 아프고 속이 더부룩했다.

④ 아주머니는 옷을 고쳐 주려고 실과 바늘을 가져 오셨다.

Explanation

23 이 사람은 바늘로 찌르면 아플 것을 걱정해서 바늘이 젓가락처럼 커 보이는 것이다. 그럴 경우에 느끼는 감정을 찾아야 한다.

The person is worried that it will hurt if he is pricked by the needle, and so the needle looks as large as a chopstick. You must find the emotion felt in that type of situation.

24 본문의 내용과 아래 선택지 내용을 대조해서 일치하는 내용을 골라야 한다. 이 사람은 체했다가 민간요법으로 손이 따뜻해지는 것을 경험하면서 정말 효과가 있기는 하나 보다고 생각하고 있다.

You must choose the corresponding answer by comparing the content of the text with the content of the question below. As this person experiences his hands warming up through a folk remedy after having a stomachache, he thinks that the remedy is really effective.

신문 기사의 제목을 잘 설명한 것 고르기
Choosing the answer that best explains the title of a newspaper article

25~27 다음 신문 기사의 제목을 가장 잘 설명한 것을 고르십시오. (각 2점)

어휘 및 표현
Vocabulary & Expressions

치솟다 to rise suddenly
장바구니 shopping cart
희비 joy and sorrow
뜨다 to rise
지다 to fall

25

> 치솟은 물가… 장바구니에 담을 게 없다.

① 물가가 너무 올라서 살 물건이 없다.
② 물건을 장바구니에 담으면 값이 더 올라간다.
③ 물가가 올라서 장바구니를 사용할 필요가 없다.
④ 인터넷에 물건값이 있기 때문에 장바구니에 담지 않아도 된다.

26

> 외식업 희비… '커피 전문점' 뜨고 '술집' 지고

① 커피 전문점과 술집은 같이 운영해야 한다.
② 음식 사업을 하면 기쁠 때도 있고 슬플 때도 있다.
③ 외식업의 대표적인 가게는 커피 전문점과 술집이다.
④ 커피 전문점은 장사가 잘되고 술집은 장사가 잘 안 된다.

27

> 기쁨은 나누면 배가 되고 슬픔은 나누면 반이 된다.

① 기쁜 일과 슬픈 일은 50%만 느끼면 된다.
② 인생은 기쁜 일이 많고 슬픈 일은 기쁜 일의 반밖에 안 된다.
③ 기쁜 일은 다른 사람에게 나눠 주고 슬픈 일은 혼자서 견뎌야 한다.
④ 기쁨은 다른 사람과 함께 하면 두 배가 되고 슬픔은 반으로 줄어든다.

Explanation

25 '치솟다'는 '오르다'는 뜻이다. 장바구니에 담을 게 없다는 말은 살 물건이 없다는 말이다.

"치솟다" means "to rise." The phrase saying that there is nothing to put in the shopping cart means that there is nothing to buy.

26 '희비'는 기쁨과 슬픔이라는 뜻이다. '뜨다'는 올라간다는 의미고 '지다'는 점점 내려간다는 의미다.

"희비" means joy and sorrow. "뜨다" means to go up and "지다" means to gradually go down.

27 '나눈다'는 말은 다른 사람과 같이 한다는 뜻이고, '배가 된다'는 말은 '두 배, 즉 200%'가 된다는 의미다.

"나눈다" means to do something together with another person and "배가 된다" means two times, or 200%.

28~31 (　　　)에 들어갈 말로 가장 알맞은 것을 고르십시오. (각 2점)

어휘 및 표현
Vocabulary & Expressions

후생 유전학
epigenetics

발현
revelation, expression

대물림되다
to pass down

28

　　인간의 능력은 유전적인 것인가 아니면 환경의 영향인가에 대한 오랜 논쟁이 계속되었는데, 최근에는 이러한 관점 자체를 바꿔 놓은 이론이 있다. 유전자와 환경 중 어떤 것을 선택하는 문제가 아니라 두 가지가 어떤 방식으로 상호작용하는지 고민해야 한다는 '후생 유전학'이 그것이다. 후생 유전학은 어떤 환경에서 살고 무엇을 먹으며 어떤 생활 습관을 지니느냐에 따라 유전자의 발현 상태가 완전히 달라진다고 말한다. (　　　) 일란성 쌍둥이라도 어떻게 살아가는지에 따라 활성화되는 유전자가 달라지며 이렇게 변한 유전 정보는 후대까지 대물림된다는 것이다.

① 같은 생활 습관을 가진　　　　② 서로 다른 환경에서 자란
③ 서로 다른 유전자를 가진　　　　④ 동일한 유전자를 갖고 태어난

Explanation

괄호에는 일란성 쌍둥이를 꾸며 줄 수 있는 말이 들어가야 하므로 일란성 쌍둥이의 속성에 대한 표현을 찾아야 한다.

Because the blank must contain words that can describe identical twins, you must find an expression about the attributes of identical twins.

어휘 및 표현
Vocabulary & Expressions

한정판 limited edition
선 line

> 큰돈을 들이지 않고 적은 돈으로 자신만의 즐거움과 만족을 얻고자 '작은 사치'를 추구하는 사람들이 점점 늘어나고 있다. 이런 변화에 따라 호텔 디저트의 인기가 많아지자 호텔 업계도 경쟁적으로 자신들만의 특별한 케이크를 판매하고 있다. (   ) 물건을 통해 자기만족을 느끼는 이런 흐름에 발 빠르게 대응하는 호텔 업계는 1년 중에 가장 케이크를 많이 구매하는 12월 크리스마스 시즌을 맞아 한정판 케이크를 대거 출시했다. 이 기간 케이크 판매량은 평소보다 5~7배 더 높다는 것이 업계의 설명이다. 호텔 업계 관계자는 "12월은 1년 중 케이크가 가장 많이 팔리는 달이다."라며 "날짜로 보면 크리스마스 전날인 12월 24일에 가장 많이 팔린다."라고 전했다.

① 겉모습이 화려한   ② 시장에 새로 나온

③ 가격보다 양이 많은   ④ 과하게 비싸지 않은

30

> 한 선생님이 제자들을 모아 놓고 하얀 종이의 한 가운데에 선을 그었다. 그리고 이 선에 손을 대지 말고 선을 더 가늘고 짧게 만들라고 말했다. 제자들은 아무리 생각해도 문제를 풀 수 없었는데 한 아이가 선생님이 그은 선 밑에 더 굵고 더 긴 선을 그었다. 그랬더니 선생님이 그은 선이 (   ) 가늘고 짧아 보였다. 선생님은 잘했다고 칭찬하면서 "인생의 어려움을 만날 때는 그 문제에만 매달리지 말고 잘될 거라는 희망의 선을 바로 옆에 굵게 그어라."라고 말씀하셨다.

① 절대적으로   ② 소극적으로   ③ 상대적으로   ④ 부정적으로

Explanation

29 괄호에 들어갈 말은 '큰 사치'를 못 누리는 대신 누리는 사치이므로 '돈이 많이 들지 않는다'라는 의미가 와야 한다.

The phrase that should go in the blank should mean "does not cost a lot" because they are luxuries enjoyed instead of the "large luxuries" that cannot be enjoyed.

30 선생님이 학생들 앞에서 그은 선 자체는 바뀌지 않았지만, 학생이 선을 긋자 선생님이 그은 선이 가늘고 짧아 보이게 된 것은 '서로 비교되는 관계'에 놓여서 그런 것이다.

The line that the teacher drew in front of the students was not changed, but when the student drew another line, the line that the teacher drew looked thinner and shorter because the line was placed in a "relationship comparing them to each other."

어휘 및 표현
Vocabulary & Expressions

편견 prejudice
때밀이
professional scrubber

초등학교 때 선생님이 어느 날 숙제를 내 주셨다. 여자만 할 수 있는 직업과 남자만 할 수 있는 직업이 뭔지 집에서 생각해서 5개씩 써 오라는 것이었다. 다음 날 수업 시간에 아이들이 적어 온 남자만이 할 수 있는 직업에는 '소방관, 버스 기사, 수리공, 국회의원' 등이 있었고, 여자만이 할 수 있는 직업에는 '간호사, 미용사, 선생님' 등이 있었다. 그런데 선생님이 아이들이 숙제한 것을 다 발표하게 하신 후에 아이들이 말한 직업의 반대의 예를 이야기해 주셨다. 선생님 동네에는 여자 버스 기사도 있고, 큰 병원에는 남자 간호사도 있다고 말이다. 선생님은 그렇게 한 시간 내내 어린 우리들이 가지고 있던 직업에 대한 편견을 깨 주셨다. 선생님이 유일하게 인정해 주신 남자만이 할 수 있는 직업은 '남탕 때밀이'였다. 물론 '여탕 때밀이'도 (   ).

① 남녀가 같이 할 수 있다
② 편견이 있는 직업이었다
③ 여자만이 할 수 있는 직업이었다
④ 선생님이 인정하지 않는 직업이었다

Explanation

남자만이 할 수 있는 직업은 '남탕 때밀이'이므로 '여탕 때밀이'도 여자만이 할 수 있는 직업이다.

A job that only men can do is "professional scrubber at a men's bathhouse," so "professional scrubber at a women's bathhouse" is a job that only women can do.

본문의 글을 읽고 내용이 같은 것 고르기
Choosing the answer with the same content as the text

32~34 다음을 읽고 글의 내용과 같은 것을 고르십시오. (각 2점)

어휘 및 표현
Vocabulary & Expressions

게시물 post
경력 career
과반수 majority

32

> 18세 이상 SNS를 이용하는 사람들 중에 57%가 SNS에 게시물을 올린 것을 후회하는 것으로 조사됐다. 특히 여덟 명 중 한 명은 매일 후회를 하고, 여섯 명 중 한 명은 일주일에 한 번 이상 후회를 한다고 조사됐다. 사진이나 메시지를 잘못 올려서 직장 내에서 나쁜 평판을 듣거나 경력에 부정적인 영향을 미칠까 봐 두렵다는 대답이 응답자의 22%였고, 배우자 또는 가족에게 피해를 줄까 봐 염려한다는 대답도 15%를 차지했다. SNS상에서의 실수는 대체로 술을 마셨거나 피곤한 상태에서 밤늦게 게시물을 올릴 때 발생하는 것으로 나타났다.

① 게시물 때문에 직장에서 피해를 입는 것을 두려워하는 사람은 없다.

② SNS 이용자 중에서 게시물을 올린 것을 후회하는 사람이 과반수다.

③ 응답자의 15%는 게시물 때문에 가족이 직장에서 피해를 입을까 봐 두려워한다.

④ 게시물 올린 것을 매일 후회하는 사람이 일주일에 한 번 후회하는 사람보다 많다.

Explanation

본문의 내용과 아래 선택지의 내용을 대조해서 일치하는 내용을 골라야 한다. '과반수'라는 말은 50% 이상이라는 의미인데 SNS에 게시물을 올린 것을 후회하는 사람이 57%이므로 과반수가 된다. 게시물을 올린 것을 매일 후회를 하는 사람은 1/8이고, 일주일에 한 번 이상 후회를 하는 사람은 1/6이라고 말했으므로 일주일에 한 번 후회하는 사람이 더 많다.

You must choose the corresponding answer by comparing the content of the text with the content of the question below. "과반수" means more than 50%, so the 57% of people who regret posting on SNS are a majority. The text says that the number of people who regret uploading posts every day is 1/8 and the number of people who regret it at least once per week is 1/6, so there are more people who regret it at least once per week.

세계에서 가장 많이 먹는 채소인 토마토는 몇 세기 전만 해도 사람들이 먹을까 말까 고민을 많이 했다. 한때는 독이 있다며 식용을 꺼렸는데, 이와 관련해서 미국 링컨 대통령의 유명한 일화가 있다. 링컨이 노예 해방을 주도할 당시 주위에는 언제나 그를 해치려는 정적들이 들끓었다. 링컨의 정적들은 "매일 토마토를 조금씩 먹여서 천천히 죽이자."라고 모의했다. 이들에게 매수된 백악관의 요리사가 매일 링컨의 식탁에 토마토를 올렸다. 그런데 독 때문에 곧 죽을 거라 예상한 링컨은 한결 밝아진 얼굴로 농담을 던지고 더욱 활기차게 국정을 수행했다. 토마토의 효능이 링컨의 몸과 마음을 한결 가볍게 해 준 것이다. 특히 노예 해방을 선언하면서 엄청난 스트레스에 시달리던 링컨에게 토마토의 풍부한 비타민이 발군의 역량을 보였다.

어휘 및 표현
Vocabulary & Expressions

정적
a person in an opposition position in politics

모의하다
to plot, to conspire

매수되다
to be bought off, to be bribed

국정을 수행하다
to run the government

발군의 역량
outstanding ability

① 백악관의 요리사는 링컨을 지지하는 사람이었다.
② 토마토에 함유된 비타민이 링컨을 건강하게 만들었다.
③ 토마토는 처음부터 인간에게 유용한 채소로 환영받았다.
④ 링컨의 정적들은 링컨의 건강을 위해 식탁에 토마토를 올렸다.

Explanation

본문의 내용과 아래 선택지의 내용을 대조해서 일치하는 내용을 골라야 한다. 글 마지막을 잘 읽어 보면 엄청난 스트레스에 시달리던 링컨에게 토마토의 풍부한 비타민이 발군의 역량을 보였다고 한다.

You must choose the corresponding answer by comparing the content of the text with the content of the question below. If you carefully read the end of the text, it says that the outstanding capabilities of the rich vitamins in tomatoes can be seen in Lincoln, who was suffering a tremendous amount of stress.

34

> 장례식은 고인과 관계가 있는 사람들이 모여서 마지막 작별을 고하고, 고인을 저세상으로 보내는 행위를 통해 슬픔을 치유하는 역할을 한다. 하지만 남은 사람들에 의한 의식인 만큼 고인이 관여할 수는 없다. 이러한 과정을 살아있는 동안 스스로 하는 것이 '생전 장례식'이다. 한 기업가가 "건강할 때 감사의 마음을 전하고 싶다."라며 신문을 통해 자신의 생전 장례식을 알렸다. 그리고 1,000여 명의 지인들과 함께 공연도 보고 모든 테이블을 돌면서 참가자들과 악수를 하고 담소를 나눴다. 그는 한 사람 한 사람에게 "감사했습니다."라고 말했는데, 이날 모임은 시종일관 화기애애했다. 그는 "인생에서 만났던 사람들과 악수하고, 고맙다고 말할 수 있었던 것에 만족하고 있다. 남은 시간을 충실히 보내서 '인생이 즐거웠다'라고 생각하면서 관에 들어가고 싶다."라고 말한 뒤 장례식장을 떠났다.

어휘 및 표현
Vocabulary & Expressions

고인 the deceased
작별을 고하다
to bid farewell
담소 chat
시종일관
from beginning to end
화기애애하다
to be pleasant, to be amicable
관 coffin

① 일반적인 장례식은 고인이 직접 관여한다.
② 생전 장례식의 분위기는 슬프고 침통했다.
③ 미리 하는 장례식을 통해 감사의 마음을 전했다.
④ 생전 장례식 이후에는 의미 없는 시간이 될 것이다.

Explanation

본문의 내용과 아래 선택지의 내용을 대조해서 일치하는 내용을 골라야 한다. 살아있는 동안 스스로 하는 '생전 장례식'의 예로 한 기업가가 자신의 생전 장례식을 통해 참가자들과 악수하고 담소를 나누고 한 사람 한 사람에게 "감사했습니다."라고 말했다.

You must choose the corresponding answer by comparing the content of the text with the content of the question below. As an example of a "living funeral" held by oneself while living, a businessman shook hands and chatted with the participants and said, "Thank you," to each person one by one at his own living funeral.

35~38 다음을 읽고 글의 주제로 가장 알맞은 것을 고르십시오. (각 2점)

35

> 일반적으로 사람들은 나이 먹는 것을 좋아하지 않는다. 나이가 들면 왠지 위축되고 사회적으로 할 수 있는 일들이 줄어들어 자신의 존재감이 적어진다고 여기기 때문이다. 하지만 존경받는 작가 K는 자신의 저서 '나이 드는 것의 좋은 점'에서 나이 든다는 것은 괜찮은 일이라며 "후회가 꿈을 앞설 때부터 우리는 늙기 시작한다."라고 말했다. 그는 또한 나이 든다는 것과 늙는다는 것을 구분하고 "나이 든 마흔보다 젊은 일흔이 낫다."라고도 했다. 육체적으로는 젊지만 늙은이처럼 살기도 하고, 나이는 들었지만 늘 젊게 살기도 하는 것이다.

위축되다
to become withered,
to become shriveled

① 후회보다 꿈이 많으면 늙는다.

② 건강한 일흔이 아픈 마흔보다 낫다.

③ 꿈이 있으면 나이와 상관없이 젊다.

④ 나이 든다는 것과 늙는다는 것은 똑같은 것이다.

Explanation

본문의 글쓴이는 나이 들어서도 꿈이 있으면 얼마든지 젊게 살 수 있다고 주장하고 있다.

The writer is arguing that if you have a dream, you can live as young as you like, even as you get older.

전래 동화
traditional fairy tale

자긍심 pride

    결혼과 함께 한국에 와서 사는 다문화 가정의 엄마, 아빠들은 자녀들에게 어떤 동화책을 읽어 줄까? 자신이 어렸을 때 듣고 자란 고향의 옛날이야기를 들려주고 싶어도 한국에서는 책이 없어서 제약이 많았다. 이런 부모들이 직접 쓴 출신국 전래 동화를 모아 그림 동화책으로 나온다. 외국인 주민을 대상으로 연 공모전에서 자기 나라의 옛이야기를 직접 한국어로 써서 당선된 작품들이다. 전문 동화 작가의 도움을 받아 작품을 다듬고 책에 들어갈 그림도 되도록 같은 나라 출신에게 맡겨서 고유한 문화를 살렸다. 이렇게 만든 엄마가 쓴 엄마 나라의 동화집 '엄마의 속삭임'이 다음 달에 발간된다. 이런 책을 통해 다문화가정 자녀들이 엄마, 아빠 나라를 배우고 자긍심을 가지게 되는 첫걸음이 될 것이다.

① '엄마의 속삭임' 책은 전문 작가들의 도움을 받았다.
② 외국인 대상 공모전에서 당선된 작품만 모은 책이다.
③ 다문화 가정의 외국인 부모가 자기 나라 언어로 동화책을 썼다.
④ 외국인 부모가 쓴 동화책이 자녀들에게 부모의 나라를 알리는 중요한 역할을 할 것이다.

Explanation

다문화 가정의 부모가 자기 나라의 옛이야기를 직접 한국어로 쓰고, 그림도 되도록 같은 나라 출신이 그려서 동화책을 만들었다.

A fairytale book was made by parents of multicultural families who personally wrote old stories from their countries in Korean, and the pictures were also drawn by natives from the same countries wherever possible.

어휘 및 표현
Vocabulary & Expressions

온전하다
to be completely,
to be wholly

　　부모한테서 독립하는 것과 어른이 되는 것은 같은 의미일까? 서양의 자녀들은 대부분 고등학교 졸업 후에 독립을 하면서 부모에게서 벗어났다는 해방감을 느낀다. 그러나 부모와 떨어진 생활 공간에서 혼자 산다고 해서 온전한 독립이라고 보기는 어렵다. 어른이 된다는 것은 자신에 대한 권리만큼 책임도 진다는 의미이기 때문이다. 내 인생의 문제를 스스로 결정하고 그 결과를 감당하면서 한층 더 성장해 나가야만 한다. 그런데 학비를 충당하거나 중요한 결정을 할 때 부모에게 의존하거나 부모님 탓을 한다면 자신의 인생에서 성장할 것도 배울 것도 없다. 부모가 내 인생의 주인공이 되기 때문이다. 그래서 제대로 된 독립이 필요하다. 완전히 독립하는 일은 생각보다 어렵다. 평생 독립의 길을 가야 한다. 실수와 실패에 대한 두려움이 있더라도 과감히 도전하고 그 결과를 인정하는 삶을 계속해 나가는 것이 온전한 독립이라 볼 수 있다. 그리고 그것이 진정한 어른이 되는 길이다.

① 독립적 생활 공간에서 살면 어른이 된다.
② 실패를 줄이려면 부모의 도움이 필요하다.
③ 부모에게 의존하면 부모가 내 인생의 주인공이 된다.
④ 부모한테서 온전한 독립을 하는 것이 어른이 되는 것이다.

Explanation

본문에서 '부모한테서 독립하는 것'과 '어른이 되는 것'을 구별해서 과감히 도전하고 그 결과를 인정하는 삶을 계속해 나가는 것이 어른이 되는 것이라고 언급하고 있다.

The text distinguishes between "being independent from one's parents" and "becoming an adult" and states that becoming an adult means boldly taking on challenges and continuously living a life that accepts those results.

38

고차원 high-level
성 역할 gender role

인공 지능 비서의 목소리는 왜 전부 여성일까? 여성의 목소리가 남성보다 더 편안하고 기계에서 나오는 목소리를 더 친근하게 느끼게 하려는 의도라고 한다. 하지만 그런 이유만은 아닌 것으로 보인다. 퀴즈 쇼에서 인간과 대결하는 인공 지능과 변호사 인공 지능은 남자 이름이다. 즉, 비서 기능은 여성을 쓰고, 고차원적 능력을 가진 인공 지능은 남성인 것이다. 결국 남성 중심적인 IT 업계의 남성 우월주의가 대부분의 개발자가 남성이라는 환경을 통해 반영되어 자연스럽게 성 역할을 고정시키고 있는 것이다.

① IT 업계는 남성 우월주의가 팽배해 있다.

② 인공 지능에서조차 성 역할을 고정시키고 있다.

③ 여성의 목소리는 남성보다 편안한 장점이 있다.

④ 인공 지능이 여성의 목소리인 덕분에 친근하게 느껴진다.

Explanation

본문에서 남성 중심적인 IT 업계에서 비서 인공 지능은 여성 목소리로 하고, 고차원적인 인공 지능은 남성 목소리로 하는 등 성 역할을 고정시키고 있다고 언급하고 있다.

In the male-centric IT industry, gender roles are being fixed through the use of female voices for secretarial AI, male voices for high-level AI, etc.

〈보기〉의 문장이 들어갈 알맞은 곳 고르기

Choosing the best place to insert the example sentence

39~41 주어진 문장이 들어갈 곳으로 가장 알맞은 것을 고르십시오. (각 2점)

어휘 및 표현
Vocabulary & Expressions

불우하다
to be disadvantaged
중인 middle-class
상민
common, lower class
천민 lowest class

39

> 18세기 조선 후기의 학자이며 소설가인 박지원은 12편의 소설을 썼다. (㉠) 당시의 지식인들과 마찬가지로 그도 소설을 모두 한자로 썼다. (㉡) 그러나 그의 소설에는 거지나 화장실 치우는 사람, 말을 파는 사람, 능력은 뛰어나지만 신분의 한계로 불우했던 시인 등 조선 사회의 중하층에 속하는 인물들이 등장한다. (㉢) 신분 구분이 엄격했던 시대에 양반을 비판하고 중인, 상민, 천민 계층 사람들의 긍정적인 측면들을 강조하는 글을 쓰는 데는 큰 용기가 필요했을 것이다. (㉣) 글을 통해 조선 사회를 바꾸고자 한 비판적 지식인 박지원은 그런 용기를 가진 남다른 사람이었다.

〈 보기 〉

> 박지원은 이런 인물들의 긍정적인 측면을 드러내고 자신이 속한 양반 계층의 부정적인 측면을 비판했다.

① ㉠   ② ㉡   ③ ㉢   ④ ㉣

Explanation

〈보기〉에서 '이런 인물들'이라는 표현이 나오므로 그 인물들이 나온 문장 뒤에 들어가야 한다.

The expression "this type of character" appears in the example, so it should go after a sentence where that type of character appears.

어휘 및 표현
Vocabulary & Expressions

공유 sharing

우리가 일상생활을 하면서 나만의 것으로 소유하게 되는 물건은 별로 많지 않다. (㉠) 여행용 큰 가방, 여러 사람이 동시에 둘러앉아 식사하는 큰 상, 스키를 타기 위한 용품 등은 일시적으로만 사용하는 것이라서 365일 항상 곁에 두지 않아도 된다. (㉡) 이러한 생각에서 출발한 것이 바로 공유 경제다. (㉢) 우리 아이가 사용하던 장난감이나 옷은 아이가 성장하면 이웃에게 나눠 주기도 하고 중고 제품으로 팔기도 한다. (㉣) 또 필요할 때만 잠깐 빌릴 수도 있고 전문 대여점에서 적은 비용으로 빌려서 단기간 사용하는 방법도 있다. 이렇게 하나의 물건을 여러 명의 공동 주인이 소유하고 필요할 때 나눠서 사용함으로써 물건의 효용 가치도 높이고 사용 비용도 절약하는 효율적인 경제 방식이 고유 경제의 장점이다.

보기

그렇다면 굳이 이러한 물건들을 내가 다 소유할 필요가 없다.

① ㉠　　　　② ㉡　　　　③ ㉢　　　　④ ㉣

Explanation

〈보기〉에서 '이러한 물건들'이라는 표현이 나오고 소유할 필요가 없다고 했으므로 소유하지 않아도 사용할 수 있는 방법을 말한 문장 뒤에 들어가야 한다.

The phrase "these types of items" appears in the example, and it says that there is no need to own them, so it should go after a sentence that talks about a method of using them even without owning them.

어휘 및 표현
Vocabulary & Expressions

부지기수 countless
수치심 shame
인권 human right

요즘 10대는 잘 모르는 크레파스가 있다. 바로 '살색 크레파스'이다. 크레파스 통을 열면, 나란히 누운 크레파스들 사이에서 살색 크레파스가 늘 제일 작았다. 그림 그릴 때마다 사람 얼굴은 무조건 살색으로 칠했던 탓이다. 나뿐만 아니라 친구들도 살색이 모자라서 크레파스 세트를 또 사는 아이들이 부지기수였다. (㉠) 그러던 어느 날 우연히 TV에서 공익광고를 봤다. '흰색', '살색', '검은색' 크레파스가 그려져 있었고, 그 위에 짤막한 문구가 쓰여 있었다. "모두 살색입니다." (㉡) 망치로 머리를 얻어맞은 기분이었다. 아무도 알려 주지 않았던 '살색 크레파스'의 문제를 그제야 깨달았다. 그 후로 살색은 살구색으로 이름이 바뀌었고 나의 생각도 바뀌었다. (㉢) 반마다 한 명씩 있던 유독 얼굴이 까만 친구들을 피부색이 다르다는 이유로 놀리지 않게 되었고, 또 다른 사람이 그들을 놀리면 내 스스로 수치심을 느꼈다. (㉣) 누군가를 차별하며 불렀던 지난날을 반성하는 동시에, 그렇게 반성하고 있는 나 자신이 뿌듯하기도 했다. 그리고 깨달았다. '인권'은 내 주변에 있는 작은 것에서부터 시작되어야 하고, 모든 사람들이 인간답게 살 수 있도록 사회 전체가 관심을 갖고 보호해야 할 필요가 있다는 것을.

보기

교과서에서 보던 인종 차별의 문제가 확 와 닿았다.

① ㉠　　　② ㉡　　　③ ㉢　　　④ ㉣

Explanation

'모두 살색입니다.'라는 광고는 인종 차별 문제를 표현하는 말이고 그 뒤에 '망치로 머리를 얻어맞은 기분'이라는 말이 나왔으므로 순간적으로 깨달은 느낌은 광고를 접한 바로 다음에 나오는 게 자연스럽다.

The advertisement that says, "They are all skin-colored." is an expression about the problem of racial discrimination, and after that, the phrase, "I left like I was hit on the head with a hammer," appears, so it is natural to have the feeling of instant realization immediately after seeing the ad.

다양한 장르의 글 이해하기
Understanding texts in a variety of genres

42~43 **다음을 읽고 물음에 답하십시오. (각 2점)**

가난한 고학생이 학비를 벌기 위해 방문 판매를 했습니다. 그날도 방문 판매에 나섰지만 하나도 팔지 못한 채 몸은 지쳐 있고 배는 고팠지만 음식을 사 먹을 돈이 없었습니다. 그는 힘을 내어 다음 방문할 집의 문을 두드렸고 한 소녀가 나왔습니다.

"죄송한데, 물 한 잔만 줄 수 있을까요?"

그는 너무 배가 고픈 나머지 소녀에게 물을 달라고 했고 그를 물끄러미 보던 소녀는 집으로 들어갔습니다. 잠시 후 소녀가 들고나온 것은 컵에 가득 든 우유 한 잔. 소녀는 물 한 잔의 의미를 눈치챘던 것입니다. 그는 우유를 허겁지겁 단숨에 마셨고 기운을 차린 후 말했습니다.

"고마워요. 그런데…… 얼마를 드려야 할까요?"

"엄마가 친절을 베풀 때는 절대 돈을 받아서는 안 된다고 하셨어요."

그는 소녀의 말에 큰 감동과 깨우침을 얻었고 그 고마움을 가슴 깊이 새겼습니다. 10여 년 후 그 가난한 고학생은 유명한 의사가 되었습니다. 어느 날, "박사님, 먼 도시에 희귀 질병을 앓고 있는 환자가 있는데, 그곳에서 치료를 포기했지만, 선생님께서 꼭 오셔서 한 번 봐 주셨으면 좋겠다고 합니다."

죽어 가는 환자를 위해 한걸음에 달려간 의사는 최선을 다해 치료했고 헌신적인 노력 덕분에 환자는 다 나았습니다. 얼마 후 고액의 치료비 청구서를 먼저 본 의사는 청구서 귀퉁이에 뭔가를 적어서 환자에게 보냈습니다. 병원비를 갚으려면 평생 동안 일해야 할 거라고 생각하며 걱정하던 환자는 청구서를 받아 들고 깜짝 놀랐습니다. 청구서에는 이렇게 적혀 있었습니다.

"그날 한 잔의 우유로 모두 지급되었습니다."

42 밑줄 친 부분에 나타난 '그'의 심정으로 가장 알맞은 것을 고르십시오.

① 황당하다   ② 어색하다

③ 무안하다   ④ 걱정스럽다

43 윗글의 내용으로 알 수 있는 것을 고르십시오.

① 소녀는 물이 없어서 대신에 우유를 주었다.

② 의사는 10여 년 동안 계속 소녀와 연락을 했다.

③ 소녀는 학교에서 친절을 베푸는 방법을 배웠다.

④ 의사는 오래전 소녀의 친절을 기억하고 있었다.

Explanation

42 돈이 없는 학생이 우유를 마셨으니까 우윳값을 낼 걱정을 한 것이다.

The student with no money drank milk, so he is worried about paying for the milk.

43 예전의 소녀였던 환자는 자신이 베푼 친절과 가난한 고학생을 잊었지만, 고학생이었던 의사는 오래전에 우유 한 잔의 친절을 베푼 소녀를 기억하고 있었다.

The patient, who was the girl from the past, forgot her act of kindness and the poor working student, but the doctor, who was the poor student, remembered the girl who kindly gave him a glass of milk a long time ago.

다음을 읽고 물음에 답하십시오. (각 2점)

어휘 및 표현
Vocabulary & Expressions

두터이 getting closely
설사 even if, though
이치 reason, logic

옛날 사람들은 지금처럼 돈이 절실하지 않았다. 마을과 가족 단위로 생활하기 때문에 일손이 필요할 때는 일품을 서로 주고받고, 쌀이 떨어지거나 물품이 부족할 때는 서로 빌려주고 되갚기를 거듭했다. 이러는 가운데 사람 사이의 정 (情)도 두터이 쌓여 갔다. 장사도 마찬가지다. 훌륭한 상인은 (   ) 믿기 때문에 눈앞의 이익보다 손님과 좋은 관계를 맺는 데 더 신경을 쓴다. 설사 손해를 봤다 해도, 상인에게서 좋은 인상을 받은 손님은 다시 찾아오게 되어 있다. 세월이 갈수록 서로에 대한 신뢰는 점점 두터워지고 그 가운데 이익은 절로 쌓여 간다. 이것이 관계를 통해 돈을 돌게 하는 세상의 이치다. 모든 것이 돈으로만 이루어지지 않는 관계를 만들면 돈을 제대로 벌고 쓸 수 있게 된다.

44 (   )에 들어갈 말로 가장 알맞은 것을 고르십시오.

① 가격을 깎아 주는 것이 중요하다고

② 다른 가게와 경쟁에서 질 수 없다고

③ 거래가 이번 한 번으로 끝나지 않으리라

④ 이익을 조금 남기고 많이 파는 것이 중요하다고

45 윗글의 주제로 가장 알맞은 것을 고르십시오.

① 상인과 손님은 세월이 갈수록 친해지게 된다.

② 돈을 벌고 싶으면 좋은 관계를 맺는 것이 더 중요하다.

③ 옛날에는 이웃끼리 물건을 서로 빌려주고 되갚는 관계였다.

④ 장사를 잘 하려면 손해를 봐도 손님에게 좋은 인상을 줘야 한다.

Explanation

44 (   ) 뒤에 이어지는 문장인 '손님이 다시 찾아온다'와 '세월이 갈수록 서로에 대한 신뢰는 점점 두터워진다'라는 말을 참고하면 된다.

You can refer to the sentences after the blank that say "customers come back" and "as time goes by, trust in each other gradually grows stronger."

45 '주제'란 '이 글을 쓴 사람이 나타내고자 하는 기본적인 사상'을 의미한다. 그러므로 글 쓴 사람이 강조하는 내용을 파악하는 것이 중요하다. 여기서도 ①, ③, ④번이 본문 내용과 일치하지만, 글쓴이는 '관계'라는 단어를 세 번이나 말하면서 그 중요성을 강조하고 있다. 예전의 '일품(일을 해 주는 노동력)'을 통해 사람 사이의 정이 쌓인 것처럼 돈을 벌기 위해 관계 맺기가 중요함을 말하고 있다.

"Subject" means "the basic idea that the writer intends to show." Therefore, it is important to understand the content that the writer is emphasizing. Here again, ①, ③, and ④ are consistent with the context of the text, but the writer uses the word "relationship" three times, so the writer is emphasizing its importance. The writer is indicating that it is important to form relationships in order to make money in the same way that affection was accumulated between people in the past through helping each other with work.

46~47 다음을 읽고 물음에 답하십시오. (각 2점)

제가 많은 성공한 정치인과 기업가를 만나면서 발견한 공통점은 그들은 이기는 경험에 익숙했다는 것입니다. 그들은 이기는 방법을 깨달았고 계속 그 방법을 고수해 승리를 쟁취했습니다. 사람이 무엇인가를 성취해 내면 몸에서 테스토스테론이라는 호르몬이 분비됩니다. 이 호르몬의 영향으로 이후에도 적극적인 행동을 하면서 더 많은 성공을 이루어 낸다는 과학적 증명도 있습니다. 결국, 이기는 사람이 계속 이기는 '승자 효과'가 나타나는 것입니다. 평범한 우리도 이기는 방법만 안다면 승자가 될 수 있습니다. 이기는 사람들은 원하는 일을 주어진 시간 안에 해냈습니다. 그러기 위해서 철저한 계획을 세우고 시간을 관리했습니다. 우리도 매일 계획을 세우고 주어진 시간 내에 반복해서 해냄으로써 월간 계획, 연간 계획을 달성한다면 결국 이기는 경험에 익숙해질 것입니다.

46 윗글에 나타난 필자의 태도로 가장 알맞은 것을 고르십시오.

① 승자 효과란 무엇인지 의미를 설명하고 있다.

② 성공을 이루어내는 방법을 과학적으로 증명하고 있다.

③ 평범한 사람들은 성공한 사람들을 이길 수 없다고 비관하고 있다.

④ 성공한 사람들의 특성을 통해 성공할 수 있는 방법을 설명하고 있다.

47 윗글의 내용과 같은 것을 고르십시오.

① 이기는 경험을 반복하면서 성공하게 된다.

② 시간을 관리하는 것은 이기는 것과 전혀 관계가 없다.

③ 한 번 이기면 그 후에는 이기는 데에 관심이 없어진다.

④ 어떤 일을 성취해도 신체적으로는 변화가 나타나지 않는다.

Explanation

46 글의 앞부분에 성공한 사람들의 공통점을 소개하면서 평범한 우리도 이기는 방법만 안다면 승자가 될 수 있다고 설명하고 있다.

The text introduces at the start what successful people have in common, explaining that if we ordinary people just learn how to win, we can become winners too.

47 본문의 내용과 아래 선택지를 대조해서 일치하는 내용을 골라야 한다. 문장의 첫 줄에서 성공한 사람들은 이기는 경험에 익숙했다고 했으므로 정답은 ①번이다.

You must choose the corresponding answer by comparing the content of the text with the content of the question below. In the first line of the text, it says that successful people are used to the experience of winning, so the correct answer is ①.

어휘 및 표현
Vocabulary & Expressions

호칭 title, appellation

최근 여성 단체가 조사한 바에 따르면 결혼한 남성의 52%가 배우자를 '집사람'이라고 부른다고 한다. 그와 반대로 남편은 '바깥양반'으로 칭하여, 여성은 집안에서 집안일을 담당하는 존재이고 남성은 사회적인 활동을 하는 사람이라는 전통적 고정관념을 그대로 드러내고 있다. 이에 여성 단체는 봉건적인 성 역할이나 오래 굳어진 관습적 호칭에서 탈피하여 지금의 시대상이 잘 반영된 '배우자'라는 호칭으로 서로를 부르자는 의견을 내놓았다. '배우자'는 성별에 따른 차이가 없어 (   ) 의미가 있다는 것이다. 또한 '누구 엄마', '누구 아빠'에 비해 서로를 독립적인 인격체로 드러내고 동등한 동반자임을 알릴 수 있는 이점도 있다. 부부 사이에서 상대방을 어떻게 부르는지는 그들 관계를 정립하고 유지하는 데에 큰 영향을 준다. 한쪽에서 일방적으로 강요하는 것이 아니라 합의를 통하여 존중의 의미가 있는 호칭으로 부르면 어떨까. 관습보다 존중과 평등을 담은 호칭 문화를 뿌리내리는 노력이 필요할 때다.

48 윗글을 쓴 목적으로 가장 알맞은 것을 고르십시오.

① 결혼한 남녀 호칭의 차이를 비교하고 연구하기 위해

② 남녀의 사회적 역할을 고정하는 호칭을 분류하기 위해

③ 성 역할이 고정된 배우자 호칭을 바꿔야 할 필요성을 주장하기 위해

④ 가족 관계가 아닌 개인별 특성을 인정하는 사회 변화를 설명하기 위해

Explanation

48 글을 쓴 목적이란 '글을 쓴 사람이 실현하려고 하는 일이나 나아가는 방향'을 말한다. 그러므로 글쓴이가 무엇을 실현하려고 하는지 찾아야 한다. 주로 자신의 주장을 나타내기 위해 '-아/어/여야 한다' 또는 '같이 -하자'는 문장으로 끝나는 경우가 많다. 이 글에서도 '한쪽에서 일방적으로 강요하는 것이 아니라 합의를 통하여 존중을 담은 호칭을 찾아내 쓰자.'라는 말로 글쓴이의 목적을 나타내고 있다.

The writer's goal is "what the writer is trying to fulfill or the direction in which he or she is going." Therefore, you must find out what the writer is trying to fulfill. In many cases, the sentence showing the writer's argument ends with "-아/어/여야 한다" or "같이 -하자." In this text as well, the writer's objective is shown through the sentence, "Let's not unilaterally impose a title from one side but find and use titles with respect through consensus."

49 ( )에 들어갈 말로 가장 알맞은 것을 고르십시오.

① 적극적인   ② 자유로운   ③ 긍정적인   ④ 중립적인

50 윗글의 내용과 같은 것을 고르십시오.

① 부부가 같이 합의해서 서로를 존중하는 의미의 호칭으로 불러야 한다.

② 지금의 시대상을 반영한 호칭보다 관습에 따른 호칭이 뿌리내려야 한다.

③ '누구 엄마', '누구 아빠'로 부르는 것은 서로를 독립적으로 인정하는 것이다.

④ 오래 굳어진 관습적 호칭을 그대로 유지하기 위해 '배우자'라는 호칭을 사용해야 한다.

Explanation

49 '성별에 따른 차이가 없는'이라는 말과 어울리는 단어를 찾아야 한다.

You must find the vocabulary word that matches the phrase "without difference according to gender."

50 본문의 내용과 아래 선택지를 대조해서 일치하는 내용을 골라야 한다. 본문에서 '집사람', '바깥 양반', '누구 엄마', '누구 아빠' 등의 관습적 호칭에 비해 '배우자'라는 호칭은 서로가 동등한 동반자임을 나타낸다고 말하고 있다. 따라서 윗글의 내용과 일치하는 것은 ①번이다.

You must choose the corresponding answer by comparing the content of the text with the content of the question below. In the text, it says that compared to customary nicknames like "housewives," "outside noblemen," "so-and-so's Mom," "so-and-so's Dad," etc., the nickname "spouse" indicates that both parties are equal partners. Therefore, the choice that corresponds with the content above is ①.

Complete Guide to the

TOPIK

PART 3

실전 모의고사

Mock Tests

3rd Edition

실전 모의고사 1회 Mock Test 1

듣기 | Listening

쓰기 | Writing

읽기 | Reading

※ [1~3] 다음을 듣고 가장 알맞은 그림 또는 그래프를 고르십시오. (각 2점)

1. ①  ②

③  ④

2. ①  ②

③  ④

3.

①

②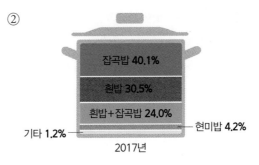

③

④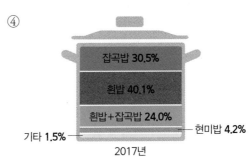

※ [4~8] 다음을 듣고 이어질 수 있는 말로 가장 알맞은 것을 고르십시오. (각 2점)

4. ① 어느 병원에 입원했어요?

② 제가 밖에 나가서 약을 사 오겠습니다.

③ 지난번에 건강 검진을 안 받아서 그래요.

④ 그런 줄 알았으면 어제 병원에 가 보라고 할걸…….

5. ① 상금도 나오니까 한턱내세요.

② 기대가 크면 실망도 크다고 하잖아요.

③ 우수 사원이 되고 싶은 사람이 많군요.

④ 다른 부서가 하는 것을 보고 열심히 배우세요.

6. ① 당신은 운동의 중요성을 모르는군요.

② 비만 치료하는 병원을 찾아줄 수 있어요?

③ 내가 바쁘니까 당신이 나 대신 회원권을 끊어요.

④ 그럼, 집 근처의 운동장에서 매일 운동하는 것부터 해 봐야겠어요.

7. ① 수리 센터 전화번호 좀 찾아보세요.

② 빨래 양을 늘려서 다시 해 봐야겠네요.

③ 고장 난 세탁기는 버리고 새 세탁기를 삽시다.

④ 세탁기를 판 회사가 수리해 주는 것은 당연해요.

8. ① 집의 벨이 고장 났으니 수리하세요.

② 한 시간 전에 오시는 게 더 좋습니다.

③ 볼일이 없는 사람에게 전해 드리겠습니다.

④ 그럼, 경비실에 맡겨 놓을 테니 찾아가세요.

※ [9~12] 다음을 듣고 여자가 이어서 할 행동으로 가장 알맞은 것을 고르십시오. (각 2점)

9. ① 리조트에 전화를 한다. ② 비행기 표를 예매한다.

③ 회의 자료를 준비한다. ④ 렌트카 회사에 연락한다.

10. ① 은행에 간다. ② 전을 부친다.

③ 시장에 간다. ④ 세뱃돈을 준다.

11. ① 체온을 잰다. ② 처방전을 받는다.

③ 차를 한 잔 마신다. ④ 알레르기 검사를 받는다.

12. ① 신청서를 쓴다. ② 집에 전화한다.

③ 지하에서 사진을 찍는다. ④ 한국 운전면허증을 준비한다.

※ [13~16] 다음을 듣고 들은 내용과 같은 것을 고르십시오. (각 2점)

13. ① 남자의 동생은 남자다.
    ② 남자의 동생은 올해 안에 결혼할 것 같다.
    ③ 결혼식 날짜를 결정하고 예식장을 예약하려고 한다.
    ④ 이 두 사람은 조금 후에 국수를 같이 먹을 예정이다.

14. ① 콜센터에 물어보면 이 숫자를 알려 준다.
    ② 이 숫자는 3호선에만 있는 특별한 암호이다.
    ③ 이 숫자는 그 안에 탈 수 있는 사람 숫자이다.
    ④ 이 숫자는 자신이 어느 지하철 몇 번째 칸에 탔는지 알려 준다.

15. ① 10월에는 3일 연휴가 두 번 있다.
    ② 대체 휴일은 앞으로 줄어들 것이다.
    ③ 한국과 일본의 대체 휴일 제도는 같다.
    ④ 12월 25일 성탄절에도 대체 휴일이 된다.

16. ① 여자는 아파트가 마음에 안 들어서 아쉽다.
    ② 애완동물 때문에 단독 주택으로 갈 것 같다.
    ③ 아파트에서 애완동물을 기르는 것이 허용된다.
    ④ 이웃집이 시끄러워서 단독 주택으로 가려고 한다.

※ [17~20] 다음을 듣고 남자의 중심 생각으로 가장 알맞은 것을 고르십시오. (각 2점)

17. ① 사랑하는 남자를 믿어야 한다.
    ② 결혼을 서두르는 것이 좋을 것 같다.
    ③ 끝까지 부모님의 허락을 받도록 노력해야 한다.
    ④ 딸이 사랑하는 남자를 어머니가 좋아하기 어렵다.

18. ① 차는 이동 수단에 불과하다.

　　② 부자라도 겸손한 생활이 필요하다.

　　③ 자신의 경제력에 따라 좋은 차를 타도 된다.

　　④ 환경을 위해 부자들이 자전거 사용을 해야 한다.

19. ① 자신이 번 돈이니까 자랑해도 상관없다.

　　② 성공한 가수가 돈 자랑하는 것은 좋지 않다.

　　③ 20~30대의 취업 문제를 유명인들이 해결해야 한다.

　　④ 돈을 자랑하는 것은 젊은이에게 자극을 주는 긍정적 효과가 있다.

20. ① 사찰 음식은 자극적인 양념을 안 넣어야 맛있다.

　　② 사찰 음식은 불교 원칙에 따른 스님들의 음식이다.

　　③ 사찰 음식 전문점은 거창한 사상을 가지고 시작했다.

　　④ 스님들은 단백질 보충을 위해 콩을 먹는 게 중요하다.

※　[21~22] 다음을 듣고 물음에 답하십시오. (각 2점)

21. 남자의 중심 생각으로 가장 알맞은 것을 고르십시오.

　　① 폐의약품은 분리수거해야 한다.

　　② 알약과 물약을 따로 버려야 한다.

　　③ 의약품은 약국에서 구입해야 한다.

　　④ 약을 함부로 버리면 생태계를 교란시킨다.

22. 들은 내용과 같은 것을 고르십시오.

　　① 여자는 의약품을 약국 수거함에 버려왔다.

　　② 남자는 오래된 약을 계속 보관하기를 원한다.

　　③ 남자는 폐의약품을 분리수거하는 것을 귀찮아한다.

　　④ 의약품을 잘못 버리면 인체에 해로운 영향을 미칠 수 있다.

23. 남자가 무엇을 하고 있는지 고르십시오.

    ① 낙서 지우기 운동을 주장하고 있다.
    ② 책상화 그리기 대회에 대해 설명하고 있다.
    ③ 수업 시간에 낙서하는 것을 비판하고 있다.
    ④ 책상화 그리기 대회의 심사 방법을 소개하고 있다.

24. 들은 내용과 같은 것을 고르십시오.

    ① 남자는 학교 선생님이다.
    ② 책상화 심사를 남자 혼자서 했다.
    ③ 아이들이 낙서하는 것을 이해할 수 없다.
    ④ 아이들은 책상화 그리기 대회를 반대한다.

※ **[25~26] 다음을 듣고 물음에 답하십시오. (각 2점)**

25. 남자의 중심 생각으로 가장 알맞은 것을 고르십시오.

    ① 명문 대학에 못 가도 괜찮다.
    ② 빨리 결론을 내는 것은 좋지 않다.
    ③ 아이를 행동으로 사랑하는 방법이 어렵다.
    ④ 자녀에 대한 욕심을 버리고 대화해야 한다.

26. 들은 내용과 같은 것을 고르십시오.

    ① 욕심 있는 사람은 명문 대학에 못 간다.
    ② 아이를 사랑하는 방법은 행동이 더 쉽다.
    ③ 아이들은 무엇이든지 잘하려는 목표가 있다.
    ④ 사춘기 아이들의 이야기는 다 들어 줘야 한다.

※　[27~28] 다음을 듣고 물음에 답하십시오. (각 2점)

27.　남자가 말하는 의도로 가장 알맞은 것을 고르십시오.

① 여행지의 현지인을 만나는 방법을 권유하기 위해

② 집 공유 사이트에서 홍보하는 펜션을 비판하기 위해

③ 신혼부부의 집을 방문하는 즐거움을 알려 주기 위해

④ 집 공유 사이트를 통해 숙박을 예약한 과정을 설명하기 위해

28.　들은 내용과 같은 것을 고르십시오.

① 이 두 사람은 신혼부부다.

② 집 공유 사이트 덕분에 현지인도 만나고 정보도 얻는다.

③ 집 공유 사이트는 모텔을 광고하기 위해 만들어진 것이다.

④ 이 사람들이 부산을 여행하는 동안 집주인들은 그 집에 안 산다.

※　[29~30] 다음을 듣고 물음에 답하십시오. (각 2점)

29.　남자가 누구인지 고르십시오.

① 언론인 　　　　　　　　② 운동선수

③ 젊은 대학생 　　　　　　④ 장애인 졸업생

30.　들은 내용과 같은 것을 고르십시오.

① 어려운 일도 가능하다고 믿으면 가능해진다.

② 이 사람은 학교 입학식에서 이야기하고 있다.

③ 이 사람의 세대들은 모든 것이 보장된 행복한 사람들이다.

④ 이 사람은 신체가 특수하지만 다른 사람과 똑같은 눈으로 세상을 경험했다.

※ [31~32] 다음을 듣고 물음에 답하십시오. (각 2점)

31. 남자의 중심 생각으로 맞는 것을 고르십시오.

① 외국인에게 통역해 줄 수 있는 인재를 양성해야 한다.

② 에누리는 사는 사람에게 정으로 하나를 더 주는 따뜻한 문화다.

③ 전통 시장에서 외국인이 한국의 문화를 경험하는 것이 중요하다.

④ 통역하는 사람의 비용 부담을 줄이기 위해 아르바이트로 일을 맡기면 된다.

32. 남자의 태도로 가장 알맞은 것을 고르십시오.

① 현재의 관광 정책에 만족하고 있다.

② 상대방의 의견에 부분적으로 동의하고 있다.

③ 전통 시장에 통역사가 필요함을 주장하고 있다.

④ 전통 시장에 통역하는 사람이 없는 것을 받아들이고 있다.

※ [33~34] 다음을 듣고 물음에 답하십시오. (각 2점)

33. 무엇에 대한 내용인지 알맞은 것을 고르십시오.

① 피카소가 한 말의 의미 설명

② 광고 회사의 이익 추구를 위한 방법

③ 광고 회사가 경쟁에서 이길 수 있는 전략

④ 광고를 잘 만들 수 있는 자신의 장점 소개

34. 들은 내용과 같은 것을 고르십시오.

① 삐딱한 사고방식은 좋지 않다.

② 피카소는 파괴할 때 새로운 창조가 시작된다고 말했다.

③ 사물을 있는 그대로 받아들이는 것이 창의적인 광고다.

④ 주변을 다르게 보고 뒤집어 보는 것은 광고에서 필요 없다.

35.   남자가 무엇을 하고 있는지 고르십시오.

    ① 취미가 많은 사람들이 발명가가 된다고 말하고 있다.

    ② 세계에는 다방면에 관심을 가진 박식한 사람이 많다고 분석하고 있다.

    ③ 위대한 발명은 여러 사람들의 노력과 직감으로 이루어졌다고 주장하고 있다.

    ④ 위대한 발명은 에디슨의 전구처럼 번쩍하는 아이디어로 발명된다고 반박하고 있다.

36.   들은 내용과 같은 것을 고르십시오.

    ① 최고의 발명가들은 성격이 느린 사람들이다.

    ② 천재 한 사람의 업적으로 발명이 이루어진다.

    ③ 발명은 순간적인 아이디어로 이루어진 것이다.

    ④ 서로 접근 방식이 다른 발명가들이 팀으로 발명을 이뤄냈다.

※ [37~38] 다음을 듣고 물음에 답하십시오. (각 2점)

37.   여자의 중심 생각으로 가장 알맞은 것을 고르십시오.

    ① 엄마가 하는 교육이 학교 교육보다 낫다.

    ② 아이들에게 다양한 사교육을 시키는 것이 좋다.

    ③ 반찬을 나눠서 먹으면 맛있는 것을 먹을 수 있나.

    ④ 주부들이 모여 일을 나누면 경제적으로 이익이 많다.

38.   들은 내용과 같은 것을 고르십시오.

    ① 주부들이 모이면 헛소문이 많아진다.

    ② 사교육 시장에 뛰어드는 엄마들이 늘고 있다.

    ③ 주부들이 반찬을 서로 만들어 주는 품앗이를 한다.

    ④ 이유식을 서로 나누어 가지면 다양한 이유식을 먹일 수 있다.

39. 이 대화 전의 내용으로 알맞은 것을 고르십시오.

    ① 오전에 쬐는 햇볕이 오후의 햇볕보다 좋다.

    ② 유리창을 통과한 햇볕은 건강에 도움이 안 된다.

    ③ 피부 색깔이 진할수록 햇볕을 더 많이 쬐어야 한다.

    ④ 햇볕은 비타민 D를 만들고 우울증과 불면증에 좋다.

40. 들은 내용과 같은 것을 고르십시오.

    ① 악성 흑색종은 눈에 생기는 질병이다.

    ② 코코 샤넬 이후에 일광욕 문화가 생겨났다.

    ③ 기미, 잡티, 주근깨는 잘못된 화장품 사용으로 생긴다.

    ④ 피부 보호를 위해 자외선 차단 크림을 권하는 사람은 안과 의사이다.

41. 이 강연의 중심 내용으로 가장 알맞은 것을 고르십시오.

    ① 경험이 없으면 맛이나 재미를 못 느끼게 된다.

    ② 사람들은 재미없는 TV나 신문을 좋아하지 않는다.

    ③ 재미를 위해서는 중독성 있는 프로그램을 만들어야 한다.

    ④ 의미 있고 지적인 것이 재미있어지는 나라가 되어야 한다.

42. 들은 내용과 같은 것을 고르십시오.

    ① 모든 프로그램은 무조건 재미있어야 한다.

    ② 처음엔 쓴맛이 나는 커피는 끝내 즐기기 어렵다.

    ③ 중독성 있는 것만 재미있다는 생각에서 탈피해야 한다.

    ④ 문화 강국이 되려는 한국에는 설탕물 같은 재미가 필요하다.

※ **[43~44] 다음을 듣고 물음에 답하십시오. (각 2점)**

43. 무엇에 대한 내용인지 알맞은 것을 고르십시오.

   ① 일반인도 위조지폐를 구별하는 방법이 있다.

   ② 모든 지폐는 일반 종이와 다른 종이를 사용한다.

   ③ 위조지폐를 구별하는 것은 전문가에게 맡겨야 한다.

   ④ 위조지폐 구별을 위해 일반인도 자외선 감식기가 필요하다.

44. 위조지폐 감식에 대한 설명으로 맞는 것을 고르십시오.

   ① 종이를 만졌을 때 미끈한 것은 위조지폐다.

   ② 동전은 문양의 경계가 확실한 것이 위조지폐다.

   ③ 자외선을 비출 때 문양이 안 떠오르면 진짜 돈이다.

   ④ 지폐에서 숫자나 글자가 오돌토돌한 것은 위조지폐다.

※ **|45~46] 다음을 듣고 물음에 답하십시오. (각 2점)**

45. 들은 내용과 같은 것을 고르십시오.

   ① 예리하고 좋은 칼은 항상 상처를 입힌다.

   ② 많은 돈과 기회만 있으면 누구든지 잘 사용할 수 있다.

   ③ 부자가 되면 돈을 다루는 능력은 자연적으로 따라온다.

   ④ 사람들은 돈 모으는 기술이나 방법 때문에 부자가 안 된다고 생각한다.

46. 여자가 말하는 방식으로 알맞은 것을 고르십시오.

   ① 돈을 잘 버는 기술을 설명하고 있다.

   ② 부자가 되지 못한 사람들을 비판하고 있다.

   ③ 돈을 다루는 능력이 중요함을 강조하고 있다.

   ④ 돈을 잘 버는 사람과 못 버는 사람을 비교하고 있다.

47. 들은 내용과 같은 것을 고르십시오.

 ① 회사는 인사를 잘하는 사람을 선호한다.

 ② 연봉 등 조건만 따지는 사람은 회사에 대해 애정이 있다.

 ③ 당당하게 소신을 드러내는 지원자는 고집이 세서 탈락시킨다.

 ④ 회사에 대한 정보를 모르는 사람이 신선해서 합격할 가능성이 높다.

48. 남자가 말하는 방식으로 알맞은 것을 고르십시오.

 ① 면접에서 실패하는 이유를 분석하고 있다.

 ② 입사 지원자에 대한 면접 평가 기준을 설명하고 있다.

 ③ 요즘 신입 사원들의 태도에 대해 불만을 말하고 있다.

 ④ 면접에서 탈락한 사람에게 회사의 입장을 전하고 있다.

49. 들은 내용과 같은 것을 고르십시오.

 ① 비극적인 역사를 기억해야 반복하지 않게 된다.

 ② 슬픈 장소들은 반드시 목적지로 정해서 가야 한다.

 ③ 다크 투어리즘은 어두운 밤 시간에 여행하는 것을 말한다.

 ④ 아픈 역사의 현장은 멋진 사진과 광고로 유혹할 필요가 있다.

50. 남자의 태도로 알맞은 것을 고르십시오.

 ① 잘못된 역사를 비판하고 있다.

 ② 여행지에 갔다 올 때 큰 선물을 사 오라고 요구하고 있다.

 ③ 비극적인 역사 현장을 방문하는 여행의 의미를 설명하고 있다.

 ④ 사진과 광고를 통해 여행객들을 끌어들여야 한다고 주장하고 있다.

쓰기 Writing 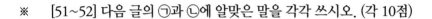 실 전 모 의 고 사

※ [51~52] 다음 글의 ㉠과 ㉡에 알맞은 말을 각각 쓰시오. (각 10점)

51.

> ## 안 내
>
> ★ 10월 ○○ 교우회 조찬 모임을 안내해 드립니다.
>
> ★ 시간: 2022년 10월 14일
>
> ★ 장소: 새나래 호텔 진달래 룸
>
> --
>
> • 좌석이 한정되어 있으므로 예약을 위해 (㉠   )면 준비에 소홀함이 없도록 하겠습니다.
> • 아울러 주차장이 협소하오니 가능하면 (㉡   ) 바랍니다.

52.

> 우울하다고 믿으면 우울해질 가능성이 많고 (㉠   ) 행복해질 가능성이 많다. 정신의 특징 중 하나는 그렇게 믿으면 (㉡   )는 것이다.

53. 다음은 2023년 기준 외국인 주민 현황에 대한 통계 자료이다. 이 내용을 200~300자의 글로 쓰시오. 단, 글의 제목은 쓰지 마시오. (30점)

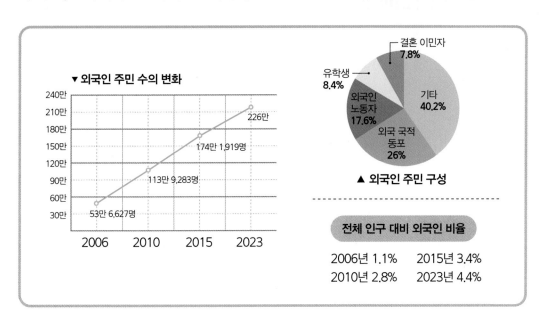

54. 다음을 참고하여 600~700자로 글을 쓰시오. 단, 문제를 그대로 옮겨 쓰지 마시오. (50점)

음식점 입구에 '노키즈존 (No Kids Zone)' 즉, '어린이 출입 금지'라고 붙여 놓은 곳이 늘고 있다. 공공장소에서 시끄럽게 구는 아이들의 행동이 다른 손님들을 불편하게 하기 때문이라고 하는데, 아이를 둔 부모 입장에선 차별이며 불쾌하다는 반응이다. 아래의 내용을 중심으로 자신의 생각을 쓰라.

- 노키즈존이란 무엇인가?
- 노키즈존에 대한 찬성 의견에는 무엇이 있는가?
- 노키즈존에 대한 반대 의견에는 무엇이 있는가?

원고지 쓰기의 예

	사	람	의		손	에	는		눈	에		보	이	지		않	는		세
균	이		많	다	.		그	래	서		병	을		예	방	하	기		위	해

※ [1~2] ( )에 들어갈 말로 가장 알맞은 것을 고르십시오. (각 2점)

1. 월요일 ( ) 비까지 와서 길이 더 막힌다.

① 출근 시간이라도   ② 출근 시간이라면

③ 출근 시간인 데다   ④ 출근 시간이기 때문에

2. 골목에서 갑자기 차가 튀어나와서 자동차에 ( )

① 부딪치려 든다.   ② 부딪칠 뻔했다.

③ 부딪치는 둥 마는 둥했다.   ④ 부딪치기가 이를 데 없다.

※ **[3~4] 밑줄 친 부분과 의미가 가장 비슷한 것을 고르십시오. (각 2점)**

3. 뒷사람이 갑자기 <u>밀어서</u> 들고 있던 책을 떨어뜨렸다.

① 밀려다가   ② 미는 김에

③ 밀다 보니   ④ 미는 바람에

4. 가방 옆 주머니에 핸드폰을 꽂아 놓으면 <u>잃어버릴 수 있다.</u>

① 잃어버리는 셈이다.   ② 잃어버리는 탓이다.

③ 잃어버리다시피 한다.   ④ 잃어버리기 십상이다.

※ [5~8] 다음은 무엇에 대한 글인지 고르십시오. (각 2점)

5.

> 자연을 담은 집, 한옥에서 당신은 자연으로 돌아가는 삶을 살 것입니다.

① 여행   ② 고향   ③ 학교   ④ 주택

6.

> 건전지를 분리수거하고 쓰레기를 되가져오는 당신에게 자연이 대답합니다.
> **"고맙습니다."**

① 식사 예절 ② 자연 보호 ③ 운전 질서 ④ 건강 보험

7.

> **흡연은 질병입니다. 치료는 금연입니다.**

① 운동 ② 담배 끊기 ③ 자녀 교육 ④ 사고 예방

8.

> 땅속에 묻어도 썩지 않는 쓰레기들이 토양을 오염시키고 있습니다.
> 우리 아이들의 땅을 쓰레기만 자라는 땅으로 만드시겠습니까?

① 환경 문제 ② 주택 문제 ③ 교통 문제 ④ 인구 문제

※ [9~12] 다음 글 또는 그래프의 내용과 같은 것을 고르십시오. (각 2점)

9.

> ### 〈나의 어머니〉
>
> 곧 세상을 떠날 엄마와의 이별을 앞두고 가족도, 일도, 사랑도 마음처럼 쉽지 않은 영화감독과 그녀의 곁에 함께 하는 사람들이 겪는 우아한 유머와 담담한 슬픔을 담아낸 이야기
>
> 감독: 김승희   출연: 정성우, 지혜련
> 제작 회사: 씨네 24   상영 시간: 106분
> 등급: 12세 이상 관람가

① 영화감독의 어머니에 대한 책을 소개하고 있다.

② 영화 내용은 슬프기도 하고 유머도 있는 이야기다.

③ 이 영화는 성인 대상 영화라서 미성년자는 볼 수 없다.

④ 영화감독이 곧 죽을 것이라서 그 어머니가 슬퍼하는 영화 이야기이다.

10.

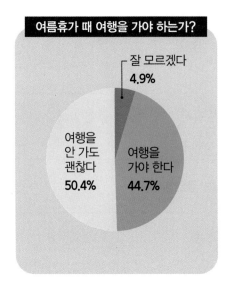

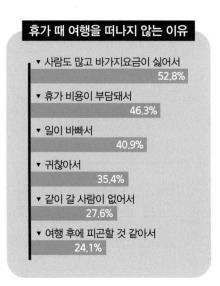

① 여행 가기 귀찮아서 안 가는 사람은 없다.

② 여행 후 피곤할 것 같아서 안 가는 사람이 제일 많다.

③ 여행을 안 가는 최대 이유는 사람이 많고 바가지요금이 싫어서이다.

④ 휴가 때 여행을 가야 한다는 사람이 안 가도 괜찮다는 사람보다 많다.

11.

> 어제보다 5분 일찍 일어나거나, 어제보다 책을 한 줄 더 읽거나, 어제보다 한 번 더 연습하는 것. 이렇게 0.1%씩 나은 삶을 살 수 있다면, 1주일 후 0.5%씩 성장할 수 있다. 한 달 후에는 2%씩 성장할 수 있고 1년 후 24%씩 성장할 수 있다. 이렇게 사소한 노력을 10년 동안 한다면 첫날보다 240% 성장한 나를 만날 수 있다. 별것 아닌 것처럼 보이지만, 매일 아침 어제보다 조금 더 열심히 살아 보는 것, 그것만으로 10년 후의 멋진 나를 만들 수 있다.

① 10년 후의 멋진 나를 만들기 위해 외모에 신경을 써야 한다.

② 어제보다 더 나은 삶을 사는 방법은 돈을 많이 버는 것이다.

③ 매일 0.1%씩 나은 삶을 사는 것은 별것 아닌 것처럼 보인다.

④ 매일 0.1%씩 더 나은 삶을 사는 일은 큰 노력을 필요로 한다.

12.

> 인류의 오랜 역사 동안 사람들은 집에서 죽음을 맞이했고 미국도 예외는 아니어서 19세기 중반까지는 대부분이 그랬다. 그런데 1980년대에는 83%의 사람들이 병원에서 죽음을 맞으면서 죽는 장소가 크게 바뀌었다. 장소의 변화에 따라 죽음의 정의도 바뀌어서 이제는 생명을 연장하는 치료 장치를 끄는 것이 죽음이라는 의미가 되고 있다. 미국만 그런 변화를 겪는 게 아니다. 통계청에 따르면 한국도 2020년 사망자 30만 4,948명 중에서 집에서 죽음을 맞은 사람은 15.6%에 불과했고 75.6%가 병원에서 임종을 맞았다. 1991년에 재택 임종이 74.8%였던 것과 비교하면 완전히 상반된 수치를 보이고 있다.

① 죽음에 대해서 한국과 미국이 서로 다르게 변화하고 있다.
② 1980년 이후로 미국에서는 집에서 죽는 사람이 더 많아졌다.
③ 오늘날 죽음의 의미는 연명 치료 장치를 끄는 것을 의미한다.
④ 요즘 집에서 임종을 맞는 사람이 병원에서 죽는 사람보다 많다.

※ **[13~15] 다음을 순서에 맞게 배열한 것을 고르십시오. (각 2점)**

13.

> (가) 그러나 대한민국에서는 토요일 마감 시간에 '로또'를 가장 많이 구매한다.
> (나) 복권에 당첨될 수 있다는 환상을 가지고 일주일을 보낼 수 있기 때문이다.
> (다) '빨리빨리'와 속전속결로 살아온 생활 패턴이 그 원인이라고 할 수 있다.
> (라) 외국에서는 추첨일 1주 전에 복권을 많이 산다.

① (가)-(다)-(라)-(나) 　　② (가)-(나)-(라)-(다)
③ (라)-(나)-(가)-(다) 　　④ (라)-(다)-(가)-(나)

14.

> (가) 곤충의 강자는 의외로 개미가 꼽힌다.
> (나) 약자가 도망치고 숨어서 살아남거나 뭉쳐서 강자가 되기도 한다.
> (다) 집단으로 움직이며 싸울 때도 집단으로 덤비기 때문이다.
> (라) 자연의 세계에서는 약육강식의 논리만 있는 게 아니다.

① (가)-(다)-(라)-(나) 　　② (라)-(나)-(가)-(다)
③ (가)-(라)-(다)-(나) 　　④ (라)-(가)-(다)-(나)

15.

> (가) 지금은 그들의 서식지가 인간의 거주지와 충돌하면서 좁은 공간으로 밀려나고 있다.
>
> (나) 예전에는 호랑이, 사자, 치타, 표범, 퓨마 등의 맹수들이 인간을 위협했다.
>
> (다) 게다가 인간들의 취미와 즐거움 때문에 목숨을 잃고 있다.
>
> (라) 인간이라는 천적들에 의해 위협받고 멸종 위기를 맞는 존재가 된 것이다.

① (가)-(나)-(다)-(라)　　② (나)-(가)-(다)-(라)
③ (나)-(다)-(라)-(가)　　④ (가)-(나)-(라)-(다)

※　[16~18] (　　　)에 들어갈 말로 가장 알맞은 것을 고르십시오. (각 2점)

16.

> 　모든 나무는 좋은 나무가 되고 싶겠지만 그 나무가 어떤 나무인지를 말해 주는 것은 나무가 맺는 열매다. 못된 열매 맺는 좋은 나무가 없고, (　　　) 나무가 없다.

① 열매를 맺지 않는
② 좋은 열매 맺는 좋은
③ 못된 열매 맺는 못된
④ 좋은 열매 맺는 못된

17.

> 　한 회사가 홍보용 전단을 인쇄했다. 그런데 가장 중요한 메일 주소가 잘못 나왔다. 일일이 수정하거나 다시 찍자는 의견이 나왔다. 그때 신입 사원이 말했다. "그 주소로 메일 계정을 만들지요." 그들은 (　　　) 무사히 홍보를 마쳤다.

① 새 메일 주소로
② 홍보용 전단으로
③ 원래 메일 주소로
④ 다시 찍는 방법으로

18.

> 인류의 오랜 역사 동안 사람들은 집에서 태어나고 집에서 죽었다. 그런데 이제는 병원에서 태어나고 병원에서 죽는다. 인생의 시작부터 마지막까지 돈이 드는 삶인 것이다. 일상생활은 더 말할 나위가 없다. 사람을 사귀고, 사회생활을 하고, 뭔가를 배우고, 즐거운 취미 생활을 하는 데까지 돈이 필요하다. 이렇다 보니 사람들이 (   ).

① 친구를 안 사귀는 것이다

② 돈을 안 벌게 되는 것이다

③ 죽는 것도 망설이는 것이다

④ 돈에 매달리게 되는 것이다

※ [19~20] 다음을 읽고 물음에 답하십시오. (각 2점)

> 한 방송국에서 아이들의 놀이에 대한 실험을 했다. 아이들을 세 집단으로 나눠서 첫 번째 집단에게는 놀잇감을 정해 주고 그것으로 놀아야 한다고 정해 주었다. 두 번째 집단에게는 놀잇감을 주면서 "이걸로 놀아 보면 어떨까?" 라고 놀이를 유도했다. 세 번째 집단은 자신들이 스스로 놀잇감을 선택하게 했다. 그랬더니 첫 번째 집단 아이들은 금방 싫증을 냈고, 두 번째 집단도 빨리 놀이를 끝냈는데, 세 번째 아이들은 (   ) 계속 즐겁게 놀고 있었다. 이 실험은 놀이란 누군가의 권유나 개입 없이 스스로 노는 것임을 알려 준다. 어떤 목적성이나 계획 없이 지금의 현실에 충실하게 노는 것이 진정한 놀이다. 이처럼 제대로 된 놀이 환경을 만들어 주는 것이 어른들이 담당해야 할 역할이다.

19. (   )에 들어갈 말로 가장 알맞은 것을 고르십시오.

① 시간을 거슬러서

② 시간에 쫓겨서

③ 시간을 앞당겨서

④ 시간 가는 줄 모르고

20. 윗글의 주제로 가장 알맞은 것을 고르십시오.

① 아이들은 놀잇감을 정해 주는 것을 좋아한다.

② 어른들의 권유나 개입이 있어야 교육적 효과가 있다.

③ 방송국의 실험은 장난감을 많이 판매하기 위한 것이다.

④ 어른들은 아이들이 스스로 놀 수 있도록 환경을 만들어 줘야 한다.

[21~22] 다음을 읽고 물음에 답하십시오. (각 2점)

> 내 친구 윤주야, 너 갑자기 수술한다고 해서 놀랐는데, 잘 끝났다고 하니 다행이다.
> 다 잘 될 거야. 걱정하지 마.
> (   )고 아픈 걸 잘 견뎌 내면 희망이 생기더라.
> 너는 사랑하는 가족이 있고, 사회의 일원으로 능력을 인정받는 멋진 인생을 살고 있잖아.
> 행복은 무엇보다 건강에 있으니까, 힘내!
>
> *영원한 네 친구 승희가*

21. (   )에 들어갈 말로 가장 알맞은 것을 고르십시오.

① 하늘에서 별 따기

② 같은 값이면 다홍치마

③ 비 온 뒤에 땅이 굳는다

④ 원숭이도 나무에서 떨어질 때가 있다

22. 윗글의 내용과 같은 것을 고르십시오.

① 윤주가 승희에게 보낸 편지다.

② 윤주는 사회 활동을 하지 않는다.

③ 윤주는 곧 수술을 받을 예정이다.

④ 건강하지 않으면 행복하기 어렵다.

친구가 유명한 식당에 가서 점심을 먹자고 나를 불렀다. 유명하다는 말에 잔뜩 기대감을 갖고 식당에 들어서서 돌솥비빔밥을 시켰다. 그런데 조금 후에 나온 음식은 돌솥비빔밥이 아니라 생선찌개였다. 게다가 젓가락은 하나는 길고 하나는 짧아서 짝이 맞지 않았다. 나는 속으로 '이래 가지고 어떻게 돈을 버나? 주문도 제대로 못 받으면서.'라고 생각했다. 더군다나 이런 식당이 유명 식당이라니 어이가 없었다. 그런데 놀라운 것은 엉뚱한 음식을 가져다줘도 화내는 손님이 없고 주는 대로 감사히 먹는 것이었다. 우리 바로 옆자리에 앉은 손님은 일하는 사람이 물을 쏟아서 바지가 젖었지만 웃으면서 닦고 있었다. 의아한 표정으로 앉아있는 나에게 친구가 말했다.

"여기서 일하는 사람들을 좀 봐."

식당 안을 둘러보니 할머니, 할아버지들이 주문을 받고 음식을 나르고 있었다.

친구는 빙그레 웃으며 내게 말했다.

"이 식당이 유명한 이유는 여기서 일하는 사람들 때문이야. 이곳 아르바이트생들은 치매에 걸린 노인들인데, 사회에서 아무것도 할 일이 없는 쓸모없는 노인이 아니라 실수를 해도 사람을 만나고 자신이 뭔가를 할 수 있다는 자신감을 회복하도록 일자리를 드린 거야. 손님들 역시 이 할머니, 할아버지가 자신들을 먹이고 가르치고 키워 주신 부모님이라는 감사의 마음으로 이곳을 찾는 거고."

친구는 나에게 식사 후에 나갈 때 식당 간판을 꼭 보라고 말했다. 나는 잘못 나온 생선찌개를 후다닥 먹고 간판을 보려고 밖으로 나갔다.

"이배사 식당"

이해와 배려와 사랑의 앞 글자를 딴 식당이었다.

23. 밑줄 친 부분에서 나타난 '나'의 심정으로 가장 알맞은 것을 고르십시오.

① 한심하다   ② 지루하다

③ 불안하다   ④ 서먹서먹하다

24. 윗글의 내용과 같은 것을 고르십시오.

① 손님들은 이 식당의 음식이 맛있어서 온다.

② 손님들은 아르바이트생들에게 불만을 표시한다.

③ 식당의 간판은 주인의 이름을 이용해서 만든 것이다.

④ 치매 노인들이 이곳에서 일하면서 자신감을 회복한다.

※   [25~27] 다음 신문 기사의 제목을 가장 잘 설명한 것을 고르십시오. (각 2점)

25.

> 국내 여행 가로막는 바가지요금 여전

① 국내 여행을 하려면 할인 요금이 필요하다.
② 국내 여행에서는 비싼 요금을 받지 않는다.
③ 국내 여행보다 해외여행이 더 인기가 있다.
④ 국내 여행지에서 비싼 요금을 받는 관행이 바뀌지 않았다.

26.

> 올 상반기 인문서에 밀린 소설, 휴가철 맞아 '1위 탈환'

① 휴가철이 되어 인문서의 인기가 높아졌다.
② 인문서가 휴가철을 맞아 예전의 인기를 되찾았다.
③ 1월에서 6월 사이에 소설의 인기가 인문서보다 높았다.
④ 상반기에 인문서가 많이 팔렸지만 휴가철에는 소설이 더 많이 팔렸다.

27.

> 기상청, 비 오는 날 예보 '헛발질'… 정확도 28%

① 기상청은 비 오는 날을 정확하게 예측한다.
② 사람들의 28%가 기상청의 예보를 신뢰한다.
③ 기상청이 오늘 비가 올 확률이 28%라고 했다.
④ 기상청의 비 온다는 예보가 맞을 확률은 28%다.

※ [28~31] (   )에 들어갈 말로 가장 알맞은 것을 고르십시오. (각 2점)

28.

> 일반적인 대화 상황에서는 상대방과 직접 마주 보고 이야기를 나누기 때문에 대부분의 사람들은 가급적 상대방의 기분을 상하게 하지 않도록 주의를 기울인다. 하지만 온라인 대화에서는 상대방의 얼굴을 직접 보지 못하기 때문에 상대방의 기분이나 감정을 알아채기가 어렵다. 그래서 무심코 상대방의 기분을 상하게 하는 말을 하기도 한다. 이런 잘못을 하지 않기 위해서는 현실 공간에서든 (   ) 다른 사람과 대화를 나눌 때 항상 상대방의 기분을 배려하면서 이야기할 수 있어야 한다.

① 혼자 있을 때든
② 가상 공간에서든
③ 상대방과 얼굴을 볼 때든
④ 상대방의 이야기를 들을 때든

29.

> 새로운 사람들을 만나서 모임을 만들고 교제를 시작할 때마다 가장 먼저 하는 것은 그 구성원들의 신상 정보를 교환하는 것이다. 이런 사적인 정보를 일일이 알려 주는 것을 싫어하는 젊은이들을 중심으로 '교류하지 않는 동호회'가 생겨나고 있다. 여러 사람들이 좋아하는 취미 활동을 위해 모이되 (   )를 요구하지 않는다. 오직 모두가 즐거워하는 취미 활동을 같이 하는 것에 목적을 둔다. 그래서 활동이 끝난 뒤에도 술자리나 뒤풀이 같은 교류를 하지 않고 각자 헤어진다.

① 취미 활동을
② 동호회 규칙을
③ 사적인 정보를
④ 회원 수 늘리기를

30.

　　작은 강아지의 소유권을 둘러싸고 한 남자와 여자가 재판정에 섰다. 남자는 자신이 1주일 전에 잃어버린 반려견이라고 주장했고, 여자는 자신이 며칠 전에 데려온 강아지라면서 돌려 달라고 했다. 두 사람의 주장을 들은 재판장은 강아지를 안고 있는 경찰에게 그 강아지를 내려놓으라고 말했다. 땅에 내려놓자마자 강아지는 남자를 향해 쏜살같이 달려갔다. 그리고 꼬리를 흔들면서 두 발로 서서 남자에게 안아 달라는 몸짓을 했다. 재판장은 강아지의 주인은 남자이니 남자에게 주라고 판결했다. (　　　　) 내린 멋진 판결이었다.

① 다수의 의견에 따라서
② 각자의 입장을 존중해서
③ 서로 다른 의견을 조정해서
④ 동물과 사람의 유대 관계를 보고

31.

　　제주도에 가면 정낭이 있다. 정낭은 집 입구의 양옆에 돌기둥을 세우고 돌기둥의 구멍에 1~3개의 나무 막대기를 걸쳐 놓이 그 집에 사람이 있는지를 알려 준다. 정낭이 하나도 걸쳐 있지 않으면 집에 사람이 있다는 의미고 하나만 걸쳐져 있으면 집 안에 사람은 없으나 곧 돌아온다는 의미다. 두 개가 걸쳐져 있으면 저녁때쯤 돌아온다는 의미고 세 개의 정낭이 모두 걸쳐져 있으면 집에서 먼 곳으로 외출하여 여러 날이 걸린다는 의미이다. 이렇게 표시함으로써 집에 찾아오는 손님을 (　　　　) 담겨 있다.

① 배려하려는 의미가
② 거절하려는 의도가
③ 반갑게 맞이하려는 뜻이
④ 주인이 올 때까지 기다리게 하는 목적이

32.

> '결정 장애 세대'란 1980년 이후 풍요 속에 태어난 세대로 어떤 일을 할 때 쉽게 결정하지 못해 무엇을 해야 할지 방향을 잃어버린 세대를 말한다. 앞으로의 진로 같은 엄중한 삶의 방향부터 무엇을 먹어야 좋을지 묻게 되는 시시콜콜한 의사 결정에 이르기까지 스스로 결정하지 못하고 누군가의 도움을 받기 원한다. 언제나 최고의 정답을 골라야만 했던 학습 습관과 수많은 강요 속에서 살아왔기 때문이다. 어떤 옷을 입을지 게시판에 물어보기도 하고, 여름휴가 장소 선택을 도와주는 애플리케이션에 의지하는 등 결정 장애 세대를 위한 '결정 대리인'들은 우리 주위에 다양하게 포진해 있다. 하지만 쏟아지는 무수한 정보의 홍수 속에 나의 결정은 없고 남들의 결정만 남게 된다면 '나'라는 존재마저도 사라질지 모른다.

① 보통 부모님들이 결정 대리인 역할을 한다.

② 정보가 많기 때문에 스스로 결정하는 데 많은 도움이 된다.

③ '나'라는 존재를 확실히 하기 위해 결정할 때 타인의 도움이 필요하다.

④ 최고의 정답만 고르는 학습 습관과 강요된 상황 때문에 결정 장애 세대가 됐다.

33.

> 우리나라에서는 배기량을 기준으로 자동차 세금을 정하고 있다. 그런데 자동차 산업이 발전하면서 기술적으로 배기량은 낮지만 성능은 좋은 고가 외제차가 많아졌고, 국내에서 그 인기도 늘고 있다. 반면에 국산 자동차는 수입 관세가 없기 때문에 배기량이 높아도 상대적으로 가격은 낮다. 그러다 보니 비싼 자동차를 소유한 사람이 싼 자동차를 소유한 사람보다 세금을 적게 내 형평성이 안 맞게 되었다. 이런 문제를 해결하기 위해 배기량 대신 자동차 가격을 기준으로 자동차세를 부과하자는 의견이 꾸준히 제기되고 있다. 그렇게 되면 중저가 차량은 현행보다 세금이 줄고 고가의 차량은 더 내게 돼서 합리적인 조세 정책이 될 것이다.

① 성능이 낮은 외제차는 국산 자동차보다 값이 싸다.

② 기술이 발전하면서 국산 자동차의 성능이 좋아졌다.

③ 배기량 기준의 자동차세는 합리적인 조세 정책이다.

④ 차량 가격을 기준으로 자동차세를 내면 외제차 소유자의 세금이 올라간다.

34.

　　미국에서 쥐를 이용하여 중독에 대한 실험을 한 사례가 있다. 먼저, 쥐 한 마리를 철창 안에 넣고 물병 두 개를 준다. 하나는 그냥 물이 들어 있고, 다른 하나에는 마약 성분의 약물을 넣은 물이 들어 있다. 여러 번의 실험 결과, 대부분의 쥐는 약물이 들어간 물에 집착하고 죽어가면서도 약물 병에 매달렸다. 다음에는 여러 장난감과 돌아다닐 수 있는 터널이 가득한 쥐 놀이공원을 만든 후 함께 놀 수 있는 여러 마리 쥐들을 넣어 자유롭게 다니게 했다. 그리고 똑같은 물병 두 개를 주었는데, 이곳에서는 쥐들이 거의 약물을 넣은 물을 먹지 않았다. 강박적으로 약물을 섭취하거나 약물에 매달리는 쥐가 거의 없었다. 결국 약물보다는 환경이 중독에 더 큰 영향을 미친 것이다.

① 두 실험 장소에 각각 다른 물을 넣어 실험했다.
② 중독 현상은 약물보다 환경의 영향을 더 크게 받는다.
③ 여럿이 어울리는 자유로운 환경에서 더 쉽게 중독된다.
④ 쥐가 한 마리든지 여러 마리든지 중독성 실험에 차이가 없다.

※ [35~38] 다음을 읽고 글의 주제로 가장 알맞은 것을 고르십시오. (각 2점)

35.

　　젊은 세대는 "혼자가 편하다."라고 입버릇처럼 말한다. 그래서 결혼을 늦게 하거나 아이 낳기를 꺼리는 젊은이들이 많아졌다. 젊은이들이 경제적인 이유로 연애와 결혼, 출산까지 포기하면서 '3포 세대' 또는 두 가지를 더 포기하여 '5포 세대'라고도 불린다. 하지만 '편하다'든지 '포기'라는 말속에는 새로운 관계를 만들고 그에 대해 책임지는 것이 부담스럽고 귀찮다는 속내가 들어있는 듯하다. 혼자 살면 자신의 문제만 해결하면 되지만, 두 사람 이상의 관계가 되면 상대방을 이해하고 소통하고 배려해야 하기 때문에 그런 상황을 만들고 싶지 않은 것일지 모른다. 1인 가구에 대한 최근의 설문 조사에 의하면 1인 가구의 68.5%가 외로움과 고독감을 느낀다고 한다. "혼자라서 좋다."라고 말하는 똑똑한 젊은 세대들도 결국 외롭고 고독하다는 의미다. 이제는 혼자서 누리는 기쁨과 만족이 좋더라도, 여럿이 있을 때 자연스럽게 어울릴 수 있어야 자신의 '싱글 라이프'를 더 풍성하게 만들 수 있지 않을까?

① 혼자 살아도 여럿이 어울리는 삶이 필요하다.
② 경제적 여건 때문에 혼자 사는 것은 잘못이다.
③ 젊은 세대가 혼자 사는 삶을 즐기는 것은 당연하다.
④ 외로움과 고독을 즐기는 것이 혼자 사는 삶의 장점이다.

36.

> 　말을 조리 있게 잘하는 것도 중요하지만 듣는 태도도 중요하다. 상대방의 이야기를 성심껏 들어 주는 태도는 열 마디를 하는 것보다 훌륭하다. 남의 말을 경청하는 것은 좋은 의견을 공유하는 것이며 말하는 사람이 온 힘을 쏟아 일하게 만들어 준다. 그 사람의 가치를 인정해 주는 것이기 때문이다. 뿐만 아니라 그 사람의 이야기를 들어 주는 것 자체가 그 사람을 존중하고 격려하는 것이다. 또한 나 자신을 높이는 태도이기도 하다.

① 나 자신을 높이기 위해 많은 이야기를 해야 한다.
② 경청하는 것은 상대방과 나 자신을 같이 높이는 것이다.
③ 경청의 목적은 상대방이 열심히 일하게 만드는 데 있다.
④ 상대방을 설득하기 위해서는 말을 조리 있게 해야 한다.

37.

> 　거짓말은 주변 사람을 자신의 생각대로 제어하려는 의미도 있지만 거짓 이야기로 자신이라는 존재의 미미함을 보완하려는 의미도 있다. 특히 어릴 때는 어른을 난처하게 하거나 시선을 끌 뿐 아니라 자신이 원하는 존재, 또는 상대의 마음에 드는 존재가 될 수 있다고 생각해서 거짓말을 한다. 하지만 우리는 심각한 거짓말이 사회 문제로까지 이어지는 걸 가끔 뉴스로 접한다. 어른들은 자녀가 어렸을 적에, 거짓말을 하고 있다는 걸 분명히 알 때가 있다. 혼나는 것을 피하고 싶거나, 무엇을 요구하고 싶을 때 하는 행동이어서 알고도 모른 척 넘어가기도 한다. 그러나 어릴 적 교육이 올바른 성인으로의 성장에 바탕이 된다는 것을 기억해야 한다.

① 심각한 거짓말 때문에 사회 문제가 생긴다.
② 어릴 적 거짓말을 바르게 고쳐 주어야 한다.
③ 아이들의 거짓말이 어른을 곤란하게 만든다.
④ 거짓말은 상대의 마음에 드는 존재로 바꿔 준다.

38.

> 나는 아내와 함께 교회 성가대 활동을 30년째 하고 있는데, 자신의 목소리를 줄이고, 전체와의 조화를 생각해야 하는 합창의 힘을 깨닫는다. 자신 있고 좋아하는 부분이라고 하더라도 독창처럼 내 목소리를 크게 내면 안 된다. 내 목소리가 빛날지는 몰라도 합창은 깨어진다. 오래전 회사에 입사할 때도 '합창 단원처럼 일하겠다.'라는 생각을 했다. 내가 맡은 일, 특히 여럿이 함께 하는 일 중에 나에게 맡겨진 일을 열심히 해서 아름다운 합창을 이루는 역할을 충실히 감당해야 한다고 생각했다. 내게는 회사도 합창단과 마찬가지로 서로 조화를 이뤄내는 것이 가장 중요하게 느껴졌다. 함께 일하면서 조화를 이루는 것은 무슨 일을 하든지 관계없이 중요한 덕목이라고 생각하기 때문이다. 요즘 젊은이들을 보면 어학 실력이 뛰어나고, 전공 분야 성적도 훌륭한 사람이 많아서 신입 사원을 뽑을 때 우열을 가리기 쉽지 않다. 그래서 나는 협력할 수 있는 사람에게 점수를 많이 주려고 한다. 독창을 할 수 있는 사람도 중요하지만, 합창을 할 수 있는 사람이 더 많아야 회사가 발전할 수 있다고 생각하기 때문이다.

① 모든 분야에서 협력과 조화가 가장 중요하다.
② 내 목소리를 빛나게 하려면 독창을 해야 한다.
③ 합창 단원을 뽑아서 회사를 발전시킬 계획이다.
④ 요즘 젊은이들은 어학과 전공 실력의 차이가 뚜렷하다.

※ [39~41] 주어진 문장이 들어갈 곳으로 가장 알맞은 것을 고르십시오. (각 2점)

39.

> 세계 어느 곳에서나 통하는 인사인 악수를 제대로 하는 방법은 뭘까? 악수를 할 때는 허리를 곧게 펴고 바른 자세를 유지하며 상대방과 시선을 마주치는 것이 바람직하다. (㉠) 하지만 상대방이 상사나 연장자일 경우는 허리를 10~15도 정도 굽혀서 예를 표하는 것도 좋다. (㉡) 그리고 한 손으로만 악수하는 것이 좋은데, 오른손으로 해야 한다. (㉢) 악수에는 '무장 해제'라는 의미가 담겨 있는데 손을 맞잡는 것은 '내 손에 무기가 없다'는 것을 보여 주는 행동이었기 때문이다. (㉣) 손을 잡을 때도 적당히 힘을 주어 잡고 두세 번 흔드는 것이 가장 좋다.

보기

> 예전에는 무기를 주로 오른손으로 잡았으니까 왼손잡이라도 오른손으로 악수하는 것이 좋다.

① ㉠　　　　　② ㉡　　　　　③ ㉢　　　　　④ ㉣

40.

　　나이 들면서 기억력이 예전만 같지 못하다고 느끼게 되는 것은 어쩔 수 없는 노화 현상 때문이다. 그렇기에 기억력을 잘 유지하고 향상시키는 노력을 게을리해선 안 된다. (㉠) 혼란을 주는 정보를 잘 지우고 기억하고 싶은 것을 잘 선별해서 그것만 기억하는 것이다. (㉡) 사람들을 만났을 때 모든 이름을 기억하려고 애쓰기보다는 앞으로 연락하고 지낼 만한 사람을 선택해 그들의 이름을 암기하는 식이다. (㉢) 매일 일상적으로 반복되는 틀에 박힌 생활 방식에서 벗어나는 것도 기억력을 개선하는 방법이다. (㉣) 뇌가 새로운 상황에 놓이게 되면 새로운 정보를 붙잡아 둬야 한다는 판단 때문에 이를 저장하려고 노력하게 된다. 새로움은 일종의 기억 훈련인 셈이다.

보기

잘 기억하려면 역설적으로 잘 잊어버릴 줄 알아야 한다.

① ㉠　　　　　② ㉡　　　　　③ ㉢　　　　　④ ㉣

41.

　　(㉠) 외로울 때 함께 하고 슬플 때 나를 위로해 주는 존재를 친구라고 할 수 있는데, TV가 이런 역할을 하기도 한다. 마음이 아플 때 희극을 보면서 웃고, 외로울 때 방송을 보면 혼자라는 사실을 금세 잊게 되니까 말이다. (㉡) 특히 마음을 나누는 친구가 사라져 가는 요즘의 청소년들에게 좋은 프로그램은 따뜻한 친구가 되어 줄 수 있다. 다양한 프로그램에서 소개되는 여러 직업인들을 보면서 자신도 그렇게 되겠다는 꿈을 키우기도 하며, 감동적인 드라마를 통해 정서적으로 성장하기도 한다. (㉢) 뉴스나 다큐멘터리 프로그램은 세상을 향한 더 넓은 지식과 정보를 얻게 한다. 게다가 TV 내용이 공통 화제가 되어 실제 친구들과 이야기를 나누는 계기를 만들어 준다. (㉣)

보기

대화할 사람이 필요한 현대인에게 텔레비전은 좋은 친구가 될 수 있다.

① ㉠　　　　　② ㉡　　　　　③ ㉢　　　　　④ ㉣

어느 부인이 가정생활이 너무 고통스러워서 상담을 하러 왔다.

"저는 너무 힘들고 불행해서 빨리 죽음으로써 이런 삶을 끝내고 싶어요."

상담사는 이야기를 다 들은 후,

"음……. 그것도 좋은 생각입니다. 그런데 당신이 죽으면 장례식을 하게 될 텐데 집에 찾아올 사람을 위해 집안 청소만 해 놓고 다시 오시겠어요?"

그 말을 듣고 그 부인은 집안 청소를 하고 꽃과 나무까지 정리한 후 상담사를 찾아갔다. 상담사는 아직도 그 생각에 변함이 없냐고 물었고 부인은 여전히 그렇다고 대답했다. 상담사는 "당신이 떠나면 아이들이 마음에 걸릴 텐데, 엄마가 자신들을 정말로 사랑했다는 것을 느낄 수 있도록 아이들에게 며칠만 사랑을 표현해 보면 어떻겠어요?"라고 말했다. 부인은 마지막이라는 생각에 며칠 동안 열심히 자녀들을 안아 주고 특별한 음식도 해 주었다. 마지막 인사를 하려고 찾아온 부인에게 상담사는

"당신의 남편은 생각만 해도 속에서 불이 나지요? 그런 남편이지만 당신 없이 혼자 되었을 때, 남편이 '그래도 참 좋은 아내였다.'라고 추억할 수 있도록 사흘만 남편에게 최선을 다해 보시는 건 어떨까요?" 라고 말했다.

부인은 내키지 않았지만 어차피 마지막이라는 생각으로 상담사의 말대로 실천했다. 사흘이 지난 아침, 밖에서 벨을 누르는 소리가 들렸다. 문을 열어 보니 자신의 상담사가 서 있었다.

"제가 들어가서 집 구경을 해도 되나요?"

"네, 괜찮습니다. 들어오세요."

집안은 깨끗이 정돈되어 있고, 아이들 얼굴에는 웃음이 가득했다. 남편은 한쪽 구석에서 미안한 표정으로 아내를 보고 있었다. 상담사는 부인에게 다시 물었다.

"아직도 불행해서 빨리 삶을 끝내고 싶습니까?"

부인은 대답했다.

"아니요."

42. 밑줄 친 부분에서 나타난 '부인'의 심정으로 알맞은 것을 고르십시오.

① 빨리 해 버리고 싶다.

② 속상해서 마음이 아프다.

③ 별로 하고 싶은 마음이 없다.

④ 두렵지 않고 자신감이 넘친다.

43. 윗글의 내용으로 알 수 있는 것을 고르십시오.

　　① 이 부인은 남편을 생각하면 사랑의 감정이 느껴진다.

　　② 이 부인은 처음부터 끝까지 자신의 결심을 유지했다.

　　③ 이 부인은 깨끗해진 집안을 보고 죽겠다는 생각을 바꿨다.

　　④ 이 부인은 아이들에게 엄마가 사랑했다는 기억을 남겨 주고 싶었다.

※　[44~45] 다음을 읽고 물음에 답하십시오. (각 2점)

> 　　오늘이 무슨 요일인지 헷갈린다면 아마도 그날은 수요일일 가능성이 제일 높을 것이다. 한 연구소가 1,200명의 사람들을 대상으로 각 요일이 사람의 심리에 미치는 영향을 분석했는데, 직장인들은 '두렵고 지겨운' 월요일로 한 주를 시작하고, 금요일부터 기분이 상승하면서 한 주를 마감한다. 그리고 '오늘이 무슨 요일인지'를 묻는 질문에 사람들이 대답하는 시간에 요일별로 차이가 나타났는데 이 중 수요일이 가장 길었다. 한마디로 사람들이 '오늘이 무슨 요일일까?' 생각하느라 시간이 걸린 것인데 월요일, 금요일과 비교하면 수요일이 무려 2배 정도 길었다. 이어 화요일과 목요일이 나란히 뒤를 이어 주중 요일인 '화, 수, 목'이 사람들에게는 (　　　　)이 된 셈이다. 또한 월요일과 금요일에 대해 느끼는 사람들의 감정도 달라서 월요일에는 지루함, 정신없이 바쁨, 피곤함 등의 단어를 떠올렸고 반대로 금요일에는 쉼과 자유를 연상했다.

44. (　　　　)에 들어갈 말로 가장 알맞은 것을 고르십시오.

　　① 가장 두려운 날

　　② 가장 관심이 없는 날

　　③ 가장 정신없이 바쁜 날

　　④ 가장 자유를 만끽하는 날

45. 윗글의 주제로 가장 알맞은 것을 고르십시오.

　　① 사람들은 금요일을 가장 좋아한다.

　　② 직장인들은 월요일을 싫어하고 두려워한다.

　　③ 수요일은 사람들에게 가장 관심 없는 날이다.

　　④ 각 요일이 사람들의 심리에 미치는 영향이 다르다.

요즘 세계 여러 나라에서 폭염과 홍수가 빈번하게 일어나고 있다. 우리나라에서도 최근에 두 달 이상 장마와 폭우가 계속되고 있기 때문에 이러한 기후 위기를 더 이상 "강 건너 불구경"하듯이 할 수는 없다. 지금의 풍요로운 물자와 먹거리를 얻기 위해 환경을 파괴한 결과 몇 십 년 사이에 지구 환경은 심하게 변화했다. 과학 발전의 뒷면에는 자연 파괴라는 문제가 있고, 경제 성장의 밑바닥에는 생물의 멸종이라는 문제가 깔려 있다. 이로 인해 초래된 전 세계적인 환경 문제는 더 이상 '미래 세대'의 문제가 아니라 이미 우리에게 닥친 문제이다. 그런데도 우리는 "설마?" 혹은 "어떻게 잘 되겠지."라며 애써 외면하고 있다. 이제 우리는 현실을 받아들이고 모두가 함께 대처 방안을 모색하여 해결해 나가야 한다.

46. 윗글에 나타난 필자의 태도로 가장 알맞은 것을 고르십시오.

① 외국의 기후 변화에 대해 방관하고 있다.

② 환경 문제 해결을 위해 같이 노력하자고 호소하고 있다.

③ 물자가 풍요로운 현재의 생활에 대해 자랑스러워하고 있다.

④ 과학 발전과 경제 성장은 환경 문제와 관계 없다고 주장하고 있다.

47. 윗글의 내용과 같은 것을 고르십시오.

① 환경 문제는 미래에 닥칠 문제다.

② 다른 나라의 기후 변화는 강 건너 불을 구경하는 것이다.

③ 자연의 이상한 변화는 일부 지역에서만 나타나는 현상이다.

④ 물자가 풍요해진 대신 환경이 많이 파괴되어 기후 위기가 왔다.

※ [48~50] 다음을 읽고 물음에 답하십시오. (각 2점)

긴 글을 읽기 귀찮고 시간을 절약할 수 있다는 이유로 요즘은 책이나 영화의 내용을 축약해서 보는 사람들이 늘고 있습니다. 즉, 내용의 줄거리나 핵심적인 사항만 훑어서 빠르게 파악하는 것입니다. 인터넷의 발달로 다양한 경로로 정보가 유통되면서 나타난 현상인데, 언론사도 이런 추세에 맞춰 발 빠르게 요약형 뉴스를 제공합니다. 또 글이 길어지면 마지막 부분에는 (   ) 한 번 더 써 주는 친절함도 일상화되었습니다. 이처럼 손쉽게 정보를 얻고 다른 사람의 지식을 핵심만 추려서 내 것으로 만드는 간편한 세상이 됐지만, 우려되는 바가 없지 않습니다. 인스턴트 음식에 길들여지면 오랜 시간 숙성해서 요리한 음식의 깊은 맛을 모르듯이, 요약된 정보와 지식만 습득하게 되면 글에 담긴 논리와 맛있는 표현, 행간에 숨겨진 의미를 찾는 즐거움 등을 모르게 됩니다. 그에 따라 사물을 오래 관찰하고 분석하거나 스스로 생각하는 능력도 퇴보할 가능성이 높아집니다. 또 정보를 축약하는 사람의 능력이나 취향에 따라 내용이 왜곡되거나 잘못 전달될 우려도 있습니다. 게다가 그렇지 않아도 컴퓨터를 통해 넓고 얕은 지식을 축적한 인공 지능의 지식수준이 인간의 능력을 넘어설까 걱정하는데, 인간 고유의 생각하는 능력을 키우는 노력마저 줄어든다면 우리의 미래가 어두워질 것입니다.

48. 윗글을 쓴 목적으로 가장 알맞은 것을 고르십시오.

① 정보를 왜곡하는 사람들을 비판하려고
② 요약한 뉴스의 편리성을 설명하기 위해
③ 요약된 글만 읽는 습관의 문제점을 지적하기 위해
④ 글을 쓰는 사람의 좀 더 친절한 태도를 촉구하려고

49. (   )에 들어갈 말로 가장 알맞은 것을 고르십시오.

① 글 쓴 사람의 개인 정보를
② 글의 내용을 정리한 도표를
③ 몇 줄로 요약한 짤막한 글을
④ 글의 내용과 반대되는 의견을

50. 윗글의 내용과 같은 것을 고르십시오.

① 컴퓨터를 통해 사물을 관찰하고 분석하는 능력이 발전한다.
② 인간 고유의 생각하는 능력을 키우려고 노력해야 미래가 밝다.
③ 언론사가 요약형 뉴스를 제공하는 것은 요즘 세상과 맞지 않는다.
④ 인스턴트 음식이 오래 숙성시켜 요리한 음식보다 깊은 맛이 있다.

Complete Guide to the

TOPIK

PART 3

실전 모의고사

Mock Tests

실전 모의고사 2회 Mock Test 2

듣기 Listening
쓰기 Writing
읽기 Reading

※　[1~3] 다음을 듣고 가장 알맞은 그림 또는 그래프를 고르십시오. (각 2점)

1.　① 　②

③ 　④

2.　① 　②

③ 　④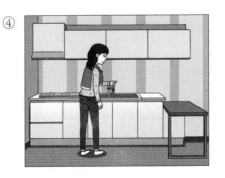

3.

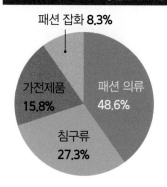

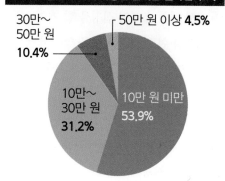

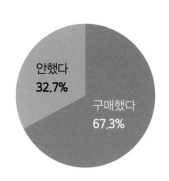

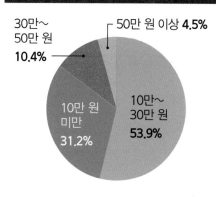

※ [4~8] 다음을 듣고 이어질 수 있는 말로 가장 알맞은 것을 고르십시오. (각 2점)

4. ① 마음에 드는 옷을 찾아볼게요.

② 바지가 아니라 치마를 사야겠어요.

③ 수선 집에 맡기면 언제 찾을 수 있나요?

④ 어제 세탁소에 맡긴 바지를 지금 찾아야 해요.

5. ① 지방은 빠른우편이 없군요.

② 그럼, 빠른우편으로 해 주세요.

③ 우체국에서 하는 일이 정말 많군요.

④ 일반 우편이 빠른우편보다 편하네요.

6. ① 지하철 요금이 얼마나 들까요?

② 제가 지하철 노선도를 찾아볼까요?

③ 저하고 의정부까지 같이 가 주시겠어요?

④ 여기서 의정부까지 한 번에 가는 버스가 있어요?

7.　① 저도 산사에 잘 아는 스님이 있어요.

② 언제 템플 스테이 신청을 할 거예요?

③ 충분히 쉬고 새로운 힘을 얻어서 돌아오세요.

④ 조용한 산사보다 답답한 도시를 좋아하게 될 거예요.

8.　① 그런 카메라를 샀다니 대단하다.

② 그 판매자는 정말 좋은 사람일 거야.

③ 다음 주 촬영에도 구하기 어렵겠구나.

④ 인터넷으로 구매하는 물건이 믿을 만할까?

※　[9~12] 다음을 듣고 여자가 이어서 할 행동으로 가장 알맞은 것을 고르십시오. (각 2점)

9.　① 공항에 간다.　　　　　　　　　② 일찍 잠을 잔다.
　　③ 8시 30분에 비행기를 탄다.　　　④ 휴대 전화로 알람 시간을 맞춘다.

10.　① 돈을 계산한다.　　　　　　　　② 물건을 고른다.
　　③ 물건값을 깎는다.　　　　　　　④ 멤버십 카드를 만든다.

11.　① 티켓을 검사한다.　　　　　　　② 아침 신문을 준다.
　　③ 가방을 들어 준다.　　　　　　　④ 우리나라 소식을 말해 준다.

12.　① 식사를 한다.　　　　　　　　　② 운전을 한다.
　　③ 약을 먹는다.　　　　　　　　　④ 주의 사항을 말해 준다.

※ [13~16] 다음을 듣고 들은 내용과 같은 것을 고르십시오. (각 2점)

13. ① 어느 쪽으로 가도 열한 정거장이다.
② 9호선을 먼저 타고 2호선으로 갈아타야 한다.
③ 남자는 서울대입구에서 영등포구청까지 가려고 한다.
④ 5호선으로 갈아타는 것이 9호선으로 갈아타는 것보다 빠르다.

14. ① 여자는 한국 사람이다.
② 여자는 한국어를 완벽하게 할 수 있다.
③ 이 학교는 한국어로만 입학 정보를 안내해 준다.
④ 여자는 외국인 전형 사이트에서 정보를 찾아야 한다.

15. ① 남자가 운전하고 있다.
② 앞에 가는 차는 속도를 낮추지 않았다.
③ 지금 지나가는 곳은 경사가 심한 길이다.
④ 고속도로에서 최고 속도는 원래 80km이다.

16. ① 불법 주차 벌금은 40,000원이다.
② 남자는 지하 주차장에 차를 세웠다.
③ 차 유리에 광고용 스티커가 붙어 있다.
④ 이 사람들은 주차 위반 벌금을 내지 않을 것이다.

※ [17~20] 다음을 듣고 남자의 중심 생각으로 가장 알맞은 것을 고르십시오. (각 2점)

17. ① 남자의 목소리로 미국 영화를 직접 더빙한다.
② 요즘 TV에서 미국 프로그램을 보기가 어렵다.
③ 자막으로 영화를 보면 영화 원래의 맛을 못 느낀다.
④ 남자는 자막이나 더빙 없이 미국 영화를 보고 싶어 한다.

18. ① 빨간색은 파장이 길어서 빛을 덜 흡수한다.

　② 라면은 기름에 튀기기 때문에 지방 함유량이 높다.

　③ 빨간색 라면 포장은 산화를 방지하는 과학적 이유가 있다.

　④ 입맛을 자극하기 위해 라면 봉지를 빨간색으로 만들었다.

19. ① 새해가 시작되면 나이를 한 살 더 먹는다.

　② 한국 나이로 스무 살이면 뭐든지 할 수 있다.

　③ 법을 적용할 때는 정확한 만 나이를 기준으로 한다.

　④ 생일이 지난 사람은 올해 나이에서 출생한 년도를 빼면 만 나이가 된다.

20. ① 피카소도 지적 장애인이었다.

　② 장애인을 편견 없이 바라봐야 한다.

　③ 일반인들과 다른 디자인은 패션에 적용하기 곤란하다.

　④ 지적 장애인들의 순수한 작품을 디자인으로 응용해야 한다.

※　[21~22] 다음을 듣고 물음에 답하십시오. (각 2점)

21. 남자의 중심 생각으로 가장 알맞은 것을 고르십시오.

　① 범죄자와 이름이 같으면 힘들다.

　② 성공하고 싶어서 이름을 바꾸는 것은 괜찮다.

　③ 이름 때문에 놀림을 당하면 이름을 바꿔도 된다.

　④ 부모님이 지어 주신 이름을 마음대로 바꾸면 죄송하다.

22. 들은 내용과 같은 것을 고르십시오.

　① 여자의 친구 이름은 박아지다.

　② 남자는 악명 높은 범죄자와 친구였다.

　③ 여자의 친구는 부모님이 지어 주신 이름을 좋아한다.

　④ 남자는 어릴 때 이름의 발음 때문에 친구들이 놀렸다.

23. 남자가 무엇을 하고 있는지 가장 알맞은 것을 고르십시오.

① 핸드폰의 여러 기능을 소개하고 있다.

② 핸드폰 결제 방식의 위험성을 우려하고 있다.

③ 핸드폰 결제가 점차 확대되는 상황을 설명하고 있다.

④ 새로운 결제 시스템을 도입해야 한다고 주장하고 있다.

24. 들은 내용과 같은 것을 고르십시오.

① 지금 아무도 지갑을 사용하지 않는다.

② 새로운 페이는 지문 인증을 해야 사용할 수 있다.

③ 새로운 페이는 은행 자동화 기기에서만 사용할 수 있다.

④ 핸드폰을 잃어버리면 다른 사람이 대신 사용할 수 있다.

25. 남자의 중심 생각으로 맞는 것을 고르십시오.

① 모든 직장은 어린이집을 만들어야 한다.

② 일하는 여성들 때문에 출산율이 낮아졌다.

③ 일하는 엄마가 아이와 같이 있지 않아서 미안해한다.

④ 일하는 여성의 육아를 위한 제도와 의식 변화가 필요하다.

26. 들은 내용과 같은 것을 고르십시오.

① 남자들이 아이를 낳으라고 말한다.

② 남편들은 아내와 똑같이 육아 책임이 있다.

③ 우리나라의 출산율은 점점 높아지는 추세다.

④ 남자는 아이를 엄마가 키워야 한다는 생각에 찬성한다.

※　　[27~28] 다음을 듣고 물음에 답하십시오. (각 2점)

27.　남자가 말하는 의도를 고르십시오.

　　① 피부를 보호하는 방법을 권유하기 위해

　　② 물을 많이 마시면 좋은 점을 알려 주기 위해

　　③ 우리 몸에 갈증이 생기는 원인을 분석하기 위해

　　④ 아이스커피나 탄산음료가 갈증 해소에 도움이 안 되는 것을 설명하기 위해

28.　들은 내용과 같은 것을 고르십시오.

　　① 갈증이 날 때는 물을 마시는 것이 좋다.

　　② 카페인의 이뇨 작용으로 수분이 채워진다.

　　③ 아이스커피나 음료수가 갈증을 없애는 데 가장 좋다.

　　④ 카페인이 들어있는 음료는 피부를 더 부드럽게 만들어 준다.

※　　[29~30] 다음을 듣고 물음에 답하십시오. (각 2점)

29.　남자가 누구인지 고르십시오.

　　① 곧 신혼여행을 갈 사람

　　② 다양한 직업을 소개하는 사람

　　③ 워터 파크에서 놀면서 돈을 버는 사람

　　④ 숙박 업소에서 숙박 환경을 체크하는 사람

30.　들은 내용과 같은 것을 고르십시오.

　　① 여자는 잠자는 것을 좋아한다.

　　② 수면 전문가는 잠에 대해서 연구하는 직업이다.

　　③ 워터 파크에서 안전 사고를 막는 일을 소개하고 있다.

　　④ 신혼여행 테스터는 신혼여행을 가는 사람만 할 수 있다.

31.   남자의 중심 생각으로 가장 알맞은 것을 고르십시오.

① 중국산 김치의 질을 높여야 한다.

② 좋은 김치를 공급하기 위해 김치값을 유료화해야 한다.

③ 김치를 돈 받고 공급하는 것을 소비자에게 물어봐야 한다.

④ 국산 김치 대신 값싼 수입산 김치를 공급하는 것은 타당하다.

32.   남자의 태도로 가장 알맞은 것을 고르십시오.

① 김치의 유료화를 주장하고 있다.

② 망하는 식당의 원인을 분석하고 있다.

③ 중국산 김치와 국산 김치를 비교하고 있다.

④ 국산 김치를 잘 만드는 방법을 제시하고 있다.

※ [33~34] 다음을 듣고 물음에 답하십시오. (각 2점)

33.   무엇에 대한 내용인지 알맞은 것을 고르십시오.

① 색맹의 치료 방법 안내

② 색맹이 생기는 원인 분석

③ 새로 나온 색맹용 안경 소개

④ 시력이 나쁜 것과 색맹의 차이 설명

34.   들은 내용과 같은 것을 고르십시오.

① 색맹은 색상을 보지 못하는 것이다.

② 시력 교정을 위해 색맹용 안경을 써야 한다.

③ 색맹들은 색깔이 어두워지면 색깔 구별이 더 쉬워진다.

④ 색맹용 안경은 빛의 파장을 조절해서 색깔 구별을 쉽게 해 준다.

35.　남자가 무엇을 하고 있는지 고르십시오.

　　① 역사적 배경이 있는 여행지의 중요성을 강조하고 있다.

　　② 젊은 사람과 부모님 세대의 여행지 차이를 역설하고 있다.

　　③ 부모님과 대화도 하며 여행할 만한 장소를 알려 주고 있다.

　　④ 부모님들이 휴양지나 온천을 싫어하는 이유를 설명하고 있다.

36.　들은 내용과 같은 것을 고르십시오.

　　① 두 곳 다 어른들이 앞장서서 걸으며 적극적으로 설명하는 장소다.

　　② 남해의 독일 마을은 한국을 좋아하는 독일 사람들이 만든 마을이다.

　　③ 두 곳을 여행할 때는 젊은이들이 부모님께 자세한 설명을 해 드려야 한다.

　　④ 대구 근대 골목은 현대식 골목이 옛날의 골목 문화를 대신하고 있어서 새롭다.

37.　여자의 중심 생각으로 가장 알맞은 것을 고르십시오.

　　① 추석 때 물가를 안정시켜야 한다.

　　② 전통 명절이니까 그대로 지켜야 한다.

　　③ 추석에 모든 과일을 다 판매해야 한다.

　　④ 추석 날짜를 계절에 어울리게 바꿔야 한다.

38.　들은 내용과 같은 것을 고르십시오.

　　① 추석 때는 물가가 안정되는 현상이 있다.

　　② 추석 날짜를 바꾸면 장점이 한 가지뿐이다.

　　③ 추석 명절을 한 달 정도 빠르게 정하는 것이 좋다.

　　④ 과일을 빨리 익히려고 성장 촉진제를 쓰기도 한다.

39. 이 대화 뒤에 이어질 내용으로 가장 알맞은 것을 고르십시오.

   ① 이렇게 하면 나쁜 아이가 문제군요.

   ② 이렇게 하면 아이와 같이 오는 부모는 없겠네요.

   ③ 이렇게 하면 부모와 영업장의 불만이 다 해결되겠네요.

   ④ 이렇게 하면 아이 혼자서 업소에 들어가지 못하겠네요.

40. 들은 내용과 같은 것을 고르십시오.

   ① 영업장은 고객에게 서비스를 거부하면 안 된다.

   ② 영업장에서는 아이들이 스스로 행동을 잘해야 한다.

   ③ 이 팻말이 있으면 아이들이 영업장에 들어갈 수 없다.

   ④ 이전에 영업장의 아이 출입 금지에 대한 찬성과 반대 의견이 대립했었다.

※ [41~42] 다음을 듣고 물음에 답하십시오. (각 2점)

41. 이 강연의 중심 내용으로 가장 알맞은 것을 고르십시오.

   ① 가난을 해결하기는 정말 어려운 문제다.

   ② 희망을 가져도 현실적으로 어려워서 포기하게 된다.

   ③ 아이를 양육하는 방법은 돈과 물건을 보내는 것이다.

   ④ 가난한 어린이를 잘 양육하여 세상을 변화시키려 한다.

42. 들은 내용과 같은 것을 고르십시오.

   ① 당장의 환경을 개선하면 가난을 벗어날 수 있다.

   ② 돈을 주고 물건을 보내야 가난을 해결할 수 있다.

   ③ 한 명의 어린이가 세상을 변화시킬 가능성은 별로 크지 않다.

   ④ 양육은 한 어린이가 가난에서 벗어날 때까지 배움의 기회와 안정감을 주는 것이다.

43. 무엇에 대한 내용인지 알맞은 것을 고르십시오.

    ① 스트레스가 주름살의 원인이다.

    ② 얼굴 표정은 피부 콜라겐을 파괴시킨다.

    ③ 주름살은 유전적 요인이 환경적 요인보다 크다.

    ④ 주름살은 환경적 요인과 생활 습관의 영향이 크다.

44. 주름살에 대한 설명으로 맞는 것을 고르십시오.

    ① 흡연은 주름살과 전혀 관계가 없다.

    ② 엄마의 주름살은 딸에게 똑같이 유전된다.

    ③ 활짝 웃으면 주름이 더 생겨 신경이 쓰인다.

    ④ 자외선 차단과 수분 공급이 주름 예방에 중요하다.

45. 들은 내용과 같은 것을 고르십시오.

    ① 울음은 나약해 보이므로 조심해야 한다.

    ② 울음은 여러 가지 좋은 점을 가지고 있다.

    ③ 눈물과 스트레스 해소는 아무 관련이 없다.

    ④ 눈물은 의사소통의 윤활유 역할을 할 수 없다.

46. 여자가 말하는 방식으로 알맞은 것을 고르십시오.

    ① 사람들이 눈물을 흘리는 이유를 분석하고 있다.

    ② 눈물에 대한 사회적 인식 차이를 비교하고 있다.

    ③ 눈물이 의사소통에 미치는 부정적 영향을 설명하고 있다.

    ④ 누구나 울고 싶을 때 울 수 있는 사회가 되어야 한다고 주장하고 있다.

47. 들은 내용과 같은 것을 고르십시오.

① 요즘 옷이나 신발은 쉽게 못 쓰게 돼서 다 버려진다.

② 해외 유명 중고품은 이름값 때문에 활발히 거래된다.

③ 아이들의 장난감은 위생을 위해 신제품 사용을 권한다.

④ 국내에서 중고품을 사용한 사람들은 대체로 실망이 크다.

48. 남자의 태도로 알맞은 것을 고르십시오.

① 명품 중고 제품 사용자들을 비판하고 있다.

② 중고 제품 사용으로 인한 단점을 지적하고 있다.

③ 중고 제품을 꺼리는 사회 분위기를 안타까워한다.

④ 기업들이 중고 제품 판매를 활성화하도록 촉구하고 있다.

※ [49~50] 다음을 듣고 물음에 답하십시오. (각 2점)

49. 들은 내용과 같은 것을 고르십시오.

① 장기 기증을 위한 홍보가 이미 충분하다.

② 우리는 장기 기증자가 많아서 염려가 없다.

③ 뇌사자가 다른 사람에게 생명을 나눠 주는 것은 불가능하다.

④ 장기 기증을 못 받아서 죽어가는 환자가 매년 600명 이상이다.

50. 남자의 태도로 알맞은 것을 고르십시오.

① 장기 기증의 장점을 소개하고 있다.

② 외국의 장기 기증 정책을 비판하고 있다.

③ 장기 기증의 활성화 방안을 제시하고 있다.

④ 장기 기증을 꺼리는 심리를 분석하고 있다.

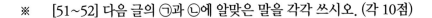

※　[51~52] 다음 글의 ㉠과 ㉡에 알맞은 말을 각각 쓰시오. (각 10점)

51.

돌잔치 초대

우리 ○○이가 어느덧 건강하게 자라

첫 생일을 맞이하였습니다.

항상 관심과 사랑으로 지켜봐 주신 분들께

(　　㉠　　) 정성 어린 자리를 마련했습니다.

(　　㉡　　) ○○이의 앞날을 축복해 주시기 바랍니다.

52.

　　책에는 좋은 책도 나쁜 책도 없다. 그저 자기가 읽고 싶어서 읽고, 선택하고, 그것에서 아주 작은 것이라도 자기 삶에 적용될 수 있는 메시지 하나를 건져 올릴 수 있다면 그걸로 충분하다. 모두에게 좋은 책이 꼭 (　　㉠　　)은 아니다. 반대로 자신에게 좋았던 책이 (　　㉡　　) 꼭 좋은 책이 되는 것도 아니다. 누군가 필요 없어 버린 책이 다른 사람에게는 인생을 바꾼 책이 되는 것처럼 말이다.

53. 다음은 스마트폰이 없으면 일상생활에 지장이 있는지에 대한 설문 조사 자료이다. 이 내용을 200~300자의 글로 쓰시오. 단, 글의 제목은 쓰지 마시오. (30점)

스마트폰이 없으면 일상생활에 지장이 있을까?		
	그렇다	아니다
20대	74.3%	25.7%
30대	69.8%	30.2%
40대	65.1%	34.9%
50대	56.2%	43.8%

스마트폰 사용에 대한 의견	
시간을 아낄 수 있다.	67.7%
궁금한 것을 검색할 수 있다.	64.1%
여가 시간이 오히려 줄고 있다.	38%
일과 개인 생활의 구분이 어렵다.	26.6%

조사 인원: 1,000명
조사 대상: 전국 만 20~59세의 스마트폰 이용자

54. 다음을 참고하여 600~700자로 글을 쓰시오. 단, 문제를 그대로 옮겨 쓰지 마시오. (50점)

최근 소비문화의 패턴은 소득의 양극화만큼이나 양극적 소비 형태를 보이는 것이 특징이다. 한쪽에서는 인생을 마음껏 쓰며 살라는 욜로 (Yolo, you only live once)족들이 유행이고 다른 한쪽에서는 극단적 저축을 말하는 노머니 (No Money)족이 주목받고 있다. 이러한 소비 태도에 대해 아래의 내용을 중심으로 자신의 생각을 쓰라.

- 욜로는 낭비인가? 아니면 오늘의 행복을 미루지 않는 소비인가?
- 노머니족은 미래를 위해 현재를 희생하는가? 미래에 대한 준비인가?
- 자신과 사회를 위한 바람직한 소비는 무엇인가?

원고지 쓰기의 예

	사	람	의		손	에	는		눈	에		보	이	지		않	는		세
균	이		많	다	.	그	래	서		병	을		예	방	하	기		위	해

※ [1~2] ( )에 들어갈 말로 가장 알맞은 것을 고르십시오. (각 2점)

1. 젊었을 때 아무 준비도 안 하고 노년을 맞이하면 ( )

   ① 후회해 본다.   ② 후회하도록 한다.

   ③ 후회하기 마련이다.   ④ 후회하기 망정이다.

2. 화재 사고로 인해 사람도 다 구조하지 ( ), 애완견을 어떻게 찾아 드려요?

   ① 못한답시고   ② 못하느라고

   ③ 못하거니와   ④ 못하는 마당에

※ **[3~4] 밑줄 친 부분과 의미가 가장 비슷한 것을 고르십시오. (각 2점)**

3. 자신의 잘못을 <u>사과하지도 않고</u> 오히려 화를 냈다.

   ① 사과하더니   ② 사과하더라도

   ③ 사과함으로써   ④ 사과하기는커녕

4. 한 시간 일찍 <u>출발해서 다행히 비행기를 탔는데</u>, 잘못하면 비행기를 놓쳤을 거예요.

   ① 출발할 바에야   ② 출발하기가 무섭게

   ③ 출발했기에 망정이지   ④ 출발한다손 치더라도

5.

먹고 살기 힘든 시기에 누구나 집에서 요리할 수 있는
생활 밀착 예능!
요리 불능 네 남자의 끼니 해결 프로젝트!

매주 화요일 저녁 9시 40분에 방송

① 식당   ② 영화   ③ 연극   ④ TV 프로그램

6.

자동차에 타서 가장 먼저 할 일은 안전을 준비하는 것입니다.
당신의 생명을 지켜 주는 소중한 습관입니다.

① 자동차 판매   ② 안전벨트 매기   ③ 어린이용 카시트   ④ 자동차 속도 줄이기

7.

내 집에서는 개미 소리, 아랫집에는 천둥소리
남에 대한 배려가 이웃 간의 갈등을 줄일 수 있습니다.

① 층간 소음   ② 이웃 사랑   ③ 음악 공연   ④ 일기 예보

8.

당신도 행운의 주인공이 될 수 있습니다.
1주일 동안 꾸는 행복한 꿈

① 결혼   ② 복권   ③ 다이어트   ④ 시험 합격

※ [9~12] 다음 글 또는 그래프의 내용과 같은 것을 고르십시오. (각 2점)

9.

**20XX 서울 자전거 대행진!
참가 접수를 시작합니다.**

❖ 일시: 20XX년 6월 15일 오전 8시
❖ 출발 장소: 서울 광화문 광장
❖ 도착 장소: 상암동 월드컵 공원 평화 광장
❖ 참가 부문: 21km 퍼레이드
❖ 모집 인원: 5,000명 선착순
❖ 접수 기간: 4월 7일 10시부터 선착순 마감(입금자 기준)
❖ 참가비: 10,000원

* 2인 이상 단체 신청도 가능합니다.

① 무료로 참가해도 된다.
② 참가자는 개인별 신청만 가능하다.
③ 총 5,000명이 21km를 자전거로 달린다.
④ 참가자는 당일 도착하는 순서대로 참가할 수 있다.

10.

급증하는 귀농·귀촌

70대 이상 30대 이하
9.3 16.7
60대 18.5
**연령 분포
단위: %**
40대 23.6
50대 31.9

귀농·귀촌 이유

(전국 귀농·귀촌인 1,000명 조사, 복수 응답)

31.8% 조용한 전원생활
24.6% 도시 생활이 싫어서
23.9% 은퇴 후 여가 생활
21.8% 농촌 관련 사업
18.7% 자신과 가족 건강

① 70살 이상인 사람은 귀농하지 않는다.
② 60대의 귀농 인구가 30대 이하를 앞질렀다.
③ 40대가 50대보다 귀농·귀촌하는 사람이 많다.
④ 귀농·귀촌하는 가장 큰 이유는 건강 때문이다.

11.

> 글을 잘 쓰려면 우선 많이 읽어야 한다. 책을 많이 읽어도 글을 못 쓸 수는 있다. 그러나 많이 읽지 않고도 잘 쓰는 것은 불가능하다. 그리고 많이 쓸수록 더 잘 쓰게 된다. 축구나 수영이 그런 것처럼 글도 근육이 있어야 쓴다. 글쓰기 근육을 만드는 유일한 방법은 쓰는 것이다. 여기에 예외는 없어서 이것은 철칙이라고 할 수 있다.

① 글을 잘 쓰려면 많이 읽고 써야 한다.

② 축구나 수영은 노력 없이 잘하게 된다.

③ 글을 많이 읽는 사람은 모두 글을 잘 쓰게 된다.

④ 글을 잘 쓰려면 운동을 통해 근육을 만들어야 한다.

12.

> 우리 마음을 열어 보면 무엇이 있을까? 사랑과 감사, 기쁨도 있지만, 분노와 미움, 실망도 있다. 그런데 우리는 좋은 것만 말할 뿐, 어둡고 힘든 것은 꺼내 놓지 않는다. '이런 말을 하면 나를 속 좁고 못난 사람으로 생각할 거야.'라는 두려움 때문일 것이다. 한 심리학자는 "말하는 행위만으로도 자신이 만든 감옥에서 벗어날 수 있다."라고 했다. 또 한 작가는 "우리가 존재하는 이유는 분명히 표현하며 살기 위해서다."라고 했다. 마음의 고통에 대해 입이 말하지 않으면 몸이 말한다. 표현하라. 그래야 건강하고 자유로워진다.

① 우리는 어둡고 힘든 마음을 쉽게 이야기한다.

② 마음의 고통을 말하지 않는 것이 건강한 방법이다.

③ 마음의 고통을 입으로 말하지 않으면 몸이 아프게 된다.

④ 우리가 존재하는 이유는 고통을 자기 혼자서 이겨내기 위해서다.

[13~15] 다음을 순서에 맞게 배열한 것을 고르십시오. (각 2점)

13.

> (가) 안타깝게도 아이는 잘못을 깨닫기보다는 누군가가 잘못 하면 '때려라'를 먼저 배운다.
>
> (나) 잘못을 한 아이에게 부모가 매를 들어 가르치려 한다.
>
> (다) 때리는 것을 의사소통의 한 방법으로 받아들이게 되는 것이다.
>
> (라) 매보다는 충분한 설명을 통해 아이가 다시는 잘못하지 않는 방법을 배우기를 바란다.

① (나)-(라)-(가)-(다) ② (라)-(가)-(다)-(가)

③ (나)-(가)-(다)-(라) ④ (라)-(나)-(다)-(가)

14.

> (가) 삼림욕을 하면 마음이 상쾌해지는 효능이 있는데 수목에서 뿜어져 나오는 피톤치드 때문이다.
>
> (나) 피톤치드는 수목이 주변에 있는 해충이나 세균을 죽이기 위해 스스로 내뿜는 방향성 물질이다.
>
> (다) 삼림욕은 숲속을 걸으면서 신선하고 상쾌한 공기를 들이마시는 일을 말한다.
>
> (라) 해충에는 유독하나 인체에 들어오면 나쁜 균을 죽이고 노폐물을 몸 밖으로 배출하는 역할을 한다.

① (다)-(나)-(가)-(라) ② (나)-(라)-(다)-(가)

③ (나)-(라)-(가)-(다) ④ (다)-(가)-(나)-(라)

15.

> (가) 낙타의 등 위에 놓인 책은 고작 몇 십 권이지만 아이들은 이 작은 도서관에서 상상력을 키우고 세상을 배운다.
>
> (나) 많은 사람들이 굶주림으로 고생하는 케냐에선 책을 읽는 건 엄두도 내지 못하는 사람들이 많다.
>
> (다) 이처럼 책을 보기 힘든 곳에 사는 사람들을 위해 세계 곳곳에서 작은 도서관이 운영되고 있다.
>
> (라) 이 지역 사람들을 위해 낙타 도서관이 탄생했다.

① (가)-(다)-(나)-(라) ② (나)-(라)-(가)-(다)

③ (나)-(가)-(다)-(라) ④ (가)-(다)-(라)-(나)

※ [16~18] (   )에 들어갈 말로 가장 알맞은 것을 고르십시오. (각 2점)

16.

사람들은 60대에 운동을 시작하는 것이 너무 늦었다고 생각하지만 그렇지 않다. 60대부터라도 운동을 하면 그렇지 않은 사람에 비해 건강을 유지할 수 있다. 다만 강도 조절을 할 필요는 있다. 매일 낮은 강도의 운동을 짧게 하는 것이 (   )보다 건강에 유익하다.

① 마음대로 운동하는 것
② 젊었을 때 운동을 시작하는 것
③ 1주일에 한 번씩 운동하는 것
④ 높은 강도의 운동을 오래 하는 것

17.

클래식 공연에서는 악장과 악장 사이에 박수를 치는 것은 맞지 않는다. 이러한 관습은 리하르트 바그너로부터 시작됐는데, 그는 곡의 흐름이 깨지고 연주자에게 방해가 된다는 이유로 악장과 악장 사이에 박수를 금지시켰다. 그래서 박수는 모든 악장이 끝난 후에 치는 것이 좋다. 마지막 악장이 끝난 후에도 지휘자가 지휘봉을 내려놓지 않으면 박수를 치지 않는다. 마지막 음은 끝났지만 (   )는 뜻이다. 아무리 감동적이어도 박수는 지휘자가 돌아서서 인사할 때까지 기다렸다가 쳐야 한다.

① 연주가 더 남았다는
② 여음을 충분히 즐기라
③ 곡의 흐름이 깨진다는
④ 지휘를 방해하지 말라는

18.

신생아 살리기 모자 뜨기 캠페인이 있다. 아프리카나 아시아 등지에서 체온 조절과 보온이 필요한 생후 28일 미만의 신생아들에게 모자를 떠서 전달해 주는 운동이다. 이 캠페인을 통해 만들어진 모자는 신생아들의 체온을 따뜻하게 유지해서 저체온, 감기, 폐렴의 위협으로부터 (   ) 역할을 한다.

① 생명을 지켜 주는
② 면역력이 떨어지는
③ 아이의 체온을 유지하는
④ 아이가 건강하게 태어나게 하는

> 　　일을 잘 못하거나 실수를 많이 할 때 영어로 '온통 엄지손가락'이라는 표현을 쓰는데, 아마도 일을 할 때 엄지손가락의 역할이 크지 않아서 생긴 표현인 것 같다. 하지만 휴대폰 사용이 일상화되면서 이 표현이 바뀌어야 할 것 같다. 현대인들이 손에서 잠시도 (　　　) 24시간 동안 휴대폰을 사용하면서 엄지손가락 사용이 늘었기 때문이다. 휴대폰으로 전화번호나 문자를 입력할 때 엄지손가락을 사용하는 것이 다른 어떤 손가락보다 쉽고 빠르다. 휴대폰의 등장으로 인해 그간 별로 주목 받지 못했던 엄지손가락의 역할이 부각된 것이다.

19.　(　　　)에 들어갈 말로 가장 알맞은 것을 고르십시오.

　① 떼지 않고

　② 만지지 않고

　③ 건드리지 않고

　④ 가까이하지 않고

20.　윗글의 주제로 가장 알맞은 것을 고르십시오.

　① 엄지손가락은 일을 잘 못하는 손가락이다.

　② 휴대폰의 사용으로 엄지손가락의 역할이 중요해졌다.

　③ 엄지손가락은 오랫동안 가장 중요한 손가락으로 인식돼 왔다.

　④ 엄지손가락은 '최고'라는 의미로 치켜 세울 때 중요한 의미가 있다.

[21~22] 다음을 읽고 물음에 답하십시오. (각 2점)

> 나는 시계의 분침과 시침 대신 구슬의 위치를 눈으로 보거나 만져서 시간을 확인하는 시계를 만들었다. 대학원에서 공부할 때 시간이 궁금한데도 '말하는 시계'를 사용하면 수업에 방해가 될까 봐 불편을 겪던 시각 장애인 친구를 보고 아이디어를 얻었다. 내가 정말 원한 것은 비장애인과 장애인을 구분하지 않는 시계로, 시각 장애인은 디자인에 관심이 없을 거라는 편견을 깨고 기능과 디자인 면에서 사랑받는 시계를 만들고 싶었다. (   ) 덕분에 우리 시계 구매자의 98%가 디자인과 패션에 관심이 많은 비장애인들이다.

21. (   )에 들어갈 말로 가장 알맞은 것을 고르십시오.

① 두 마리 토끼를 잡은

② 미운 놈 떡 하나 더 준

③ 기대가 크면 실망도 큰

④ 쥐구멍에도 볕들 날 있는

22. 윗글의 내용과 같은 것을 고르십시오.

① 이 시계는 디자인에 대해 신경 쓰지 않았다.

② 이 사람은 시간을 말해 주는 시계를 만들었다.

③ 이 사람은 시각 장애인과 가까이서 지낸 적이 없다.

④ 이 시계는 시각 장애인보다 비장애인들에게 더 인기가 있다.

오늘 아빠 친구분이 집에 오셨다. 아저씨는 우리 할머니를 보시더니 대뜸, "어머님, 오랜만이에요. 저 정석이에요. 알아보시겠어요?" 하시면서 할머니의 손을 덥석 잡으며 어쩔 줄 몰라 하셨다. 할머니는 정석이라는 아저씨를 찬찬히 뜯어보시더니, "아니, 정석이 아니야? 그동안 어디서 어떻게 살았냐? <u>어쩌면 그리 소식을 뚝 끊고 무심하게 살 수 있나, 이 사람아!</u>" 하시며 눈물을 글썽거리셨다. 할머니가 그러시자 누가 먼저라고 할 것 없이 세 분은 서로의 손을 잡고 눈물을 흘리셨다.

그 장면을 보고 있으니 아무 사정을 모르는 나마저도 눈물이 핑 돌았다. 그런 한편으로는 이상하다는 생각이 들었다. 나는 친구들의 엄마를 부를 때 '아줌마'라고 한다. 나와 제일 친한 미연이의 엄마를 부를 때도 '미연이 아줌마'라고 부르는데, 왜 아빠 친구분은 남의 엄마를 '어머니'라고 부를까?

23. 밑줄 친 부분에 나타난 '할머니'의 심정으로 가장 알맞은 것을 고르십시오.

① 야속하다 ② 부끄럽다

③ 후련하다 ④ 부담스럽다

24. 윗글의 내용과 같은 것을 고르십시오.

① 아빠 친구는 우리 집에 자주 오는 분이다.

② 할머니는 아빠 말고도 아들이 한 명 더 있다.

③ 글 쓴 사람은 친구 엄마를 어머니라고 부른다.

④ 나는 친구의 엄마를 어머니라고 부르는 것이 이상하다.

※ [25~27] 다음 신문 기사의 제목을 가장 잘 설명한 것을 고르십시오. (각 2점)

25.

> 부모 불안 심리 자극, 사교육 시장 '활활'

① 사교육에 아이를 맡기면 뜨거웠던 불안감이 싹 날아간다.
② 부모들의 불안 심리 때문에 앞으로 학교 교육이 더 강화될 것이다.
③ 사교육 시장 때문에 자녀 교육에 대한 부모의 불안한 심리가 뜨겁다.
④ 자녀 교육에 대한 부모의 불안한 심리를 자극해서 사교육 시장이 더 달아올랐다.

26.

> '중소기업 인력난 해소' 머리 맞댄다

① 중소기업에서 일할 사람을 구하기 위해 같이 노력한다.
② 중소기업과 대기업이 직원을 해고하기 위해 회의를 하고 있다.
③ 대기업에서 중소기업으로 가는 사람들이 많아져서 고민 중이다.
④ 중소기업에 취직하기 어려워서 취업 준비생들이 고민하고 있다.

27.

> "연애도 못하는 판에…" 내 집 마련 등진 청년들

① 청년들이 연애할 시간이 없어서 결혼할 생각을 안 한다.
② 내 집을 마련하느라고 빚을 등에 지고 있는 청년이 많다.
③ 청년들은 내 집을 마련한 후에 결혼할 수 있다고 생각한다.
④ 청년들이 돈이 없어 연애도 못 하니까 내 집 마련은 생각도 안 한다.

28.

> 　딸아이는 매일 20분 정도의 거리를 걸어서 초등학교에 다닌다. 어느 날 학교에 갈 때는 흐리기만 하던 날씨가 점점 어두워지더니 비가 내리기 시작했다. 집에 돌아올 시간이 되자 비는 더 세지고 천둥과 번개까지 쳤다. 궂은 날씨에 아이가 겁을 먹을까 봐 차를 몰고 아이의 학교로 향했다. 그러다 길을 따라 걸어오는 딸을 발견했다. 그런데 딸아이는 번개가 칠 때마다 발걸음을 멈추고 번갯불을 향해 (　　　) 나는 딸을 불러서 차에 태우고 아이에게 물었다.
> 　"왜 빨리 걷지 않고 번개가 칠 때마다 자꾸 멈춰 섰니?"
> 　그러자 딸아이는 이렇게 대답했다.
> 　"엄마, 하늘에서 제 사진을 계속 찍으니까 예쁘게 찍히려고요."

① 악수를 했다.

② 미소를 지었다.

③ 소리를 질렀다.

④ 울음을 터뜨렸다.

29.

> 　한 학교에서 재미있는 실험을 했다. 교장 선생님이 세 명의 교사를 불러서 이렇게 말했다.
> 　"여러분은 우리 학교에서 가장 훌륭하고 전문적인 교사로 선발되었습니다. 그래서 우리 학교 아이들 중에 지능이 가장 뛰어난 학생 90명을 뽑아서 특별반을 만들어 여러분께 맡기려고 합니다. 우수한 선생님들이 우수한 학생들을 잘 지도해 주시기 바랍니다."
> 　그런데 세 선생님은 우수한 선생님이 아니라 그냥 무작위로 선택한 사람들이었고, 학생들도 평범한 아이들이었다. 교장 선생님이 거짓말을 한 것이다. 놀라운 것은 그 결과였다. 평범한 선생님이 평범한 학생들을 지도했는데, 다른 학생들보다 학업 성취도가 20~30% 높게 나왔다. 다른 사람이 자신을 존중하고 기대하고 있을 때 (　　　) 변하려고 노력하게 되고, 그러다 보니 실제로 그렇게 된 것이다.

① 거짓말보다 진실한 쪽으로

② 그 기대에 부응하는 쪽으로

③ 우수한 학생이 평범한 쪽으로

④ 선생님과 학생이 서로 다른 쪽으로

30.

　　'혼밥'이라는 말을 들어 본 적 있는가? 혼자 밥을 먹는 걸 가리키는 말이다. 이제는 '혼밥'에서 나아가 혼자 술을 마시는 사람들 즉, '혼술족'까지 등장했다. (　　　　) 자신만의 편안함을 즐기려는 사람들이 그만큼 늘고 있다는 뜻이다. 이렇다 보니 젊은 층들 사이에서는 '취향을 존중해 달라'라는 말도 나오는데, 세태 변화라고 하지만 함께 할 사람을 찾기 어려운 우리 사회의 쓸쓸한 단면이라는 분석도 있다.

① 남들과 비슷하게

② 남들에게 보이려고

③ 남들 눈치를 보지 않고

④ 남들의 비위를 맞추면서

31.

　　이동하면서 간편하게 읽을 수 있는 전자책 (e-book)이 학생들과 젊은 직장인 사이에서 인기를 끌고 있다. 하지만 잘못된 자세로 전자책을 읽으면 목에 무리를 줄 수 있어 주의가 필요하다. 거북목 증후군은 가만히 있어도 (　　　) 자세를 일컫는다. 하루 종일 컴퓨터 모니터를 봐야 하는 사무직 종사자나 컴퓨터 게임을 즐기는 젊은 층에게 흔히 발생하며, 지하철이나 버스에서 스마트폰으로 전자책을 보는 이들도 예외가 아니다. 목이 뻣뻣해지고 어깨와 등으로 통증이 전해지며, 눈도 쉽게 피로해지고 손이 저린 증상이 지속되면 거북목 증후군을 의심해 봐야 한다.

① 거북이처럼 목이 흔들리는

② 거북이처럼 눈을 작게 뜨는

③ 거북이처럼 천천히 걸어가는

④ 거북이처럼 머리가 구부정하게 앞으로 나와 있는

32.

> 사람들은 특별한 이익이 주어지지 않는 한, 현재 상황을 바꾸지 않으려는 경향이 있
> 다. 얻는 이득이 훨씬 크다는 생각이 들지 않는 한 현재를 유지하려는 심리적 편향이
> 바로 현상 유지 편향이다. 경제적 선택에서도 이런 현상이 나타나는데, 현금으로 재산
> 을 상속을 받았을 때와 주식이나 채권으로 재산을 상속받았을 때 상속인의 행동이 달
> 라진다. 현금을 받으면 투자를 하거나 저금을 하는 등 투자 계획을 짜지만 주식이나 채
> 권을 받으면 그냥 보유하는 경우가 많다. 유럽에서는 운전면허를 신청할 때 장기 기증
> 의사를 묻는데, 이때 기본 선택 사항에 '장기 기증 의사가 있다'라고 표기되어 있으면
> 기증률이 높고, 표기돼 있지 않으면 낮다고 한다.

① 사람들은 현재 상태를 바꾸려고 하는 의지가 강하다.
② 상속인들은 현금으로 재산을 상속 받으면 그대로 둔다.
③ 사람들은 특별한 이익이 주어지지 않는 한, 현 상황을 바꾸기 싫어한다.
④ 기본 선택 사항에 '장기 기증 의사가 있다'라고 표기되어 있으면 기증을 안 한다.

33.

> 서울의 한 골목길. 불빛이 새어 나오지만 아무도 없는 수상한 가게 하나가 눈에 띈
> 다. 문을 열고 들어가 보지만 '어서 오세요.'라는 인사는커녕 인기척 하나 느낄 수 없
> 다. 이곳은 무인 서점이다. 마음에 드는 책을 골라 책값을 돈 통에 넣는 방식으로 살 수
> 있다. 옆에 놓인 바구니에서 거스름돈도 직접 챙겨 가면 된다. '거스름돈이 부족해요.
> 15,000원 지불했고 나중에 2,000원 챙겨갈게요.' 서점 주인과 손님은 각자 장부에 남
> 긴 기록으로 소통한다. 알아서 계산하고 지불하는 방식이지만 지금껏 도난 사고 한 번
> 없을 정도로 잘 운영되고 있다. 아직은 생소할 수 있는 '사람 없는 가게'가 곳곳에서 모
> 습을 드러내고 있다. 사람을 대면하면서 느끼는 피로감을 덜고 인건비도 줄일 수 있기
> 때문이다.

① 손님은 스스로 계산해서 돈을 내고 간다.
② 이 가게에는 '어서 오세요'라는 인사가 항상 들린다.
③ 거스름돈을 받으려면 나중에 주인이 있을 때 와야 한다.
④ 사람 없는 가게는 오래전부터 있었기 때문에 사람들에게 친숙하다.

34.

> "남은 삶이 얼마 될지 모르지만 어떤 모험이든 맞이할 준비가 돼 있다. 대통령 때보다 지금이 더 행복하다. 멋진 인생이었다. 수천 명의 친구를 사귀었고, 흥분되고 모험에 가득 찬, 감사한 삶이었다. 이제 모든 것은 신의 손에 달려 있음을 느낀다."
>
> 암세포가 뇌로 전이된 사실을 공개하는 미국 전 대통령의 얼굴은 미소로 가득 차 있었다. 기자 회견장을 가득 메운 기자들을 향해 종종 농담을 던지기까지 했다. 자신에게 과연 어느 정도의 시간이 남아 있는지 알지 못하는 상황에서도 미국 전 대통령의 태도는 더없이 침착하고 편안해 보였다. 가장 성공한 대통령은 아니지만 미국 역사상, 아니 어쩌면 전 세계 정치 역사상 가장 성공한 퇴임 대통령으로 평가받고 있는 그는 죽음 앞에서도 거인의 풍모와 남다른 품위를 과시했다.

① 이 사람은 자신의 죽음을 알리는 것을 두려워한다.
② 이 사람의 건강은 의학적으로 해결할 수 있는 상태다.
③ 이 사람에 대한 평가는 지금보다 대통령 때가 더 좋다.
④ 이 사람은 얼마 남지 않은 죽음에 대해 담담한 태도를 보였다.

※ **[35~38] 다음을 읽고 글의 주제로 가장 알맞은 것을 고르십시오. (각 2점)**

35.

> 무더운 더위를 피하려고 오랜만에 바닷가를 찾았는데 여기저기서 '찰칵, 찰칵' 사진 찍는 소리가 들린다. 식당에서도 음식이 나오면 '와' 하는 소리와 함께 휴대 전화 사진기가 먼저 음식 위로 올라간다. 자신의 일상을 사진으로 찍어서 SNS에 올리고 지인들에게 내보이면서 자신을 인정받으려는 요즘 시대의 흔한 풍경이다. 그러다 보니 사실과 보이는 것 중에 무엇이 중요한지가 뒤바뀐 것 같다. 과학 기술의 도움을 받아 자신의 '셀카' 사진을 더 날씬하고 더 멋있게 수정해서 남에게 보이기 때문에 정작 그 사람을 실제로 만난다면 혹시 다른 사람이 아닌가 하는 오해를 하기도 한다. 언제 어디서나 남에게 보이는 나의 모습만 신경 쓴다면 정말 자신의 참모습을 위한 노력은 줄어들 수밖에 없다. SNS에 남겨지는 '좋아요'라는 타인의 인정보다 자신이 보람을 느끼고 자랑스러운 사람이 되도록 노력하는 것이 더 중요하지 않을까?

① 보이는 나보다 나의 참모습이 더 중요하다.
② 셀카로 찍은 사진을 수정하면 혼동을 일으킨다.
③ 타인과 사귀는 도구로 SNS가 중요한 역할을 한다.
④ '좋아요'를 통해 타인에게 인정을 받는 것이 중요하다.

36.

청소년들은 인터넷뿐만 아니라 일상생활에서까지 축약어를 사용한다. 청소년들이 축약어를 사용하는 가장 큰 이유는 '재미있고 사용하기가 편리하기' 때문이다. 그러나 언어의 정체성을 알 수 없는 축약어를 무분별하게 남발하는 것은 옳지 않다. 게다가 사고와 표현의 관계를 고려할 때 비슷한 형태의 축약어를 습관적으로 반복해서 사용하는 것은 학생들의 사고력 신장에도 부정적인 영향을 끼친다. 그뿐만 아니라 자기소개서, 보고서 등 다양한 글쓰기 과제에서도 축약어를 습관적으로 사용하게 되는 경우가 많다. 또래들과의 편리한 소통을 위한 언어 습관이 오히려 타인이나 사회와의 소통마저 단절시키는 것은 아닌지 반성이 필요하다.

① 청소년의 축약어 사용은 여러 면에서 문제가 된다.
② 청소년들은 글쓰기에서도 축약어를 많이 사용한다.
③ 사회와 소통하려면 축약어를 사용하는 것이 필요하다.
④ 청소년은 축약어 사용으로 자신들의 정체성을 나타낸다.

37.

우리는 가전제품의 발달로 여성들이 가사 노동으로부터 해방됐다고 생각한다. 그러나 정작 여성의 가사 노동은 줄기는커녕 오히려 늘어났다. 요즘은 좋은 세탁기 덕분에 부피가 크고 무거운 빨래도 어머니 혼자서 거뜬히 해낼 수 있다. 그러나 세탁기가 없었을 때 이런 빨래는 집안의 남자들, 즉 할아버지, 아버지, 아들의 몫이었다. 가전제품이 생긴 이후 이런 노동은 고스란히 어머니의 몫이 되어 버렸고, 가사 노동으로부터 해방된 것은 집안의 남자들이 된 것이다.

① 세탁기가 큰 빨래의 문제를 해결했다.
② 집안의 노동은 남자들의 몫이 더 늘어나야 한다.
③ 가전제품 덕분에 여성의 가사 노동이 줄어들었다.
④ 가전제품의 발달로 오히려 여성의 가사 노동은 늘어났다.

38.

> 현대인에게 고질적인 병은 미디어 중독과 관계 중독증이다. 우리는 출근하면 제일 먼저 컴퓨터를 켠 뒤 이메일을 확인하고 메신저를 켠다. 약속 없는 주말에는 자신을 패자라고 생각하며 자신을 가혹하게 자책하는 사람도 있다. 우리는 혼자 남겨지는 외로움을 참지 못한다. 관계 중독증에 빠져 살던 한 방송 작가는 처음에는 외로워서 글을 쓰기 시작했다. 매일 퇴근 후 집에 돌아와 편지를 쓰기 시작했다. 일주일에 많게는 8~9통, 적게는 3통씩 두 달 넘게 꾸준히 쓰다 보니 마음이 회복되기 시작했다. 뿐만 아니라 주변 사람들이 자신이 쓴 편지를 여러 사람한테 전달하고 그것이 방송국에 있는 사람한테까지 전해져서 라디오 작가 제의를 받게 되었다. 덕분에 그는 퇴근 후에는 대본 작업을 하면서 관계에 얽매이지 않고 외로움을 즐길 수 있는 시간을 찾게 되었다. 글을 써 보자. 간단한 메모나 일기라도 말이다. 당신의 외로움이 명작으로 탄생할지 아무도 모른다.

① 편지를 많이 쓰면 취업을 할 수 있게 된다.

② 텔레비전을 보면 마음의 회복이 이루어진다.

③ 외로움을 벗어나기 위해 글을 쓰는 것이 좋다.

④ 관계 중독증을 벗어나기 위해 메신저나 이메일을 활용해야 한다.

※ [39~41] 주어진 문장이 들어갈 곳으로 가장 알맞은 것을 고르십시오. (각 2점)

39.

> 아프리카의 한 부족은 다른 부족에 비해 유난히 범죄율이 낮다. 특히 범죄를 저지른 사람이 다시 범하는 재범률이 매우 낮다. (㉠) 이유는 그 부족만의 특별한 재판 때문이다. 이 부족은 누군가가 죄를 범하면, 그를 마을 한가운데 세우고 마을 사람들이 며칠간 한마디씩 던진다. (㉡) 비난의 말이나 돌을 던지는 것이 아니다. "지난번에 저에게 먹을 것을 줘서 감사했어요.", "저를 보고 웃어 줘서 고마웠어요.", "우리 아들이 다쳤을 때 도와줘서 감사했어요." (㉢) 이런 식으로 범죄를 저지른 사람이 과거에 행했던 미담, 선행, 장점 등을 한마디씩 해 주는 것이다. 이를 통해 착했던 과거를 깨닫게 한 후, 새사람이 된 것을 축하하는 축제로 재판을 마무리하게 된다. (㉣)

보기

> 자신이 누구인지를 다시 돌아보게 함으로써, 새로운 삶을 살도록 만드는 것이다.

① ㉠   ② ㉡   ③ ㉢   ④ ㉣

40.

더울 때는 왜 찬물보다 미지근한 물로 샤워하는 것이 좋을까? (　㉠　) 더우면 땀을 흘려 체온을 낮추고 추우면 밖으로 열을 안 빼앗기려고 피부 근처에서 순환하는 혈액의 양을 줄여 체온을 유지하게 되는 것이다. (　㉡　) 따라서 체온보다 약간 따뜻한 물로 샤워를 하면 땀이 나고, 땀을 흘림으로써 열이 몸 밖으로 빠져나간다. (　㉢　) 당장 덥다고 찬물로 샤워를 하면, 체내에서는 찬물 샤워로 낮아진 체온을 높이려고 몸이 더 열을 발산하기 때문에 오히려 더 더워지는 역효과가 날 수 있다. (　㉣　)

보기

우리 몸은 36~37℃의 체온을 일정하게 유지하려고 한다.

① ㉠　　　　　　② ㉡　　　　　　③ ㉢　　　　　　④ ㉣

41.

중년 남성의 전유물로만 여겨졌던 탈모가 최근에는 나이와 성별을 가리지 않고 확산되는 추세다. (　㉠　) 특히 20~30대 젊은 층에서 탈모 환자가 급격히 늘어나고 있다. (　㉡　) 탈모 환자 300명을 대상으로 조사한 결과 탈모로 인해 대인 관계에 부담을 느끼는 사람이 가장 많았다. (　㉢　) 이성 관계에 어려움을 겪거나 취업·면접 등에서 불이익을 겪은 탈모 환자가 그 뒤를 이었다. (　㉣　) 이런 현상은 산업과 기술이 발전할수록 사람들의 스트레스는 더 심해지고 환경이 오염되면서 그 영향을 받았기 때문인 것으로 보인다.

보기

안타까운 점은 젊은 탈모 환자들이 대인 관계는 물론 취업과 연애, 결혼 등에 어려움을 겪고 있다는 점이다.

① ㉠　　　　　　② ㉡　　　　　　③ ㉢　　　　　　④ ㉣

오늘 아들이 대학에 입학하기 위해 전국의 수험생과 함께 수능 시험을 치렀다. 시험 때만 되면 갑자기 날씨가 추워지는 입시 한파가 올해도 예외 없어서 어제보다 기온이 7도나 떨어진 쌀쌀한 날씨였다. 그동안 더운 여름에도 책과 씨름하며 공부한 아들이 어떤 성적을 거둘지, 부모로서 초조하고 안타까웠다. 아내는 소화가 잘되는 음식으로 시험 중간에 먹을 도시락을 싸면서 직장 때문에 시험장까지 같이 가지 못하는 것을 내내 아쉬워했다. 평소에는 말이 없고 무뚝뚝한 아들이지만, 시험을 앞두고 긴장하는 마음을 풀어 주고 싶어서 시험장에 도착할 때까지 이야기도 나누고 음악도 들려주었다.

시험장 앞은 수험생과 가족들, 그리고 선배를 응원하려고 몰려온 후배들로 붐볐고, 응원하는 노래와 격려하는 구호로 소란스러웠다. 수험표와 펜 등 필요한 것은 잘 챙겼는지 확인하고 아들에게 시험 잘 보라고 격려하며 헤어졌다. 아들이 그동안에 쌓은 실력만큼 시험 문제를 풀고 실수만 하지 않았으면 좋겠다고 마음으로 빌며 회사 쪽으로 가는데 갑자기 아들에게서 전화가 왔다.

"아버지, 아까 그 시험장으로 다시 와 주세요."

순간 가슴이 철렁 내려앉았다.

'수험표를 잃어버렸나? 어디가 아픈 건 아닐까?' 머릿속으로 온갖 안 좋은 상상을 하면서 급히 시험장으로 갔다. 걱정하던 나와 달리 환하게 웃으며 나를 기다리던 아들이 갑자기 넙죽 엎드려 절하면서, "아버지, 그동안 잘 키워 주셔서 고맙습니다."하고 큰 소리로 외쳤다. 그리고는 쏜살같이 문 안으로 뛰어 들어갔다.

42. 밑줄 친 부분에서 나타난 '아버지'의 심정으로 알맞은 것을 고르십시오.

① 놀랐다.　　　　　　　　　② 화가 났다.

③ 서먹서먹했다.　　　　　　④ 마음이 들떴다.

43. 윗글의 내용으로 알 수 있는 것을 고르십시오.

① 아내도 아들의 시험장에 같이 가고 싶어 했다.

② 아들은 평소에도 아버지와 자주 얘기하는 아이였다.

③ 아버지는 아들이 요행으로 시험을 잘 보기를 빌었다.

④ 아버지는 아들이 전화한 이유를 처음부터 알고 있었다.

어느 부부가 말싸움을 하다가 마을의 어른을 찾아가서 문제를 해결해 달라고 요청했다. 말싸움의 원인은 막 태어난 첫아들의 이름을 짓는 것이었다. 부인이 먼저 말했다. "남편은 시아버님의 이름을 따서 아이의 이름을 짓겠다고 하는데, 저는 제 아버지의 이름을 따서 지어 주고 싶어요." 마을의 어른은 각자 아버지의 이름이 뭐냐고 물었다. 부부는 동시에 "'명수'입니다. 총명하고 뛰어나다는 뜻이지요" 마을의 어른은 "두 분의 이름이 같으니까 잘됐네요, 그대로 이름을 지으면 되는데, 왜 말싸움을 하는 거요?" 그 말에 부인이 다시 말했다. "시아버님은 사기꾼으로 일생을 살았고 제 아버지는 정직한 삶을 살았는데, 그대로 이름을 지으면 누구의 이름을 딴 것인지 불분명하잖아요." 마을의 어른은 한참 고민하다가 이렇게 말했다. " 그 아이의 이름을 그대로 명수라고 지으세요. 그리고 사기꾼이 되는지 정직한 사람이 되는지 지켜보세요. 그러면 (   ) 분명해질 겁니다." 사람들은 아이의 이름을 지을 때, 온갖 좋은 말을 찾아서 가장 좋은 이름을 짓는다. 그러나 이름보다 더 중요한 것이 있다. 이름이 인격을 결정하지는 않는다. 어떻게 사는지가 그 이름값을 결정한다. 이름에 맞는 인격, 인격에 맞는 이름을 갖추어야 한다. 그것은 본인의 선택이다.

44. (   )에 들어갈 말로 가장 알맞은 것을 고르십시오.

① 이름이 왜 중요한지
② 이름의 뜻이 무엇인지
③ 왜 두 할아버지의 이름이 같은지
④ 어느 할아버지의 이름을 딴 것인지

45. 윗글의 주제로 가장 알맞은 것을 고르십시오.

① 아이의 이름에 따라 그 인생이 달라진다.
② 가장 좋은 말을 골라서 이름을 지어야 한다.
③ 이름보다 자신의 인생을 어떻게 사느냐가 중요하다.
④ 웃어른의 이름을 따서 아이의 이름을 지을 필요가 없다.

[46~47] 다음을 읽고 물음에 답하십시오. (각 2점)

한 세정제 회사는 무료로 음식을 제공하는 팝업 레스토랑을 열어 많은 사람들에게 큰 인기를 끌고 있다. 그 회사가 팝업 레스토랑을 열어 사람들에게 음식을 무료로 제공하는 방식이 매우 이색적이다. 음식을 먹고 난 손님들에게 음식값을 지불하게 하는 대신 설거지를 하도록 유도하고 있다. 영수증을 자세히 살펴보면 손님이 무료로 음식을 먹고 난 후 설거지를 해야 할 다섯 가지 목록을 확인할 수 있다. 다섯 목록은 바로 냄비, 접시, 컵, 숟가락과 젓가락이다. 손님들에게 음식을 무료로 제공하면 할수록 계속 적자가 날 텐데 이 회사는 왜 이런 특별한 레스토랑을 연 것일까? 자기 회사의 세정제를 홍보하기 위한 마케팅 전략이 이곳에 숨어 있다. 식당을 찾는 손님들에게 세정제를 사용해 설거지를 경험하도록 유도한 것이다. 자사의 좋은 제품을 고객이 직접 사용하고 품질을 직접 경험해 보도록 유도하고 있다. 이 회사의 마케팅 전략은 벌써 대성공한 것 같다. 수많은 사람들이 이 제품을 직접 사용하고 입소문을 내고 있기 때문이다.

46. 윗글에 나타난 필자의 태도로 가장 알맞은 것을 고르십시오.

① 손님에게 설거지를 시키는 것에 대해 항의하고 있다.

② 적자가 나는 레스토랑 운영에 대해 의문을 제기하고 있다.

③ 무료로 음식을 제공하는 방식이 이색적이라고 비난하고 있다.

④ 제품을 고객이 직접 사용하고 입소문을 내는 전략을 칭찬하고 있다.

47. 윗글의 내용과 같은 것을 고르십시오.

① 이 회사는 사회봉사로 무료 식당을 운영한다.

② 자기 회사 세정제를 사는 손님에 한해 무료로 먹을 수 있다.

③ 손님이 무료 음식을 먹으려면 반드시 세정제 광고를 해야 한다.

④ 세정제를 사용해 본 손님들 덕분에 제품이 많이 알려지고 있다.

※   [48~50] 다음을 읽고 물음에 답하십시오. (각 2점)

"로봇이 왜 남자애들 거야?" 장난감 성차별에 항의하는 소녀에게 대형 마트가 사과했다. 70년대 레고 (LEGO)에 들어 있던 설명서에는 "부모님들께, 레고를 이용해 무엇이든 만들 수 있습니다. 남자아이들이 인형의 집을 좋아할 수도, 여자아이들이 우주선을 좋아할 수도 있습니다. 중요한 건 아이들이 무엇이든 만들게 놔두는 것입니다."라는 글이 있다. 시대가 지나면서 오히려 장난감에 남녀 구분이 생겼다. 여자아이 장난감은 대부분이 분홍색이고 요리, 살림과 관련된 아기자기한 것이 많다. 그러나 여자아이용 음료수 판매대 레고를 선물 받은 한 소녀는 이를 멋진 로봇으로 조립했다. 그런데도 여전히 여자아이는 바비 인형에 분홍색을 좋아하고 (   ) 편견이 여전하다. 인간은 정말 태어나면서부터 여자는 분홍, 남자는 파랑에 끌리는 걸까? 그렇지 않다. 색깔에 대한 인식이 변한 건 2차 세계 대전 이후다. 전후 본격화된 공장 생산에서 남자아이 장난감은 파랑, 여자아이 장난감은 분홍으로 찍어 내면서 생긴 편견이다. 그러니 성별 색깔 구분이 생긴 건 채 100년이 안 된 일이다. 남자아이가 분홍색을, 여자아이가 파란색을 좋아하더라도 전혀 이상할 게 없는 일이다. 최근 이러한 편견을 깨는 작업의 일환으로 미국 대형 유통업체는 매장 제품을 '소년용', '소녀용'으로 구별하지 않기로 했다. 그 대신 '아동용'이라는 용어를 사용하고 색깔 구분도 없앴다. 이러한 정책에 다수의 고객들은 '아동기에 성에 대한 편견이 굳어지는 것을 막아 주게 될 것'이라면서 환영했다.

48.   윗글을 쓴 목적으로 가장 알맞은 것을 고르십시오.

① 전쟁 이후 찍어 낸 장난감의 문제를 지적하기 위해

② 장난감 색깔로 남녀 성별을 구분할 필요성을 강조하기 위해

③ 아동기에 성에 대한 편견을 굳혀야 하는 이유를 설명하기 위해

④ 성별에 따른 색깔 구분에 대한 편견이 깨지고 있음을 소개하기 위해

49. (　　　　)에 들어갈 말로 가장 알맞은 것을 고르십시오.

① 우주선을 좋아할 수도 있다는

② 남자아이는 로봇과 파랑색을 좋아한다는

③ 남자아이는 음료수 판매대를 잘 만든다는

④ 장난감을 소년용과 소녀용으로 구분한다는

50. 윗글의 내용과 같은 것을 고르십시오.

① 70년대 레고는 설명서에서 남녀 구분을 강조했다.

② 남녀가 선천적으로 좋아하는 색깔이 있다는 생각은 편견이다.

③ 남자아이가 분홍색을, 여자아이가 파란색을 좋아하면 이상한 것이다.

④ 전쟁 후에 공장에서 장난감을 찍어 내면서 남녀 아이들의 색깔 편견이 없어졌다.

Complete Guide to the

TOPIK

부 록

Appendix

3rd Edition

Part 2 유형별 연습 문제 Practice Questions

정답 Answers

듣기 ▶ P. 52~75

1. ③	2. ①	3. ③	4. ②	5. ④	6. ④	7. ④	8. ③	9. ③	10. ②
11. ③	12. ②	13. ③	14. ④	15. ④	16. ①	17. ①	18. ③	19. ②	20. ④
21. ③	22. ④	23. ④	24. ④	25. ③	26. ④	27. ③	28. ①	29. ③	30. ②
31. ③	32. ④	33. ②	34. ①	35. ①	36. ④	37. ③	38. ③	39. ③	40. ②
41. ④	42. ①	43. ③	44. ④	45. ④	46. ②	47. ①	48. ②	49. ①	50. ④

쓰기 ▶ P. 76~77

51. ㉠ 협조해 주시기 바랍니다 / 협조해 주십시오

    ㉡ 취소될 수 있습니다 / 취소됩니다

52. ㉠ 받는 사람에게 필요한/요긴한

    ㉡ 포장을 통해 / 포장으로

읽기 ▶ P. 81~114

1. ④	2. ①	3. ③	4. ②	5. ①	6. ③	7. ④	8. ④	9. ④	10. ①
11. ④	12. ③	13. ②	14. ④	15. ②	16. ②	17. ③	18. ④	19. ③	20. ③
21. ②	22. ②	23. ①	24. ②	25. ①	26. ④	27. ④	28. ④	29. ④	30. ③
31. ③	32. ②	33. ②	34. ③	35. ③	36. ④	37. ④	38. ②	39. ③	40. ②
41. ②	42. ④	43. ④	44. ③	45. ②	46. ④	47. ①	48. ③	49. ④	50. ①

▶ P. 78~79

53.

	50	세		이	상		성	인		50	0	명	을		대	상	으	로	
추	석	에		자	식	들	과		얼	마		동	안		함	께		보	내
고		싶	은	지		묻	는		설	문		조	사		결	과	,	부	모
세	대	의		46	%	가		자	녀	들	의		부	모		방	문	은	
당	일	치	기	를		선	호	하	는		것	으	로		나	타	났	다	.
'	차	례		후		한	두		끼	니		식	사	를		같	이		하
면		충	분	하	다	'	라	는		응	답	이		44	%	이	고		'차
례	가		끝	나	면		바	로		헤	어	지	는		게		좋	다	'
라	는		응	답	도		2	%	였	다	.								
	반	면	에		37	%	는			'	하	룻	밤		자	고		가	는
것	을		선	호	한	다	'	라	고		밝	혔	으	며	,		'	연	휴
기	간		내	내		최	대	한		같	이		있	고		싶	다	'	라
는		응	답	은		3	%	,	귀	경	길		등	을		고	려	해	
	'	연	휴		마	지	막		날		하	루		전	날	까	지	는		같
이		있	고		싶	다	'	라	는		응	답	은		14	%	였	다	.

54.

인터넷 덕분에 생활이 편리해지고 자유롭게 의사를 표현하면서 대중의 정치 참여도 확대되었다. 그런데 사이버 공간에서 생산되고 축적된 정보는 유통 기한이 없다. 한 번 올라간 기록은 계속 복제되고 유통되어 전 세계를 흘러 다닌다.

이렇게 '망각되지 않는 인터넷'에 망각하는 기술을 도입해야 한다는 주장이 대두되고 있다. 무심코 인터넷에 올린 글, 사진, 동영상 때문에 결혼이나 취업에 피해를 보고, 불법으로 촬영된 내용이 인터넷에 노출돼서 고통받는 사람들도 많기 때문이다. 인터넷에 있는 내 정보는 내가 처리해야 하고 사생활 보호를 위해 부적절한 정보를 지울 수 있어야 한다는 것이다.

반면에 '기억할 권리'를 주장하는 사람들도 있다. 인터넷의 기록은 개인적인 정보이기도 하지만 그 당시의 역사적 기록인 언론 기사, 정치인이나 기업인에 대한 평가 등은 공적인 기록이기도 하다. 따라서 국민의 알 권리와 표현의 자유를 위해 이를 기억해야 한다고 주장한다.

나는 사생활 보호를 위한 '잊힐 권리'에 찬성하지만, 그 적용 대상과 범위는 제한해야 한다고 생각한다. 정치인 같은 공인은 '잊힐 권리'보다는 '기억될 의무'가 더 앞서기 때문이다. 그리고 범죄자들이 자신의 과거 행적을 지우는 수단으로 '잊힐 권리'가 쓰이는 것은 더욱 안 된다고 생각한다.

듣기 대본 Listening Script

아래 1번부터 50번까지는 듣기 문제입니다. 문제를 잘 듣고 질문에 맞는 답을 고르십시오.
Questions 1 to 50 are listening questions. Listen to each question carefully and choose the best answer.

[1~3] 다음을 듣고 가장 알맞은 그림 또는 그래프를 고르십시오. ▶ P. 52~54

1   남자   내일 저녁 영화를 예매하려고 하는데요. '택시 운전사'는 몇 시에 해요?

    여자   7시 20분에 상영합니다. 몇 명 예매인가요?

    남자   3명이요. 앉는 자리를 고를 수 있나요?

    여자   네, 여기 빈자리 표시가 있으니까 좋은 자리로 선택해 주세요.

2   여자   치마에 볼펜 잉크가 묻었는데, 깨끗하게 뺄 수 있어요?

    남자   네, 이 정도는 쉽게 빠져요. 언제 찾아가실 거예요?

    여자   다음 주에 입을 거니까 주말에 찾으러 올게요.

3   남자   창업에 대한 20~30대 젊은이들의 생각을 알아봤습니다. '창업을 생각해 본 적 있나?'라는 질문에 20~30대의 65.4%는 '있다'라고 답했고, '없다'라는 응답은 34.6%로 관심이 높았습니다. 하지만 정작 창업에 도움을 받을 수 있는 '창업 지원 정책을 알고 있나?'라는 질문에 응답자의 9.7%만이 '안다'라고 답했습니다. '알지만 자세히는 모른다'라는 응답이 63.4%로 가장 많았고, '모른다'라는 답변이 24.2%에 달했습니다. 나머지 2.7%는 '관심이 없다'라고 대답했습니다.

[1~3] Listen to the following and choose the picture or graph that matches best.

1   M   I would like to reserve tickets for a movie tomorrow evening. What time is 'Taxi Driver' showing?

    W   There is a showing at 7:20. How many people for the reservation?

    M   3 people. Can I choose the seats?

    W   Yes, the available seats are indicated here, so please choose the seats you would like.

2   W   This skirt is stained with ballpoint pen ink. Can it be washed out?

    M   Yes, this much will come out easily. When will you come to pick it up?

    W   I'm going to wear it next week, so I'll come to pick it up this weekend.

3   M   We asked young people in their 20s and 30s about their thoughts regarding entrepreneurship. In response to the question, "Have you ever thought about starting your own business?" 65.4% of people in their 20s and 30s answered "yes," and 34.6% answered "no," showing a high interest in entrepreneurship. However, in response to the question, "Do you know about the startup support policy?," only 9.7% answered, "I know." 63.4% answered, "I know but I don't know the details," and 24.2% answered, "I don't know." The remaining 2.7% answered, "I'm not interested."

[4~8] 다음을 듣고 이어질 수 있는 말로 가장 알맞은 것을 고르십시오.
▶ P. 55~56

4   남자   지난달 관리비 내는 것을 잊어버려서 아직 못 냈는데, 어떻게 해야 하지요?

    여자   괜찮아요. 이번 달 관리비 청구서에 두 달 치가 청구돼요. 그런데 지난달 관리비에는 연체료가 있을 거예요.

    남자   _____

5   여자   지하철에서 핸드폰을 놓고 내렸는데 어떻게 하죠?

    남자   어느 방향으로 가는 지하철을 타셨어요? 그리고 몇 번째 칸인지 기억나세요?

    여자   _____

6   남자   한식 뷔페 '사계절'이죠? 내일 12시 점심시간에 예약하고 싶은데요.

    여자   죄송합니다. 내일 점심은 예약이 마감됐습니다. 저녁 시간은 가능한데요.

    남자   _____

[4~8] Listen to the following and choose the word that best completes the dialogue.

4   M   I forgot to pay the maintenance fee last month, and I still haven't paid it. What should I do?

    W   That's okay. The fee for two months can be charged to your maintenance fee bill this month. But there will be a late fee for last month's maintenance fee.

    M   _____

5   W   I left my cell phone on the subway. What should I do?

    M   Which direction did you take the subway? And do you remember the car number?

    W   _____

6   M   This is the Korean buffet Four Seasons, right? I would like to make a lunch reservation for tomorrow at 12:00.

    W   I'm sorry. Reservations for lunch tomorrow have closed. However, it is possible to make a reservation for dinner time.

    M   _____

7 여자 저희 신선 홈쇼핑에 주문 전화해 주셔서 감사합니다. 지금 방송 중인 물건을 주문하시겠습니까? 이전에 방송된 물건을 주문하시겠습니까?

남자 지금 방송 중인 여행 가방을 주문하려고 합니다.

여자 _____

8 여자 산책 중에 앞서가던 강아지가 자꾸 뒤를 돌아보는 행동은 제가 뒤따라가는지 확인하는 건가요?

남자 사람들은 늦게 오는 사람에게 좀 빨리 오라고 재촉하잖아요. 그런데 개들은 보호자가 잘 따라오는지 자기가 먼저 가서 확인하면서 기다리는 거예요.

여자 _____

7 W Thank you for calling Sinseon Home Shopping. Would you like to order an item that is currently on our broadcast? Or would you like to order an item that was previously broadcast?

M I would like to order the travel bag that is currently being broadcast.

W _____

8 W While taking a walk, my dog walking in front of me repeatedly looks back at me. Is he checking to see if I'm following him?

M Humans rush people who are late to come quickly. But dogs go first and wait while checking to see if their guardian is following.

W _____

[9~12] 다음을 잘 듣고 여자가 이어서 할 행동으로 알맞은 것을 고르십시오.

▶ P. 57

9 여자 쓰레기봉투가 두 개네. 쓰레기가 너무 많아?

남자 아니, 하나는 일반 쓰레기를 버린 것이고 하나는 음식 쓰레기라서 두 개야.

여자 두 가지를 따로 버려야 하는 거야? 나도 버릴 음식 쓰레기가 많은데 봉투를 어떻게 구하지?

남자 편의점이나 슈퍼에 가서 음식물 쓰레기봉투를 달라고 하면 돼.

10 남자 그동안 아픈 데는 없었어요?

여자 네, 선생님이 하라는 대로 약도 꼬박꼬박 먹고 운동도 열심히 했어요. 수술 전에 어지러웠던 것도 이제는 없고요.

남자 숨쉬기 힘들었던 증상도 사라진 것 같은데요.

여자 네, 다 좋아졌어요. 이제는 등산을 해도 힘들지 않아요.

남자 그럼, 약을 2주일분만 더 처방해 드릴 테니 드시고, 특별한 증상이 없으면 6개월 후 정기 검진 때 오세요.

11 남자 오늘 아침 일기 예보에서 오후에 심한 황사가 올 거라는데요.

여자 황사 때문에 기침하는 사람이 더 많아지겠네요. 황사를 예방하는 방법이 있나요?

남자 이런 날에는 야외 활동을 자제하고 마스크를 쓰고 물을 충분히 마시는 것밖에 특별한 방법이 없어요. 황사가 안 들어오게 창문을 꼭꼭 닫는 것도 중요하고요.

여자 어, 우리 사무실도 창문들이 다 열려 있네요.

[9~12] Listen to the following and choose the answer that would be most appropriate as the woman's next action.

9 W There are two trash bags. Is there a lot of trash?

M No, one is to throw away general trash and one is for food waste, so that's why there are two trash bags.

W The two have to be thrown away separately? I have a lot of food waste to throw away, too. How do I buy trash bags?

M You can go to a convenience store or a supermarket and ask for food waste bags.

10 M You weren't in any pain since I last saw you, right?

W Yes, I followed your orders, regularly took my medicine, and exercised diligently. The dizziness that I had before the surgery is gone now, too.

M It seems like your symptom of having difficulty breathing has disappeared too.

W Yes, it has gotten completely better. Now it isn't difficult even if I go hiking.

M Well, then I'll prescribe medicine for just two more weeks, so take the medicine, and if there are no particular symptoms, come for a regular checkup in 6 months.

11 M This morning's weather forecast says that there will be a severe amount of yellow dust this afternoon.

W It seems like there will be more and more people coughing due to the yellow dust. Are there any precautions against yellow dust?

M On days like this, you should refrain from outside activities, use a mask, and drink a sufficient amount of water, but other than that, there's no particular method. It's also important to tightly close your windows so the yellow dust won't come in.

W Oh, our office windows are all open.

12 **남자** 어, 한도 초과인데요?

여자 한도 초과가 뭐예요?

남자 신용 카드로 한 달 동안 사용할 수 있는 금액이 초과되어서 쓸 수 없다는 말입니다.

여자 그래요? 그럼, 어떡하죠?

남자 다른 카드를 주시거나 현금으로 계산해 주시기 바랍니다.

[13~16] 다음을 듣고 들은 내용과 같은 것을 고르십시오. ▶ P. 58~59

13 **남자** 서양 음식을 먹을 때 어느 쪽에 있는 물과 빵이 제 것인가요?

여자 접시를 기준으로 왼쪽에 있는 빵과 오른쪽에 있는 물이 자신의 것입니다.

남자 반대로 하면 안 되나요?

여자 네, 기독교에서는 빵을 예수님의 몸으로 생각하기 때문에 칼로 자르지 않고 손으로 뜯어서 먹습니다. 그러니까 빵을 손으로 뜯으려면 왼손에 빵을 잡고 오른손으로 뜯어야 하는 거죠.

남자 아, 그렇군요.

14 **남자** 가족이나 친구 중에 흡연자가 있는 청소년은 그렇지 않은 경우보다 담배를 피울 가능성이 최고 17배 높다는 연구가 나왔습니다. 한국 질병 연구소는 지난해 청소년 5,000명을 대상으로 실시한 온라인 조사 결과를 분석해 이와 같이 발표했습니다. 친한 친구가 담배를 피우는 청소년의 흡연율은 13.5%로 그렇지 않은 경우인 0.8%보다 약 17배 높았습니다.

15 **여자** 일기 예보에서 비가 올 확률을 알려 주는 강수 확률은 실제의 확률보다 높게 발표한다. 이렇게 강수 확률을 높게 발표하는 이유는 그게 '욕을 덜 먹는 방법'이기 때문이다. 우산이 없는데 비가 올 때 우산을 들고 나왔는데 비가 오지 않을 때보다 더 당혹스러운 게 당연하다. 각종 산업 현장에서도 비에 대비를 해 뒀는데 비가 오지 않는 편이 준비 없이 비가 내릴 때보다 손해가 적다. 이런 이유로 일기 예보를 발표할 때는 틀릴 줄 알면서도 강수 확률을 높게 잡는 것이다.

[13~16] Listen to the following and choose the statement that agrees with the content you have heard.

12 **M** Oh, you've exceeded your card limit?

W What does that mean?

M It means that you've exceeded the amount that you can use your credit card in one month.

W Really? So then what should I do?

M Please use a different card or pay with cash.

13 **M** When eating Western food, on which side are my water and bread?

W Your bread is on the left side of your plate, and your water is on the right side.

M I'm not allowed to do the opposite?

W Correct. In Christianity, bread is thought to be the body of Jesus, so isn't cut with a knife; you tear and eat it with your hands. So to tear the bread with your hands, you have to hold the bread in your left hand and tear it with your right hand.

M Ah, I see.

14 **M** A study shows that adolescents with smokers among their family or friends are up to 17 times more likely to smoke than adolescents whose family or friends do not include smokers. These results were presented by the Korea Center for Disease Control after analyzing the results of an online survey of 5,000 adolescents conducted last year. The smoking rate was 13.5% for adolescents who had a close friend who smokes, which is about 17 times higher than the smoking rate of 0.8% for adolescents who did not have a close friend who smokes.

15 **W** In the weather forecast, the chance of precipitation, which indicates the probability of rain, is reported higher than the actual probability. The reason for reporting a higher chance of precipitation is that this is a "method of receiving less criticism." It's obviously more embarrassing to be without an umbrella when it rains than to be carrying an umbrella when it doesn't rain. Any kind of industrial site will face a lower loss if they prepare for rain but no rain falls than if rain falls when they haven't prepared. For this reason, when the weather forecast is reported, even if they know it's wrong, they will report a higher chance of precipitation.

| 16 | 남자 | 요즘 해외 직구가 부쩍 늘고 있습니다. 이것은 해외의 물건을 직접 구매하는 것인데 '직구'라고 줄여서 부르기도 합니다. 국내보다 외국에서 판매되는 가격이 더 저렴한 상품, 수입되지 않는 물품 등을 합리적으로 구입하기 위해 직구를 합니다. 배송이 느리고 구입 후 애프터서비스 (AS)를 받기 힘들다는 단점이 있지만, 일반적인 유통 과정을 통해 구매하는 것보다 저렴하기 때문에 직구를 이용하는 소비자가 많습니다. 이와 반대로 해외 소비자가 국내 인터넷 쇼핑몰에서 상품을 구입하는 형태인 '역직구'도 이루어지고 있습니다. | 16 | M | These days, overseas direct purchases (직접 구매) are increasing a lot. This means to directly purchase items from abroad, and is shortened to "jikgu (직구)." In order to reasonably purchase products that are sold at cheaper prices abroad than domestically, products that are not imported, etc., purchase them directly. There are disadvantages such as slow delivery and difficulty in obtaining after-sales service (AS), but there are many consumers who purchase directly because it's cheaper than purchasing products through a general distribution process. In contrasr, there is also reverse direct purchasing, where overseas customers purchase products from domestic shopping malls. |

[17~20] 다음을 듣고 남자의 중심 생각으로 가장 알맞은 것을 고르십시오.

▶ P. 60

[17~20] Listen to the following and choose the answer that best matches the man's main point.

17	남자	청소년에게 술을 판 술집 주인이 또 벌을 받았네.	17	M	Yet another bar owner was punished for selling alcohol to minors.
	여자	청소년에게 술이나 담배를 파는 업주들은 마땅히 벌을 받아야 해. 미성년자인 아이들을 보호해야 하는 어른의 책임을 다하지 않았으니까.		W	Of course, business owners who sell alcohol or cigarettes to minors should be punished. Because they didn't take full responsibility as adults to protect minor children.
	남자	그 말도 맞지만, 요즘 청소년들의 외모가 성인과 거의 구분하기 어려운데 나이를 속이고 술, 담배를 사는 청소년들도 잘못이야. 미성년자라는 이유로 벌을 안 받으면 청소년들의 이런 행동이 계속될 테니까 청소년에게도 책임을 물어야 해.		M	You're right, but these days it's difficult to distinguish the appearance of minors from adults, and there are also minors who are at fault for hiding their age and buying alcohol or cigarettes. If they don't receive punishment because they're minors, this kind of behavior will be continued by adolescents, so we also have to hold minors responsible.
18	여자	어머, '아침 천사'라는 아이돌이 나왔네. 얼굴도 예쁘고 춤도 잘 춰서 요즘 가장 인기 있는 걸 그룹이야.	18	W	Oh my goodness, the idols Morning Angel appeared. They're the most popular girl group these days because their faces are pretty and they dance well, too.
	남자	가수는 노래만 잘 부르면 되지, 예쁜 얼굴과 춤이 꼭 필요해? 게다가 중, 고등학생 정도의 어린아이들에게 저렇게 짧은 치마를 입고 선정적인 춤을 추게 하는 건 문제가 있어. 어린아이들인 만큼 아이들답게 노래를 하도록 해야 한다고 생각해.		M	Singers just need to sing well, do they have to have pretty faces or dance? Besides, there's a problem with teens that are in middle or high school wearing short skirts and dancing suggestively like that. I think that teens should sing like children.
19	여자	눈을 아름답게 표현하는 화장품 매출이 부쩍 늘었네요. 이유가 뭐죠?	19	W	Sales of cosmetics that express eyes beautifully have increased dramatically. What's the reason?
	남자	코로나 시대에 마스크로 얼굴 절반을 가리니 고객들이 눈에만 집중하는 화장을 하기 때문입니다.		M	It's because in the age of COVID, half of the face is covered with a mask, so customers wear makeup that only focuses on the eyes.
	여자	반대로 매출이 감소한 화장품도 있어요?		W	Are there cosmetics that have gone the other way, with reduced sales?
	남자	네, 잡티를 감추는 피부 화장은 가볍게 마무리하고 입술도 많이 바르지 않아서 이런 화장품의 매출은 현저히 떨어졌습니다.		M	Yes. Base makeup that covers blemishes is done lightly, and not much is applied to the lips, so sales of these cosmetics have fallen substantially.
	여자	아 그렇군요. 세계적인 전염병의 유행이 화장품 시장의 소비 형태도 바꾸는군요.		W	Oh, I see. So a global pandemic even changes consumption patterns of the cosmetics market.

20 남자 최근 인터넷 전문 은행, 백화점의 쇼핑 도우미 로봇 등 사람과 접촉을 최소화하는 서비스가 유행이다. 첨단 기술을 활용해 고객에게 대면으로 접촉하지 않고 맞춤옷처럼 개개인에게 딱 맞는 서비스를 제공하는 것이다. 하지만 이런 기술이 보편화되면서 디지털 환경에 익숙하지 않은 고령층이나 이런 환경을 접하기 어려운 지역의 사람들이 점점 소외되면서 디지털 격차가 벌어질 가능성이 크다. 게다가 실생활에서 서비스를 제공하던 사람들의 일자리가 줄어들 우려도 있는데 이런 문제에 대한 고민도 같이 해결해야 한다.

20 M Recently, services that minimize contact with people, such as internet banking, department store shopping assistant robots, etc. are trending. We use cutting-edge technology to provide services like tailor-made clothes that exactly fit each individual without contacting customers face to face. However, as these types of technologies become more common, there is a great possibility that a digital gap will occur as elderly people who are not familiar with digital environments or people who live in regions where it is difficult to reach such environments are isolated. In addition, there are concerns that jobs for people who provide services in real life will decrease, so worries about these kinds of problems must also be resolved.

[21~22] 다음을 듣고 물음에 답하십시오. ▶ P. 61

여자 선생님은 항상 컵을 가지고 다니시네요. 특별한 이유가 있나요?

남자 우리가 나무를 사용하면서 지구의 숲들이 사라져 가고 있어요. 그중에 종이컵도 한몫을 하니까 가능하면 종이컵 대신 개인 컵을 갖고 다닙니다.

여자 환경 운동을 직접 실천하고 계시는군요. 하지만 어쩔 수 없이 종이컵을 써야 할 때도 있잖아요?

남자 네, 그런 경우에도 될 수 있으면 인쇄가 되지 않은 종이컵을 사용하는 것이 좋아요. 사용 후 반드시 종이컵 전용 분리 배출함에 넣으면 재활용에 도움이 되거든요.

[21~22] Listen to the following and answer the questions.

W Teacher, you always carry a cup with you. Is there a particular reason why?

M The Earth's forests are disappearing as we use the trees. Paper cups also contribute to that, so I carry an individual cup to use instead of a paper cup whenever possible.

W So you're personally practicing environmental activism. But isn't using a paper cup unavoidable sometimes?

M Yes. If those types of situations occur, it's better to use an unprinted paper cup. After using it, if you make sure to throw it away in a separate bin exclusively for paper cups, it helps with recycling.

[23~24] 다음을 듣고 물음에 답하십시오. ▶ P. 62

여자 이번 주말 동안 서울 광장에서 진행할 외국인 김장 체험은 모두 몇 명이 참가합니까?

남자 400명이 참가합니다. 3일 동안 50명씩 8번에 나누어 진행됩니다. 한국에 살고 있는 외국인들이 한국의 대표 음식인 김치를 직접 체험할 수 있는 기회가 될 것입니다.

여자 어떤 순서로 진행됩니까?

남자 먼저 한국 음식 문화에 대해 소개를 하고 김치 담그는 방법을 설명한 후 외국인들이 직접 담가 볼 것입니다. 그 후에는 김치와 불고기 비빔밥으로 식사를 할 예정입니다.

여자 외국인이 담근 김치는 가져가도 됩니까?

남자 물론입니다.

[23~24] Listen to the following and answer the questions.

W How many people are participating in the kimchi-making experience for foreigners that will be held at Seoul Plaza this weekend?

M 400 people will participate. It will be held over 3 days with 8 groups of 50 people each. It will be an opportunity for foreigners living in Korea to personally experience making kimchi, Korea's representative food.

W In what order will the event be held?

M First, there will be an introduction of Korean food culture, and after the method for making kimchi is explained, the foreigners will try making it themselves. After that, they'll have a meal of *bibimbap* made with *bulgogi* and kimchi.

W Can the foreigners take home the kimchi that they make?

M Of course.

[25~26] 다음을 듣고 물음에 답하십시오.　▶ P. 63

여자　오늘은 특별한 사장님 한 분을 모시고 이야기를 나누고 있습니다. 젊은 직원에게도 존댓말을 써 달라는 운동을 하신다고요.

남자　네, 저희 카페에 오시는 손님 중에 어려 보이는 직원에게 계속 반말 하시는 분들이 있어서 직원들이 마음의 상처를 받습니다. 저희 직원들도 어른인데, 처음 보는 사람에게 반말을 하는 것은 예의가 아니라고 생각해서 이런 운동을 하게 되었습니다.

여자　여기 주문 받는 곳에 "직원은 누군가의 소중한 가족입니다. 반말, 욕설, 성희롱 등의 언행을 하지 말아 주세요."라고 쓰여 있는데 효과가 있나요?

남자　네, 저희 직원을 인격적으로 대하고 존중해 주시니까 저희도 손님들을 더 존중해 드리게 됩니다. 그래서 직원들도 감사하며 더 즐겁게 일하게 되었고 카페의 분위기도 밝아졌어요.

[25~26] Listen to the following and answer the questions.

W　Today, we're meeting with a special CEO and sharing a conversation with him. We heard that you're carrying out a movement to use formal speech even with young employees.

M　Yes, among the customers who come to our cafe, there are people who constantly use informal speech with employees who look young, and it hurts the employees' feelings. Our employees are adults too, and I think it's impolite to use informal speech with someone you're meeting for the first time, so I started this kind of movement.

W　Here at the spot where you take orders is written, "Our employees are someone's precious family members. Please refrain from using impolite speech, foul language, sexual harassment, and similar words and actions." Does this have an effect?

M　Yes. Because they treat our employees kindly and with respect, our employees give our customers more respect in return. So the employees are thankful and have come to have more fun working, and the mood of our cafe has brightened too.

[27~28] 다음을 듣고 물음에 답하십시오.　▶ P. 64

여자　회사를 그만뒀어? 그 회사는 연봉도 높고 앞으로 전망도 좋은 회사인데……

남자　좋기는 한데, 퇴근 시간 후에도 야근이 많고 주말에도 급한 일이 생기면 출근하는 경우가 많았거든. 3년 동안 휴가 사용도 거의 못해 봤어.

여자　안 그런 직장을 찾기는 어려울 텐데.

남자　나는 일과 삶의 균형을 맞춰야 한다고 생각해. 근무 시간을 정확하게 지키고 근무 시간 이후에는 SNS나 메일로 연락하는 일도 없었으면 좋겠고. 상사의 눈치를 보지 않고 정해진 휴가를 쓸 수 있는 회사 분위기가 필요해. 내가 행복해야 회사 일도 열심히 할 수 있으니까 이번에는 그런 직장을 찾아서 행복한 직장 생활을 해 보고 싶어.

[27~28] Listen to the following and answer the questions.

W　You quit your company? But the annual salary is high and the company's vision is good...

M　It was good, but there was a lot of overtime at night after closing time, and there were a lot of situations when something urgent would come up and I had to go to work on the weekend. For 3 years, I could hardly even use any vacation time.

W　It would be difficult to find a workplace that isn't like that.

M　I think that we have to set a work-life balance. Working hours should be precisely observed, and after working hours, it would be good if there were no work contact via SNS or email. I need a company environment where I can use my given vacation time without being conscious of my boss. I have to be happy in order to be able to diligently work at a company, so this time, I want to find that kind of workplace and try living a happy work life.

[29~30] 다음을 듣고 물음에 답하십시오.   ▶ P. 65

여자 인주시가 이번 달부터 시행하는 여성 행복 무인 택배함이란 어떤 제도인가요?

남자 택배 기사를 사칭한 범죄로부터 여성의 안전을 지키는 데 도움을 주기 위한 것으로 사람들이 많이 다니는 인주역 광장과 중앙 공원에 택배함을 설치했습니다. 택배 이용자가 물건 주문 시 배송지를 무인 택배함으로 주문하면, 택배 업체는 택배함에 물건을 넣은 후 이용자에게 문자 발송을 해서 물품을 찾아갈 수 있게 합니다. 인주 시민이면 누구나 이용 가능하고 무료로 이용할 수 있는데 다른 사람들의 이용에 불편이 없도록 48시간 안에 물품을 찾아가면 좋겠습니다.

[29~30] Listen to the following and answer the questions.

W What type of system is the Women's Happiness Unmanned Delivery Service that will be implemented starting this month in Inju City?

M Due to crimes by people pretending to be delivery drivers, in order to help in areas where women's safety is protected, unmanned delivery stations were installed in places where people often go: Inju Station Plaza and Central Park. When a delivery service user orders an item with the unmanned delivery station as the shipping address, the shipping company puts the item in the unmanned delivery station and then sends a message to the user so they can go pick up the item. Any resident of Inju City can use it, and it can be used for free, but in order to avoid inconvenience to other users, it is best to pick up your item within 48 hours.

[31~32] 다음을 듣고 물음에 답하십시오.   ▶ P. 66

여자 신이 나타나서 사람들의 미래를 알려 준다면 모두가 좋아하겠지요? 미리 알면 뭐든지 준비할 수 있으니까요.

남자 아니요. 대다수의 사람들은 미래를 알고 싶어 하지 않아요. 특히 죽음 같은 부정적인 경우뿐만 아니라 긍정적인 일도 그렇습니다. 실제로 저희 연구소에서 여러 가지의 미래 상황을 가정하고 미리 알고 싶은지 물어봤습니다. 자신이나 자신의 배우자는 언제 사망할까?, 뭣 때문에 죽을까?, 자신의 결혼 생활은 이혼으로 끝날까?, 시청 중인 축구 경기 결과를 미리 알고 싶은가?, 올 크리스마스엔 무슨 선물을 받게 될까? 등을 물었지만 대다수의 사람들이 답을 알고 싶지 않다고 말했습니다. 이렇게 미래를 알고 싶어 하지 않는 것은 답을 알면 후회할 것 같은 생각이 들어 의도적으로 외면하기 때문입니다. 사람들은 미래의 사건에 대해 모르는 것을 선택함으로써 바람직하지 않은 미래의 사건을 알게 될 때 찾아오게 될 '후회'라는 부정적 감정을 피하려는 것입니다.

[31~32] Listen to the following and answer the questions.

W Wouldn't it be great for everyone if a god appeared and told us about people's futures? Because if you know the future, you can prepare for everything.

M No. The majority of people don't want to know the future. They especially don't want to know about negative circumstances like death, but the same goes for positive matters. Actually, at our research institute, we hypothesized about various future circumstances and asked people if they wanted to know the future. When will you or your spouse pass away? What will be your cause of death? Will your marriage end in divorce? Do you want to know the results of the soccer game you are watching in advance? We asked these types of questions, but the majority of people said that they didn't want to know the answers. People don't want to know the future in this way because they think that if they know the answer, they'll regret it, so they intentionally avoid it. By choosing not to know about future incidents, people are avoiding the negative feeling called "regret" that will find them if they learn about undesirable incidents in the future.

[33~34] 다음을 듣고 물음에 답하십시오.   ▶ P. 67

여자 고층 건물의 1층 입구는 거의 대부분 회전문으로 되어 있습니다. 단순한 재미 때문이 아니라 과학적 이유가 있습니다. 고층 빌딩은 내부 공간이 굴뚝 효과를 냅니다. 겨울에 난방을 하면 더운 공기가 비상계단이나 엘리베이터 승강 통로를 굴뚝처럼 타고 건물 상층부로 이동해서 건물 하층부를 진공 상태로 만듭니다. 만약 보통과 같은 여닫이문을 만들면 문이 열릴 때마다 바깥의 차가운 공기가 안으로 빨려 들어오면서 로비에 있는 종이가 날리고 치마가 펄럭일 것입니다. 반대로 더운 날씨에는 냉방 장치가 만든 차가운 공기가 하층부로 가라앉아 문이 열릴 때마다 밖으로 빨려 나가는 현상이 나타납니다. 회전문은 항상 문이 닫혀 있는 효과를 내므로 이와 같은 예상치 못한 현상을 방지할 수 있는 것입니다.

[33~34] Listen to the following and answer the questions.

W The majority of high-rise buildings have a revolving door at the 1st floor entrance. This isn't simply for fun; there is a scientific reason. The interior spaces of high-rise buildings create a chimney effect. In the winter, if heating is used, hot air goes up the emergency stairs or the elevator path like a chimney, moving to the upper floors of the building and creating a vacuum in the lower floors of the building. If a hinged door is made as usual, every time the door is opened, as cold air from outside gets sucked inside, papers in the lobby will go flying and skirts will flutter. Conversely, in hot weather, cold air created by the air conditioner settles into the lower floors and gets sucked out every time the door is opened. Revolving doors create the effect of always closing the door, so this type of unexpected phenomenon can be avoided.

남자 인주 시민 여러분, 저희는 작년부터 교통 연구 센터와 함께 승객이 신용 카드나 교통 카드를 들고 개찰구를 지나가면 기계가 저절로 감지해 요금을 부과하는 '열린 문 제도'를 준비해 왔습니다. 이렇게 하면 혼잡한 출퇴근 시간에 승객들이 개찰구 앞에 길게 늘어설 일이 없어지게 됩니다. 여러 장의 카드를 들고 있어도 하나의 카드만 인식하는 기술을 연구 개발하고 있습니다. 올해 5월까지 1개 역을 시범 역으로 정해 '열린 문 기술'을 시험해 보는 게 목표입니다.

M   Citizens of Inju City, since last year, together with the Transportation Research Center, we have been preparing an Open-Door System with machines that automatically detect and charge the fee when a customer carrying a credit card or transportation card passes through the turnstiles. This way, during crowded commuting hours, long lines of passengers standing in front of the turnstiles will disappear. We are researching and developing technology that recognizes only one card even if someone is carrying several cards. The goal is to set one station as a pilot station to test the Open-Door Technology by May of this year.

남자 과학의 발전 속도가 나날이 빨라지는 요즘에 학생들에게 농업을 가르쳐야 한다는 이유가 뭔가요?

여자 농업, 축산업, 수산업은 인류를 지탱하는 기초 산업입니다. 아무리 기술이 발전해도 배고플 때 스마트폰을 먹을 수는 없지요. 우리 입에 들어가는 생명이 어떻게 만들어지는지 배우는 것은 가장 기본적인 생존 교육이라 할 수 있을 것입니다. 슈퍼에서 투명한 비닐로 부위별로 곱게 포장된 고기를 고르면서도 그 붉은 살코기가 어떤 과정을 통해 우리의 식탁에 오르는지 모르는 사람들이 대부분입니다. 책으로라도 쌀의 생산 과정이나 사과를 많이 열리게 하려면 어떻게 해야 하는지, 가축은 어떻게 사육해야 하는지 등을 알아야 먹거리에 대해 올바르게 이해할 수 있습니다. 뿐만 아니라 도시와 농촌의 유대 관계도 더 깊어질 것입니다.

M   What is the reason why we should teach students about agriculture these days when the pace of scientific development is getting faster and faster?

W   Agriculture, livestock, and fishing are the basic industries sustaining humanity. No matter how much technology is developed, when you're hungry, you can't eat a smartphone. Learning how to make the living things that go into our mouths can be called the most basic survival education. Even as they choose meat that is separated by parts of the animal and nicely packaged in transparent vinyl in supermarkets, most people do not know the process through which that red meat gets onto our dining tables. You must know about the production process for rice or what you should do if you want to grow a lot of apples, how you should raise cattle, etc., even if you just learn through a book, and then you can properly understand what you eat. In addition, the relationship between cities and rural areas will become deeper.

[39~40] 다음을 듣고 물음에 답하십시오.　　　　　▶ P. 70

여자 그럼, 밤에도 대낮같이 밝혀 주는 인공조명으로 인한 어려움은 사람과 동물에만 국한되는 건가요?

남자 아니요, 식물도 빛 공해의 피해를 받고 있습니다. 밝은 가로등 옆에서 장시간 빛을 받는 가로수들은 단풍이 늦어지고 수명이 짧아집니다. 또한 가로등 옆에서 밝은 불빛을 받고 자란 벼는 벼 이삭이 여물지 못하고 키만 웃자라거나 정화 능력이 떨어져서 병들어 말라 죽기도 합니다. 도시의 밤하늘에서 별이 보이지 않는 것도 빛 공해의 영향으로 나타나는 대표적인 현상이죠. 자연 상태의 밤하늘에서는 수천 개의 별과 은하수를 눈으로 분명하게 볼 수 있지만, 빛 공해가 나타나는 지역에서는 밤하늘에서 별빛을 거의 찾아볼 수 없습니다. 빛은 인간의 삶에 꼭 필요한 것이지만 지나친 빛은 에너지 낭비일 뿐만 아니라 사람과 동식물의 생활을 위협합니다. 이제는 밤이 되면 불을 끄고 별을 켜서 사람과 동식물들이 더불어 행복하게 살아갈 수 있는 환경이 되도록 노력해야 합니다.

[39~40] Listen to the following and answer the questions.

W So is the difficulty caused by artificial light, which lights up bright as day even at night, limited only to people and animals?

M No, plants are also harmed by light pollution. Roadside trees that receive light for a long time from bright street lights next to them have their foliage change late and their lifespans are shortened. In addition, rice that is grown next to streetlights and receives light from them cannot ripen and has only its height grow over, or its purification ability decreases, so it withers from disease and dies. When stars cannot be seen in the night sky in cities, this is also a typical phenomenon caused by light pollution. In the natural night sky, thousands of stars and the Milky Way can be clearly seen with the naked eye, but in regions where light pollution is present, starlight is rarely found in the night sky. Light is essential for human life; however, excessive light is not only a waste of energy, but also threatens the lives of people, animals, and plants. Now, when night falls, we must make an effort to turn the lights off and to turn on the stars to make an environment where people, animals, and plants can live happily together.

[41~42] 다음을 듣고 물음에 답하십시오.　　　　　▶ P. 71

여자 정도의 차이가 있을 뿐 모든 아이들은 거짓말을 하고, 어른들도 거짓말을 하면서 살아갑니다. 의도적이고 반복적인 경우가 아니면 아이들의 거짓말을 너무 심각하게 받아들일 필요는 없습니다. 아이들의 발달 과정을 보면, 2~3살짜리 아이들은 현실과 공상을 잘 구별하지 못해 "까만 사과를 봤다."라고 말하기도 하고 4~5살 정도 되면 불리한 상황을 피하기 위해, 또 부모의 관심을 끌기 위해 거짓말을 합니다. 6살 이상이 되면 옳고 그름을 구별하게 되지만, 다양한 이유로 거짓말을 합니다. 아이가 거짓말을 하더라도 화를 벌컥 내지 말고 아이가 무엇 때문에 그런 행동을 했는지 차분히 파악해야 합니다. 아이들은 사실대로 말하면 곤란해지는 경우나 현실에서 부족한 점을 상상 속에서 메우기 위해서 거짓말을 합니다. 따라서 어른들이 아이들에게 거짓말을 할 필요가 없다는 사실을 알 수 있도록 돕고, 평소에 비판적인 어조로 "왜 그렇게 했니?"라는 말을 하지 말아야 아이가 거짓말하는 것을 예방할 수 있습니다. 거짓말 관련 그림책에서 현명한 대처 방법에 대한 힌트를 얻을 수도 있습니다. 그림책을 통해 우리는 아이들이 거짓말을 하는 상황과 그때의 아이 마음을 엿볼 수 있고, 현명하게 문제를 푸는 어른의 모습도 만날 수 있습니다.

[41~42] Listen to the following and answer the questions.

W To some degree, all children tell lies, and adults also live while telling lies. If they are not intentional and repetitive, it is not necessary to take children's lies very seriously. If we look at the developmental process of children, children who are 2-3 years old say, "I saw a black apple," because they cannot distinguish between reality and fantasy, and when they are 4-5 years old, they tell lies in order to avoid unfavorable situations or to get their parents' attention. When they are 6 years or older, they can distinguish between right and wrong, but they lie for various reasons. Even if your child lies, do not fly into a rage. You need to calmly figure out why your child is behaving that way. Children tell lies in situations that would become difficult if they tell the truth or in order to fill the shortcomings of reality in their imaginations. Therefore, adults need to help children understand the fact that there is no need to lie, and adults can prevent children from lying by refraining from saying, "Why did you do that?" in a usual critical tone. You can also get hints about sensible ways to deal with lies from picture books about lying. Through picture books, we can see situations in which children lie and get a sense of how a child feels in that situation, and we can also see images of adults who wisely solve the problem.

남자 동물에 비해 뛰어난 인간의 학습 능력이 선천적인 것인지, 환경적 영향인지에 대한 의견은 아직도 일치된 결론이 없습니다. 이것을 좀 더 알아보고자 11개 나라의 과학자들이 모여 30살 이상 남녀 120만 명을 대상으로 학습 능력과 유전자의 상관관계를 분석했습니다. 먼저 학업 능력의 차이에 영향을 주는 유전자 1,302개를 찾았는데, 이들 중에 일부는 치매나 조현병 등 정신 질환과 관계가 있다는 사실을 밝혀냈습니다. 하지만 유전자의 차이만으로 성적이 좋고 나쁜 것과, 명문 대학 진학 여부는 예측하기가 어려웠습니다. 그보다는 각 가정의 경제적 여건이나 학습 환경 등이 더 큰 변수가 되는 것으로 나타났습니다. 게다가 뇌는 여러 가지 경험이나 자극, 환경에 따라 달라질 수 있어서 유전자보다는 노력에 의해 공부를 잘하는지 못하는지가 결정될 가능성이 더 큽니다. 부모님부터 TV와 스마트폰을 과감히 끄고, 아이들과 같이 책을 읽으면 아이들도 자연스럽게 공부를 즐기고 학습 능력이 향상되지 않을까요?

[43~44] Listen to the following and answer the questions.

M There is still no consensus on whether human's learning abilities, which are superior to those of animals, are innate or if they are influenced by the environment. To learn more about this, scientists from 11 countries got together and analyzed the correlation between learning ability and genetics for 1,200,000 men and women over the age of 30. First, they found 1,302 genes that affect differences in academic ability, some of which were related to mental illnesses such as dementia and schizophrenia. However, it was difficult to predict good or bad grades and whether or not someone attended a prestigious university only by using differences in genes. Rather, the economic conditions, academic environment, etc. of each family were found to be more significant variables. Moreover, the brain can become different depending on a variety of experiences, stimuli, or environments, and this is more likely than genetics to determine whether or not you are studying well through effort. Starting with parents, if they try turning off the TV and smartphone and read books together with their children, will children naturally be able to enjoy studying and improve their learning ability?

여자 태풍은 적도에서 발생하여 북서태평양부터 동아시아까지 부는 큰 바람과 비입니다. 주로 7, 8, 9월에 집중적으로 발생하는데, 혼동하지 않기 위해 이름을 붙입니다. 이름을 붙이기 시작한 것은 제2차 세계 대전 이후 호주의 예보관들이었는데, 처음에는 싫어하는 정치가의 이름을 붙였다가 점차 자신의 여자 친구나 아내의 이름을 붙였습니다. 1978년부터는 남자와 여자의 이름을 번갈아 붙였습니다. 그러다가 2000년부터 아시아-태평양 지역의 태풍 위원회를 만들어 14개 회원국이 10개씩 제출한 이름을 차례로 붙이게 되었습니다. 태풍의 이름 중에 한국어로 된 이름이 더 많다고 느끼는 이유는 14개 국가 중에 한국과 북한이 들어있어서 한국어 이름이 다른 나라보다 2배 많기 때문입니다. 140개 이름 중에 실제로 큰 피해를 일으킨 이름은 다른 이름으로 대체하기도 합니다. 다시는 그런 피해가 안 생기기를 바라는 마음이 있기 때문입니다.

[45~46] Listen to the following and answer the questions.

W Typhoons are large winds and rains that occur over the equator and blow from the northwest Pacific Ocean to East Asia. They usually occur with intensity in July, August, and September, and they are given names to prevent confusion. It was Australian weather forecasters who, after World War II, started to name them, first using the names of politicians they disliked and then gradually using the names of their girlfriends or wives. And from 1978 on, men and women's names have been used alternately. Then, beginning in the year 2000, a typhoon committee was established in the Asia-Pacific region, with the 14 member countries submitting 10 names each that were used in turn. The reason that it seems like Korean is used more frequently in typhoon names is because South and North Korea are among those 14 countries, so there are twice as many Korean names as names from other countries. A name out of the 140 of a typhoon that causes great damage can also be changed for another. This is because of the wish for that kind of damage never to happen again.

여자 야생동물들이 갑자기 대도시에 나타나면서 여러 가지 사고가 나고 있습니다. 시민들이 야생동물들에 물려 부상하거나 사망하는 사고 까지 있는데 어떻게 하면 이런 사고를 줄일 수 있을까요?

남자 도로와 건물 등 도시 환경이 확장되면서 야생동물들이 살 수 있는 '야생'의 환경이 줄어든 것이 가장 큰 원인입니다. 인간이 야생을 먼저 공격한 셈이지요. 잦아지는 야생동물이 도시에 나타나는 피해를 줄이기 위한 노력도 중요하지만 인간이 자연과 공존할 방법을 모색해야 합니다. 예를 들면 동물이 살 수 있는 공간을 침범하지 않고, 그들의 이동 통로도 만들어 주는 것입니다. 산을 찾는 사람들이 밤이나 도토리 같은 동물들의 먹이를 주워 가지 않고 불법적인 사냥도 금지해서 동물들이 자연 그대로 살아가게 보호해야 합니다.

[47~48] Listen to the following and answer the questions.

W Many accidents are happening as wild animals suddenly appear in big cities. There are accidents where residents are bitten by wild animals and injured or even killed, so how can these accidents be reduced?

M The main cause is that city environments such as roads and buildings are expanding, while "wild" environments where wild animals can live are being reduced. This means that humans attacked the wild first. Efforts to reduce the damage caused by wild animals frequently appearing in cities are important, but we must find a way for humans and nature to coexist. One example is not invading spaces where animals can live and making wildlife crossings for them. People who go to mountains should protect nature as it is so that animals can live there, by prohibiting illegal hunting and not picking up animals' food, such as chestnuts and acorns.

남자 여러분 흰색 좋아하세요? 흰색은 깨끗하고 순수한 이미지를 나타내는 색인데요. 하지만 본인의 의지와는 다르게 몸이 흰색으로 태어나는 동물들도 있습니다. 이를 알비노라고 하는데, 알비노는 선천적으로 색채가 결핍된 증상을 보이는 유전병입니다. 검은색 색소인 멜라닌 색소를 만드는 유전자에 이상이 생겨서 털이 희고, 피부가 연한 상태로 태어나는 것입니다. 알비노 동물이 출현할 확률이 적다 보니 예로부터 사람들이 길한 징조로 여기거나 일부 지역에서는 흉조로 여기기도 했습니다. 그렇다면 알비노라는 특성은 동물들에게 어떤 영향을 줄까요? 동물들의 색은 생존을 위한 보호색일 수 있기 때문에 생존과 직결됩니다. 그렇기 때문에 알비노 동물은 개체 수가 매우 적고, 생존율이 낮으며, 특히 야외 활동을 해야 하는 육식동물들은 생존 능력이 매우 떨어집니다. 게다가 알비노 동물들은 사람들의 눈에 띈다는 이유로 가족들과 떨어져 평생을 갇혀서 사는 경우가 많습니다. 이를 방지하기 위해서 사람들은 알비노 동물을 구경거리로 삼지 않고 자신의 서식지에서 잘 살아갈 수 있도록 도와야 합니다.

[49~50] Listen to the following and answer the questions.

M Everyone, do you like the color white? White is a color that represents a clean and pure image. However, there are also animals that born with white color against their will. This is known as albinism; it is a hereditary disorder of congenital pigment deficiency. An abnormality occurs in a gene that makes the black pigment melanin, and the animal is then born with white hair and tender skin. In particular, since the probability of albino animals appearing is low, they have been regarded as lucky omens since ancient times, and there are also some regions where they may be regarded as bad omens. How does albinism affect animals? The color of animals can be a protective color for survival, so it is directly linked to survival. Due to the very small animal population and low survival rate, especially for carnivores that need to be outdoors, their ability to survive greatly decreases. In addition, albino animals often live in captivity for the rest of their lives, separated from their families because of the fact that they stand out. To prevent this, people need to avoid making albino animals a spectacle and help them thrive in their habitat.

[51~52] 다음 글의 ⑦과 ⓒ에 알맞은 말을 각각 쓰시오. ▶ P. 76~77

51

> **안 내**
> 주민 여러분께 알려 드립니다.
> 아파트 단지 내 나무들의 해충 방제를 위해 소독을 실시하니,
> 다소 불편하시더라도 (⑦).
> 소독 시 어린이나 노약자 등은 이동을 자제해 주십시오.
> 5층 이하 저층 세대는 소독 시 창문을 닫아 주시기 바랍니다.
> 소독 당일 비가 오면 작업 일정이 (ⓒ).
> 작업 일시: 9월 2일 (수) 오후 3시~5시까지
> 꽃마을 아파트 관리소장

52

> 선물은 받는 사람에 대해 생각하는 마음이 들어 있어서 좋다.
> 하지만 당장 쓸모없는 물건보다는 (⑦) 선물이 더 반갑다.
> 따라서 선물을 고를 때는 받을 사람이 필요한 것이 무엇인지
> 추측해야 한다. 그리고 주는 사람의 마음을 더 잘 드러내는 포
> 장도 중요하다. 받는 사람은 내용물보다 (ⓒ) 주는 사람의
> 마음을 먼저 읽게 되기 때문이다.

[53] 다음은 50세 이상 성인 500명을 대상으로 '추석에 자식들과 얼마나 오랜 시간을 함께 보내고 싶은가?'라는 질문에 대한 설문 조사 자료이다. 이 내용을 200~300자의 글로 쓰시오. 단, 글의 제목은 쓰지 마시오. ▶ P. 78

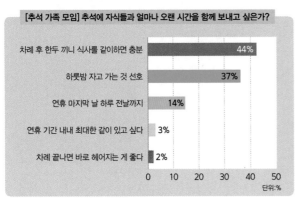

[51~52] Write an appropriate word in each of the blanks in the following text.

51

> **Notice**
> Attention, all residents.
> Fumigation will be carried out in order to control insects on the trees inside the apartment complex, so even though it will be somewhat inconvenient, (⑦)
> Children, sick and elderly people, etc., please refrain from moving during the fumigation.
> Households on the 5th floor or lower, please close your windows during the fumigation.
> If it rains on the day of the fumigation, the operation schedule (ⓒ).
> Operation date: September 2 (Wednesday), 3:00 p.m. - 5:00 p.m.
> Head of Management at Flower Village Apartments

52

> Gifts are good because they contain caring thoughts about the recipient. However, gifts that (⑦) are more pleasant than items that are useless at the moment. Therefore, when choosing a gift, you should guess what the recipient needs. And gift wrapping that better shows the feelings of the person giving the gift is important. The reason is that the recipient first reads the feelings of the person giving the gift through (ⓒ) more than the contents.

[53] The following is survey data of 500 adults over the age of 50 asking, "How much time do you want to spend together with your children during *Chuseok*?" Explain the content in a text of 200-300 characters. Do not write a title.

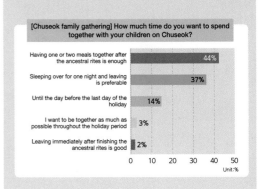

[54] 다음을 참고하여 600~700자로 글을 쓰시오. 단, 문제를 그대로 옮겨 쓰지 마시오. ▶ P. 80

> 사이버 공간에 있는 자신의 정보를 지울 수 있는 '잊힐 권리'에 대한 논쟁이 한창입니다. 사생활 보호 차원에서 적극적으로 도입해야 한다는 찬성 논리와 정치인, 범죄자의 신분 세탁에 악용될 수 있다는 반대 논리가 팽팽히 맞서고 있습니다. 이에 대한 여러분의 의견을 정리해서 쓰십시오.
>
> • 잊힐 권리를 찬성하는 쪽: 사생활 보호를 위해서 필요하다.
> • 잊힐 권리를 반대하는 쪽: 정치인, 범죄자의 신분 세탁에 악용될 수 있다.

[54] Refer to the following and write a text of 600-700 characters. Do not simply copy the text of the question when writing your answer.

> There is a controversy about "the right to be forgotten," which is the right to erase one's own information from cyberspace. In the dimension of privacy protection, logic agreeing that the right to be forgotten should be actively introduced is tensely clashing with the opposing logic that politicians and criminals can abuse this to launder their identities. Organize and write your opinion on this issue.
>
> · Agree with the right to be forgotten: It's necessary for the sake of protecting one's privacy.
> · Oppose the right to be forgotten: Politicians and criminals could abuse it to launder their identities.

읽기 지문 번역 Reading Script Translation

[1~2] ( )에 들어갈 말로 가장 알맞은 것을 고르십시오. ▶ P. 81

1 생선은 비린내 때문에 맛없다고 하는데, 그것도 다 ( )

2 경찰의 오랜 ( ), 투신자살하려던 사람이 다리에서 내려왔다.

[1~2] Choose the most appropriate word for the blank.

1 It is said that fish is not delicious due to its fishy smell, but that is also all ( )

2 After the police ( ) for a long time, the person who intended to commit suicide by jumping came down from the bridge.

[3~4] 밑줄 친 부분과 의미가 가장 비슷한 것을 고르십시오. ▶ P. 82

3 어젯밤에 중요한 <u>손님을 만나서</u> 가족 모임에 참석하지 못했다.

4 환자들이 고통을 <u>참을 수 없어서</u> 결국 소리를 지르기도 한다.

[3~4] Choose the answer that has the most similar meaning to the underlined section.

3 Last night, I <u>met</u> an important <u>guest</u>, so I could not attend the family gathering.

4 Patients <u>cannot bear</u> the pain, so they eventually cry out.

[5~8] 다음은 무엇에 대한 글인지 고르십시오. ▶ P. 83

5 책 속에는 지식의 나이테가 있습니다.

6 2박 요금으로 3박을 즐길 수 있는 절호의 기회!

7 안아 주세요, 당신의 배낭… 버스, 지하철이 편해집니다.

8 크고 작은 어떤 먼지도 쉽고 빠르게 남김 없이 흡입합니다.
   손이 닿기 힘든 가구 위, 아래까지도 깨끗하게 해 줍니다.

[5~8] Choose the answer that says what the following is about.

5 There is a growth ring of knowledge inside a book.

6 A golden opportunity to enjoy 3 nights for the price of 2 nights!

7 Please hold your backpack... The bus and subway will become more comfortable.

8 Any kind of dust, big or small, is easily and quickly vacuumed without exception.
   It makes hard-to-reach furniture clean from top to bottom.

[9~12] 다음 글 또는 그래프의 내용과 같은 것을 고르십시오. ▶ P. 84~87

9

정기 구독 신청 안내

정기 구독을 신청하시면 세 가지 혜택과 두 가지 기쁨이 있습니다.

혜택 하나, 정기 구독 선물을 드립니다.

혜택 둘, 구독료를 5천 원 할인해 드립니다.

혜택 셋, 구독 기간 중에 책값이 인상되더라도 추가 금액을 내지 않습니다.

기쁨 하나, 내 마음에 좋은 생각이 쌓여 갑니다.

기쁨 둘, 소중한 분들께 기증을 하시면 365일 즐거움을 선물할 수 있습니다.

정기 구독은 책 뒷장에 있는 정기 구독 신청 엽서를 작성해 우체통에 넣거나, 전화, 팩스, 인터넷 홈페이지를 통해 신청하시면 됩니다.

– 우편 접수처: 서울 ○○○우체국 사서함 203호

– 전화 접수: 02-2587-9431

– 팩스 접수: 02-2587-9437

[9~12] Choose the statement that agrees with the following text or graph.

9

Regular Subscription Application Guide

If you apply for a regular subscription, there are three benefits and two delights.

Benefit one, we will give you a regular subscription gift.

Benefit two, we will give you a 5,000 won discount on the subscription rate.

Benefit three, even if the price of the book increases during your subscription period, you will not pay any additional amount.

Delight one, you will accumulate good thoughts in your heart.

Delight two, if you donate to your loved ones, you can give them the gift of enjoyment 365 days a year.

For regular subscriptions, you can fill out the regular subscription postcard on the back cover of the book and put it in your mailbox, or apply by phone, fax, or internet homepage.

- Mailing address: Seoul ○○○ P.O. Box 203

- Phone number: 02-2587-9431

- Fax number: 02-2587-9437

10

제 15회 에너지의 날

불을 끄고
별을 보자

밤하늘의 별 잔치
2022년 8월 24일(수)
오후 2시 광화문 광장
모두 참여해 주세요.
– 전국 동시 소등 21:00~21:05 (5분 동안)
– 에어컨 설정 온도 2도 올리기 14:00~15:00 (1시간)

10

The 15th Energy Day

Turn off the lights and
let's look at the stars

Night Sky Star Party
August 24, 2022 (Wednesday)
2:00 p.m. at Gwanghwamun Square
Everyone, please participate.
Nationwide lights-out
9:00 p.m. - 9:05 p.m. (5 minutes duration)
Turn up the temperature setting of the air conditioner by 2 degrees
2:00 p.m. - 3:00 p.m. (1 hour)

---

11 당신은 진짜 미소와 가짜 미소를 구별할 수 있는가? 영국의 한 교수는 상대의 눈을 보라고 한다. 미소를 지을 때 잔주름이 많으면 진짜 미소라고 한다. 또 다른 교수는 입과 눈 주변의 근육이 함께 움직이면 진짜라고 한다. 서양 사람들은 여성이 가짜 미소를 더 잘 알아낸다고 하는데, 실험을 해 보니 가짜와 진짜 미소를 구별하는 능력이 남자는 71%, 여자는 72%로 비슷했다. 상대방의 미소가 진짜인지 가짜인지 알면 사회생활이 훨씬 편할 것이다. 꾸준히 노력하면 진짜 미소와 가짜 미소를 구별하는 능력이 향상된다고 하니 계속 노력해 보자.

12 만약 나무에 올라가는 능력으로 물고기의 재능을 평가한다면 물고기는 어떻게 될까? 아마 물속에서 헤엄치는 것을 포기하고, 자신이 재능이 없다고 여기며 남은 인생을 살게 될 것이다. 모든 사람은 사실 천재가 될 수 있다. 다만 자신이 잘하는 것이 무엇인지 아직 찾지 못한 것뿐이다. 그것이 많은 사람들이 천재인데도 불구하고 바보로 살아가는 이유이다. 당신이 나무에 올라갈 때 행복한지 물속에서 헤엄칠 때 행복한지 알게 된다면 당신도 천재가 될 수 있다.

11 Can you tell a real smile from a fake smile? A British professor asks you to look into another person's eyes. If there are a lot of fine wrinkles when you smile, it is called a real smile. Another professor says that if the muscles around the eyes and mouth move together, it is a real smile. Western people say that women are better at identifying fake smiles, but experiments have shown that the ability to distinguish fake smiles and real smiles is similar between men (71%) and women (72%). If you know whether another person's smile is real or fake, your social life will be much easier. It is said that if you consistently make an effort, your ability to distinguish between real smiles and fake smiles will improve, so let's continuously make an effort.

12 What would happen to fish if their talent were evaluated based on their ability to climb trees? Maybe they would give up swimming in water and live the rest of their lives thinking that they are not talented. All people can actually become geniuses. They simply have not been able to find what they can do well yet. This is the reason why many people live as fools even though they are geniuses. You can also become a genius if you realize whether you are happy when you are climbing trees or if you are happy when you are swimming in water.

[13~15] 다음을 순서에 맞게 배열한 것을 고르십시오.   ▶ P. 88~89

13 (가) 그래서 개가 안정된 느낌을 받을 수 있는 훈련을 지속적으로 진행한다.
   (나) 점차 규칙적인 식사를 하게 되면서 개는 더 이상 식탐을 부리지 않게 되는 것이다.
   (다) 식탐이 많은 개를 훈련시킬 때 가장 중요한 방법은 불안감을 줄여 주는 것이다.
   (라) 정해진 시간에 개에게 충분한 음식을 공급해서 언제든지 먹을 수 있다는 걸 알려 준다.

14 (가) 그러므로 좋은 성적을 받으려면 어휘 실력은 필수적으로 갖춰야 한다.
   (나) 이것이 모여 문장이 되고 문장이 모여 글이 되기 때문이다.
   (다) 공부에서 가장 기본적인 도구이자 밑천은 어휘이다.
   (라) 모든 과목에서 어휘력이 부족하면 내용 이해에 어려움이 생긴다.

15 (가) 과거에는 사람에게 귀여움을 받고 즐거움을 준다는 의미에서 애완동물로 불렸다.
   (나) 애완동물은 인간이 주로 즐거움을 누리기 위한 대상으로 사육하는 동물이다.
   (다) 요즘은 사람과 더불어 살아가는 반려자라는 인식이 확산되면서 반려동물이라고 부른다.
   (라) 사람이 정서적으로 의지하기 위해 집에서 기르는 동물이라는 뜻이다.

[13~15] Choose the option that places the statements in the right order.

13 (가) Therefore, continue to proceed with training that allows the dog to have a feeling of stability.
   (나) The dog will not feel gluttony anymore as it gradually eats meals regularly.
   (다) When training a dog that is very gluttonous, the most important method is reducing anxiety.
   (라) Provide an adequate amount of food for the dog at a fixed time to let the dog know that it can eat at any time.

14 (가) Therefore, if you intend to receive good grades, it is essential for you to have vocabulary skills.
   (나) The reason is that this is gathered to become a sentence, and sentences are gathered to become writing.
   (다) In studying, the most fundamental tool and capital is vocabulary.
   (라) In all subjects, if your vocabulary is lacking, difficulty arises in understanding content.

15 (가) In the past, they were called pets in the sense that they were cute and gave enjoyment to people.
   (나) Pets are animals that are raised primarily for humans to enjoy.
   (다) These days, they are called companion animals as awareness spreads that they are companions living together with humans.
   (라) This means that they are animals that people raise at home for emotional dependence.

[16~18] (   )에 들어갈 말로 가장 알맞은 것을 고르십시오. ▶ P. 90~91

16 한국에는 '책거리' 또는 '책씻이'라고 하는 책례가 있다. 아이가 서당에서 책 한 권을 다 배운 후 그동안 가르쳐 준 스승님께 감사드리고 같이 공부한 친구들과 자축하는 일종의 의례이다. 이 책례 때는 깨나 콩, 팥 등으로 소를 채운 송편을 준비하는데, 속이 가득 찬 떡처럼 아이도 학문으로 자신을 가득 채우라는 의미가 들어 있다. 오늘날의 (   ) 책례의 자취를 찾아볼 수 있는데, 아이가 학문적으로 발전한 것을 부모가 축하하고 스승의 수고에 감사의 마음을 전할 때 전통적인 책례의 의미가 현대에서도 이어질 것이다.

17 '흰곰 효과'라는 게 있다. 미국의 심리학자가 실험 참가자를 두 패로 나누어서 한 쪽은 "흰곰을 생각하지 말고 계속 말하라."라고 요구했다. 다른 쪽에는 반대로 "이야기하되 흰곰을 떠올려도 된다."라고 했다. 결과는 (   ) 더 자주 흰곰을 생각한 것으로 나타났다. 하면 안 된다는 강박 관념이 낳은 모순이다.

18 밖으로 책 대출이 절대 불가능한 도서관이 있습니다. 심지어 책을 훼손하면 큰 책임까지 져야 합니다. 게다가 이곳의 책은 예약을 하지 않거나, 지정된 날이 아니면 읽을 수 없습니다. 대출 시간은 겨우 50분에 불과합니다. 도서관이 참 까다롭다고 불평하며 기다리다 보면 아주 신기한 일이 벌어집니다. 갑자기 한 사람이 나타나서 이렇게 이야기합니다. "반갑습니다. 대출하신 책의 저자 곽영진입니다." 기다리고 있던 건 종이로 만든 책이 아닌 사람입니다. 이 도서관에 있는 책은 '글자 책'이 아니라 대여한 책(사람)과 (   ) 저자의 인생과 경험을 듣고 교감하는 '사람 책'입니다.

[16~18] Choose the most appropriate word for the blank.

16 In Korea, there is a book ceremony called a "book party" or "book washing." This is a kind of ceremony for children to celebrate with friends who studied together and to thank the teacher who taught them after they have learned everything in a book at school. During this book ceremony, *songpyeon* filled with sesame, beans, or red beans are prepared, with the meaning that children should fill themselves up through studying like a rice cake stuffed with filling. We can still see traces of book ceremonies in today's (   ). When parents congratulate their children on their academic progress and express their gratitude for the efforts of their teachers, the meaning of traditional book ceremonies will continue in modern times as well.

17 There is something called the "white bear effect." An American psychologist divided experiment participants into two groups, one of which was requested, "Do not think about a white bear and keep talking," while on the contrary, the other side was told, "You can talk, and you can think about a white bear." The results showed that (   ) thought more often about a white bear. It is a contradiction created by the obsession that we are not allowed to do something.

18 There is a library that can never loan out books. If you damage a book, you have to take great responsibility for it. Moreover, if you do not reserve the books here or if it is not a designated day, you cannot read them. The loan time is only 50 minutes. If you complain that the library is very fussy and wait and see, something very unusual happens. Suddenly, a person appears and says, "Nice to meet you. I am Kwak Youngjin, the author of the book you borrowed." The thing you were waiting for was not a book made out of paper, but a person. The books in this library are not letter books but people books that share the author's life and experiences with the person who borrowed the book (person) while (   ).

[19~20] 다음을 읽고 물음에 답하십시오. ▶ P. 92

회사에서 잘려도 자본금 한 푼 없이 시작할 수 있는 사업이 하나 있다. ( ) 전업 작가다. 일본의 한 교수는 나이 마흔이 된 1996년에 처음 소설을 썼다. 평소에 장난감 로봇 수집이 취미인데, 교수 월급으로는 취미 생활을 하는 데 한계가 있었다. 용돈이나 좀 벌어 보려고 늦깎이 작가가 되었다. 이후 19년간 278권의 책을 쓰고, 인세로만 약 155억 원을 벌었다. 소설가가 되려면 이렇게 하라, 저렇게 하라는 기존의 방법에 미혹돼서는 안 된다. 여하튼 자기 작품을 쓰면 된다. '어떻게 쓸까'가 아니라 '어쨌든 쓴다'는 것이 중요하다. 어떤 분야든 일을 잘하는 정해진 방법은 없다. 자신의 색깔대로 해 나가는 게 중요하다. 인생의 행복은 꾸준한 시도 끝에 찾아오는 우연한 성공에서 나오는 것 같다.

[19~20] Read the following and answer the questions.

There is a business that can be started without a single penny of capital even if it is cut off from a corporation. It is ( ) a full-time writer. One Japanese professor wrote his first novel in 1996 when he turned 40 years old. He had always collected toy robots as a hobby, but on a professor's salary, there were limits to his hobbies. He became a writer as a late bloomer to try at least earning some pocket money. Since then, he has written 278 books over the span of 19 years and earned 15.5 billion won in royalties alone. If you want to become a novelist, you cannot become confused by existing methods that say to "do this" or "do that." In any case, you can write your own work. The important thing is not, "How should I write?" but, "I write anyway." There is no fixed way to do things well in any field. The important thing is to go along according to your own color. It seems that happiness in life comes from accidental success coming to find you after consistent trial.

[21~22] 다음을 읽고 물음에 답하십시오. ▶ P. 93

유럽이나 북미 같은 백인 중심의 국가들을 여행하다 보면, 한국인들은 종종 다른 민족 사람들이 보내는 인종 차별적인 시선을 받아 본 적이 있을 것이다. 자신이 그러한 입장이 되고 나면 ( )고 우리가 피부색이 다르거나 다른 나라에서 온 사람들을 차별했던 것이 얼마나 교만하고 부끄러운 행동인지 깨닫게 된다. 사람들은 자신이 속해 있는 가족, 친구, 단체, 민족 같은 1차 집단을 선호하고 이와 다른 집단에 대해서는 차별하거나 무시하는 경향이 있다. 그래서 사람들의 주관적 판단만을 기준으로 한 차별이나 무시가 얼마나 자의적인 것인지 자신이 경험하기 전에는 잘 모른다. 정작 내가 그런 일을 당한 후에야 비로소 다른 사람이 어떤 기분이었을지 역지사지로 깨닫게 되고 보편적 인류애를 느끼게 된다. 그러므로 우리와 다른 사람들과 문화를 접할 때는, 단순히 다르다는 이유로 배척하기보다는 그들을 이해하고 받아들이는 노력을 해야 할 것이다.

[21~22] Read the following and answer the questions.

When traveling to predominantly white countries in places such as Europe and North America, Koreans have often experienced racist attitudes by people toward other ethnic groups. If one is put into that kind of position, ( ) and one realizes how arrogant and shameful it is for us to discriminate against people who have a different skin color or who come from a different country. People tend to prefer the primary groups to which they belong, such as family, friends, organizations, and ethnic groups, and they tend to discriminate or ignore people from other groups. Therefore, they do not know how arbitrary it is to discriminate against or ignore someone based on subjective judgment alone until they have experienced it themselves. Only after they have actually suffered that kind of thing and been in someone else's shoes will they realize how other people feel and gain a sense of universal humanity. Therefore, when we come into contact with people and cultures that are different from us, we must make an effort to understand and accept them rather than reject them simply because they are different.

[23~24] 다음을 읽고 물음에 답하십시오.   ▶ P. 94

어제저녁에 회식으로 회사 동료들과 늦게까지 먹고 마시고 놀다 들어왔다. 아침에 일어나니 머리도 지끈지끈 아프고 속이 더부룩하며 배가 아팠다. 소화제를 먹으면 나을 것 같아서 하숙집 아주머니께 소화제가 있냐고 여쭤 보았다. 아주머니는 소화제보다 더 좋은 치료 방법이 있다며 방에서 실과 바늘을 들고 나오셨다. 체했을 때 한국에서 하는 민간요법이라며 엄지손가락 끝을 실로 감더니 바늘로 찌르려고 하셨다. 살짝 찔러서 피가 나오면 체한 것이 내려갈 거라고 하시는데, 내 눈에는 그 바늘이 젓가락만큼 커 보였다. 배가 아파도 좋으니 그 자리를 피하고 싶었지만, 체면 때문에 꾹 참았다. 따끔한 느낌과 함께 피가 나오더니 차가웠던 손이 조금씩 따뜻해지기 시작했다. 이런 민간요법이 정말 효과가 있기는 하나 보다.

[25~27] 다음 신문 기사의 제목을 가장 잘 설명한 것을 고르십시오.   ▶ P. 95

25 치솟은 물가… 장바구니에 담을 게 없다.

26 외식업 희비… '커피 전문점' 뜨고 '술집' 지고

27 기쁨은 나누면 배가 되고 슬픔은 나누면 반이 된다.

[23~24] Read the following and answer the questions.

Yesterday evening, I stayed out eating and drinking until late for a company dinner with my colleagues. When I woke up in the morning, my head was throbbing, my stomach was bloated, and I had a stomachache. I thought it would get better if I took some digestive medicine, so I asked the boarding house lady if she had any digestive medicine. She said she had a better treatment than digestive medicine, and she came out of her room with a needle and thread. Saying it was a Korean folk remedy for when you have a stomachache, she tied the end of my thumb with the thread and went to prick it with the needle. She said that if you prick it slightly and blood comes out, your stomachache will go away, but in my eyes, that needle looked as large as a chopstick. I wanted to avoid that position because I was okay even if my stomach hurt, but to save face, I patiently endured it. After blood came out together with a stinging feeling, my cold hands started to warm up little by little. It seems that this kind of folk remedy really works.

[25~27] Choose the answer that best describes the title of the following newspaper articles.

25 Skyrocketing Prices... Nothing to Put in Shopping Carts

26 The Joys and Sorrows of Food Service... Specialty Coffee Shops Rise and Bars Fall

27 When Joy Is Shared, It Is Doubled, and When Sorrow Is Shared, It Is Halved.

[28~31] ( )에 들어갈 말로 가장 알맞은 것을 고르십시오. ▶ P. 96~98

28 인간의 능력은 유전적인 것인가 아니면 환경의 영향인가에 대한 오랜 논쟁이 계속되었는데, 최근에는 이러한 관점 자체를 바꿔 놓은 이론이 있다. 유전자와 환경 중 어떤 것을 선택하는 문제가 아니라 두 가지가 어떤 방식으로 상호작용하는지 고민해야 한다는 '후생 유전학'이 그것이다. 후생 유전학은 어떤 환경에서 살고 무엇을 먹으며 어떤 생활 습관을 지니느냐에 따라 유전자의 발현 상태가 완전히 달라진다고 말한다. ( ) 일란성 쌍둥이라도 어떻게 살아가는지에 따라 활성화되는 유전자가 달라지며 이렇게 변한 유전 정보는 후대까지 대물림된다는 것이다.

29 큰돈을 들이지 않고 적은 돈으로 자신만의 즐거움과 만족을 얻고자 '작은 사치'를 추구하는 사람들이 점점 늘어나고 있다. 이런 변화에 따라 호텔 디저트의 인기가 많아지자 호텔업계도 경쟁적으로 자신들만의 특별한 케이크를 판매하고 있다. ( ) 물건을 통해 자기만족을 느끼는 이런 흐름에 발 빠르게 대응하는 호텔 업계는 1년 중에 가장 케이크를 많이 구매하는 12월 크리스마스 시즌을 맞아 한정판 케이크를 대거 출시했다. 이 기간 케이크 판매량은 평소보다 5~7배 더 높다는 것이 업계의 설명이다. 호텔 업계 관계자는 "12월은 1년 중 케이크가 가장 많이 팔리는 달이다."라며 "날짜로 보면 크리스마스 전날인 12월 24일에 가장 많이 팔린다."라고 전했다.

30 한 선생님이 제자들을 모아 놓고 하얀 종이의 한 가운데에 선을 그었다. 그리고 이 선에 손을 대지 말고 선을 더 가늘고 짧게 만들라고 말했다. 제자들은 아무리 생각해도 문제를 풀 수 없었는데 한 아이가 선생님이 그은 선 밑에 더 굵고 더 긴 선을 그었다. 그랬더니 선생님이 그은 선이 ( ) 가늘고 짧아 보였다. 선생님은 잘했다고 칭찬하면서 "인생의 어려움을 만날 때는 그 문제에만 매달리지 말고 잘 될 거라는 희망의 선을 바로 옆에 굵게 그어라."라고 말씀하셨다.

[28~31] Choose the most appropriate word for the blank.

28 There has long been a controversy over whether human abilities are hereditary or influenced by the environment, but recently, there is a theory that has changed this very point of view itself. It is not a question of choosing between genetics and environment, but rather something called epigenetics, which says we should be concerned about the method by which the two interact with each other. Epigenetics says that the expression status of genes is completely changed according to the type of environment in which we live, what we eat, and what kinds of lifestyle habits we follow. Even the invigorated genes of identical twins who ( ) change according to how they live, and the genetic information that has been changed in this way is passed down to future generations.

29 More and more people are pursuing "small luxuries" in order to gain their own enjoyment and satisfaction without spending large amounts of money. As hotel desserts are becoming more popular as a result of this change, the hotel industry is also competing to sell its own special cakes. The hotel industry responded quickly to the trend of feeling self-satisfaction through ( ) things and released a limited-edition cake for the Christmas season during the month of December, which is the time of year when the most cakes are purchased. The industry explains that during this period, cake sales are 5 to 7 times higher than usual. "December is the month when the most cakes are sold," a hotel industry official said. "If we look at the calendar, December 24, the day before Christmas, is the day when the most cakes are sold."

30 A teacher gathered his students and drew a line in the middle of a piece of white paper. Then, he told them to make the line thinner and shorter without touching the line. The students could not solve the problem no matter how much they thought about it, but then one child drew a thicker and longer line beneath the line that the teacher had drawn. Then, the line that the teacher had drawn ( ) looked thinner and shorter. The teacher praised the student for doing well, saying, "When you meet difficulties in your life, do not cling only to that problem, but draw a thick line of hope that it will be okay right next to it."

31 초등학교 때 선생님이 어느 날 숙제를 내 주셨다. 여자만 할 수 있는 직업과 남자만 할 수 있는 직업이 뭔지 집에서 생각해서 5개씩 써오라는 것이었다. 다음 날 수업 시간에 아이들이 적어 온 남자만이 할 수 있는 직업에는 '소방관, 버스 기사, 수리공, 국회의원' 등이 있었고, 여자만이 할 수 있는 직업에는 '간호사, 미용사, 선생님' 등이 있었다. 그런데 선생님이 아이들이 숙제한 것을 다 발표하게 하신 후에 아이들이 말한 직업의 반대의 예를 이야기해 주셨다. 선생님 동네에는 여자 버스 기사도 있고, 큰 병원에는 남자 간호사도 있다고 말이다. 선생님은 그렇게 한 시간 내내 어린 우리들이 가지고 있던 직업에 대한 편견을 깨 주셨다. 선생님이 유일하게 인정해 주신 남자만이 할 수 있는 직업은 '남탕 때밀이'였다. 물론 '여탕 때밀이'도 (   ).

31 One day, when I was in elementary school, the teacher gave me homework. It was to go home and think about which jobs could only be done by women and which jobs could only be done by men, and to write down 5 jobs each. The next day during class time, the jobs that could only be done by men that the children had written were "firefighter, bus driver, repairman, National Assembly member," etc., and the jobs that could only be done by women were "nurse, hairdresser, and teacher." But after the teacher made all of the children present their homework, the teacher told us opposite examples for the jobs said by the children. There was a female bus driver in the teacher's neighborhood and a male nurse at a large hospital. The teacher made us realize the prejudices about jobs that we young children had been carrying during that whole time. The only job that the teacher would admit could only be done by men was professional scrubber at a men's bathhouse. Of course, professional scrubber at a women's bathhouse also (   ).

[32~34] 다음을 읽고 글의 내용과 같은 것을 고르십시오.　▶ P. 99~101

32 18세 이상 SNS를 이용하는 사람들 중에 57%가 SNS에 게시물을 올린 것을 후회하는 것으로 조사됐다. 특히 여덟 명 중 한 명은 매일 후회를 하고, 여섯 명 중 한 명은 일주일에 한 번 이상 후회를 한다고 조사됐다. 사진이나 메시지를 잘못 올려서 직장 내에서 나쁜 평판을 듣거나 경력에 부정적인 영향을 미칠까 봐 두렵다는 대답이 응답자의 22%였고, 배우자 또는 가족에게 피해를 줄까 봐 염려한다는 대답도 15%를 차지했다. SNS상에서의 실수는 대체로 술을 마셨거나 피곤한 상태에서 밤늦게 게시물을 올릴 때 발생하는 것으로 나타났다.

33 세계에서 가장 많이 먹는 채소인 토마토는 몇 세기 전만 해도 사람들이 먹을까 말까 고민을 많이 했다. 한때는 독이 있다며 식용을 꺼렸는데, 이와 관련해서 미국 링컨 대통령의 유명한 일화가 있다. 링컨이 노예 해방을 주도할 당시 주위에는 언제나 그를 해치려는 정적들이 들끓었다. 링컨의 정적들은 "매일 토마토를 조금씩 먹여서 천천히 죽이자."라고 모의했다. 이들에게 매수된 백악관의 요리사가 매일 링컨의 식탁에 토마토를 올렸다. 그런데 독 때문에 곧 죽을 거라 예상한 링컨은 한결 밝아진 얼굴로 농담을 던지고 더욱 활기차게 국정을 수행했다. 토마토의 효능이 링컨의 몸과 마음을 한결 가볍게 해 준 것이다. 특히 노예 해방을 선언하면서 엄청난 스트레스에 시달리던 링컨에게 토마토의 풍부한 비타민이 발군의 역량을 보였다.

[32~34] Read the following and choose the statement that agrees with the content of the text.

32 A survey showed that 57% of SNS users who are 18 years of age or older regret uploading posts to SNS. In particular, 1 out of 8 people regret it every day, and 1 out of 6 people regret it at least once per week. 22% of the respondents said that they were afraid of having a bad reputation at their workplace or negatively impacting their career by mistakenly uploading a picture or message, and 15% said they were concerned about harming their spouse or family. Mistakes on SNS were shown to occur mostly when users uploaded posts after drinking alcohol or late at night when they were tired.

33 Just a few centuries ago, people worried a lot about whether or not they should eat tomatoes, the most eaten vegetable in the world. At one time, people were reluctant to eat them because they were poisonous. There is an anecdote about the famous American president Lincoln related to this. When Lincoln led the liberation of the slaves, he was surrounded by political opponents who tried to harm him. Lincoln's political opponents conspired, "Let's kill him slowly by feeding him tomatoes bit by bit each day." White House chefs who had been bribed by these opponents set tomatoes on Lincoln's dining table every day. But Lincoln, who expected to die soon due to poison, cracked jokes with a much brighter face and ran the government with increasing energy. The tomatoes' effect greatly lightened Lincoln's body and mind. In particular, the outstanding capabilities and rich vitamins of tomatoes could be seen in Lincoln, who was suffering tremendous stress as he declared the liberation of slaves.

34 장례식은 고인과 관계가 있는 사람들이 모여서 마지막 작별을 고하고, 고인을 저세상으로 보내는 행위를 통해 슬픔을 치유하는 역할을 한다. 하지만 남은 사람들에 의한 의식인 만큼 고인이 관여할 수는 없다. 이러한 과정을 살아있는 동안 스스로 하는 것이 '생전 장례식'이다. 한 기업가가 "건강할 때 감사의 마음을 전하고 싶다."라며 신문을 통해 자신의 생전 장례식을 알렸다. 그리고 1,000여 명의 지인들과 함께 공연도 보고 모든 테이블을 돌면서 참가자들과 악수를 하고 담소를 나눴다. 그는 한 사람 한 사람에게 "감사했습니다."라고 말했는데, 이날 모임은 시종일관 화기애애했다. 그는 "인생에서 만났던 사람들과 악수하고, 고맙다고 말할 수 있었던 것에 만족하고 있다. 남은 시간을 충실히 보내고 '인생이 즐거웠다'라고 생각하면서 관에 들어가고 싶다."라고 말한 뒤 장례식장을 떠났다.

34 Funerals play a role of healing sorrow through the gathering of people with a relationship to the deceased to bid a final farewell and engage in the act of sending the deceased to the afterlife. However, as much as they are in the consciousness of the people left behind, the deceased cannot be involved. Doing this by oneself while living is a living funeral. A businessman said, "I want to express my gratitude while I am healthy," and announced his own living funeral in the newspaper. He watched a performance together with over 1,000 friends and went around to all of the tables to shake hands and chat with the participants. He said, "Thank you," to each person, and the gathering on this day was pleasant from beginning to end. "I am satisfied that I could shake hands and say thank you to the people I met in my life. I want to faithfully spend my remaining time and think, 'Life was a pleasure,' as I enter my coffin," the businessman said before leaving the funeral home.

[35~38] 다음을 읽고 글의 주제로 가장 알맞은 것을 고르십시오.

▶ P. 102~105

35 일반적으로 사람들은 나이 먹는 것을 좋아하지 않는다. 나이가 들면 왠지 위축되고 사회적으로 할 수 있는 일들이 줄어들어 자신의 존재감이 적어진다고 여기기 때문이다. 하지만 존경받는 작가 K는 자신의 저서 '나이 드는 것의 좋은 점'에서 나이 든다는 것은 괜찮은 일이라며 "후회가 꿈을 앞설 때부터 우리는 늙기 시작한다."라고 말했다. 그는 또한 나이 든다는 것과 늙는다는 것을 구분하고 "나이 든 마흔보다 젊은 일흔이 낫다."라고도 했다. 육체적으로는 젊지만 늙은이처럼 살기도 하고, 나이는 들었지만 늘 젊게 살기도 하는 것이다.

36 결혼과 함께 한국에 와서 사는 다문화 가정의 엄마, 아빠들은 자녀들에게 어떤 동화책을 읽어 줄까? 자신이 어렸을 때 듣고 자란 고향의 옛날이야기를 들려주고 싶어도 한국에서는 책이 없어서 제약이 많았다. 이런 부모들이 직접 쓴 출신국 전래 동화를 모아 그림 동화책으로 나온다. 외국인 주민을 대상으로 연 공모전에서 자기 나라의 옛이야기를 직접 한국어로 써서 당선된 작품들이다. 전문 동화 작가의 도움을 받아 작품을 다듬고 책에 들어갈 그림도 되도록 같은 나라 출신에게 맡겨서 고유한 문화를 살렸다. 이렇게 만든 엄마가 쓴 엄마 나라의 동화집 '엄마의 속삭임'이 다음 달에 발간된다. 이런 책을 통해 다문화가정 자녀들이 엄마, 아빠 나라를 배우고 자긍심을 가지게 되는 첫걸음이 될 것이다.

[35~38] Read the following and choose the answer that best matches the topic of the text.

35 In general, people do not like growing older. The reason is that when people grow older, they somehow become withered and feel that their existence has been lessened because there are fewer things that they can do socially. However, as respected writer K said in his book "The Advantage of Aging" it is okay to get older, and, "We begin aging when regret gets ahead of our dreams." He also distinguished between getting older and aging by saying, "A young seventy is better than an aged forty." One is physically young but becomes like an aged person, and the other has gotten older but lives in a youthful way.

36 What kinds of storybooks do mothers and fathers of multicultural families who get married and come to Korea read to their children? Even if they wanted to tell old stories that they heard when they were young in the hometown where they grew up, there were many limitations because there were no books to buy in Korea. Traditional fairy tales from their native countries that were personally written by these parents are gathered and released as a picture book. They are the prize-winning works from a contest for foreign citizens who personally wrote old stories from their own countries in Korean. With the help of a professional fairy tale writer, they refined their work and entrusted the pictures that would go in the book to natives of the same countries to bring their innate culture to life as much as possible. *Mother's Whisper*, the collection of fairy tales from the motherland written by mothers in this way, will be published next month. This type of book will be the first step to help children in multicultural families learn about their mothers' and fathers' countries and to become proud of them.

37 부모한테서 독립하는 것과 어른이 되는 것은 같은 의미일까? 서양의 자녀들은 대부분 고등학교 졸업 후에 독립을 하면서 부모에게서 벗어났다는 해방감을 느낀다. 그러나 부모와 떨어진 생활 공간에서 혼자 산다고 해서 온전한 독립이라고 보기는 어렵다. 어른이 된다는 것은 자신에 대한 권리만큼 책임도 진다는 의미이기 때문이다. 내 인생의 문제를 스스로 결정하고 그 결과를 감당하면서 한층 더 성장해 나가야만 한다. 그런데 학비를 충당하거나 중요한 결정을 할 때 부모에게 의존하거나 부모님 탓을 한다면 자신의 인생에서 성장할 것도 배울 것도 없다. 부모가 내 인생의 주인공이 되기 때문이다. 그래서 제대로 된 독립이 필요하다. 완전히 독립하는 일은 생각보다 어렵다. 평생 독립의 길을 가야 한다. 실수와 실패에 대한 두려움이 있더라도 과감히 도전하고 그 결과를 인정하는 삶을 계속 해 나가는 것이 온전한 독립이라 볼 수 있다. 그리고 그것이 진정한 어른이 되는 길이다.

38 인공 지능 비서의 목소리는 왜 전부 여성일까? 여성의 목소리가 남성보다 더 편안하고 기계에서 나오는 목소리를 더 친근하게 느끼게 하려는 의도라고 한다. 하지만 그런 이유만은 아닌 것으로 보인다. 퀴즈 쇼에서 인간과 대결하는 인공 지능과 변호사 인공 지능은 남자 이름이다. 즉, 비서 기능은 여성을 쓰고, 고차원적 능력을 가진 인공 지능은 남성인 것이다. 결국 남성 중심적인 IT 업계의 남성 우월주의가 대부분의 개발자가 남성이라는 환경을 통해 반영되어 자연스럽게 성 역할을 고정시키고 있는 것이다.

37 Are being independent from one's parents and becoming an adult the same thing? Most Western children become independent after graduating from high school and feel a sense of freedom after separating from their parents. However, it is difficult to see living alone in a space away from your parents as complete independence. The reason is that becoming an adult means that you bear as much responsibility to yourself as the rights you have. You have to resolve your life problems by yourself and deal with the results while growing even more. But if you depend on your parents or blame them when you pay your tuition or make important decisions, you will not learn anything or grow in your life. The reason is that your parents become the main characters of your life. Therefore, proper independence is necessary. Being totally independent is more difficult than you think. You must go down the road of independence your entire life. Even if you are afraid of mistakes and failure, complete independence is boldly taking on challenges and continuously living a life that accepts those results. And that is the way to become a true adult.

38 Why are the voices of artificial intelligence secretaries all women? It is said that women's voices are more comfortable than men's and that voices that come out of machines are designed to feel more friendly. But that does not seem like the only reason. On a quiz show where a human faces off with AI, the AI lawyer has a man's name. In other words, secretarial functions are female, and AI with high-level abilities is male. Ultimately, male dominance in the male-centric IT industry is reflected through the environment where most developers are male, naturally fixing gender roles.

[39~41] 주어진 문장이 들어갈 곳으로 가장 알맞은 곳을 고르십시오.

▶ P. 106~108

39 18세기 조선 후기의 학자이며 소설가인 박지원은 12편의 소설을 썼다. (㉠) 당시의 지식인들과 마찬가지로 그도 소설을 모두 한자로 썼다. (㉡) 그러나 그의 소설에는 거지나 화장실 치우는 사람, 말을 파는 사람, 능력은 뛰어나지만 신분의 한계로 불우했던 시인 등 조선 사회의 중하층에 속하는 인물들이 등장한다. (㉢) 신분 구분이 엄격했던 시대에 양반을 비판하고 중인, 상민, 천민 계층 사람들의 긍정적인 측면들을 강조하는 글을 쓰는 데는 큰 용기가 필요했을 것이다. (㉣) 글을 통해 조선 사회를 바꾸고자 한 비판적 지식인 박지원은 그런 용기를 가진 남다른 사람이었다.

> ── 보기 ──
> 박지원은 이런 인물들의 긍정적인 측면을 드러내고 자신이 속한 양반 계층의 부정적인 측면을 비판했다.

[39~41] Choose the most appropriate place for the given sentence.

39 Park Jiwon, a scholar and novelist in the late Joseon Dynasty of the 18th century, wrote 12 novels. (㉠) Like other intellectuals at that time, he wrote all of his novels in Chinese characters. (㉡) However, in his novels, characters belonging to the lower-middle class of Joseon society appear, such as beggars or people who clean toilets, people who sell horses, poets who have outstanding abilities but are disadvantaged by limitations, etc. (㉢) In an era when classification by social status was severe, it must have required great courage to write books that criticized aristocrats and emphasized the positive aspects of middle-class, low-class, and lowest-class people. (㉣) Park Jiwon, a critical intellectual who tried to change Joseon society through writing, was an exceptional person who had such courage.

> ── Ex. ──
> Park Jiwon revealed positive aspects of these types of characters and criticized negative aspects of the aristocrats of his own class.

40 우리가 일상생활을 하면서 나만의 것으로 소유하게 되는 물건은 별로 많지 않다. (㉠) 여행용 큰 가방, 여러 사람이 동시에 둘러앉아 식사하는 큰 상, 스키를 타기 위한 용품 등은 일시적으로만 사용하는 것이라서 365일 항상 곁에 두지 않아도 된다. (㉡) 이러한 생각에서 출발한 것이 바로 공유 경제다. (㉢) 우리 아이가 사용하던 장난감이나 옷은 아이가 성장하면 이웃에게 나눠 주기도 하고 중고 제품으로 팔기도 한다. (㉣) 또 필요할 때만 잠깐 빌릴 수도 있고 전문 대여점에서 적은 비용으로 빌려서 단기간 사용하는 방법도 있다. 이렇게 하나의 물건을 여러 명의 공동 주인이 소유하고 필요할 때 나눠서 사용함으로써 물건의 효용 가치도 높이고 사용 비용도 절약하는 효율적인 경제 방식이 공유 경제의 장점이다.

보기

그렇다면 굳이 이러한 물건들을 내가 다 소유할 필요가 없다.

---

40 As we live our everyday lives, there are not very many things that we possess as our own. (㉠) A large bag used for traveling, a big table where several people sit around and eat a meal, items used for skiing, etc. are only used temporarily, so they do not need to be by your side 365 days a year. (㉡) Shared economies came out of this idea. (㉢) The toys and clothes that were used by one's child are shared with neighbors and sold as used items when the child grows up. (㉣) In addition, one can borrow items for a short time just when they are needed, and there is also a method of paying a small fee to rent them for a short period of time from specialty rental stores. The advantages of shared economies are that the utility value of an item increases and utility cost is saved when one product is possessed by multiple owners and shared when necessary.

Ex.

If so, one does not really need to own all of these kinds of items.

---

41 요즘 10대는 잘 모르는 크레파스가 있다. 바로 '살색 크레파스'이다. 크레파스 통을 열면, 나란히 누운 크레파스들 사이에서 살색 크레파스가 늘 제일 작았다. 그림 그릴 때마다 사람 얼굴은 무조건 살색으로 칠했던 탓이다. 나뿐만 아니라 친구들도 살색이 모자라서 크레파스 세트를 또 사는 아이들이 부지기수였다. (㉠) 그러던 어느 날 우연히 TV에서 공익광고를 봤다. '흰색', '살색', '검은색' 크레파스가 그려져 있었고, 그 위에 짤막한 문구가 쓰여 있었다. "모두 살색입니다." (㉡) 망치로 머리를 얻어맞은 기분이었다. 아무도 알려 주지 않았던 '살색 크레파스'의 문제를 그제야 깨달았다. 그 후로 살색은 살구색으로 이름이 바뀌었고 나의 생각도 바뀌었다. (㉢) 반마다 한명씩 있던 유독 얼굴이 까만 친구들을 피부색이 다르다는 이유로 놀리지 않게 되었고, 또 다른 사람이 그들을 놀리면 내 스스로 수치심을 느꼈다. (㉣) 누군가를 차별하며 불렀던 지난날을 반성하는 동시에, 그렇게 반성하고 있는 나 자신이 뿌듯하기도 했다. 그리고 깨달았다. '인권'은 내 주변에 있는 작은 것에서부터 시작되어야 하고, 모든 사람들이 인간답게 살 수 있도록 사회 전체가 관심을 갖고 보호해야 할 필요가 있다는 것을.

보기

교과서에서 보던 인종 차별의 문제가 확 와 닿았다.

---

41 These days, there is a crayon that teenagers do not know about. That is the skin-colored crayon. When I opened the box of crayons, the skin-colored crayon was always the smallest of the crayons lying side by side. Every time I drew a picture, the person's face was unconditionally colored in with the skin-colored crayon. It wasn't only me; my friends were also so short of skin-colored crayons that there were countless children who bought another set of crayons. (㉠) But one day, I happened to see a public service ad on TV. "White," "skin-colored," and "black" crayons were drawn, and a short phrase was written above them: "They are all skin colored." (㉡) I felt like I had been hit on the head with a hammer. I realized the problem with skin-colored crayons that no one had told me. After that, "skin-colored" was changed to "apricot," and my thoughts were also changed. (㉢) In each class, there was one person who had a dark face; I no longer teased that person because their skin was a different color, and when other people teased that person, I felt ashamed. (㉣) While I reflected on the past days when I had discriminated against someone, I was proud of myself for reflecting on it in that way. And then I realized that human rights must start from small things in my surroundings, and it is necessary to protect and take an interest in society as a whole so that all people can live like human beings.

Ex.

The issue of racial discrimination that I had seen in textbooks suddenly hit me.

[42~43] 다음을 읽고 물음에 답하십시오. ▶ P. 109~110

가난한 고학생이 학비를 벌기 위해 방문 판매를 했습니다. 그날도 방문 판매에 나섰지만 하나도 팔지 못한 채 몸은 지쳐 있고 배는 고팠지만 음식을 사 먹을 돈이 없었습니다. 그는 힘을 내어 다음 방문할 집의 문을 두드렸고 한 소녀가 나왔습니다.

"죄송한데, 물 한 잔만 줄 수 있을까요?"

그는 너무 배가 고픈 나머지 소녀에게 물을 달라고 했고 그를 물끄러미 보던 소녀는 집으로 들어갔습니다. 잠시 후 소녀가 들고나온 것은 컵에 가득 든 우유 한 잔. 소녀는 물 한 잔의 의미를 눈치챘던 것입니다. 그는 우유를 허겁지겁 단숨에 마셨고 기운을 차린 후 말했습니다.

"고마워요. 그런데…… 얼마를 드려야 할까요?"

"엄마가 친절을 베풀 때는 절대 돈을 받아서는 안 된다고 하셨어요."

그는 소녀의 말에 큰 감동과 깨우침을 얻었고 그 고마움을 가슴 깊이 새겼습니다. 10여 년 후 그 가난한 고학생은 유명한 의사가 되었습니다. 어느 날, "박사님, 먼 도시에 희귀 질병을 앓고 있는 환자가 있는데, 그곳에서 치료를 포기했지만, 선생님께서 꼭 오셔서 한번 봐 주셨으면 좋겠다고 합니다."

죽어 가는 환자를 위해 한걸음에 달려간 의사는 최선을 다해 치료했고 헌신적인 노력 덕분에 환자는 다 나았습니다. 얼마 후 고액의 치료비 청구서를 먼저 본 의사는 청구서 귀퉁이에 뭔가를 적어서 환자에게 보냈습니다. 병원비를 갚으려면 평생 동안 일해야 할 거라고 생각하며 걱정하던 환자는 청구서를 받아 들고 깜짝 놀랐습니다. 청구서에는 이렇게 적혀 있었습니다.

"그 한 잔의 우유로 모두 지급되었습니다."

[44~45] 다음을 읽고 물음에 답하십시오. ▶ P. 111

옛날 사람들은 지금처럼 돈이 절실하지 않았다. 마을과 가족 단위로 생활하기 때문에 일손이 필요할 때는 일품을 서로 주고받고, 쌀이 떨어지거나 물품이 부족할 때는 서로 빌려주고 되갚기를 거듭했다. 이러한 가운데 사람 사이의 정 (情)도 두터이 쌓여 갔다. 장사도 마찬가지다. 훌륭한 상인은 ( ) 믿기 때문에 눈앞의 이익보다 손님과 좋은 관계를 맺는 데 더 신경을 쓴다. 설사 손해를 봤다 해도, 상인에게서 좋은 인상을 받은 손님은 다시 찾아오게 되어 있다. 세월이 갈수록 서로에 대한 신뢰는 점점 두터워지고 그 가운데 이익은 절로 쌓여 간다. 이것이 관계를 통해 돈을 돌게 하는 세상의 이치다. 모든 것이 돈으로만 이루어지지 않는 관계를 만들면 돈을 제대로 벌고 쓸 수 있게 된다.

[46~47] 다음을 읽고 물음에 답하십시오. ▶ P. 112

제가 많은 성공한 정치인과 기업가를 만나면서 발견한 공통점은 그들은 이기는 경험에 익숙했다는 것입니다. 그들은 이기는 방법을 깨달았고 계속 그 방법을 고수해 승리를 쟁취했습니다. 사람이 무엇인가를 성취해 내면 몸에서 테스토스테론이라는 호르몬이 분비됩니다. 이 호르몬의 영향으로 이후에도 적극적인 행동을 하면서 더 많은 성공을 이루어 낸다는 과학적 증명도 있습니다. 결국, 이기는 사람이 계속 이기는 '승자 효과'가 나타나는 것입니다. 평범한 우리도 이기는 방법만 안다면 승자가 될 수 있습니다. 이기는 사람들은 원하는 일을 주어진 시간 안에 해냈습니다. 그러기 위해서 철저한 계획을 세우고 시간을 관리했습니다. 우리도 매일 계획을 세우고 주어진 시간 내에 반복해서 해냄으로써 월간 계획, 연간 계획을 달성한다면 결국 이기는 경험에 익숙해질 것입니다.

[46~47] Read the following and answer the questions.

In meeting many successful politicians and entrepreneurs, what I discovered they have in common is that they were used to the experience of winning. They realized how to win and adhered to that method to attain their victory. When someone accomplishes something, their body secretes a hormone called testosterone. There is scientific evidence that with the influence of this hormone, even afterwards, the person will act more assertively and achieve more success. In the end, the winning person achieves the "winner effect" of continuing to win. If we ordinary people just learn how to win, we can become winners too. Winners did what they wanted to do within a given time. To do so, they made thorough plans and managed their time. If we make plans every day and repeatedly accomplish our monthly plans and annual plans within a given time, eventually, we will get used to the experience of winning.

[48~50] 다음을 읽고 물음에 답하십시오. ▶ P. 113~114

최근 여성 단체가 조사한 바에 따르면 결혼한 남성의 52%가 배우자를 '집사람'이라고 부른다고 한다. 그와 반대로 남편은 '바깥양반'으로 칭하여, 여성은 집안에서 집안일을 담당하는 존재이고 남성은 사회적인 활동을 하는 사람이라는 전통적 고정관념을 그대로 드러내고 있다. 이에 여성 단체는 봉건적인 성 역할이나 오래 굳어진 관습적 호칭에서 탈피하여 지금의 시대상이 잘 반영된 '배우자'라는 호칭으로 서로를 부르자는 의견을 내놓았다. '배우자'는 성별에 따른 차이가 없어 (   ) 의미가 있다는 것이다. 또한 '누구 엄마', '누구 아빠'에 비해 서로를 독립적인 인격체로 드러내고 동등한 동반자임을 알릴 수 있는 이점도 있다. 부부 사이에서 상대방을 어떻게 부르는지는 그들 관계를 정립하고 유지하는 데에 큰 영향을 준다. 한쪽에서 일방적으로 강요하는 것이 아니라 합의를 통하여 존중의 의미가 있는 호칭으로 부르면 어떨까? 관습보다 존중과 평등을 담은 호칭 문화를 뿌리내리는 노력이 필요할 때다.

[48~50] Read the following and answer the questions.

According to a recent survey by a women's organization, 52% of married men call their spouses "housewives." On the contrary, husbands are called "outside noblemen," expressing traditional stereotypes where the existence of women is to be in charge of housework inside the house, and men are people who do social activities. Women's organizations have expressed their opinion, calling to reflect the present day and age by calling each other "spouses" and breaking away from feudal gender roles and old, customary nicknames. "Spouse" has no difference according to gender, so it has a meaning of (   ). In addition, it has the advantage of revealing people as independent human beings and showing that they are equal partners, in comparison with "so-and-so's Mom" and "so-and-so's Dad." The way that partners in a married couple call each other has a large impact on establishing and maintaining their relationship. What if we call each other by nicknames that have respectful meanings through consensus rather than imposing them unilaterally from one side? It is time to make an effort to put down the roots of a nickname culture that contains respect and equality rather than custom.

Part 3 실전 모의고사 1회 Mock Test 1

 정답 Answers

듣기 ▶ P. 118~129

1. ④	2. ①	3. ②	4. ④	5. ①	6. ④	7. ②	8. ④	9. ④	10. ②
11. ④	12. ③	13. ②	14. ④	15. ①	16. ②	17. ③	18. ③	19. ②	20. ②
21. ①	22. ④	23. ②	24. ①	25. ④	26. ④	27. ④	28. ②	29. ④	30. ①
31. ③	32. ③	33. ④	34. ②	35. ③	36. ④	37. ④	38. ④	39. ④	40. ②
41. ④	42. ③	43. ①	44. ①	45. ④	46. ①	47. ①	48. ②	49. ①	50. ③

쓰기 ▶ P. 130~131

51. ㉠ 참석 여부를 알려 주시 / 오실지 안 오실지 알려 주시 / 참석하실지 안 하실지 알려 주시

ㄴ 대중교통을 이용해 주시기 / 버스나 지하철을 이용해 주시기

52. ㉠ 행복하다고 믿으면

ㄴ 정말 그렇게 된다 / 정말 그렇게 될 수 있다 / 정말 그것이 가능해진다

읽기 ▶ P. 132~151

1. ③	2. ②	3. ④	4. ④	5. ④	6. ②	7. ②	8. ①	9. ②	10. ③
11. ③	12. ③	13. ③	14. ②	15. ②	16. ④	17. ①	18. ④	19. ④	20. ④
21. ③	22. ④	23. ①	24. ④	25. ④	26. ④	27. ④	28. ②	29. ③	30. ④
31. ①	32. ④	33. ④	34. ②	35. ①	36. ②	37. ②	38. ①	39. ③	40. ①
41. ①	42. ③	43. ④	44. ②	45. ④	46. ②	47. ④	48. ③	49. ③	50. ②

▶ P. 131

53.

2023년 기준 한국의 외국인 주민 수는 226만 명으로, 전체 인구의 4.4% 수준이다. 외국인 주민의 수와 비율은 꾸준히 증가해 왔다. 특히, 외국인 주민 수는 2006년에 53만 6,627명이던 것에 비해 2010년에 113만 9,283명으로 2배 이상 증가했고, 2015년에는 174만으로 3배 이상, 2023년에는 226만으로 4배 이상 증가한 수치를 보였다. 그뿐만 아니라, 외국인 주민 구성을 통해 취업, 유학, 결혼 등 다양한 목적으로 한국에서 거주하고 있음을 알 수 있다. 이러한 추세라면 앞으로 더 많은 외국인 주민이 다양한 목적으로 한국에 거주하게 될 것을 예상할 수 있다.

▶ P. 131

54.

　어린아이를 동반한 고객이 식당이나 카페에 출입하는 것을 거부하는 영업방식을 '노키즈존'이라고 한다. 노키즈존이 점차 늘어나면서 이에 대해 찬반 의견이 분분한 상황이다.

　노키즈존에 찬성하는 사람들은 아이들이 가게에서 뛰거나 장난치다가 사고가 날 수 있고, 시끄러운 소리로 다른 고객들에게 피해를 줄 수 있기 때문에 노키즈존을 시행하는 것이라고 주장한다. 또한 가게의 영업방식은 각자가 결정할 일이므로 이를 막을 수 없다는 의견도 존재한다.

　반면, 노키즈존에 반대하는 사람들은 노키즈존은 원하는 곳에서 즐겁게 식사할 수 있는 아이들의 권리를 침해하는 것이며, 아이를 동반한 부모들의 소비할 권리를 빼앗는 것이라고 주장한다. 다른 손님에게 영향을 주는 여러 손님 유형 중에서 아이들의 방문만 막는 것은 명백한 차별이라는 것이다.

　두 가지 의견 중에서 나는 반대하는 입장이다. 아이들은 다양한 가게를 방문하면서 조금씩 성장하는 존재인데, 아직 미숙하다는 이유로 아이들의 권리를 막는 것은 옳지 않다고 본다. 아이를 동반한 부모가 자유롭게 소비할 권리 역시 존중받아야 한다.

　다만 안전 문제가 있는 공간에 출입을 막는다거나, 어린이도 음식을 꼭 주문해야 한다는 식의 규칙을 정하도록 하여 갈등 해결을 위해 서로 노력해 나가야 할 것이다.

듣기 대본 Listening Script

아래 1번부터 50번까지는 듣기 문제입니다. 문제를 잘 듣고 질문에 맞는 답을 고르십시오.
Questions 1 to 50 are listening questions. Listen to each question carefully and choose the best answer.

[1~3] 다음을 듣고 가장 알맞은 그림 또는 그래프를 고르십시오.

▶ P. 118~119

1 여자 혼자 여행하면서 이 많은 사진을 어떻게 찍었어?
   남자 다 방법이 있지. 셀카봉을 이용했어.
   여자 아, 그래? 그럼 나도 다음 달 여행 때 셀카봉을 준비해야겠다.

2 남자 6시 30분 영화는 벌써 매진됐네. 어떡하지?
   여자 그럼, 8시 40분 표를 끊고 저녁 먹으면서 시간을 보내야겠네.
   남자 그래. 오랜만에 결혼 전에 데이트하던 기분도 내 보지 뭐.

3 남자 '2017년 자주 먹는 밥 종류'를 묻는 설문 조사에서 40.1%의 가구가 잡곡밥이라고 응답해, 흰밥 30.5%란 답보다 9.6% 응답률이 높았습니다. 다음은 흰밥과 잡곡밥 혼합이 24%, 현미밥이 4.2%, 기타가 1.2% 순이었습니다. 2013년 조사에선 잡곡밥이 39.4%, 흰밥이 32.5%였습니다. 4년이 지난 후 잡곡을 주로 먹는다고 답한 가구는 0.7% 늘어난 반면 흰밥이라고 응답한 가구는 2% 줄었습니다. 건강에 대한 관심 때문에 잡곡밥의 인기가 오르는 것에 반해 흰밥의 인기는 예전 같지 않은 결과로 나타났습니다.

[1~3] Listen to the following and choose the picture or graph that matches best.

1 W How did you take this many pictures while traveling alone?
   M There's a method for everything. I used a selfie stick.
   W Ah, really? Then I should prepare a selfie stick when I go on a trip next month, too.

2 M The 6:30 movie has already sold out. What should we do?
   W Well, then we'll have to buy tickets for the 8:40 movie and spend time eating dinner.
   M Okay. Let's just feel like we did when we went on dates before we got married a long time ago.

3 M In a survey that asked for "the type of rice that you often ate in 2017," 40.1% of households answered that it was multi-grain rice, which was 9.6% higher than those who answered white rice (30.5%). Next was a mixture of white and multi-grain rice (24%), brown rice (4.2%), and other (1.2%). In a 2013 survey, multi-grain rice was 39.4%, and white rice was 32.5%. After 4 years, the number of households who answered that they mainly eat mixed grains rose by 0.7%, while households that responded with white rice decreased by 2%. The results show that due to an interest in health, the popularity of multi-grain rice is rising, but the popularity of white rice is not the same as it was before.

[4~8] 다음을 듣고 이어질 수 있는 말로 가장 알맞은 것을 고르십시오.
▶ P. 119~120

4 남자 아침에 이 대리가 아파서 오늘 결근한다고 연락이 왔어요.
  여자 그래요? 어제 오후부터 몸 상태가 안 좋다고 했어요.
  남자 _____

5 여자 이번 달의 우수 사원으로 우리 부서의 김영호 씨가 뽑혔어요. 축하해요.
  남자 정말입니까? 감사합니다. 기대하지도 않았는데, 여러분들이 도와주신 덕분입니다.
  여자 _____

6 남자 아무래도 스포츠 센터 회원권을 끊을까 봐요. 살이 자꾸 쪄서 말이에요.
  여자 당신 작년에도 6개월분 끊어 놓고 한 달도 제대로 안 다녔잖아요. 일단 다른 운동을 꾸준히 해 보고 익숙해지면 그때 회원권을 끊으세요.
  남자 _____

7 여자 산 지 얼마 안 됐는데, 세탁기가 고장 났나 봐요. 수리해 달라고 전화해야겠어요.
  남자 제가 좀 볼까요? 세탁물이 너무 적네요. 너무 적은 양을 세탁하면 안 될 때가 있어요.
  여자 _____

8 남자 택배 왔는데요. 벨을 눌러도 아무도 없네요. 집에 안 계신가요?
  여자 죄송해요. 제가 볼일이 있어서 밖에 나왔는데, 한 시간 뒤에나 돌아갈 거예요.
  남자 _____

[4~8] Listen to the following and choose the word that best completes the dialogue.

4 M This morning, Manager Lee was sick, so he called and said he would be absent from work today.
  W Really? Since yesterday afternoon, he was saying that he wasn't feeling well.
  M _____

5 W Mr. Kim Youngho was selected from our office as this month's outstanding employee. Congratulations.
  M Really? Thank you. I didn't expect this, but it's all thanks to everyone's help.
  W _____

6 M Maybe I'll end my sports center membership. I keep gaining weight.
  W Last year, you also bought a 6-month membership and didn't properly attend for even one month. First, try consistently doing a different kind of exercise, and if you get used to it, end your membership then.
  M _____

7 W It hasn't been long since I bought it, but it seems that my washing machine has broken down. I'll have to call to get it fixed.
  M Should I take a look at it? The amount of laundry is quite small. If you wash a very small amount of laundry, sometimes it doesn't work.
  W _____

8 M Your delivery has arrived. Nobody is opening the door when I press the doorbell. Are you not at home?
  W I'm sorry. I went out because there's something I have to do, but I'll come back in about one hour.
  M _____

[9~12] 다음을 듣고 여자가 이어서 할 행동으로 가장 알맞은 것을 고르십시오.
▶ P. 120

9 남자 다음 달에 있을 제주도 회의에 우리 부서가 다 참석해야 하는데, 비행기 표는 예매했지요? 13일 몇 시 비행기예요?

여자 오전 9시 40분 제주 비행기로 7명 예매했습니다. 그런데, 공항에 도착한 후에 회의 장소까지 가는 교통편은 어떻게 하지요?

남자 장소가 한라산 아래에 있는 리조트라서 대중교통이 없는 것 같아요. 자동차를 빌려서 타고 가야 하는데, 9인승 승합차를 빌리는 게 좋겠어요.

여자 네, 그럼 그렇게 준비하겠습니다.

10 남자 설날이 내일 모레인데, 차례 준비는 하고 있어요?

여자 음식 재료는 다 준비했으니까, 이제 슬슬 전을 부치려고 해요. 설날에 오실 손님이 몇 분이나 돼요?

남자 설날 오후에 인사하러 온다는 직원이 5명인데, 가족들도 같이 온다면 아이들까지 10명 넘을 거예요. 넉넉하게 준비하는 게 좋겠어요. 나는 뭘 하면 돼요?

여자 당신은 내일 먹을 떡국에 넣을 떡 좀 사 오세요. 아이들에게 줄 세뱃돈도 준비하시고요.

남자 이왕이면 새 돈으로 주는 게 좋으니까 시장에 가는 길에 은행에서 돈도 바꿔 올게요.

11 여자 어젯밤부터 온몸이 가렵더니 두드러기가 났어요. 몸에 열도 있고요.

남자 어디 봅시다. 어제저녁에 평소와 다른 특별한 음식을 먹었나요?

여자 아니요, 집에서 평소대로 가족들과 식사하고 땅콩 차를 한 잔 마셨을 뿐이에요.

남자 겉으로 봐서는 원인을 알 수 없으니 일단 알레르기 반응 검사부터 하고 처방을 하겠습니다.

12 여자 국제 운전면허를 신청하려고 하는데 어떻게 해야 해요?

남자 한국 운전면허증은 가져오셨지요? 이 앞에 있는 국제 면허 신청서를 쓰시고, 발급비 8,500원을 주세요. 사진도 한 장 필요합니다.

여자 네? 사진도 필요해요? 사진은 없는데 큰일 났네.

남자 지하에 내려가시면 즉석 사진을 찍는 곳이 있으니 사진부터 준비해 오세요.

[9~12] Listen to the following and choose the answer that would be most appropriate as the woman's next action.

9 M Next month, everyone from our office has to attend a meeting in Jeju Island. You reserved the plane tickets, right? What time is the plane on the 13th?

W I reserved a 9:40 flight to Jeju for 7 people. However, after we arrive at the airport, what kind of transportation will we take to the meeting place?

M The place is a resort at the bottom of Hallasan Mountain, so it doesn't seem like there is public transportation. We should rent a car to go there, but it would be good to rent a 9-person van.

W Okay, then I'll make preparations that way.

10 M Lunar New Year is the day after tomorrow. Are you preparing the ancestral rites?

W I prepared all the ingredients, so I'm going to start making *jeon* (Korean pancakes) now. How many guests will come for Lunar New Year?

W 5 employees will come to greet us on the afternoon of Lunar New Year, but if their families come as well, including their children, there will be more than 10 people. It'll better to prepare plenty. What can I do?

W Please go buy the rice cake for the rice cake soup we'll eat tomorrow. And prepare New Year's pocket money to give to the children.

W It's good to give new bills, so if I'm going to the market anyway, I'll go to the bank and change some money on my way.

11 W My whole body has been itchy since last night and I've broken out in hives. I have a fever, too.

M Let's take a look. Did you eat any particular food yesterday evening that was different from usual?

W No, I just ate at home with my family as usual, and I drank one cup of peanut tea.

M We can't know the cause by looking at the surface, so first I'll do an allergic reaction test and then I'll give you a prescription.

12 W I'd like to apply for an international driver's license. What do I have to do?

M Do you have a Korean driver's license? Fill out the application form for an international license right in front here and please pay the issuance fee of 8,500 won. You also need one picture.

W Excuse me? I also need a picture? Oh, no, I don't have a picture.

M If you go to the basement, there's a place where you can immediately take a picture, so please prepare a picture first and then come back.

[13~16] 다음을 듣고 들은 내용과 같은 것을 고르십시오.　　► P. 121

13　여자　어제 동생 결혼 앞두고 양쪽 집안 상견례는 잘했어요?

　　남자　네. 동생의 시부모 되실 분들이 참 좋으신 분들이라서 저희 부모님과 이야기도 나누고 즐거운 시간을 보냈어요.

　　여자　그럼 이제 국수 먹을 일만 남았네요. 결혼식 날짜는 잡으셨어요?

　　남자　예식장 상황을 몰라서 먼저 예식장을 알아보고 거기에 맞춰 날짜를 잡는대요. 그래도 올해를 넘기지는 않을 것 같아요.

14　여자　지하철을 타고 무심코 올려다보니 큰 숫자 4개가 있는데, 무슨 숫자예요? 암호 같기도 하고……

　　남자　지하철 전동차에 있는 객실 번호예요. 예를 들어 3513이라는 숫자는 3호선 13편의 다섯 번째 칸이라는 뜻이에요.

　　여자　이런 숫자를 왜 표시해 놓았나요?

　　남자　지하철을 이용하다가 물건을 분실했거나, 냉난방에 대한 요청이 있거나 또는 급한 일이 생겼을 때 콜센터에 이 번호를 말하면 빨리 해결할 수 있으니까요.

15　남자　야호~ 다음 달부터 대체 휴일제가 확대된대요. 그러면 10월에는 3일 연달아 쉬는 주말이 두 번이나 있어요.

　　여자　그럼, 12월 25일 성탄절도 토요일이니까 월요일까지 쉬는 거죠?

　　남자　아니에요. 성탄절이나 부처님 오신 날처럼 종교와 관계된 휴일은 대체 공휴일로 하지 않아요. 공휴일과 전통 명절 휴일이 토·일요일이나 다른 공휴일과 겹치는 경우만 대체 공휴일이 돼요.

　　여자　그래요. 좀 아쉽네요. 일본에서는 공휴일과 주말 사이에 평일이 하루 끼어 있는 징검다리 휴일도 쉬는 날로 정했다는데……

　　남자　너무 욕심 부리지 말고, 앞으로 시행되는 대체 공휴일만이라도 충분히 쉽시다.

16　여자　이 아파트에서 애완동물을 길러도 되나요?

　　남자　죄송하지만 이웃집에 소음이 생겨서 애완동물을 기를 수 없습니다.

　　여자　아, 너무 아쉽네요. 집은 마음에 드는데, 저희는 강아지를 키울 수 있는 곳이 필요해요.

　　남자　그럼, 단독 주택을 알아보시는 게 어때요?

[17~20] 다음을 듣고 남자의 중심 생각으로 가장 알맞은 것을 고르십시오.
▶ P. 121~122

17 여자 오랜 연애 끝에 드디어 결혼을 약속했는데, 어머니의 반대로 혼란하고 불안한 마음에 결혼이 다시 망설여집니다. 제 마음대로 결혼을 해도 될까요?

　　남자 그 남자를 사랑하시나요? 사랑이 확실하다면 어머니를 설득해 보세요. 결혼은 본인이 하는 거지 어머니가 하는 게 아니잖아요.

　　여자 그렇기는 하지만 어머니가 너무 완강하게 반대하세요. 지금까지 키우시면서 저에 대해 잘 알 텐데 왜 제 선택을 못 믿으시는지 모르겠어요.

　　남자 그럴수록 더욱 어머님과 깊이 이야기를 해서 서로 이해하도록 노력해 보세요. 딸을 사랑하니까 딸이 사랑하는 남자도 사랑하게 되실 거예요. 결혼을 서두르지 말고 부모님과 맞춰 가면서 준비하세요.

18 남자 세계적인 갑부라면 자신의 경제력에 맞춰 좋은 차를 탈 수 있습니다. 차는 자신의 얼굴이고 자신의 능력과 취향을 나타내는 패션이라고 생각합니다.

　　여자 아무리 그래도 차는 그냥 탈 것에 불과합니다. 거리를 이동하기 위한 운행 도구에 불과한 것이지요. 세계적인 부자 중에는 20년 된 차를 타거나 가까운 거리는 자전거로 출퇴근하는 사람도 있습니다.

19 남자 어릴 때 너무 가난하게 살았던 가수가 젊은 나이에 성공한 후 자신이 번 돈을 계속 자랑하는 건 좀 심하지 않은가요? 요즘 20~30대가 취업 문제로 어려움을 겪고 있는 시기에 유명인으로서 사람들에게 미칠 영향이나 대중에게 비치는 자신의 모습을 좀 더 생각해야 합니다.

　　여자 그렇지만 자신의 노력으로 떳떳하게 번 돈을 쓰는 건데, 우리가 비판할 수 없다고 생각해요. 그리고 이 가수도 했으니까 나도 할 수 있다는 자극을 젊은이에게 주는 면도 있거든요.

20 여자 이 식당은 사찰 음식 전문점이라고 들었는데, 사찰 음식은 그 안에 특별한 의미가 있나요?

　　남자 사찰 음식은 스님들이 생존을 위해 먹어 온 음식일 뿐, 거창한 사상을 담거나 건강을 위해 일부러 만든 게 아니에요.

　　여자 그럼, 일반 음식과 어떤 차이가 있나요?

　　남자 살생을 금하는 불교 전통을 따르기 위해서 사찰 음식은 도축한 고기를 재료로 사용하지 않아요. 생선도 안 먹고요. 그 대신 단백질을 보충하기 위해 콩 종류를 많이 사용해요. 마늘이나 생강 같은 자극적인 양념을 안 쓰는 것도 큰 특징이지요.

[17~20] Listen to the following and choose the answer that best matches the man's main point.

17 W After a long relationship, I finally got engaged, but encountering opposition from my mother, I became confused and anxious about my decision, so I'm hesitating again about getting married. Can I get married as I wish?

　　M Do you love that man? If your love is indisputable, try persuading your mother. Marriage is something that you do yourself, not something that your mother does.

　　W That's true, but my mother is really stubborn. She should know me well as she raised me until now, but I don't know why she can't trust my choice.

　　M To make that happen, you should try to understand each other by talking deeply with your mother. She loves her daughter, so she can also grow to love the man her daughter loves. Don't rush into marriage, but make preparations while adjusting with your parents.

18 M If you're a world-class multimillionaire, you can ride in a good car to match your economic power. I think that cars are a fashion item that shows one's face, capability, and taste.

　　W Even so, a car is still just a thing to ride in. It's nothing more than a driving tool to move through the streets. Some of the world's richest people drive 20-year-old cars or commute to nearby places by bicycle.

19 M Isn't it a bit too much for a singer who was very poor as a child to constantly boast about the money they earn after succeeding at a young age? These days, at a time when people in their 20s and 30s are struggling with employment problems, as a celebrity, they should think more about their influence on people and their own appearance that is reflected to the public.

　　W Nevertheless, they spend the money that they earned fair and square through their own abilities, so I think that we can't criticize them. And there's also the aspect of motivating young people by having them think that if that singer could do it, I can do it, too.

20 W I heard that this restaurant specializes in temple food, but is there any special meaning to temple food?

　　M Temple food is food that monks ate only for survival. It doesn't contain any grandiose thoughts and isn't deliberately made for health.

　　W So then what is the difference between it and ordinary food?

　　M In order to follow Buddhist tradition, which prohibits the taking of life, temple food doesn't use slaughtered meat as an ingredient. The monks also don't eat fish. Instead, in order to provide protein, they eat many types of beans. There's also a big characteristic of not using stimulating seasonings such as garlic or ginger.

[21~22] 다음을 듣고 물음에 답하십시오. ▶ P. 122

여자 작년에 먹다 남은 약들이 그대로 있는데 혹시 잘못 먹을지 모르니까 버려야겠네. 여보, 알약은 쓰레기통에 버리고 이 물약은 하수구에 쏟아 주세요.

남자 아니, 약을 그렇게 함부로 버리면 안 돼요. 소각 처리하거나 약국 수거함에 버려야 해요.

여자 냄새도 안 나고 남한테 피해 주는 것도 아닌데 귀찮게 왜 그래야 돼요?

남자 생활 쓰레기로 버리거나 하수구에 버리면 항생 물질이 하천이나 토양에 남아 생태계를 교란시키거나 물고기, 식수 등을 통해 인체에 영향을 미칠 위험이 있어요.

여자 그럼 폐의약품도 폐건전지처럼 분리수거해야 되는 거군요. 앞으로 신경 쓸게요.

[21~22] Listen to the following and answer the questions.

W I still have medicine left over from last year. I could accidentally take it, so I should throw it away. Honey, please throw away the pills in the trash can and pour this liquid medicine down the drain.

M No, you can't carelessly throw away medicine like that. You have to dispose of it in an incinerator or throw it away in a pharmacy collection bin.

W It doesn't smell or harm anyone, so why do I have to go to all the trouble?

M If you dispose of it as household garbage or throw it away down a drain, there's a risk that the antibiotics will remain in the water or soil, disturbing ecosystems or affecting humans through fish, drinking water, and so on.

W So medicine waste has to be collected separately like battery waste. I'll pay attention in the future.

[23~24] 다음을 듣고 물음에 답하십시오. ▶ P. 123

여자 교실 책상에 그림 그리기 대회를 하게 된 계기가 무엇입니까?

남자 학생들이 수업 시간이나 쉬는 시간에 책상에 낙서를 많이 해서 야단쳤는데, 그렇게 야단치는 것보다 아이들이 좋아하는 낙서를 마음껏 할 수 있게 기회를 주자는 생각이 들었습니다. 그래서 낙서하는 날을 정해 책상화 그리기 대회를 했습니다.

여자 책상화 심사는 어떻게 하셨나요?

남자 같은 학년 친구들과 선생님들이 스티커를 붙여서 스티커가 많은 학생을 뽑았습니다.

여자 학생들이 이 대회에 대해 어떻게 생각하나요?

남자 아주 좋아하고 열심히 그리며 즐거워하지만, 대회가 끝나면 각자 지우개로 깨끗이 지워야 하는 것이 귀찮다고 얘기합니다.

[23~24] Listen to the following and answer the questions.

W What is the occasion for holding a classroom desk drawing contest?

M I scolded students for scribbling on their desks during class time and break time, but then I thought, let's try giving the children a chance to doodle as much as they like instead of scolding them like that. So I decided to arrange a doodling day and to have a desk drawing contest.

W How did you evaluate the desk drawings?

M Classmates from the same year and teachers attached stickers, and the students with the most stickers were selected.

W What did the students think about this contest?

M They said that they really liked it and enjoyed working hard on their drawings, but it was annoying to have to erase each one with an eraser when the contest ended.

[25~26] 다음을 듣고 물음에 답하십시오. ▶ P. 123

여자 사춘기 아이의 이야기를 어느 정도까지 들어 줘야 할까요? 또 무슨 얘기든 다 끝까지 들어 줘야 할까요?

남자 네, 무슨 얘기든 다 들어 주는 것이 필요합니다. 보통 부모님들은 빨리 결론을 내리려고 하는데, 아이는 대화를 통해 부모님의 관심을 찾으려고 합니다.

여자 아이를 이해하고 사랑하는 방법을 머리로는 아는데, 행동으로 옮기기는 어려워요. 어떻게 해야 할까요?

남자 내 아이가 명문 대학에 꼭 가야 한다는 욕심을 버려야 합니다. 무엇이든 잘하는 아이로 만들려는 부모님의 목표를 내려놓고, 우선은 대화를 통해 아이가 무엇을 원하는지 무슨 생각을 하고 있는지 이해하는 것이 중요합니다.

[25~26] Listen to the following and answer the questions.

W To what extent should we listen to the stories of adolescent children? Should I listen to everything until the end no matter what they are saying?

M Yes, it's necessary to listen to everything that they say. Parents usually try to come to a conclusion quickly, but children look for their parents' interest through conversation.

W I know how to love and understand my child in my head, but it's difficult to put into action. What should I do?

M You must throw away the greed for your child to absolutely attend a prestigious university. It's important to aim to be parents who raise their child to do something well, whatever it is, and above all, it's important to understand through conversation what your chaild wants and is thinking.

[27~28] 다음을 듣고 물음에 답하십시오. ▶ P. 124

여자 이번 부산 여행에서 숙박할 장소 예약했어?

남자 응, 집 공유 서비스를 통해서 찾아봤는데, 어떤 신혼부부가 아파트의 남는 방 하나를 올려서 거기를 예약했어.

여자 그런 것도 있구나. 찾는 데 시간이 오래 걸리지는 않았어?

남자 사이트에 올린 사진을 보고 우리가 여행하는 동안 사용 가능한지 확인한 후 집주인에게 메일로 연락했더니 바로 답장이 와서 예약했어.

여자 와, 그것 참 편하다. 부산에 아는 사람도 없는데 현지 사람을 만날 수 있고 여러 가지 정보도 얻을 수 있겠네.

남자 응, 그래서 집 공유 사이트가 참 좋은데, 펜션이나 모텔 같은 숙박업소들이 홍보용으로 이용하는 문제가 있어서 좀 안타까워.

[27~28] Listen to the following and answer the questions.

W Did you reserve a place to stay for this trip to Busan?

M Yeah, I looked through a house-sharing service. Some newlyweds put up a spare room in their apartment, so I made a reservation there.

W So that kind of thing also exists. Didn't it take you a long time to find it?

M I looked at the photos that were uploaded to the site, and after confirming that it was available to use while we're traveling, I emailed the owner and he replied right away, and I reserved it.

W Wow. That's so convenient. I don't know anyone in Busan, but I'll be able to meet local people and also get several kinds of information.

M Yeah, so house-sharing sites are really good, but it's too bad that there's a problem of properties like pensions or motels using them for promotional purposes.

[29~30] 다음을 듣고 물음에 답하십시오. ▶ P. 124

남자 언론에서는 우리가 연애와 결혼과 출산을 포기한 세대라고 말하면서 우리에게 희망이 없다고 말합니다. 하지만 그런 순간이 왔을 때 우리가 모교에서 함께 했던 기억을 떠올리며 자신에 대한 믿음을 다잡았으면 좋겠습니다. 그리고 졸업식 대표 연설 자리에 저와 같은 장애인이 서는 것은 낯선 일일지도 모릅니다. 하지만 신체의 특수성 때문에 조금은 다른 눈높이에서 세상을 경험할 수 있었고, 삶은 더욱 풍성해졌습니다. 제 자신의 삶을 지탱한 힘은 '가능성에 대한 믿음'이었습니다. 가능하다고 말하면 그것은 가능한 것이 됩니다. 하지만 문제라고 말하면 그것은 넘을 수 없는 벽이 되어 돌아옵니다. 살다 보면 '무엇이든 할 수 있다'는 믿음을 갖기에는 너무 힘겹고 어려운 순간이 있을 겁니다. 불가능 속에서 가능함을 증명해 보이는 삶을 살며 어두운 세상을 밝히는 희망의 증거로 살아갑시다.

[29~30] Listen to the following and answer the questions.

M The media says that we are the generation that has given up on dating, marriage, and childbirth, and they say that we have no hope. But when that kind of moment comes, I would like you to think of the memories we made together at our alma mater and to have faith in yourselves. And it may be strange for a person with a disability like me to stand in the position of giving a representative speech at a graduation ceremony. But due to my unique physical characteristics, I was able to experience the world at a slightly different eye level, and my life became richer and richer. The power that sustained my life was faith in possibility. If you say that something is possible, it becomes possible. But if you say that something is a problem, it becomes a wall that cannot be overcome. There will be difficult moments in life when it is very tough to have faith that you can do anything. Let's live as proof of hope that illuminates the dark world by living a life that proves possibility in the impossible.

[31~32] 다음을 듣고 물음에 답하십시오. ▶ P. 125

남자 외국인을 겨냥한 '코리아 그랜드 세일' 기간이라, 백화점에는 외국인 전담 통역 직원이 있는데, 전통 시장에는 없네요.

여자 백화점이나 면세점에서 사면 다양한 상품을 훨씬 편리하게 구입할 수 있는데, 어느 외국인이 전통 시장을 찾겠어요?

남자 그렇지 않습니다. 여행은 뒷골목 구석구석을 돌며 그곳의 생활상과 문화를 그대로 느끼는 것에 더 의미가 있습니다. 우리의 전통 시장은 물건을 구입하려는 목적만 있는 게 아니라 값을 깎는 에누리 문화라든지 정으로 한 개를 더 주는 덤 같은 따뜻한 한국의 온기가 있잖아요. 통역사를 통해 이야기를 나누더라도 그런 것을 체험하도록 해야 합니다. 설령 통역하는 사람을 배치하는 데 비용 부담이 있다고 해도 말이지요.

여자 선생님 말씀을 듣고 보니 일리가 있네요. 비용 문제라면 외국어 회화가 가능한 대학생이나 유학생, 전업주부, 은퇴한 노인 등을 아르바이트 형태로 채용하면 해결되지 않을까요? 외국인이 어디를 가도 불편을 못 느끼게 준비하는 게 진정한 관광 대국이니까요.

[31~32] Listen to the following and answer the questions.

M It's the period of the Korea Grand Sale aimed at foreigners, so there are employees in charge of interpretation for foreigners at department stores, but there aren't any at traditional markets.

W You can buy a variety of products much more conveniently at a department store or a duty-free shop, so what type of foreigner would go to a traditional market?

M It's not like that. Travel is more meaningful when you go around every corner in back alleys and feel the lifestyle and culture of places as they are. More than just places to buy things, our traditional markets have the warmth of Korea, whether it's the bargaining culture of haggling prices or giving one extra item out of affection. You should try to experience that kind of thing even if you talk through an interpreter. Even if the cost of arranging an interpreter is burdensome.

W You have a point. If the cost is a problem, wouldn't it be possible to hire university students, international students, full-time housewives, retired elderly people, etc. who can speak foreign languages to work part-time? Because a true tourist destination makes preparations so that foreigners won't feel uncomfortable no matter where they go.

[33~34] 다음을 듣고 물음에 답하십시오. ▶ P. 125

남자 안녕하세요. 제가 이 광고 회사에 지원한 이유는 광고 제작자라는 직업이 매력적이고 멋있기 때문입니다. 제가 이 회사에 들어온다면 창의적인 광고를 만들 자신이 있습니다. 어릴 때부터 저는 '삐딱한' 사람이었습니다. 제 주위의 모든 사물과 상황을 그대로 받아들이는 것이 아니라 '삐딱한' 관점으로 새로운 의미를 발견하는 것을 좋아했습니다. '창조의 모든 행위는 파괴에서 시작된다'라는 피카소의 말처럼 주변을 다르게 보고 뒤집어 보는 태도, 창의적이고 새로운 발상에 대한 갈망이 이 광고 회사에 지원하게 만들었습니다. 개성이 넘치고 재기발랄한 광고를 만드는 데에는 누구보다 잘할 자신이 있습니다.

[33~34] Listen to the following and answer the questions.

M Hello. The reason why I applied to this advertising company is that a job as an advertisement producer is appealing and cool. If I work at this company, I am confident that I will make creative advertisements. Since I was young, I have been a "tilted" person. I liked to discover new meanings through a tilted perspective rather than simply accepting things and situations around me as they were. As Picasso said, "Every act of creation is first an act of destruction," and attitude of looking at my surroundings differently and seeing things upside down and my desire for creative and new ideas made me apply to this advertising company. I am confident that I will do better than anyone else at making brilliant advertisements full of personality.

[35~36] 다음을 듣고 물음에 답하십시오. ▶ P. 126

남자 사람들은 위대한 발명과 발견이 하루아침에 나온 것이라고 생각합니다. 예컨대 에디슨의 전구도 이렇게 불이 번쩍 들어오듯 순식간에 영감이나 깨달음이 떠달라서 나온 것이라는 거죠. 저는 세상을 바꿔 놓은 혁신이 순간적으로 떠오른 아이디어가 아니라 수십 년을 두고 구체화된 아이디어의 산물이라고 생각합니다. 천재 한 사람의 업적이 아니라 비슷한 시기에 연쇄적이고 동시다발적으로 여러 사람들의 느린 직감이 공유되어 이뤄 낸 성취인 것입니다. 최고의 발명가들은 다방면에 관심을 가진 아주 박식한 사람들이거나, 아니면 접근 방식이 다른 발명가들과 팀을 이룬 사람들이었다는 사실이 이를 뒷받침하고 있습니다. 이런 사람들은 취미도 아주 많았습니다.

[35~36] Listen to the following and answer the questions.

M People think that great inventions and discoveries were made overnight. They think that Edison's light bulb was inspired in a momentary flash of light or a strike of enlightenment. I think that the innovations that changed the world were not momentary ideas that occured, but the products of ideas that materialized after decades. This is not the achievement of one person who is a genius, but an accomplishment achieved by sharing the slow intuition of many people in a serial and concurrent fashion at a similar time. This is supported by the fact that the best inventors were either very knowledgeable people with a variety of interests or people who made teams with inventors whose approaches were different. These people also had a lot of hobbies.

남자 '주부들이 뭉치면 돈이 된다'라는 소식을 듣고 찾아왔는데요. 주부들이 뭉치면 어떻게 돈이 된다는 말씀인가요?

여자 엄마들이 모여서 각자의 도시락을 열면 그 안에 아이들의 이유식이 가득 담겨 있습니다. 어린아이를 둔 6명의 주부가 한 가지씩 이유식을 만든 후 서로 나눠 가지고 가면 6가지의 이유식이 생기는 것입니다. 그런가 하면 주부들이 모여 반찬을 나누는 반찬 모임이 인기를 끌고 있습니다. 주부들이 모여서 함께 음식을 만들거나, 각자 만들어 온 반찬을 나눕니다. 이렇게 하면 우선 식비 부담이 크게 줄고 다양한 반찬을 먹을 수 있어서 가족들도 좋아합니다. 초등학생 자녀가 있는 주부들은 자녀 교육 품앗이를 합니다. 요일별로 미술을 전공했던 엄마는 미술을, 도서관 사서인 엄마는 독서를 가르치는 엄마표 교육입니다. 사교육비도 줄이고 엄마의 재능도 기부하며 아이들의 성장 과정을 가까이서 지켜보는 일석 삼조의 효과가 있습니다.

M I heard that "if housewives get together, money is made." How does money get made if housewives get together?

W When mothers get together and each one opens her lunchbox, they are full of baby food for children. If 6 housewives who have young children each make one type of baby food and share it with one another, 6 types of baby food are made. Side dish parties where housewives get together and share side dishes are also becoming popular. Housewives get together and make food together, or they share the side dishes made by each person. If they do this, the burden of food expenses is greatly reduced, and families also like it because they can eat a variety of side dishes. Housewives who have elementary school-aged children do child education exchanges. This is education by mothers divided according to the day of the week. A mother who majored in art teaches art, a mother who is a librarian teaches reading. It has the effect of reducing private education expenses, using the mothers' talents, and keeping a close eye on the children's growth process all at the same time.

여자 이렇게 햇볕의 좋은 점이 많으니까 햇볕은 많이 쬘수록 좋은 것이죠?

남자 꼭 그런 것은 아닙니다. 피부에는 거의 모든 부분에서 햇볕이 안 좋은 영향을 미칩니다. 자외선 때문인데요. 알다시피 피부 노화와 피부암을 일으키죠. 기미, 잡티, 주근깨, 주름살도 햇볕 때문에 생깁니다. 일광욕이라는 건 확실히 문화적인 산물입니다. 옛날에 프랑스 디자이너 코코 샤넬이 잠적했다가 갑자기 파리 사교계에 까만 얼굴로 나타나면서 전 세계적으로 유행한 것이거든요. 그 전에는 일광욕 문화가 없었다는 겁니다. 그런데 서구인들이 일광욕을 즐기는 탓에 지금 미국에서만 해마다 만 명 정도가 피부암으로 숨집니다. 피부암 가운데 악성 흑색종이라는 것이 있는데, 이건 굉장히 빨리 전이가 되고 치명적인 암이어서 햇볕을 조심할 필요가 있습니다. 눈에도 안 좋은데, 백내장이나 황반변성 같은 것들이 전부 다 햇볕과 중요한 관계가 있는 질병입니다. 그래서 피부과 의사들은 자외선 차단 크림을 바르라고 권하고, 안과 의사들은 선글라스를 착용하라고 하는 것입니다.

W There are so many good things about sunlight, so the more sun exposure you get, the better, right?

M Not necessarily. Sunlight has negative effects on almost all parts of the skin. This is due to ultraviolet rays. As you know, they cause skin aging and skin cancer. Spots, blemishes, freckles, and wrinkles also form because of sunlight. Sunbathing is definitely a cultural product. In the past, the French designer Coco Chanel disappeared and then suddenly appeared in Parisian social circles with a tanned face, so it became fashionable all over the world. Before that, there was no sunbathing culture. However, due to the fact that Westerners enjoy sunbathing, about 10,000 people die from skin cancer each year in the United States alone. Among the types of skin cancer, there is one called malignant melanoma, a fatal cancer that spreads very quickly, so you need to be careful of sunlight. It's also not good for your eyes, so problems such as cataracts and macular degeneration all have an important relationship with sunlight. Therefore, dermatologists tell us to wear sunscreen, and eye doctors tell us to wear sunglasses.

남자 한국 TV는 하루 종일 보고 있어도 시간 가는 줄 모를 만큼 재미있습니다. 아이들의 귀엽고 순진한 일상생활, 식욕을 자극하는 요리사들의 요리 프로그램, 한국 사람보다 더 한국 사람 같은 외국인들의 능청스러운 수다, 온갖 주제로 만들어진 다양한 드라마, 그리고 이 모든 장면을 더 재미있게 만들어 주는 자막들 덕분에 한국 TV는 분명 중독성이 있습니다. TV 프로그램이 재미있다는 것은 중요합니다. 그런데 어떤 맛의 재미인지를 생각해 볼 필요가 있습니다. 사람은 생명을 유지하려면 매일 포도당이 필요해서 본능적으로 단 것을 좋아합니다. 그렇다고 매일 하루 세 끼를 사탕과 초콜릿만 먹을 수는 없습니다. 건강의 균형도 안 맞고 먹는 즐거움도 없어질 테니까요. 우리가 즐기는 음식 중에는 처음에는 입에 안 맞지만 자꾸 먹다 보면 특별한 맛을 느끼고, 그 오묘한 맛에 길들여지면 더 이상 본능적인 단 것에 끌리지 않게 되는 것이 있습니다. 처음엔 쓰기만 하던 커피나 와인, 잘 숙성된 김치, 신선한 생선회 같은 음식들이 그렇습니다. 지적인 재미도 이와 비슷합니다. 무조건적인 재미보다는 생각도 하고 의미도 있는 재미를 추구해야 합니다. 어린아이와 같이 봐도 민망하지 않고, 웃음 뒤의 건강한 생각을 나눌 수 있는 프로그램이 더 많이 필요합니다. 한류 붐으로 K-Pop과 K-Drama의 인기가 더욱 높아지고 있는 요즘, 문화 강국으로 거듭나려는 대한민국은 사탕 맛의 재미에서 이제는 벗어나야 하지 않을까요? 중독성 있는 재미만 계속 추구할지, 의미 있는 것을 재미있어 하는 나라로 만들어 갈지는 우리의 선택에 달려 있습니다.

여자 선생님 같은 전문가들은 쉽게 위조지폐를 가려내지만 일반인들은 아무리 봐도 구별하기가 어렵습니다. 특별한 방법이 있나요?

남자 위조지폐를 가려내는 간단한 방법은 사실 따로 있습니다. 돈을 여기저기 만져 보세요. 숫자와 글자, 인물이 그려져 있는 부분이 오돌토돌하게 느껴질 겁니다. 지폐 전체의 질감도 일반 종이와는 달라요. 섬유 재질의 특수 용지를 썼기 때문이죠. 전체적으로 질감이 미끈하다면 위조지폐일 가능성이 큽니다. 자외선 감식기라는 전문 기기를 쓰면 위조지폐를 가려내기가 더 쉽습니다. 자외선을 비추면 눈으로는 볼 수 없었던 불규칙적인 모양의 형광 무늬가 떠오르거든요. 가짜 동전을 가려내는 방법도 알아야겠죠. 손으로 큰 힘을 주지 않았는데 구부러진다거나 다른 동전보다 두께가 얇고 문양의 경계가 흐릿하다면 의심해 봐야 해요.

[41~42] Listen to the following and answer the questions.

M Korean TV is so fun that even if you watch it all day long, you won't realize that time has passed. Thanks to the cute and innocent daily lives of children, chefs' cooking programs that stimulate appetites, the witty chatter of foreigners who seem more Korean than Korean people, various dramas made on all kinds of topics, and subtitles that make all of these scenes more interesting, Korean TV is definitely addictive. It's important for TV programs to be fun. But it's necessary to think about what kinds of tastes are fun. People need glucose to sustain their lives, so they instinctively love sweets. But you can't eat candy and chocolate for three meals every day. Your health will not be balanced, and the pleasure of eating will disappear. Among the foods that we enjoy, some don't suit our tastes at first, but if we keep eating them, we can feel their special tastes, and if we get used to their subtle flavors, we are no longer instinctively attracted to sweet things. This is the case for foods that are bitter at first, such as coffee or wine, well-fermented kimchi, and fresh sashimi. Intellectual fun is also similar to this. We should pursue fun that has thought and meaning over unconditional fun. We need more programs that aren't embarrassing even if they're watched together with young children, and programs that can share healthy thoughts after laughter. These days, as K-Pop and K-Dramas are becoming more and more popular due to the boom of the Korean Wave, if Korea is going to be reborn as a cultural powerhouse, shouldn't it remove itself from candy-flavored fun? It's up to us to decide whether we will continue pursuing addictive fun or if we are going to make a country that has fun with meaningful things.

[43~44] Listen to the following and answer the questions.

W Experts like you can easily spot counterfeit bills, but it's difficult for the general public to distinguish them no matter how much they look at them. Is there any particular method?

M There is actually a simple way to identify counterfeit money. Try touching your money here and there. The parts with the numbers, letters, and people drawn on them will feel grainy. The whole texture of bills is different from ordinary paper. The reason is that special quality paper made from fibers is used. If the overall texture is sleek, it's more likely to be counterfeit. If you use specialized equipment called a UV detector, it's easier to identify counterfeit bills. When UV rays are shined, irregular shapes of fluorescent patterns that cannot be seen by the naked eye come up. You should also know the way to identify fake coins. If a coin can be bent without using a lot of strength in your hands, or if it is thinner than other coins and the borders of the design are blurry, you should be suspicious.

[45~46] 다음을 듣고 물음에 답하십시오. ▶ P. 128

여자 많은 사람들이 부자가 되고 싶어 하지만 왜 부자가 되지 못하는 걸까요? 사람들은 돈 모으는 기술이나 방법 때문이라고 생각합니다. 하지만 질문을 바꿔 봅시다. "당신은 원하는 만큼의 돈을 잘 다룰 수 있는 능력이 있습니까?" 만약 당신에게 큰돈이 있지만 그것을 다룰 수 있는 능력이 없다면 이는 마치 예리하고 좋은 칼을 어린아이에게 쥐어 준 것이나 다름없습니다. 칼을 잘못 휘둘러서 자신과 타인에게 엄청난 상처만 입힐 것입니다. 부자가 되려고 하기 전에 돈을 잘 다루는 능력, 즉 자신의 그릇을 키워야 합니다. 만일 우리에게 많은 돈을 가질 수 있는 기회가 온다고 해도 자신의 그릇이 작다면 그만큼만 담게 되고, 혹시 넘치게 담는다면 결국 그릇 밖으로 흘려보내게 될 것입니다. 부자가 되고 싶습니까? 큰돈을 다룰 수 있는 능력을 먼저 키우십시오.

[45~46] Listen to the following and answer the questions.

W Many people want to become wealthy, but why can't they? People think it's due to their money-saving skills or methods. But let's try changing the question. "Do you have the ability to handle as much money as you want?" If you have a lot of money but don't have the ability to handle it, it's no different from giving a good, sharp blade to a child. The child will swing the sword in the wrong direction and cause a severe injury to himself or another person. Before you try to become wealthy, you must develop your ability to handle money well, or, in other words, you have to grow your own vessel. Even if an opportunity comes for you to get a large amount of money, if your vessel is small, it can only fit that amount, and if you try to put in more than that, it will overflow in the end. Do you want to become wealthy? First, develop your ability to handle a large amount of money.

[47~48] 다음을 듣고 물음에 답하십시오. ▶ P. 129

남자 기업의 절반 이상은 채용 시 면접에서 기본을 지키지 못하는 지원자는 무조건 탈락시키거나 감점 처리해서 불이익을 줍니다.

여자 어떤 지원자가 이런 평가를 받습니까?

남자 면접 시간에 지각하는 사람, 회사에 대한 기본 정보도 모르는 지원자, 연봉 등 조건만 따지는 지원자, 면접에 부적합한 옷차림을 한 지원자 등입니다.

여자 이런 사람들을 탈락시키는 이유는 뭔가요?

남자 사회생활의 기본이 안 돼 있어서 그렇고, 인성을 중요하게 평가하기 때문이기도 합니다. 입사 후 문제를 일으킬 소지도 있다고 생각하고요.

여자 그럼 반대로 회사가 선호하는 지원자는 어떤 사람입니까?

남자 회사에 대한 애정이 돋보이는 사람이나 당당하게 소신을 드러내는 지원자, 밝은 표정의 지원자, 인사성이 바른 지원자 등을 꼽을 수 있습니다.

[47~48] Listen to the following and answer the questions.

M When hiring, more than half of all companies unconditionally eliminate applicants who don't follow the basics at interviews or these applicants are disadvantaged because points are subtracted.

W What types of applicants receive this kind of evaluation?

M People who are late for their interview, applicants who don't know even basic information about the company, applicants who only calculate the conditions such as the salary, people who wear inappropriate clothes to the interview, and so on.

W What is the reason for eliminating these types of people?

M Because they don't meet the basic standards of social life and because character is significantly evaluated. They think that there is a possibility that these people will cause problems after they start working at the company.

W So on the other hand, what kinds of people are the applicants preferred by companies?

M People whose affection for the company stands out or applicants who confidently reveal their beliefs, applicants with bright facial expressions, and applicants with proper courteousness are some examples.

남자 비극적인 역사는 왜 반복되는 것일까요? 그것은 과거를 돌아보면서 그때의 과오를 기억하지 않기 때문입니다. 만약 그 역사를 기억하지 못한다면 똑같은 역사를 다시 살게 될 수 있다는 어느 역사가의 경고도 있습니다. 이러한 역사의 현장을 여행지로 삼는 것은 어떨까요? 아름다운 휴양지에서의 낭만적인 여행도 있지만, 아픈 역사의 현장이나 끔찍했던 재해를 겪은 장소를 둘러보며 뭔가를 깨닫는 여행도 있습니다. 최근에 '다크 투어리즘 (dark tourism)'이라고 불리는 여행이 바로 이것입니다. 그러나 슬픈 장소들을 꼭 여행의 목적지로 삼을 필요는 없습니다. 출장이나 휴가, 또는 명절날 고향에 가는 길에 잠시 틈을 내서 들러도 됩니다. 멋진 사진과 광고 문구로 유혹하는 여행지와 달리 쓸쓸하고 한적한 곳에서 조용히 방문자를 기다리는 아픔의 장소는 생각보다 우리 곁에 가까이 있습니다. 가슴 아픈 역사의 현장을 찾아가 옛날 일을 되새기고 기억하며, 더 이상 이러한 역사가 되풀이되어서는 안 된다는 교훈을 얻는 것이 이러한 여행의 가장 큰 선물과 의미가 될 것입니다.

M Why is tragic history repeated? The reason is that we do not remember the mistakes of the past when we look back on the past. A certain historian warns that we can live the same history again if we cannot remember that history. So how about making the site of this history a travel destination? A trip to a beautiful resort is romantic, but you can also take a trip to realize something as you see a place with a painful history or a place that has suffered a terrible disaster. Recently, there is a type of travel called "dark tourism" which is exactly that. But sad locations do not absolutely have to be the destinations of your trip. You can stop by for a short time on your way on a business trip, vacation, holiday, or when you are on your way home. Unlike destinations that attract people with awesome pictures and advertisements, places of pain waiting quietly for visitors in forlorn and isolated locations are closer to us than we think. The greatest gift and meaning of these trips will be learning the lesson that this history should not be repeated again, as we go to places with heartbreaking histories and remember the old days.

쓰기 지문 번역 Writing Script Translation

51

안 내

• 10월 ○○ 교우회 조찬 모임을 안내해 드립니다.

• 시간: 2022년 10월 14일

• 장소: 새나래 호텔 진달래 룸

좌석이 한정되어 있으므로 예약을 위해 (㉠)면 준비에 소홀함이 없도록 하겠습니다.

아울러 주차장이 협소하오니 가능하면 (㉡) 바랍니다.

51

Notice

• We hereby inform you of a breakfast gathering for the October 00 Alumni Association.

• Date: October 14, 2022

• Location: Saenarae Hotel, Jindallae Room

Seats are limited, so for reservations, if (㉠), we will make careful preparations without neglect.

In addition, please note that parking space is limited; if possible, please (㉡).

52

우울하다고 믿으면 우울해질 가능성이 많고 (㉠) 행복해질 가능성이 많다. 정신의 특징 중 하나는 그렇게 믿으면 (㉡)는 것이다.

52

If you believe that you are depressed, you are likely to become depressed, and (㉠) you are likely to become happy. One characteristic of the mind is that if you believe something, it will (㉡).

---

[53] 다음은 2023년 기준 외국인 주민의 증가 추세에 대한 통계 자료이다. 이 내용을 200~300자의 글로 쓰시오. 단, 글의 제목은 쓰지 마시오.
▶ P. 131

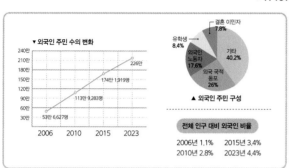

[53] The following is statistical data about the increasing trend of foreign residents in Korea as of 2023. Explain the content in a text of 200-300 characters. Do not write a title.

The Change in the Number of Foreign Residents in Korea
- in 2006, 536,627 people
- in 2010, 1,139,283 people
- in 2015, 1,741,919 people
- in 2023, 2,600,000 people

Composition of foreign resident population

Foreign workers (17.6%), International students (8.4%), Koreans with foreign citizenship (26%), Married immigrants (7.8%), Other (40.2%)

The proportion of foreign residents to the total population:
2006: 1.1%
2010: 2.8%
2015: 3.4%
2023: 4.4%

---

[54] 다음을 참고하여 600~700자로 글을 쓰시오. 단, 문제를 그대로 옮겨 쓰지 마시오.
▶ P. 131

음식점 입구에 '노키즈존 (No Kids Zone)' 즉, '어린이 출입 금지'라고 붙여 놓은 곳이 늘고 있다. 공공장소에서 시끄럽게 구는 아이들의 행동이 다른 손님들을 불편하게 하기 때문이라고 하는데, 아이를 둔 부모 입장에선 차별이며 불쾌하다는 반응이다. 아래의 내용을 중심으로 자신의 생각을 쓰라.

• 노키즈존이란 무엇인가?
• 노키즈존에 대한 찬성 의견에는 무엇이 있는가?
• 노키즈존에 대한 반대 의견에는 무엇이 있는가?

[54] Refer to the following and write a text of 600-700 characters. Do not simply copy the text of the question when writing your answer.

Restaurants with signs reading "No Kids Zone" or "Children May Not Enter" attached to the entrance are increasing. The reason behind this trend is that the noisy behavior of children may cause discomfort to other guests in public places. However, for parents with children, such policies are viewed as discriminatory and unpleasant. Write your personal thoughts about the following points.

• What is a no-kids zone?
• What are the arguments in favor of no-kids zones?
• What are the arguments against no-kids zones?

읽기 지문 번역 Reading Script Translation

[1~2] ( )에 들어갈 말로 가장 알맞은 것을 고르십시오. ▶ P. 132

1 월요일 ( ) 비까지 와서 길이 더 막힌다.

2 골목에서 갑자기 차가 튀어나와서 자동차에 ( )

[1~2] Choose the most appropriate word for the blank.

1 It's a Monday ( ) it also rained, so there is even more traffic.

2 A car suddenly came rushing out of the alley, so ( ) the car.

[3~4] 밑줄 친 부분과 의미가 가장 비슷한 것을 고르십시오. ▶ P. 132

3 뒷사람이 갑자기 밀어서 들고 있던 책을 떨어뜨렸다.

4 가방 옆 주머니에 핸드폰을 꽂아 놓으면 잃어버릴 수 있다.

[3~4] Choose the answer that has the most similar meaning to the underlined section.

3 I dropped the book I was carrying because the person behind me suddenly pushed me.

4 If you put your cell phone in the side pocket of your bag, you could lose it.

[5~8] 다음은 무엇에 대한 글인지 고르십시오. ▶ P. 132~133

5 자연을 담은 집, 한옥에서 당신은 자연으로 돌아가는 삶을 살 것입니다.

6 건전지를 분리수거하고 쓰레기를 되가져오는 당신에게 자연이 대답합니다. "고맙습니다."

7 흡연은 질병입니다. 치료는 금연입니다.

8 땅속에 묻어도 썩지 않는 쓰레기들이 토양을 오염시키고 있습니다. 우리 아이들의 땅을 쓰레기만 자라는 땅으로 만드시겠습니까?

[5~8] Choose the answer that says what the following is about.

5 In a *hanok*, a house full of nature, you will live a life returning to nature.

6 Nature responds to those who recycle batteries and pick up garbage. "Thank you."

7 Smoking is a disease. The treatment is not smoking.

8 Non-biodegradable garbage pollutes the earth even when it is buried in the ground. Will you make our children's land a land that only grows trash?

[9~12] 다음 글 또는 그래프의 내용과 같은 것을 고르십시오. ▶ P. 133~135

9

〈나의 어머니〉

곧 세상을 떠날 엄마와의 이별을 앞두고 가족도, 일도, 사랑도 마음처럼 쉽지 않은 영화감독과 그녀의 곁에 함께 하는 사람들이 겪는 우아한 유머와 담담한 슬픔을 담아낸 이야기

감독: 김승희

출연: 정성우, 지혜련

제작 회사: 씨네 24

상영 시간: 106분

등급: 12세 이상 관람가

[9~12] Choose the statement that agrees with the following text or gragh.

9

"My Mother"

With a mother who will soon bid farewell to the world, family, work, and love don't come so easily for a movie director and the people at her side, in a story full of graceful humor and calm sadness.

Director: Kim Seunghee

Cast: Jeong Sungwoo, Ji Hyeryeon

Production Company: Cine 24

Running Time: 106 minutes

Rating: 12+

10

11 어제보다 5분 일찍 일어나거나, 어제보다 책을 한 줄 더 읽거나, 어제보다 한 번 더 연습하는 것. 이렇게 0.1%씩 나은 삶을 살 수 있다면, 1주일 후 0.5%씩 성장할 수 있다. 한 달 후에는 2%씩 성장할 수 있고 1년 후 24%씩 성장할 수 있다. 이렇게 사소한 노력을 10년 동안 한다면 첫날보다 240% 성장한 나를 만날 수 있다. 별것 아닌 것처럼 보이지만, 매일 아침 어제보다 조금 더 열심히 살아 보는 것, 그것만으로 10년 후의 멋진 나를 만들 수 있다.

12 인류의 오랜 역사 동안 사람들은 집에서 죽음을 맞이했고 미국도 예외는 아니어서 19세기 중반까지는 대부분이 그랬다. 그런데 1980년대에는 83%의 사람들이 병원에서 죽음을 맞으면서 죽는 장소가 크게 바뀌었다. 장소의 변화에 따라 죽음의 정의도 바뀌어서 이제는 생명을 연장하는 치료 장치를 끄는 것이 죽음이라는 의미가 되고 있다. 미국만 그런 변화를 겪는 게 아니다. 통계청에 따르면 한국도 2020년 사망자 30만 4,948명 중에서 집에서 죽음을 맞은 사람은 15.6%에 불과했고 75.6%가 병원에서 임종을 맞았다. 1991년에 재택 임종이 74.8%였던 것과 비교하면 완전히 상반된 수치를 보이고 있다.

11 Get up 5 minutes earlier than yesterday, read one more line of a book than yesterday, practice one time more than yesterday; in this way, if you can improve your life 0.1% at a time, after 1 week, you can grow by 0.5%. After 1 month, you can grow by 2%, and after 1 year, you can grow by 24%. If you can make this small effort for 10 years, you can make yourself grow by 240% since the first day. It may not seem like much, but every morning, if you live a bit more diligently than the day before, you can meet an amazing version of yourself 10 years later.

12 During the long history of humankind, people passed away at home, and since the United States was no exception, most people did so until the middle of the 19th century. However, in the 1980s, the place where people passed away changed significantly, as 83% of people passed away in hospitals. Following this change of location, the definition of death has also changed, and death has now come to mean turning off treatment devices that extend one's life. It is not just the United States that is experiencing this change. According to the National Statistical Office, out of 304,948 deaths in Korea in 2020, only 15.6% passed away at home, and 75.6% passed away in hospitals. If we compare this with the 74.8% of people who passed away at home in 1991, we can see that the figures are completely contrary.

[13~15] 다음을 순서에 맞게 배열한 것을 고르십시오. ▶ P. 135~136

13 (가) 그러나 대한민국에서는 토요일 마감 시간에 '로또'를 가장 많이 구매한다.
　(나) 복권에 당첨될 수 있다는 환상을 가지고 일주일을 보낼 수 있기 때문이다.
　(다) '빨리빨리'와 속전속결로 살아온 생활 패턴이 그 원인이라고 할 수 있다.
　(라) 외국에서는 추첨일 1주 전에 복권을 많이 산다.

14 (가) 곤충의 강자는 의외로 개미가 꼽힌다.
　(나) 약자가 도망치고 숨어서 살아남거나 뭉쳐서 강자가 되기도 한다.
　(다) 집단으로 움직이며 싸울 때도 집단으로 덤비기 때문이다.
　(라) 자연의 세계에서는 약육강식의 논리만 있는 게 아니다.

[13~15] Choose the option that places the statements in the right order.

13 (가) However, in Korea, most Lotto tickets are bought at the deadline on Saturday.
　(나) The reason is that people can spend one week with the fantasy that they could win the lottery.
　(다) It can be said that the cause is the lightning-fast "quickly quickly" pattern of life.
　(라) In foreign countries, lottery tickets are often bought one week before the draw date.

14 (가) Surprisingly, the ant is considered the strongest insect.
　(나) The weak survive by running away and hiding, or they become strong by joining together into a group.
　(다) The reason is that they move as a group, and they also attack as a group when fighting.
　(라) The logic of the law of the jungle is not the only thing in the world of nature.

15 (가) 지금은 그들의 서식지가 인간의 거주지와 충돌하면서 좁은 공간으로 밀려나고 있다.

(나) 예전에는 호랑이, 사자, 치타, 표범, 퓨마 등의 맹수들이 인간을 위협했다.

(다) 게다가 인간들의 취미와 즐거움 때문에 목숨을 잃고 있다.

(라) 인간이라는 천적들에 의해 위협받고 멸종 위기를 맞는 존재가 된 것이다.

[16~18] ( )에 들어갈 말로 가장 알맞은 것을 고르십시오. ▶ P. 136~137

16 모든 나무는 좋은 나무가 되고 싶겠지만 그 나무가 어떤 나무인지를 말해 주는 것은 나무가 맺는 열매다. 못된 열매 맺는 좋은 나무가 없고, ( ) 나무가 없다.

17 한 회사가 홍보용 전단을 인쇄했다. 그런데 가장 중요한 메일 주소가 잘못 나왔다. 일일이 수정하거나 다시 찍자는 의견이 나왔다. 그때 신입 사원이 말했다. "그 주소로 메일 계정을 만들지요." 그들은 ( ) 무사히 홍보를 마쳤다.

18 인류의 오랜 역사 동안 사람들은 집에서 태어나고 집에서 죽었다. 그런데 이제는 병원에서 태어나고 병원에서 죽는다. 인생의 시작부터 마지막까지 돈이 드는 삶인 것이다. 일상생활은 더 말할 나위가 없다. 사람을 사귀고, 사회생활을 하고, 뭔가를 배우고, 즐거운 취미 생활을 하는 데까지 돈이 필요하다. 이렇다 보니 사람들이 ( ).

[19~20] 다음을 읽고 물음에 답하십시오. ▶ P. 137

강원도에 있는 '은행나무 숲'이 오는 10월 1일부터 20일까지 일반인들에게 개방된다. 개방 시간은 오전 10시부터 오후 5시까지다. 이곳은 한 개인이 아픈 아내의 쾌유를 비는 마음으로 ( ) 가꾼 숲으로 1985년부터 25년 동안 단 한 번도 일반 개방을 하지 않다가, 2010년 각종 매스컴을 통해 널리 알려지면서 많은 관광객이 찾아오는 가을철 나들이 명소가 됐다. 이 은행나무 숲엔 2,000여 그루의 은행나무가 심어져 있다. 강원도는 지난해에 이어 올해도 은행나무 숲 주변 지역 관광지 및 식당, 숙박업소 정보를 넣은 안내 리플릿을 제작해 배포하고, 방문객들의 편의를 위해 이동식 간이 화장실과 벤치를 설치하기로 했다.

---

15 (가) Now, their habitats and human residences are colliding and being crowded into narrow spaces.

(나) In the past, predatory animals such as tigers, lions, cheetahs, leopards, and pumas threatened humans.

(다) In addition, they are losing their lives due to humans' hobbies and enjoyment.

(라) They have become threatened by humans, their natural enemies, and have become endangered species.

[16~18] Choose the most appropriate word for the blank.

16 Every tree wants to become a good tree, but it is the fruit of the tree that tells us what kind of tree it is. There are no good trees that bear bad fruit, and there are no trees that ( ).

17 One company printed a promotional flyer. But the most important email address came out wrong. There were suggestions to edit the flyers one by one or to print them all again. At that time, a new employee spoke. "Make an email account with that address." The employees successfully finished the promotion by ( ).

18 During the long history of humankind, people were born at home and passed away at home. However, now they are born in hospitals and pass away in hospitals. From the beginning to the end of life, it is a life of spending money. There is nothing else to say about everyday life. Money is necessary for everything from meeting people to having a social life, learning something, and enjoying hobbies. Looking at it this way, people ( ).

[19~20] Read the following and answer the questions.

The Gingko Forest in Gangwon-do will be open to the public from October 1 until October 20. The opening hours are from 10:00 a.m. to 5:00 p.m. This place was ( ) cultivated into a forest by an individual who was praying for his sick wife's recovery. Since 1985, for 25 years, the forest was never opened even once to the public. In 2010, it became widely known through mass media and became a popular attraction for tourists in autumn. This gingko forest has more than 2,000 gingko trees planted in it. Both last year and this year, Gangwon-do decided to produce and distribute a leaflet containing information about sightseeing spots, restaurants, and lodging facilities in the region surrounding the gingko forest and to install portable toilets and benches for visitors' convenience.

내 친구 윤주야, 너 갑자기 수술한다고 해서 놀랐는데, 잘 끝났다고 하니 다행이다.

다 잘 될 거야. 걱정하지 마.

(   )고 아픈 걸 잘 견뎌내면 희망이 생기더라.

너는 사랑하는 가족이 있고, 사회의 일원으로 능력을 인정받는 멋진 인생을 살고 있잖아.

행복은 무엇보다 건강에 있으니까, 힘내!

영원한 네 친구 승희가

My friend Yoonjoo, I was surprised to hear that you suddenly had surgery, but I'm relieved to hear that the surgery went well.

Everything will be okay. Don't worry.

They say that if you (   ) and withstand the pain, you will have hope.

You have a family who loves you, and you are living an amazing life as a member of society whose capabilities are recognized.

Happiness is found in health more than anything, so hang in there!

Your friend forever, Seunghee

친구가 유명한 식당에 가서 점심을 먹자고 나를 불렀다. 유명하다는 말에 잔뜩 기대감을 갖고 식당에 들어서서 돌솥비빔밥을 시켰다. 그런데 조금 후에 나온 음식은 돌솥비빔밥이 아니라 생선찌개였다. 게다가 젓가락은 하나는 길고 하나는 짧아서 짝이 맞지 않았다. 나는 속으로 "이래 가지고 어떻게 돈을 버나? 주문도 제대로 못 받으면서."라고 생각했다. 더군다나 이런 식당이 유명 식당이라니 어이가 없었다. 그런데 놀라운 것은 엉뚱한 음식을 가져다줘도 화내는 손님이 없고 주는 대로 감사히 먹는 것이었다. 우리 바로 옆자리에 앉은 손님은 일하는 사람이 물을 쏟아서 바지가 젖었지만 웃으면서 닦고 있었다. 의아한 표정으로 앉아있는 나에게 친구가 말했다.

"여기서 일하는 사람들을 좀 봐."

식당 안을 둘러보니 할머니, 할아버지들이 주문을 받고 음식을 나르고 있었다.

친구는 빙그레 웃으며 내게 말했다.

"이 식당이 유명한 이유는 여기서 일하는 사람들 때문이야. 이곳 아르바이트들은 치매에 걸린 노인들인데, 사회에서 아무것도 할 일이 없는 쓸모없는 노인이 아니라 실수를 해도 사람을 만나고 자신이 뭔가를 할 수 있다는 자신감을 회복하도록 일자리를 드린 거야. 손님들 역시 이 할머니, 할아버지가 자신들을 먹이고 가르치고 키워 주신 부모님이라는 감사의 마음으로 이곳을 찾는 거고."

친구는 나에게 식사 후에 나갈 때 식당 간판을 꼭 보라고 말했다. 나는 잘못 나온 생선찌개를 후다닥 먹고 간판을 보려고 밖으로 나갔다.

"이배사 식당"

이해와 배려와 사랑의 앞 글자를 딴 식당이었다.

My friend called me to invite me to a famous restaurant to eat lunch. After hearing that the restaurant was famous, I went full of anticipation and ordered bibimbap in a hot stone bowl. However, the food that came out a little while later was not *bibimbap* in a hot stone bowl but fish stew. Moreover, one chopstick was long and one was short, so they did not match. I thought to myself, "How do they make money like this? They can't even receive orders correctly." What's more, it was shocking that a restaurant like this was a famous restaurant. But the surprising thing was that even though the wrong food was brought out, there were no angry customers, and they just thankfully ate the food that was given to them. An employee spilled water on a customer who was sitting right next to us and got his pants wet, but the customer was smiling as he wiped it up. My friend, who was sitting with a strange expression on his face, spoke to me.

"Look at the people who are working here."

I looked around the restaurant and saw that grandmothers and grandfathers were taking orders and carrying food.

My friend beamed as he spoke to me.

"This restaurant is famous because of the people who work here. The part-time workers here are elderly people with dementia, but they are not worthless elderly people who cannot do anything in society, so even if they make mistakes, they are given jobs in order to meet people and restore their confidence that they can do something. Customers come to this place with gratitude for these grandmothers and grandfathers who fed them, taught them, and raised them as their parents did."

My friend told me to make sure to look at the restaurant sign when we left after eating. I quickly ate the fish stew that was mistakenly given to me and went outside to look at the sign.

"UCL Restaurant"

It was a restaurant with the first letters of understanding, consideration, and love.

[25~27] 다음 신문 기사의 제목을 가장 잘 설명한 것을 고르십시오.
▶ P. 140

25 국내 여행 가로막는 바가지요금 여전

26 올 상반기 인문서에 밀린 소설, 휴가철 맞아 '1위 탈환'

27 기상청, 비 오는 날 예보 '헛발질'… 정확도 28%

[28~31] (　)에 들어갈 말로 가장 알맞은 것을 고르십시오. ▶ P. 141~142

28 일반적인 대화 상황에서는 상대방과 직접 마주 보고 이야기를 나누기 때문에 대부분의 사람들은 가급적 상대방의 기분을 상하게 하지 않도록 주의를 기울인다. 하지만 온라인 대화에서는 상대방의 얼굴을 직접 보지 못하기 때문에 상대방의 기분이나 감정을 알아채기가 어렵다. 그래서 무심코 상대방의 기분을 상하게 하는 말을 하기도 한다. 이런 잘못을 하지 않기 위해서는 현실 공간에서든 (　　) 다른 사람과 대화를 나눌 때 항상 상대방의 기분을 배려하면서 이야기할 수 있어야 한다.

29 새로운 사람들을 만나서 모임을 만들고 교제를 시작할 때마다 가장 먼저 하는 것은 그 구성원들의 신상 정보를 교환하는 것이다. 이런 사적인 정보를 일일이 알려 주는 것을 싫어하는 젊은이들을 중심으로 '교류하지 않는 동호회'가 생겨나고 있다. 여러 사람들이 좋아하는 취미 활동을 위해 모이되 (　　)를 요구하지 않는다. 오직 모두가 즐거워하는 취미 활동을 같이 하는 것에 목적을 둔다. 그래서 활동이 끝난 뒤에도 술자리나 뒤풀이 같은 교류를 하지 않고 각자 헤어진다.

30 작은 강아지의 소유권을 둘러싸고 한 남자와 여자가 재판정에 섰다. 남자는 자신이 1주일 전에 잃어버린 반려견이라고 주장했고, 여자는 자신이 며칠 전에 데려온 강아지라면서 돌려 달라고 했다. 두 사람의 주장을 들은 재판장은 강아지를 안고 있는 경찰에게 그 강아지를 내려놓으라고 말했다. 땅에 내려놓자마자 강아지는 남자를 향해 쏜살같이 달려갔다. 그리고 꼬리를 흔들면서 두 발로 서서 남자에게 안아 달라는 몸짓을 했다. 재판장은 강아지의 주인은 남자이니 남자에게 주라고 판결했다. (　　) 내린 멋진 판결이었다.

[25~27] Choose the answer that best describes the title of the following newspaper articles.

25 Price Gouging Still Blocks Domestic Travel

26 Novels Fall Behind in the First Half of the Year, "Recapture 1st Place" during the Holiday Season

27 Meteorological Administration, Rain Forecast Fumble... Accuracy 28%

[28~31] Choose the most appropriate word for the blank.

28 In a typical conversation, since you and the other person look directly at each other face to face and talk to each other, most people are careful not to hurt the other person's feelings as much as possible. However, in an online conversation, it is difficult to sense the other person's mood or feelings because you do not personally see that person's face. Therefore, you sometimes unconsciously say things that hurt the other person's feelings. In order to not make this kind of mistake, be it in the real world or (　　), when you are sharing a conversation with another person, you should be able to talk while always considering the other person's mood.

29 The first thing we do every time we meet new people, have a gathering, and start a relationship is exchange personal information with those members. "No-exchange clubs" are being formed for young people who do not want to share their personal information with others. Several people gather to participate in a hobby that they like, but they do not request (　　). The only goal is for everyone to enjoy their hobby together. So after the activity is over, they do not go out for drinks or have any kind of after-party, and each person goes their separate way.

30 A man and a woman stood in court over the ownership of a small puppy. The man claimed that it was his pet dog that he had lost 1 week ago, and the woman said that it was a puppy she had brought home a few days earlier and asked for it back. The judge who heard the two people's claims told a police officer holding the puppy to put it down. As soon the officer put it on the ground, the puppy ran to the man as swiftly as an arrow. And then it stood up on two legs, shaking its tail, and gestured for the man to hold it. The judge ruled that the puppy be given to the man because the man was its owner. It was an admirable ruling that was made (　　).

31 제주도에 가면 정낭이 있다. 정낭은 집 입구의 양옆에 돌기둥을 세우고 돌기둥의 구멍에 1~3개의 나무 막대기를 걸쳐 놓아 그 집에 사람이 있는지를 알려 준다. 정낭이 하나도 걸쳐 있지 않으면 집에 사람이 있다는 의미고 하나만 걸쳐져 있으면 집 안에 사람은 없으나 곧 돌아온다는 의미다. 두 개가 걸쳐져 있으면 저녁때쯤 돌아온다는 의미고 세 개의 정낭이 모두 걸쳐져 있으면 집에서 먼 곳으로 외출하여 여러 날이 걸린다는 의미이다. 이렇게 표시함으로써 집에 찾아오는 손님을 ( ) 담겨 있다.

31 If you go to Jeju Island, there are *jeongnang*. Jeongnang are made by erecting stone pillars on both sides of the entrance to a house and placing 1-3 wooden poles in between the stone pillars; this indicates whether or not there are people in the house. If there are no wooden poles hanging between the stone pillars, it means that people are in the house, and if there is only one pole, it means that there are no people in the house, but they will return soon. If there are two wooden poles, it means the people will return sometime in the evening, and if all three wooden poles are there, it means that the people have gone someplace far away and it will take several days for them to return. By expressing this, jeongnang have ( ) for guests who come to the house.

[32~34] 다음을 읽고 글의 내용과 같은 것을 고르십시오. ▶ P. 143~144

32 '결정 장애 세대'란 1980년 이후 풍요 속에 태어난 세대로 어떤 일을 할 때 쉽게 결정하지 못해 무엇을 해야 할지 방향을 잃어버린 세대를 말한다. 앞으로의 진로 같은 중요한 삶의 방향부터 무엇을 먹어야 좋을지 묻게 되는 시시콜콜한 의사 결정에 이르기까지 스스로 결정하지 못하고 누군가의 도움을 받기 원한다. 언제나 최고의 정답을 골라야만 했던 학습 습관과 수많은 강요 속에서 살아왔기 때문이다. 어떤 옷을 입을지 게시판에 물어보기도 하고, 여름휴가 장소 선택을 도와주는 애플리케이션에 의지하는 등 결정 장애 세대를 위한 '결정 대리인'들은 우리 주위에 다양하게 포진해 있다. 하지만 쏟아지는 무수한 정보의 홍수 속에 나의 결정은 없고 남들의 결정만 남게 된다면 '나'라는 존재마저도 사라질지 모른다.

33 우리나라에서는 배기량을 기준으로 자동차 세금을 정하고 있다. 그런데 자동차 산업이 발전하면서 기술적으로 배기량은 낮지만 성능은 좋은 고가 외제차가 많아졌고, 국내에서 그 인기도 늘고 있다. 반면에 국산 자동차는 수입 관세가 없기 때문에 배기량이 높아도 상대적으로 가격은 낮다. 그러다 보니 비싼 자동차를 소유한 사람이 싼 자동차를 소유한 사람보다 세금을 적게 내 형평성이 안 맞게 되었다. 이런 문제를 해결하기 위해 배기량 대신 자동차 가격을 기준으로 자동차세를 부과하자는 의견이 꾸준히 제기되고 있다. 그렇게 되면 중저가 차량은 현행보다 세금이 줄고 고가의 차량은 더 내게 돼서 합리적인 조세 정책이 될 것이다.

[32~34] Read the following and choose the statement that agrees with the content of the text.

32 The "indecisive generation" refers to the generation born after 1980 that cannot easily make decisions about what they have to do because their generation was born into affluence. From the serious life direction of their future career to minute decision making about what to eat, they cannot make decisions by themselves and want to receive help from someone. The reason is that they have always lived under great pressure and the study habit of having to choose only the most correct answer. There are a variety of decision-making agents for the indecisive generation, who ask on message boards about which clothes to wear, depend on applications to help them decide on a location for their summer vacation, etc. However, if there are no decisions of my own in the endless flood of information, and only the decision of others are left, even the existence of "me" may disappear.

33 In South Korea, automobile taxes are determined according to displacement. However, as the automobile industry has developed, there are more high-priced foreign cars with technically low displacement but good performance, and their popularity is increasing in Korea. On the other hand, domestic cars do not have import tariffs, so their prices are relatively low even if their displacement is high. Taking this into consideration, a person who owns an expensive car pays a lower tax than a person who owns an inexpensive car, so things have gotten out of balance. In order to solve this problem, it has been suggested that automobile taxes should be imposed based on the price of the car instead of the displacement. If this happens, medium- and low-priced cars will be taxed less than they are now, and more expensive cars will be taxed more, so it will be a reasonable tax policy.

34 미국에서 쥐를 이용하여 중독에 대한 실험을 한 사례가 있다. 먼저, 쥐 한 마리를 철창 안에 넣고 물병 두 개를 준다. 하나는 그냥 물이 들어 있고, 다른 하나에는 마약 성분의 약물을 넣은 물이 들어 있다. 여러 번의 실험 결과, 대부분의 쥐는 약물이 들어간 물에 집착하고 죽어가면서도 약물 병에 매달렸다. 다음에는 여러 장난감과 돌아다닐 수 있는 터널이 가득한 쥐 놀이공원을 만든 후 함께 놀 수 있는 여러 마리 쥐들을 넣어 자유롭게 다니게 했다. 그리고 똑같은 물병 두 개를 주었는데, 이곳에서는 쥐들이 거의 약물을 넣은 물을 먹지 않았다. 강박적으로 약물을 섭취하거나 약물에 매달리는 쥐가 거의 없었다. 결국 약물보다는 환경이 중독에 더 큰 영향을 미친 것이다.

34 In the United States, there was an instance where mice were used in an experiment on addiction. First, some mice were placed in a cage and given two bottles of water. One contained just water, and the other contained water mixed with drugs. The result of several experiments was that most of the mice became obsessed with the water mixed with drugs, and even as they were dying, they clung to the bottle with the drugged water. Next, after creating a mouse amusement park full of toys and tunnels through which mice could roam, several mice that could play together were placed inside and allowed to roam around freely. The mice were also given the same two bottles of water, but here, the mice hardly drank from the bottle containing the drugged water. There were almost no mice that compulsively ingested the drugged water or clung to the drugged water. In the end, the environment had a greater influence on addiction than drugs.

[35~38] 다음을 읽고 글의 주제로 가장 알맞은 것을 고르십시오.
▶ P. 144~146

[35~38] Read the following and choose the answer that best matches the topic of the text.

35 젊은 세대는 "혼자가 편하다."라고 입버릇처럼 말한다. 그래서 결혼을 늦게 하거나 아이 낳기를 꺼리는 젊은이들이 많아졌다. 젊은이들이 경제적인 이유로 연애와 결혼, 출산까지 포기하면서 '3포 세대' 또는 두 가지를 더 포기하여 '5포 세대'라고도 불린다. 하지만 '편하다'든지 '포기'라는 말속에는 새로운 관계를 만들고 그에 대해 책임지는 것이 부담스럽고 귀찮다는 속내가 들어 있는 듯하다. 혼자 살면 자신의 문제만 해결하면 되지만, 두 사람 이상의 관계가 되면 상대방을 이해하고 소통하고 배려해야 하기 때문에 그런 상황을 만들고 싶지 않은 것일지 모른다. 1인 가구에 대한 최근의 설문 조사에 의하면 1인 가구의 68.5%가 외로움과 고독감을 느낀다고 한다. "혼자라서 좋다."라고 말하는 똑똑한 젊은 세대들도 결국 외롭고 고독하다는 의미다. 이제는 혼자서 누리는 기쁨과 만족이 좋더라도, 여럿이 있을 때 자연스럽게 어울릴 수 있어야 자신의 '싱글 라이프'를 더 풍성하게 만들 수 있지 않을까?

35 The younger generation always says, "I am comfortable alone." Therefore, an increasing number of young people are getting married late or avoiding having children. Young people are called the "give up 3 things generation" as they give up on dating, marriage, and having children due to economic reasons, or the "give up 5 things generation" if they give up 2 more things. But whether the term is "comfortable" or "give up," it seems to contain the mindset that making new relationships and being responsible for them are burdensome and annoying. If you live alone, you only need to solve your own problems, but if you have a relationship with two or more people, you have to understand the other person, communicate with them, and show them consideration, so you may not want to create that kind of situation. According to a recent survey about single-person households, 68.5% of people living in single-person households feel lonely and isolated. This means that even the smart, young generation that says, "It's good to be alone," is lonely and isolated in the end. Now, even if you enjoy happiness and satisfaction alone, can you make your single life richer if you are naturally suited to being with many people?

36 말을 조리 있게 잘하는 것도 중요하지만 듣는 태도도 중요하다. 상대방의 이야기를 성심껏 들어 주는 태도는 열 마디를 하는 것보다 훌륭하다. 남의 말을 경청하는 것은 좋은 의견을 공유하는 것이며 말하는 사람이 온 힘을 쏟아 일하게 만들어 준다. 그 사람의 가치를 인정해 주는 것이기 때문이다. 뿐만 아니라 그 사람의 이야기를 들어 주는 것 자체가 그 사람을 존중하고 격려하는 것이다. 또한 나 자신을 높이는 태도이기도 하다.

36 It is important to speak coherently, but one's listening attitude is also important. An attitude of thoughtfully listening to the other person's speech is greater than saying ten words. Listening intently to others' words is a way to share good opinions and makes the person who is speaking work harder. The reason is that listening recognizes the value of the person. In addition, listening to another person speak is respecting and encouraging that person. Plus, it is an attitude that elevates one's own self as well.

37 거짓말은 주변 사람을 자신의 생각대로 제어하려는 의미도 있지만 거짓 이야기로 자신이라는 존재의 미미함을 보완하려는 의미도 있다. 특히 어릴 때는 어른을 난처하게 하거나 시선을 끌 뿐 아니라 자신이 원하는 존재, 또는 상대의 마음에 드는 존재가 될 수 있다고 생각해서 거짓말을 한다. 하지만 우리는 심각한 거짓말이 사회 문제로까지 이어지는 걸 가끔 뉴스로 접한다. 어른들은 자녀가 어렸을 적에, 거짓말을 하고 있다는 걸 분명히 알 때가 있다. 혼나는 것을 피하고 싶거나, 무엇을 요구하고 싶을 때 하는 행동이어서 알고도 모른 척 넘어가기도 한다. 그러나 어릴 적 교육이 올바른 성인으로의 성장에 바탕이 된다는 것을 기억해야 한다.

38 나는 아내와 함께 교회 성가대 활동을 30년째 하고 있는데, 자신의 목소리를 줄이고, 전체와의 조화를 생각해야 하는 합창의 힘을 깨닫는다. 자신 있고 좋아하는 부분이라고 하더라도 독창처럼 내 목소리를 크게 내면 안 된다. 내 목소리가 빛날지는 몰라도 합창은 깨어진다. 오래전 회사에 입사할 때도 '합창 단원처럼 일하겠다.'라는 생각을 했다. 내가 맡은 일, 특히 여럿이 함께 하는 일 중에 나에게 맡겨진 일을 열심히 해서 아름다운 합창을 이루는 역할을 충실히 감당해야 한다고 생각했다. 내게는 회사도 합창단과 마찬가지로 서로 조화를 이뤄내는 것이 가장 중요하게 느껴졌다. 함께 일하면서 조화를 이루는 것은 무슨 일을 하든지 관계없이 중요한 덕목이라고 생각하기 때문이다. 요즘 젊은이들을 보면 어학 실력이 뛰어나고, 전공 분야 성적도 훌륭한 사람이 많아서 신입 사원을 뽑을 때 우열을 가리기 쉽지 않다. 그래서 나는 협력할 수 있는 사람에게 점수를 많이 주려고 한다. 독창을 할 수 있는 사람도 중요하지만, 합창을 할 수 있는 사람이 더 많아야 회사가 발전할 수 있다고 생각하기 때문이다.

37 To lie means to try to control the people around you according to your own thoughts, but it also means to try to compensate for the insignificance of your own existence by telling false stories. In particular, when people are young, they lie not only to embarrass adults or get their attention but also because they think that they can be the person that they want to be or a person that other people like. However, we sometimes learn on the news about instances when serious lies result in societal problems. When their children are young, there are times when adults clearly know that they are lying. Since children behave this way when they want to avoid being scolded or when they want to ask for something, even if the adults know, they pretend not to and overlook it. However, it should be remembered that childhood education is based on the development of upright adults.

38 I am in my 30th year of doing church choir activities together with my wife, and I have realized the power of an ensemble to reduce our own voices and think about the harmony of the whole group. Even if you are confident and you like the part, you should not make your own voice bigger like a soloist. My voice may shine, but the chorus will be broken. I had the thought that I should faithfully fulfill my role to make a beautiful ensemble by working diligently on the job that was entrusted to me, especially when it came to work done together with many others. I felt that it was very important for me to create harmony with the ensemble just as if I would do at a company. The reason is that I think that no matter what type of work you do, creating harmony as you work together is an important virtue. These days, if we look at young people, there are a lot of people who have excellent language skills and get excellent grades in their major fields of study, so it is not easy to distinguish between superior and inferior candidates when choosing new employees. Therefore, I try to give a lot of points to people who can cooperate. The reason is that I think that people who can perform a solo are also important, but there must be more people who can make a chorus in order to be able to develop a company.

[39~41] 주어진 문장이 들어갈 곳으로 가장 알맞은 것을 고르십시오.
▶ P. 146~147

39 세계 어느 곳에서나 통하는 인사인 악수를 제대로 하는 방법은 뭘까? 악수를 할 때는 허리를 곧게 펴고 바른 자세를 유지하며 상대방과 시선을 마주치는 것이 바람직하다. (㉠) 하지만 상대방이 상사나 연장자일 경우는 허리를 10~15도 정도 굽혀서 예를 표하는 것도 좋다. (㉡) 그리고 한 손으로만 악수하는 것이 좋은데, 오른손으로 해야 한다. (㉢) 악수에는 '무장 해제'라는 의미가 담겨 있는데 손을 맞잡는 것은 '내 손에 무기가 없다'는 것을 보여 주는 행동이었기 때문이다. (㉣) 손을 잡을 때도 적당히 힘을 주어 잡고 두세 번 흔드는 것이 가장 좋다.

> 보기
>
> 예전에는 무기를 주로 오른손으로 잡았으니까 왼손잡이라도 오른손으로 악수하는 것이 좋다.

[39~41] Choose the most appropriate place for the given sentence.

39 What is the proper way to shake hands, a greeting used all around the world? When shaking hands, it is desirable to straighten your back and keep an upright posture while making eye contact with the other person. (㉠) However, if the other person is your superior or elder, it is also good to show courtesy by bending at the waist 10-15 degrees. (㉡) It is also good to shake hands using only one hand, but this should be your right hand. (㉢) The reason is that handshakes contain the meaning of "disarmament," so clasping hands is an action that shows "there is no weapon in my hand." (㉣) When taking someone's hand, it is also best to hold it with moderate strength and to shake it two or three times.

> Ex.
>
> Since weapons were mainly carried in the right hand in the past, even if you are left-handed, it is good to shake hands by using your right hand.

40 나이 들면서 기억력이 예전만 같지 못하다고 느끼게 되는 것은 어쩔 수 없는 노화 현상 때문이다. 그렇기에 기억력을 잘 유지하고 향상시키는 노력을 게을리해선 안 된다. (㉠) 혼란을 주는 정보를 잘 지우고 기억하고 싶은 것을 잘 선별해서 그것만 기억하는 것이다. (㉡) 사람들을 만났을 때 모든 이름을 기억하려고 애쓰기보다는 앞으로 연락하고 지낼 만한 사람을 선택해 그들의 이름을 암기하는 식이다. (㉢) 매일 일상적으로 반복되는 틀에 박힌 생활 방식에서 벗어나는 것도 기억력을 개선하는 방법이다. (㉣) 뇌가 새로운 상황에 놓이게 되면 새로운 정보를 붙잡아 둬야 한다는 판단 때문에 이를 저장하려고 노력하게 된다. 새로움은 일종의 기억 훈련인 셈이다.

> **보기**
>
> 잘 기억하려면 역설적으로 잘 잊어버릴 줄 알아야 한다.

40 Feeling as we age that our memory isn't what it used to be is an unavoidable part of the aging process. That's why we cannot be lazy about preserving and our memory and making efforts to improve it. (㉠) This is getting rid of confusing information, choosing the thing you want to remember, and only remembering that. (㉡) Rather than trying to meet the names of everyone when you meet them, it's the method of choosing the people that you want to contact and spend time with going forward, and memorizing their names by heart. Escaping the same old routine repeated in daily life is another way of improving your memory. (㉣) Because the brain has to decide what new information to hold on to when it's placed in new situations, it makes an effort to preserve it. Novelty is a sort of memory training.

> **Ex.**
>
> Paradoxically, in order to remember things well, you need to know how to forget things well.

41 (㉠) 전통적인 의미에서의 참다운 친구를 잃은 현대인의 공허함을 메워 주는 역할을 할 수 있다는 말이다. 진정한 친구는 외로울 때 동반자가 되어 주고 슬플 때에 위로해 줄 수 있어야 하는데, 텔레비전은 이를 대신해 줄 수 있기 때문이다. (㉡) 그래서 좋은 텔레비전 프로그램은 진정한 친구가 없는 현대 사회의 많은 청소년에게 따뜻한 친구 역할을 한다. (㉢) 좋은 음악 프로그램을 들으면서 아름다운 꿈을 키우기도 하고 감동적인 드라마나 다큐멘터리 프로그램을 통해 깊은 내면의 교감을 나누기도 한다. (㉣) 텔레비전은 다른 어떤 현실 속의 친구보다도 좋은 친구 역할을 하는 셈이다. 또 실제 친구들과 나눌 이야깃거리를 제공해 주고 공통된 화제로 대화를 끌고 가도록 만드는 역할을 하기도 한다.

> **보기**
>
> 텔레비전은 대화 상대가 필요한 현대인에게 좋은 친구가 될 수 있다.

41 (㉠) The being who stays with you when you are lonely and comforts you when you are sad can be called a friend, but TV also plays this role. The reason is that when you feel sad, you can laugh while watching a comedy, and when you are lonely, if you watch a broadcast, you will soon forget that you are alone. (㉡) In particular, for young people, whose friends are disappearing these days, a good program can become a warm friend. While watching many professionals shown on various programs, they can also nurture their dreams of becoming like those individuals themselves, and they can emotionally develop by watching impressive dramas. (㉢) News or documentary programs let them gain broader knowledge and information about the world. In addition, TV content becomes a common topic that gives them an opportunity to have conversations with real friends. (㉣)

> **Ex.**
>
> Television can become a good friend for modern people who need a conversation partner.

어느 부인이 가정생활이 너무 고통스러워서 상담을 하러 왔다.

"저는 너무 힘들고 불행해서 빨리 죽음으로써 이런 삶을 끝내고 싶어요."

상담사는 이야기를 다 들은 후,

"음……. 그것도 좋은 생각입니다. 그런데 당신이 죽으면 장례식을 하게 될 텐데 집에 찾아올 사람을 위해 집안 청소만 해 놓고 다시 오시겠어요?"

그 말을 듣고 그 부인은 집안 청소를 하고 꽃과 나무까지 정리한 후 상담사를 찾아갔다. 상담사는 아직도 그 생각에 변함이 없냐고 물었고 부인은 여전히 그렇다고 대답했다. 상담사는 "당신이 떠나면 아이들이 마음에 걸릴 텐데, 엄마가 자신들을 정말로 사랑했다는 것을 느낄 수 있도록 아이들에게 며칠만 사랑을 표현해 보면 어떻겠어요?"라고 말했다. 부인은 마지막이라는 생각에 며칠 동안 열심히 자녀들을 안아 주고 특별한 음식도 해 주었다. 마지막 인사를 하려고 찾아온 부인에게 상담사는

"당신의 남편은 생각만 해도 속에서 불이 나지요? 그런 남편이지만 당신 없이 혼자 되었을 때, 남편이 '그래도 참 좋은 아내였다.'라고 추억할 수 있도록 사흘만 남편에게 최선을 다해 보시는 건 어떨까요?" 라고 말했다. 부인은 내키지 않았지만 어차피 마지막이라는 생각으로 상담사의 말대로 실천했다. 사흘이 지난 아침, 밖에서 벨을 누르는 소리가 들렸다. 문을 열어 보니 자신의 상담사가 서 있었다.

"제가 들어가서 집 구경을 해도 되나요?"

"네, 괜찮습니다. 들어오세요."

집안은 깨끗이 정돈되어 있고, 아이들 얼굴에는 웃음이 가득했다. 남편은 한쪽 구석에서 미안한 표정으로 아내를 보고 있었다. 상담사는 부인에게 다시 물었다.

"아직도 불행해서 빨리 삶을 끝내고 싶습니까?"

부인은 대답했다.

"아니요."

오늘이 무슨 요일인지 헷갈린다면 아마도 그날은 수요일일 가능성이 제일 높을 것이다. 한 연구소가 1,200명의 사람들을 대상으로 각 요일이 사람의 심리에 미치는 영향을 분석했는데, 직장인들은 '두렵고 지겨운' 월요일로 한 주를 시작하고, 금요일부터 기분이 상승하면서 한 주를 마감한다. 그리고 '오늘이 무슨 요일인지'를 묻는 질문에 사람들이 대답하는 시간에 요일별로 차이가 나타났는데 이 중 수요일이 가장 길었다. 한마디로 사람들이 '오늘이 무슨 요일일까?' 생각하느라 시간이 걸린 것인데 월요일, 금요일과 비교하면 수요일이 무려 2배 정도 길었다. 이어 화요일과 목요일이 나란히 뒤를 이어 주중 요일인 '화, 수, 목'이 사람들에게는 (   )이 된 셈이다. 또한 월요일과 금요일에 대해 느끼는 사람들의 감정도 달라서 월요일에는 지루함, 정신없이 바쁨, 피곤함 등의 단어를 떠올렸고 반대로 금요일에는 쉼과 자유를 연상했다.

[46~47] 다음을 읽고 물음에 답하십시오. ▶ P. 150

요즘 세계 여러 나라에서 폭염과 홍수가 빈번하게 일어나고 있다. 우리나라에서도 최근에 두 달 이상 장마와 폭우가 계속되고 있기 때문에 이러한 기후 위기를 더 이상 "강 건너 불구경"하듯이 할 수는 없다. 지금의 풍요로운 물자와 먹거리를 얻기 위해 환경을 파괴한 결과 몇 십 년 사이에 지구 환경은 심하게 변화했다. 과학 발전의 뒷면에는 자연 파괴라는 문제가 있고, 경제 성장의 밑바닥에는 생물의 멸종이라는 문제가 깔려 있다. 이로 인해 초래된 전 세계적인 환경 문제는 더 이상 '미래 세대'의 문제가 아니라 이미 우리에게 닥친 문제이다. 그런데도 우리는 "설마?" 혹은 "어떻게 잘 되겠지."라며 애써 외면하고 있다. 이제 우리는 현실을 받아들이고 모두가 함께 대처 방안을 모색하여 해결해 나가야 한다.

[46~47] Read the following and answer the questions.

Heatwaves and flooding are occurring frequently in many countries around the world these days. In Korea too, as the rainy season and heavy rains have continued for more than two months recently, we can no longer treat this climate crisis by "fiddling while Rome burns." As a result of destroying the environment to obtain the abundant goods and food we have now, the global environment has changed severely over the past few decades. On the other side of scientific development is the problem of the destruction of nature, and the ground floor of economic growth is littered with the problem of the extinction of living things. The global environmental problem caused by this is no longer a problem of "future generations," it is a problem that we ourselves have already come to face. And yet, we are trying to look away, saying, "No way!" or, "It'll work out somehow." Now, we must accept reality and seek countermeasures together to solve this.

[48~50] 다음을 읽고 물음에 답하십시오. ▶ P. 151

긴 글을 읽기 귀찮고 시간을 절약할 수 있다는 이유로 요즘은 책이나 영화의 내용을 축약해서 보는 사람들이 늘고 있습니다. 즉, 내용의 줄거리나 핵심적인 사항만 훑어서 빠르게 파악하는 것입니다. 인터넷의 발달로 다양한 경로로 정보가 유통되면서 나타난 현상인데, 언론사도 이런 추세에 맞춰 발 빠르게 요약형 뉴스를 제공합니다. 또 글이 길어지면 마지막 부분에는 (   ) 한 번 더 써 주는 친절함도 일상화되었습니다. 이처럼 손쉽게 정보를 얻고 다른 사람의 지식을 핵심만 추려서 내 것으로 만드는 간편한 세상이 됐지만, 우려되는 바가 없지 않습니다. 인스턴트 음식에 길들여지면 오랜 시간 숙성해서 요리한 음식의 깊은 맛을 모르듯이, 요약된 정보와 지식만 습득하게 되면 글에 담긴 논리와 맛있는 표현, 행간에 숨겨진 의미를 찾는 즐거움 등을 모르게 됩니다. 그에 따라 사물을 오래 관찰하고 분석하거나 스스로 생각하는 능력도 퇴보할 가능성이 높아집니다. 또 정보를 축약하는 사람의 능력이나 취향에 따라 내용이 왜곡되거나 잘못 전달될 우려도 있습니다. 게다가 그렇지 않아도 컴퓨터를 통해 넓고 얕은 지식을 축적한 인공지능의 지식수준이 인간의 능력을 넘어설까 걱정하는데, 인간 고유의 생각하는 능력을 기우는 노력마저 줄어든다면 우리의 미래가 어두워질 것입니다.

[48~50] Read the following and answer the questions.

These days, more and more people are looking at summaries of books and movies because it is troublesome to read long texts and because they can save time. In other words, they reduce the content or only pick out the key details to grasp the content quickly. This is a phenomenon that occurred as information became distributed through various channels through the development of the internet and the press also offers quick summaries of news in response to this trend. In addition, when the text becomes longer, the courtesy of the (   ) written one more time at the end has become common. In this way, the world becomes a simple place where information is easily gained and only the key point of other people's knowledge is sorted out, but this does not mean there is nothing to worry about. If you become used to instant food, you do not know the deep taste of food that has been cooked after ripening for a long time; in the same way, if you only learn summarized information and knowledge, you will not know the logic and delicious expressions in writing, or the joy of finding meanings that are hidden between the lines. As a result, the ability to observe and analyze things over a long time, as well as the ability to think for oneself, become more likely to regress. In addition, there is a concern that content may be distorted or misinterpreted according to the ability or taste of the person summarizing the information. Moreover, even if this were not the case, there is concern that the knowledge level of artificial intelligence, which has accumulated wide and shallow knowledge through computers, will exceed the ability of humans, so if efforts to cultivate human's inherent thinking abilities are reduced, our future will grow dark.

해설 Questionnaire Explanation

듣기 ▶ P. 118~129

1 남자는 혼자 여행했다고 했고 셀카봉을 사용했다고 말했다.
The man says that he traveled alone and used a selfie stick.

2 영화표가 매진된 상황이 나오면서 다음 시간 영화표를 끊자는 대화로 영화 시간에 대한 이야기가 두 번 나왔다.
As a situation in which the movie tickets are sold out comes up, a conversation about the movie time comes up a second time when the person says, "Let's reserve movie tickets for the next time."

3 2017년과 2013년 설문 조사의 통계 숫자를 잘 비교해서 들어야 한다.
You should listen carefully and compare the survey statistics from 2017 and 2013.

4 이 대리가 어제 오후부터 아프다고 했다는 이야기를 들은 후에 남자가 할 말을 찾아야 한다.
After hearing that Manager Lee says he was sick since yesterday afternoon, you must find what the man will say next.

5 우수 사원으로 뽑힌 사람에게 주변의 사람들이 뭐라고 말할지 찾아야 한다.
You must find what the surrounding people will say to the person who was chosen as the outstanding employee.

6 여자가 다른 운동을 꾸준히 해서 익숙해지면 회원권을 끊으라고 했으므로 꾸준히 운동할 방법을 찾는 내용이 와야 한다.
The woman says to try doing a different exercise consistently and to end the membership if he grows accustomed to it, so content about finding a way to exercise consistently should come next.

7 남자가 세탁물이 너무 적다고 말했으므로 그것을 해결하는 방법에 대해 말해야 한다.
The man says that the amount of laundry is too small, so he should talk about a way to resolve that problem.

8 택배 받을 여자가 한 시간 뒤에 집에 온다고 했으므로, 택배 기사가 어떻게 물건을 처리할지 말하는 것을 찾아야 한다.
The woman who received a delivery says that she will come home in 1 hour, so you have to find what the delivery driver says about how to handle the item.

9 남자가 9인승 차를 빌리는 게 좋겠다고 말했고 여자는 그렇게 하겠다고 대답했으므로 답은 ④번이다.
The man says that it would be good to rent a 9-person car, and the woman replies that she will do that, so the answer is ④.

10 여자는 음식 재료 준비가 끝나서 이제 슬슬 전을 부치려고 한다고 했으므로 이어서 할 행동으로 가장 적절한것은 ②번이다.
The woman says that she finished preparation of the ingredients and is going to start making jeon (Korean pancakes), so ② is the most appropriate answer for what she will do next.

11 남자가 일단 알레르기 검사부터 한다고 했으므로 답은 ④번이다.
The man says that first he will do an allergy test, so the answer is ④.

12 남자가 사진부터 준비해 오라고 했으므로 답은 ③번이다.
The man says to prepare a picture first and then to come back, so the answer is ③.

13 남자가 올해를 넘기지 않을 것 같다고 말했으므로 남자의 동생은 올해 안에 결혼을 할 것 같다. 그래서 답은 ②번이다.
① 남자의 동생은 ~~남자다.~~
  → '시부모'는 결혼한 여자가 남편의 부모님을 가리킬 때 하는 말이다.
③ 결혼식 ~~날짜를 결정하고 예식장을 예약하려고 한다.~~
  → 예식장 상황을 알아보고 거기에 맞춰 날짜를 결정할 예정이다.
④ 이 두 사람은 조금 후에 ~~국수를 같이 먹을 예정이다.~~
  → '국수를 먹는다'는 말은 결혼식에 참석한다는 말이다.
The man says that it does not seem like it will be later than this year, so it seems like the man's younger sibling will get married this year. Therefore, the answer is ②.
① The man's younger sibling is ~~a man.~~
  → "시부모 (parents-in-law)" is a phrase used to indicate a married woman's husband's parents.
③ ~~They will decide the wedding ceremony date and then reserve the wedding hall.~~
  → They will check out the situation at the wedding hall and decide on a date to match it.
④ These two people ~~will eat noodles together in a little while.~~
  → "국수를 먹는다" is a phrase that means "to attend a wedding ceremony."

14 이 숫자는 지하철 전동차의 객실 번호로 자신이 어느 지하철 몇 번째 칸에 탔는지 알려 주므로 답은 ④번이다.
① 콜센터에 물어보면 이 숫자를 알려 준다.
→ 급한 일이 생겼을 때 이 번호를 콜센터에 알려 주어야 한다.
② 이 숫자는 3호선에만 있는 특별한 암호이다.
→ 모든 전동차에 다 있다.
③ 이 숫자는 그 안에 탈 수 있는 사람 숫자이다.
→ 지하철 전동차에 있는 객실 번호다

This number is the car number on a subway train that lets you know which subway and which car you took, so the answer is ④.
① If you ask the call center, they will let you know this number.
→ When an emergency has occurred, you have to let the call center know this number.
② This number is a special code number that is only on subway line 3. → All subway trains have these numbers.
③ This number is the number of people who can ride inside this train. → It is the car number of the subway train.

15 10월에는 3일 연달아 쉬는 주말이 두 번이나 있다고 말했으므로 답은 ①번이다.
② 대체 휴일은 앞으로 줄어들 것이다.
→ 다음달부터 대체 휴일제가 확대된다.
③ 한국과 일본의 대체 휴일 제도는 같다.
→ 일본 같이 징검다리 휴일이 없어서 아쉽다고 했다.
④ 12월 25일 성탄절에도 대체 휴일이 된다.
→ 종교와 관계된 휴일은 대체 공휴일로 하지 않는다.

The man says that in October, there are two weekends of 3 days off in a row, so the answer is ①.
② Substitute holidays will be reduced from now on.
→ They say that starting next month, the substitute holiday system is being expanded.
③ The substitute holiday systems in Korea and Japan are the same.
→ The woman said that it is a pity there are no linked holidays like in Japan.
④ December 25, Christmas, has a substitute holiday too. → Religious holidays do not have substitute holidays.

16 아파트가 마음에 들지만 애완동물을 기를 수 있는 곳이 필요하다고 말했으므로 애완동물 때문에 단독주택으로 갈 것 같다. 그래서 답은 ②번이다.
① 여자는 아파트가 마음에 안 들어서 아쉽다.
→ 집은 마음에 든다.
③ 아파트에서 애완동물을 기르는 것이 허용된다.
→ 이웃집의 소음 때문에 개를 기를 수 없다.
④ 이웃집이 시끄러워서 단독주택으로 가려고 한다.
→ 개를 기르기 위해 단독주택으로 알아보라고 말했다.

She said that she likes the apartment, but she needs a place where she can raise a pet, so it seems she will go to a detached house because of her pet. Therefore, the answer is ②.

① The woman is sorry because she doesn't like the apartment. → She likes the apartment.
③ It is permitted to keep pets in the apartment.
→ Dogs cannot be kept due to noise for the neighbors.
④ She intends to go to a detached house because the neighbors are noisy.
→ The man said to look into a detached house in order to have a dog.

17 남자는 결혼을 서두르지 말고 부모님과 맞춰 가면서 준비하라고 했으므로 답은 ③번이다.
The man said not to rush into marriage and to prepare while adjusting with her parents, so the answer is ③.

18 남자는 자동차가 자신의 능력과 취향을 나타내는 것으로 자신의 경제력에 맞춰도 된다고 말했다.
The man said that cars show one's own capability and taste, so one can also match a car to one's own economic power.

19 남자는 성공한 가수가 자신이 번 돈을 자랑하는 것은 심하다고 말했다.
The man said it is too much for a successful singer to boast about the money he earned.

20 남자는 사찰 음식의 의미와 특징을 말하고 있으므로 답은 ②번이다.
The man is talking about the meaning and characteristics of temple food, so the answer is ②.

21 남자의 이야기를 다 듣고 여자는 약도 분리수거해야 한다고 깨달았으므로 답은 ①번이다.
The woman listened to everything the man said and realized that medicine also has to be collected separately, so the answer is ①.

22 남자는 의약품을 잘못 버리면 물고기, 식수 등을 통해 인체에 영향을 미칠 위험이 있다고 말했으므로 답은 ④번이다.
① 여자는 의약품을 약국 수거함에 버려왔다.
→ 여자는 쓰레기통과 하수구에 버리라고 말했다.
② 남자는 오래된 약을 계속 보관하기를 원한다.
→ 약국 수거함에 버리기를 원한다.
③ 남자는 폐의약품을 분리수거하는 것을 귀찮아한다.
→ 남자는 분리수거를 주장하고 있다.

The man said that if medicine and medical supplies are not thrown away correctly, there is a risk of affecting humans through fish and drinking water, so the answer is ④.
① The woman came back after throwing away medicine in a pharmacy collection bin.
→ The woman said to throw it away in the garbage bin and down the drain.
② The man wants to keep storing the old medicine.
→ He wants to throw it away in a pharmacy collection bin.
③ The man says that it's annoying to separately collect medicine waste. → The man insists on collecting it separately.

23 책상화 그리기 대회를 하게 된 동기와 심사 방법 그리고 대회 후의 마무리까지 다 설명하고 있다.

He is explaining the motivation for holding a desk drawing contest, the evaluation method, and wrapping up after the contest.

24 예전에는 학생들이 수업 시간이나 쉬는 시간에 책상에 낙서를 많이 해서 야단쳤지만 생각을 바꿔서 아이들이 좋아하는 낙서를 마음껏 할 수 있게 기회를 주기로 했으므로 남자는 학교 선생님이다. 그래서 답은 ①번이다.

② 책상화 심사를 ~~남자 혼자서 했다~~.
→ 같은 학년 친구들과 선생님들이 스티커를 붙여서 뽑았다.

③ 남자는 아이들이 낙서하는 것을 ~~이해할 수 없다~~.
→ 낙서를 마음껏 할 수 있는 기회를 주려고 했다.

④ 아이들은 책상화 그리기 대회를 ~~반대한다~~.
→ 좋아하고 열심히 그리며 즐거워한다.

In the past, he scolded students for scribbling a lot on the desks during class or break time, but he changed his mind and gave them an opportunity to doodle as much as they wanted, so this person is a school teacher. Therefore, the answer is ①.

② ~~The man did~~ the desk drawing evaluation by himself.
→ The winners were chosen by teachers and students from the same grade who attached stickers.

③ The man ~~cannot understand~~ the childrens' doodling.
→ He intended to give them an opportunity to doodle as much as they wanted.

④ The children ~~were opposed to~~ the desk drawing competition.
→ They liked it and enjoyed working hard on their drawings.

25 무엇이든 잘하는 아이로 만들려는 것은 부모의 욕심이므로 이를 내려놓으라고 하면서 욕심을 버리고 자녀와 대화할 것을 권하고 있다.

The greed of parents is trying to make their child do everything well, so the man advises to drop this, stop being greedy, and have conversations with children.

26 남자는 사춘기 아이들의 이야기는 다 들어 줘야 한다고 말했으므로 답은 ④번이다.

① ~~욕심 있는 사람~~은 명문 대학에 못 간다.
→ 부모는 자기 자녀가 명문 대학을 꼭 가야 한다는 욕심을 버려야 한다.

② 아이를 사랑하는 방법은 ~~행동이 더 쉽다~~.
→ 말로는 쉬운데 행동이 어렵다.

③ ~~아이들은~~ 무엇이든 잘하려는 목표가 있다.
→ 부모가 아이들을 이렇게 만들려고 한다.

The man says that you must listen to everything an adolescent child says, so the answer is ④.

① ~~A person with greed cannot go to a prestigious university~~.
→ Parents must throw away their greed for their child to absolutely attend a prestigious university.

② Enacting the method of loving a child ~~is easier~~.
→ It is easy to say but difficult to enact.

③ ~~Children~~ have a goal to do everything well.
→ Parents try to make their children be this way.

27 남자는 부산의 방을 구한 방법과 좋은 점들을 여자에게 자세히 말하고 있다.

The man is telling the woman the method through which he searched for a room in Busan and its good points in detail.

28 여자가 부산에 아는 사람도 없는데 현지 사람을 만날 수 있고 여러 가지 정보도 얻을 수 있겠다고 말했으므로 답은 ②번이다.

① ~~이 두 사람은 신혼부부다~~.
→ 방을 빌려주는 사람이 신혼부부다.

③ 집 공유 사이트는 ~~모텔을 광고하기 위해 만들어진 것이다~~.
→ 모텔을 광고하기 위해 집 공유 사이트를 이용하는 것이 안타깝다고 생각한다.

④ 이 사람들이 부산을 여행하는 동안 ~~집주인들은 그 집에 안 산다~~.
→ 현지 사람을 만날 수 있게 된 것은 그 사람들이 살기 때문이다.

The woman said that she does not know anyone in Busan, but it seems she will be able to meet local people and get various types of information, so the answer is ②.

① ~~These two people~~ are newlyweds.
→ The people who are renting out the room are newlyweds.

③ House-sharing sites ~~were made in order to advertise motels~~.
→ The man thinks it's too bad that sharing sites are used to advertise motels.

④ While these people are traveling in Busan, ~~the homeowners will not be in that house~~.
→ The fact that they might be able to meet local people is due to those people being in the house.

29 이 사람은 졸업식 대표 연설 자리에 서 있는 장애인이다.

This person is someone with disabilities standing in the position of giving a representative speech at a graduation ceremony.

30 이 사람은 가능하다고 믿으면 가능해진다고 말했으므로 답은 ①번이다.

② 이 사람은 ~~학교 입학식에서 이야기하고 있다~~.
→ 졸업식에서 이야기하고 있다.

③ ~~이 사람의 세대들은 모든 것이 보장된 행복한 사람들이다~~. → 연애와 결혼과 출산을 포기한 세대라고 말한다.

④ 이 사람은 신체가 특수하지만 ~~다른 사람과 똑같은 눈으로 세상을 경험했다~~.
→ 다른 눈높이에서 세상을 경험하고 삶이 풍성해졌다.

This person says that if you believe something is possible, it becomes possible, so the answer is ①.

② This person ~~is speaking at a school entrance ceremony~~.
→ He is speaking at a graduation ceremony.
③ This person's generation ~~are happy people for whom everything is guaranteed~~.
→ He says they are a generation who have given up on dating, marriage, and childbirth.
④ This person has unique physical characteristics, ~~but he experienced the world through the same eyes as other people~~.
→ He experienced the world from a different eye level, so his life became richer.

31 남자는 에누리나 덤을 주는 문화 같은 것을 전통 시장을 통해 느껴야 한다고 말하고 있다.
The man is saying that one should experience things like the culture of bargaining or throwing in an extra item at traditional markets.

32 통역사를 통해 이야기를 나누더라도 전통 시장의 문화를 체험하도록 해야 한다고 말하고 있으므로 답은 ③번이다.
① ~~현재의 관광 정책에 만족하고 있다~~.
→ 전통 시장에 외국인 전담 통역 직원이 없는 것을 안타까워하고 있다.
② ~~상대방의 의견에 부분적으로 동의하고 있다~~.
→ 여자의 말에 '그렇지 않다'라고 반박하고 있다.
④ 전통 시장에 통역하는 사람이 없는 것을 ~~받아들이고 있다~~.
→ 통역사의 비용 부담이 있어도 외국인이 전통 시장에서 한국 문화를 느껴야 한다고 생각한다.
He is saying that you should try to experience the culture of traditional markets even if you have to speak through an interpreter, so the answer is ③.
① ~~He is satisfied with current tourism policies~~.
→ He says that it is a pity that there are no employees in charge of interpreting for foreigners at traditional markets.
② ~~He is partially agreeing~~ with the other person's opinion.
→ He is refuting what the woman said by saying, "It's not like that."
④ ~~He accepts~~ that there are no interpreters at traditional markets.
→ He thinks that even if the cost of an interpreter is a burden, foreigners should experience Korean culture at traditional markets.

33 이 사람은 어렸을 때부터 삐딱한 자신의 성격이 광고 회사에 잘 맞을 것이라고 얘기하고 있다.
This person is saying that the "tilted" personality he has had since he was young will suit an advertising company well.

34 '창조의 모든 행위는 파괴에서 시작된다'라고 피카소가 말했으므로 답은 ②번이다.
① ~~삐딱한 사고방식은 좋지 않다~~.
→ 삐딱한 사고방식은 새로운 의미를 발견하는 좋은 관점이다.

③ 사물을 있는 그대로 받아들이는 것이 ~~창의적인 광고다~~.
→ 사물을 있는 그대로 받아들이는 것은 새롭지 않다.
④ 주변을 다르게 보고 뒤집어 보는 것은 ~~광고에서 필요 없다~~.
→ 주변을 다르게 보고 뒤집어 보는 것이 정말 광고에서 필요한 것이다.
Picasso said that "every act of creation is first an act of destruction," so the answer is ②.
① A skewed way of thinking ~~is not good~~.
→ A skewed way of thinking is a good perspective that discovers new meanings.
③ ~~Creative advertising is~~ accepting things just the way they are. → Accepting things just the way they are is not new.
④ Looking at one's surroundings differently and seeing things upside down ~~is not necessary in advertising~~.
→ Looking at one's surroundings differently and seeing things upside down is really necessary in advertising.

35 이 사람은 위대한 발명이 번쩍하는 아이디어로 만들어지는 것이 아니라 여러 사람들의 느린 직감이 공유되어 이뤄진다고 주장하고 있다.
This person is arguing that inventions are made not through flashes of ideas but through sharing the slow intuition of many people.

36 최고의 발명가들은 다방면에 관심을 가진 아주 박식한 사람들이거나, 아니면 접근 방식이 다른 발명가들과 팀을 이룬 사람들이었으므로 답은 ④번이다.
① ~~최고의 발명가들은 성격이 느린 사람들이다~~.
→ 성격이 느린 것이 아니라 여러 직감들이 공유되는 것이 느린 것이다.
② ~~천재 한 사람의 업적으로 발명이 이루어진다~~.
→ 여러 사람들의 느린 직감이 공유되어 이뤄진다.
③ 발명은 ~~순간적인 아이디어로~~ 이루어진 것이다.
→ 수십 년을 두고 구체화된 아이디어의 산물이다.
The best inventors were very knowledgeable people with a variety of interests or people who made teams with inventors whose approaches were different, so the answer is ④.
① ~~The best inventors are people with slow personalities~~.
→ It's not the personality that is slow, but the sharing of several intuitions.
② Inventions are made through ~~the achievement of one person who is a genius~~.
→ They are made through the sharing of slow intuitions of many people.
③ Inventions are made through ~~momentary ideas~~.
→ They are the product of ideas that materialized after decades.

37 여자는 주부들이 뭉치면 돈이 되는 것에 대해 설명하고 있다.
The woman is explaining how money is made when housewives get together.

38 어린아이를 둔 6명의 주부가 한 가지씩 이유식을 만든 후 서로 나눠 가지고 가면 6가지의 이유식이 생긴다고 했으므로 답은 ④번이다.
  ① 주부들이 모이면 ~~헛소문이 많아진다.~~
    → 주부들이 뭉치면 돈이 된다고 말했다.
  ② ~~사교육 시장에 뛰어드는 엄마들이 늘고 있다.~~
    → 사교육비를 줄이고 있다.
  ③ 주부들이 반찬을 서로 만들어 주는 품앗이를 한다.
    → 자녀 교육을 품앗이하고 있다.
  She says that if 6 housewives who have young children and each makes one type of baby food and shares with the others, 6 types of baby food are made, so the answer is ④.
  ① When housewives get together, ~~rumors multiply.~~
    → They say that when housewives get together, money is made.
  ② ~~The number of mothers entering the private education market is increasing.~~
    → They are reducing private education expenses.
  ③ Housewives exchange ~~the labor of making side dishes with one another.~~
    → They are exchanging the labor of child education.

39 '이렇게 햇볕의 좋은 점이 많으니까'라고 말했으므로 햇볕의 좋은 점을 말한 것을 골라야 한다.
  The woman says, "because there are so many good things about sunlight," so you must choose the answer that talks about good things about sunlight.

40 옛날에 프랑스 디자이너 코코 샤넬이 잠적했다가 갑자기 파리 사교계에 까만 얼굴로 나타나면서 일광욕이 전 세계적으로 유행했으므로 답은 ②번이다.
  ① 악성 흑색종은 ~~눈에 생기는 질병이다.~~
    → 악성 흑색종은 피부암이므로 피부에 생긴다.
  ③ 기미, 잡티, 주근깨는 ~~잘못된 화장품 사용으로 생긴다.~~
    → 기미, 잡티, 주근깨는 햇볕 때문에 생긴다.
  ④ 피부 보호를 위해 자외선 차단 크림을 권하는 사람은 ~~안과 의사이다.~~
    → 피부 보호를 위해 자외선 차단 크림을 권하는 사람은 피부과 의사이다.
  In the past, when the French designer Coco Chanel disappeared and then suddenly appeared in Parisian social circles with a dark face, sunbathing became fashionable all over the world, so the answer is ②.
  ① Malignant melanoma is ~~a disease that forms in the eyes.~~
    → Malignant melanoma is a skin cancer, so it forms in the skin.
  ③ Spots, blemishes, and freckles ~~form through the misuse of cosmetics.~~
    → Spots, blemishes, and freckles form due to sunlight.
  ④ The person who advises the use of sunscreen to protect your skin is ~~the eye doctor.~~
    → The person who advises the use of sunscreen to protect your skin is the dermatologist.

41 이 사람은 단순한 재미가 아니라 '재미의 의미'에 대해 이야기하고 있다.
  This person is talking about the meaning of fun, not simple fun.

42 남자는 무조건적인 재미보다는 생각도 하고 의미도 있는 재미를 추구해야 한다고 주장하므로 답은 ③번이다.
  ① 모든 프로그램은 ~~무조건 재미있어야 한다.~~
    → 생각도 하고 의미도 있는 재미가 필요하다.
  ② 처음엔 쓴맛이 나는 커피는 ~~끝내 즐기기 어렵다.~~
    → 점차 즐기게 된다.
  ④ 문화 강국이 되려는 한국에는 ~~사탕 같은 재미가 필요하다.~~
    → 문화 강국이 되려는 한국은 사탕 맛의 재미에서 벗어나야 한다.
  He argues that We should pursue fun that has thought and meaning more than unconditional fun, so the answer is ③.
  ① All programs ~~should be unconditionally fun.~~
    → Fun needs to be thoughtful and meaningful.
  ② ~~It is difficult to enjoy~~ the taste of coffee, which is bitter at first. → It gradually becomes enjoyable.
  ④ Korea, which is trying to become a cultural powerhouse, ~~needs fun that is like candy.~~
    → Korea, which is trying to become a cultural powerhouse, should remove itself from candy-flavored fun.

43 일반인들은 위조지폐를 봐도 구별하기 어려운데 특별한 방법이 있냐는 질문에 남자가 답하고 있다.
  The man is answering a question about whether it is difficult for the general public to spot counterfeit bills, and whether there is a special method to spot them.

44 종이를 만졌을 때 전체적으로 질감이 미끈하다면 위조지폐일 가능성이 크므로 답은 ①번이다.
  ② 동전은 문양의 경계가 확실한 것이 ~~위조지폐다.~~
    → 문양의 경계가 확실한 것이 진짜 돈이다
  ③ 자외선을 비출 때 문양이 ~~안 떠오르면 진짜 돈이다.~~
    → 문양이 떠오르는 것이 진짜 돈이다.
  ④ 지폐에서 숫자나 글자가 오돌토돌한 것은 ~~위조지폐다.~~
    → 지폐에서 숫자나 글자가 오돌토돌한 것은 진짜 돈이다.
  When touching the paper, if the overall texture is sleek, there is a high possibility that it is a counterfeit bill, so the answer is ①.
  ② If the borders of the shapes on a coin are clear, ~~it is counterfeit money.~~
    → If the borders of the shapes are clear, it is real money.
  ③ ~~If patterns do not appear~~ when UV rays are shined, ~~it is real money.~~ → If patterns appear, it is real money.
  ④ If the numbers or letters on a bill are grainy, ~~it is counterfeit money.~~
    → If the numbers or letters on a bill are grainy, it is real money.

45 대부분의 사람들은 돈이 모이지 않는 이유를 돈 모으는 기술이나 방법 때문이라고 생각하므로 답은 ④번이다.

① 예리하고 좋은 칼은 항상 상처를 입힌다.
→ 어린아이에게 쥐어 줄 때만 그럴 것이다.

② 많은 돈과 기회만 있으면 누구든지 잘 사용할 수 있다.
→ 자신의 그릇만큼만 사용하거나 넘쳐서 흘려보내게 된다.

③ 부자가 되면 돈을 다루는 능력은 자연적으로 따라온다.
→ 큰돈을 다루는 능력을 먼저 키워야 한다.

Most people think that the reason they do not save money is due to their skills or methods for saving money, so the answer is ④.

① A good, sharp blade ~~always causes wounds~~.
→ This will happen only if you give it to a young child.

② If they have a lot of money and opportunities, ~~anyone can use them well~~.
→ You will only use as much as your vessel can hold, or it will overflow.

③ ~~If you become wealthy, the ability to handle money naturally follows~~.
→ First, you must develop your ability to handle a large amount of money.

46 이 사람은 부자가 되려고 하기 전에 큰돈을 다루는 능력을 키워야 한다고 역설하고 있다.

This person is emphasizing that you must develop your ability to handle a large amount of money before trying to become wealthy.

47 회사가 선호하는 지원자로 회사에 대한 애정이 돋보이는 사람이나 당당하게 소신을 드러내는 지원자, 밝은 표정의 지원자, 인사성이 바른 지원자 등을 꼽았으므로 답은 ①번이다.

② 연봉 등 조건만 따지는 사람은 ~~회사에 대해 애정이 있다~~.
→ 연봉 등 조건을 따지는 것은 자신의 이익만 생각하는 것이다.

③ 당당하게 소신을 드러내는 지원자는 ~~고집이 세서 탈락시킨다~~.
→ 회사가 당당하게 소신을 드러내는 지원자를 선호하므로 합격 가능성이 높다.

④ 회사에 대한 정보를 모르는 사람이 ~~신선해서 합격할 가능성이 높다~~.
→ 회사에 대한 정보를 모르는 사람은 회사에 관심이 없는 사람이다.

The man points out that the applicants preferred by companies are people whose affection for the company stands out or applicants who confidently reveal their beliefs, applicants with bright facial expressions, applicants with proper courteousness, etc., so the answer is ①.

② People who only calculate the conditions such as the salary ~~have affection for the company~~.
→ People who only calculate the conditions such as the salary only think about their own profit.

③ Applicants who confidently reveal their beliefs ~~are stubborn, so they are eliminated~~.

→ Applicants who confidently reveal their beliefs are preferred by companies, so their chances of passing are high.

④ People who do not know information about the company ~~are fresh, so their chance of passing is high~~.
→ People who do not know information about the company are people who do not have interest in the company.

48 남자는 입사 지원자가 탈락하는 경우와 회사가 좋아하는 지원자의 조건들을 설명하고 있다.

The man is explaining situations in which employment candidates are eliminated and the conditions of applicants that are liked by companies.

49 이 사람은 가슴 아픈 역사의 현장을 찾아가 옛날 일을 되새기고 기억하여, 더 이상 이러한 역사가 되풀이되어서는 안 된다는 교훈을 얻어야 한다고 말하고 있으므로 답은 ①번이다.

② 슬픈 장소들은 ~~반드시 목적지로 정해서 가야 한다~~.
→ 꼭 여행의 목적지로 삼을 필요는 없다.

③ 다크 투어리즘은 ~~어두운 밤 시간에 여행하는 것을 말한다~~.
→ 아픈 역사의 현장이나 끔찍한 재해를 겪은 장소를 둘러보며 뭔가를 깨닫는 여행이다.

④ 아픈 역사의 현장은 ~~멋진 사진과 광고로 유혹할 필요가 있다~~.
→ 조용히 방문자를 기다리고 있으므로 찾아가기만 하면 된다.

This person says that we must learn the lesson that history should not be repeated again as we go to places with heartbreaking histories and remember the old days, so the answer is ①.

② Sad destinations ~~must absolutely be your destination~~.
→ They do not absolutely have to be the destination of your trip.

③ Dark tourism refers to ~~traveling during the dark nighttime~~.
→ It is a trip to realize something while looking around a place that has suffered a painful history or a terrible disaster.

④ The present locations of sad histories ~~need to allure visitors with splendid photos and advertisements~~.
→ Since they are quietly waiting for visitors, you just have to go and find them.

50 가슴 아픈 역사의 현장을 찾아 옛날 일을 되새기고, 이러한 역사가 되풀이되어서는 안 된다는 교훈을 얻는 다크 투어리즘에 대해 설명하고 있다.

It is explaining about dark tourism, which requires going to places with heartbreaking histories to reflect on the past, and teaches the lesson that this type of history should not be repeated.

울러 외국인 주민 구성이 다양하게 분포하고 있다는 자료를 통해, 외국인 주민 수와 비율이 증가했을 뿐만 아니라 한국에 거주하는 목적도 다양하다는 것을 서술해 주면서 마무리하면 된다.

It needs to examine what statistical data is being presented regarding the population of foreign residents in the problem. Through graphs showing a consistent increase in the number of foreign residents since 2006 and data indicating a steady rise in the proportion of foreigners to the total population, it can be inferred that the number of foreign residents is on the rise. Looking at specific numerical changes, it can be observed that the number of foreign residents doubled from 2006 to 2010, tripled by 2015, and surpassed fourfold by 2023. By describing these prominent features, one can conclude the trend of increasing foreign residents. Furthermore, by using data indicating diverse distributions of foreign residents, it can be concluded that not only have the number and proportion of foreign residents increased, but also the purposes for residing in Korea vary.

54 문제에서 노키즈존의 정의와 그에 대한 찬성과 반대 의견을 간단히 설명하고 있다. 이를 참조해서 묻는 내용에 차례대로 답하고 자신의 의견을 쓰면 된다.
(1)번 문제와 관련된 설명: 음식점 입구에 '노키즈존 (No Kids Zone)' 즉, '어린이 출입 금지'라고 붙여 놓은 곳이 늘고 있습니다.
(2)번 문제와 관련된 설명: 공공장소에서 시끄럽게 구는 아이들의 행동이 다른 손님들을 불편하게 하기 때문이라는 것
(3)번 문제와 관련된 설명: 아이를 둔 부모 입장에서는 차별이라서 불쾌하다는 반응

The passage is briefly explaining the definition of "No Kids Zone" and presenting both supportive and opposing views on it. It just needs to answer the questions in reference to it and provide your own opinion.

Description related to question (1): There is a growing trend of placing signs saying "No Kids Zone" or "Children Not Allowed" at the entrance of restaurants.

Description related to question (2): This is due to the disruptive behavior of noisy children in public places, which makes other customers uncomfortable.

Description related to question (3): Parents with children may find it uncomfortable as they perceive it as discrimination.

쓰기 ▶ P. 130~131

51 예약을 하기 위해 제일 먼저 알아야 할 것은 참석 인원 수이다. 그걸 알기 위해서 참석할 사람들이 미리 알려 주어야 한다. '참석할지 안 할지'를 가리키는 말이 '참석 여부'다. 혹은 쉽게 풀어서 '오실지 안 오실지 / 참석하실지 안 하실지'라고 써도 된다. ㉡에서 '주차장이 협소하다'는 '주차장이 좁다'는 말이다. 가능하면 오시는 분들이 '-해 주기를' 바란다고 말했으므로 그렇게 원하는 것은 '대중교통을 이용하는 것 / 버스나 지하철을 이용하는 것'이다.

The first thing you need to know in order to make a reservation is the number of people attending. In order to know that, people who will attend must inform of their attendance in advance. "참석 여부" is a phrase indicating "whether or not one will attend." Or you can also easily unravel it and write "오실지 안 오실지 / 참석하실지 안 하실지." In ㉡, the phrase "주차장 협소하다" means "the parking lot is small." It says that if possible, they would like people who are coming to do something "-해 주기를," so the thing that they want them to do is "대중교통을 이용하는 것 (use public transportation)" / "버스나 지하철을 이용하는 것 (take the bus or subway)."

52 두 개의 문장을 대조해서 쓴 글이다.
우울하다고 믿으면 - 우울해질 가능성이 많다.
_____㉠_____ - 행복해질 가능성이 많다.
위 문장과 같은 형식으로 문장을 완성해야 하므로 ㉠을 찾으려면 뒤 문장을 보고 앞의 문장을 찾아야 한다. 그러므로 정답은 '행복하다고 믿으면'이 된다.
㉡도 앞의 문장이 '그렇게 믿으면'이므로 '정말 그렇게 된다 / 정말 그렇게 될 수 있다 / 정말 그것이 가능해진다' 등이 들어가면 된다.

Compare the two sentences before writing.

If you believe you are depressed – the possibility of becoming depressed is high.

_____㉠_____ – the possibility of becoming happy is high.

You have to complete the sentence in the same form as the sentence above, so to find ㉠, look at the sentence at the end and then find the sentence in the front. Accordingly, the correct answer is "행복하다고 믿으면 (If you believe you are happy)." Since ㉡ also says, "그렇게 믿으면 (if you believe that way)" in the front sentence, you can fill in the blank with "정말 그렇게 된다 (it will really become that way) / 정말 그렇게 될 수 있다 (it can really become that way) / 정말 그것이 가능해진다 (that thing really becomes possible)," etc.

53 문제에서 외국인 주민 현황에 대한 어떤 통계 자료를 제시하고 있는지 살펴봐야 한다. 외국인 주민 수가 2006년부터 꾸준히 증가하고 있는 그래프와 전체 인구 대비 외국인 비율이 꾸준히 증가하고 있다는 자료를 통해 외국인 주민 수가 증가 추세에 있음을 알 수 있다. 구체적인 숫자 변화를 살펴보면 2006년에 비해 2010년의 외국인 주민 수가 2배 증가하였고, 2015년에는 3배, 2023년에는 4배가 넘게 증가하였음을 알 수 있다. 이처럼 눈에 띄는 특징을 찾아서 서술하면 된다. 아

읽기 ▶ P. 132~151

1 길이 막히는 이유가 월요일이라는 사실과 비가 온다는 사실이 더해진 것이므로 그 의미를 나타내는 답은 ③번이다.

The reason for the roads being blocked is the fact that it's Monday. Added to this is the fact is that it's raining, so the answer that shows the meaning of adding is ③.

2 골목에서 갑자기 차가 튀어나와서 자동차에 부딪치지는 않았지만 거의 그런 상태가 될 것 같았던 의미의 답은 ②번이다.

A car suddenly came rushing out of an alley, and it did not crash into another car, but it seemed like that situation almost happened, so the answer is ②.

3 '뒷사람이 밀어서'는 이유를 나타내는 말인데 '이유'를 나타내는 다른 표현은 '-(으)ㄴ/는 바람에'이다.

"뒷사람이 밀어서 (because the person behind pushed)" is a phrase that shows a reason, but a different expression that shows a reason is "-(으)ㄴ/는 바람에."

4 '잃어버릴 수 있다'는 말은 '그럴 가능성이 있다'는 의미이다. '가능성이 있다' 또는 '가능성이 높다'는 말은 '-기 십상이다'이므로 답은 ④번이다.

"잃어버릴 수 있다 (you could lose it)" means "there is a possibility that could happen." "-기 십상이다" means "there is a possibility" or "the possibility is high," so the answer is ④.

5 '집, 한옥'과 관련된 말은 '주택'이다.

The word related to "집, 한옥 (house, *hanok*)" is "주택 (housing)."

6 자연이 사람에게 '고맙습니다'라고 말하는 것은 '자연 보호'와 관계가 있다.

"자연 보호 (preservation of nature)" has a relationship with nature saying, "Thank you," to people.

7 '금연'이라는 말은 담배를 '안 피운다'는 뜻이므로 '담배 끊기'를 의미한다.

"금연" means "to not smoke" cigarettes, so it means "담배 끊기 (quitting smoking)."

8 '땅속에 묻어도 써지 않는 쓰레기'들을 걱정하는 것은 '환경 문제'를 나타내는 것이다.

Worrying about "non-biodegradable garbage buried in the earth" shows a "환경 문제 (environmental problem)."

9 영화감독과 그녀의 곁에 함께 하는 사람들이 겪는 우아한 유머와 담담한 슬픔을 담아냈으므로 답은 ②번이다.
① 영화감독의 어머니에 대한 책을 소개하고 있다.
　→ '출연, 상영 시간'은 영화와 관계있는 말이다.
③ 이 영화는 성인 대상 영화라서 미성년자는 볼 수 없다.
　→ 12세 이상이 관람할 수 있으니까 미성년자도 볼 수 있다.
④ 영화감독이 곧 죽을 것이라서 그 어머니가 슬퍼하는 영화 이야기이다.
　→ '곧 세상을 떠날 엄마와의 이별'이라는 말은 '엄마가 돌아가실 것'이라는 의미이다.

It is full of graceful humor and calm sadness experienced by the movie director and the people together by her side, so the answer is ②.

① It is introducing a book about the movie director's mother.
→ "출연, 상영 시간 (cast, running time)" are words related to movies.
③ This movie is aimed at adults, so minors cannot watch it.
→ People aged 12 or older can view it, so minors can also watch it.
④ The movie director is going to die soon, so the movie story is about the mother's sadness.
→ "곧 세상을 떠날 엄마와의 이별" means "mother will soon pass away."

10 휴가 때 여행을 떠나지 않는 이유 중에서 '사람도 많고 바가지요금이 싫어서'라는 이유가 52.8%로 가장 많았으므로 답은 ③번이다.
① 여행 가기 귀찮아서 안 가는 사람은 없다.
　→ 여행 가기 귀찮아서 안 가는 사람은 35.4%다.
② 여행 후 피곤할 것 같아서 안 가는 사람이 제일 많다.
　→ 여행 후 피곤할 것 같아서 안 가는 사람은 24.1%로 제일 적다.
④ 휴가 때 여행을 가야 한다는 사람이 안 가도 괜찮다는 사람보다 많다.
　→ 휴가 때 여행을 가야 한다는 사람은 44.7%이고 안 가도 된다는 사람은 50.4%로 더 적다.

Among the reasons for not traveling during vacation time, "there are too many people, and I hate being overcharged as a tourist" had the most at 52.8%, so the answer is ③.

① There are no people who don't travel because it is troublesome.
→ 35.4% of people don't travel because it is troublesome.
② The greatest number of people do not travel because it seems like they will be tired after traveling.
→ At 24.1%, people who do not travel because it seems like they will be tired after traveling are the fewest.
④ There are more people who said you should travel during vacation time than people who said it was okay not to travel.
→ 44.7% are people who said you should travel during vacation time, which is less than the 50.4% of people who said it was okay not to travel.

11 매일 0.1%씩 나은 삶을 사는 것은 별것 아닌 것처럼 보이지만 10년 후의 멋진 나를 만들 수 있으므로 답은 ③번이다.
① 10년 후의 멋진 나를 만들기 위해 외모에 신경을 써야 한다.
　→ '어제보다 조금 더 열심히 사는 것'은 외모와 관계가 없다.
② 어제보다 더 나은 삶을 사는 방법은 돈을 많이 버는 것이다.
　→ '5분 일찍 일어나거나 책을 읽는 것'은 돈을 버는 목적이 아니다.
④ 매일 0.1%씩 더 나은 삶을 사는 일은 큰 노력을 필요로 한다.
　→ '사소한 노력'이라는 말은 작은 노력을 의미한다.

Living a life that improves by 0.1% every day may not seem like much, but after 10 years, you can make an amazing version of yourself, so the answer is ③.

① In order to make an amazing version of yourself 10 years later, ~~you should pay attention to your appearance.~~
→ "Living a little more diligently than yesterday" has no relationship with appearance.

② The method of living a life that is better than yesterday ~~is earning a lot of money.~~
→ "Getting up 5 minutes early or reading a book" is not a goal of earning money.

④ Living a life that is 0.1% better every day ~~requires a large effort.~~
→ "사소한 노력" means "small effort."

12 집에서 죽음을 맞이하는 비율이 15.6%에 불과하게 되면서 죽음은 연명 치료 기기의 스위치를 끄는 것으로 대체됐으므로 답은 ③번이다.

① 죽음에 대해서 ~~한국과 미국이 서로 다르게 변화하고 있다.~~
→ '미국만 그런 게 아니라 한국도'라고 했으므로 같은 상태를 말하고 있다.

② 1980년 이후로 미국에서는 집에서 죽는 사람이 ~~더 많아졌다.~~
→ 집에서 죽는 사람이 17%로 떨어졌으므로 병원에서 죽는 사람은 83%쯤이라는 말이다.

④ 요즘 집에서 임종을 맞는 사람이 병원에서 죽는 사람보다 ~~많다.~~
→ 집에서 죽음을 맞이하는 비율은 15.6%로 아주 적다.

As the rate of people who pass away at home was only 15.6%, death has been replaced by switching off a life support machine, so the answer is ③.

① Regarding death, ~~Korea and the United States are changing in different ways from each other.~~
→ It says, "Not only the United States but also Korea," so it is talking about the same situation.

② Since 1980, the number of people in the United States who die at home ~~has increased.~~
→ The number of people who die at home fell to 17%, so the number of people who die in the hospital is 83%.

④ These days, there are ~~more~~ people who die at home than people who die in hospitals.
→ At 15.6%, the rate of people who die at home is very low.

13 (가)는 '그러나'로 시작하기 때문에 첫 문장으로 올 수 없다. (나)는 이유를 설명하는 말이라서 첫 문장에 올 수 없다. (다)도 원인을 말했기 때문에 첫 문장으로 올 수 없다. (라) 문장이 첫 문장이 되고, 그 이유를 설명한 (나)가 연결되어야 한다. 그 후에 미국과 대조되는 한국의 상황을 설명한 (가)가 오고 그 이유를 설명한 (다)가 마지막에 와야 한다.

(가) starts with "그러나," so it cannot come as the first sentence. (나) explains a reason, so it cannot be the first sentence. (다) also talks about a cause, so it cannot be the first sentence. (라) becomes the first sentence, and it must be followed by (나), which explains that reason. After that comes (가), which explains the situation in Korea compared with the United States, and (다), which explains that reason, must come last.

14 첫 번째 문장은 일반적인 명제로 시작하는 것이 자연스럽다. 여기서 가장 일반적인 명제는 (라)이므로 첫 번째 문장이 된다. 그리고 그 말을 뒷받침해 주는 말이 (나)이다. 그리고 앞 문장의 예로 든 (가)가 이어지고 그 이유를 설명한 (다)가 마지막에 온다.

It is natural for the first sentence to start with a general proposition. Here, the most general proposition is (라), so it becomes the first sentence. Next, the phrase that supports it is (나). Next comes (가), which gives an example of the preceding sentence, and last comes (다), which explains that reason.

15 (다)는 '게다가'로 시작하기 때문에 첫 문장으로 올 수 없다. '–는 것이다'라는 말은 앞의 말을 다시 한번 정리하는 표현이므로 (라)도 첫 문장으로 올 수 없다. 예전의 상황과 달라진 지금의 상황을 설명하는 글이므로 '예전'을 설명하는 (나)부터 시작된다. '예전'과 달라진 지금의 상황을 설명한 (가)가 이어지고, 그 이유를 덧붙인 (다)가 연결되어야 한다. 그리고 말하고자 한 내용을 다시 정리해서 나타낸 (라)가 마지막 문장이 된다.

(다) starts with "게다가," so it cannot be the first sentence. (라) also cannot be the first sentence because "–는 것이다" is an expression that organizes a preceding phrase again. Since this is a text that explains how the current situation changed from the past situation, it starts with (나), which explains the past. Next is (가), which explains how the current situation changed from the past, and it must be followed by (다), which adds the reason. Next, (라) is the final sentence because it again organizes the content that the text intends to say.

16 '못된 열매 맺는 좋은 나무'가 없는 것과 마찬가지로 '좋은 열매 맺는 못된 나무'도 없다.

Just as there are no "good trees that bear bad fruit," there are no "bad trees that bear good fruit."

17 신입 사원이 "그 주소로 메일 계정을 만들지요."라고 말했으므로 다음으로 이어질 행동은 '새 메일 주소'를 만드는 것이다.

The new employee says, "Make an email account with that address," so the action that will come next is making "a new email address."

18 '사람을 사귀고, 사회생활을 하고, 뭔가를 배우고, 즐거운 취미 생활을 하는 데까지 돈이 필요하다'라고 나와 있다. 일상생활의 다양한 면에서 돈이 들어간다는 의미이므로 사람들은 돈에 매달리게 되는 것이다.

It says, "Money is necessary for everything from meeting people to having a social life, learning something, and enjoying hobbies." This means that money goes into various aspects of everyday life, so people become hung up on money.

19 '시간 가는 줄 모르다'는 어떤 일에 몰두하여 시간이 얼마나 지났는지 잊는다는 뜻으로 본문에서 아이들이 즐겁게 놀았다는 문장에 가장 어울린다.

"To lose track of time" means to be so absorbed in something that you forget how much time has passed, so it best matches the sentence in the text that says the children had fun playing.

20 놀이는 누군가의 권유나 개입 없이 스스로 노는 것이고, 이런 환경을 만드는 것이 어른들의 역할이라고 말하고 있다. 답은 ④번이다.
① 아이들은 놀잇감을 정해 주는 것을 ~~좋아한다~~.
→ 금방 싫증을 냈다.
② 어른들의 권유나 ~~개입이 있어야~~ 놀이가 즐거워진다.
→ 싫증을 내거나 놀이를 빨리 끝냈다.
③ 방송국의 실험은 ~~장난감을 많이 판매하기 위한 것이다~~.
→ 진정한 놀이가 무엇인지 알기 위한 것이다.

It says that what we call play is playing on one's own, without anyone's recommendations or intervention, and that creating this kind of environment is the role of adults. The answer is ④.
① Children ~~like~~ when toys are chosen for them.
→ They immediately grew bored.
② An adult's recommendations or ~~intervention is required~~ for play to be fun.
→ They grew bored or quickly stopped playing.
③ The purpose of the broadcasting station's experiment is ~~to sell a lot of toys~~.
→ The purpose is to learn what true play is.

21 어려운 일을 겪은 후에 더 튼튼해진다는 의미의 속담은 ③번이다.

The proverb that means you become stronger after experiencing something difficult is ③.

* 하늘에서 별 따기: 무엇을 얻거나 성취하기가 몹시 어렵다.
Plucking the stars from the sky: obtaining or achieving something is extremely difficult

* 같은 값이면 다홍치마: 값이 같거나 같은 노력을 한다면 품질이 좋은 것을 택한다.
A crimson skirt if the price is the same: if the price is the same or if the effort is the same, choose the thing with better quality.

* 비 온 뒤에 땅이 굳는다: 어떤 시련을 겪은 뒤에 더 강해진다.
After it rains, the ground gets harder: after experiencing some kind of ordeal, you become stronger.

* 원숭이도 나무에서 떨어질 때가 있다: 아무리 익숙하고 잘하는 사람이라도 간혹 실수할 때가 있다.
There are times when even monkeys fall off trees: no matter how familiar someone is with something and no matter how well they do it, sometimes they will make mistakes.

22 승희는 행복이 무엇보다 건강에 있다고 말했으므로 답은 ④번이다.
① 윤주가 승희에게 보낸 편지다.
→ 받는 사람이 윤주이고 보낸 사람이 승희다.
② 윤주는 ~~사회 활동을 하지 않는다~~.

→ 윤주는 사회의 일원으로 능력을 인정받는 멋진 인생을 살고 있다.
③ 윤주는 ~~곧 수술을 받을 예정이다~~.
→ 잘 끝나서 다행이라고 했으므로 수술은 끝났다.

Seunghee said that happiness is found in health more than anything, so the answer is ④.
① This is a letter sent ~~by Yoonjoo to Seunghee~~.
→ The recipient is Yoonjoo and the sender is Seunghee.
② Yoonjoo ~~is not doing social activities~~.
→ Yoonjoo is living an amazing life and being recognized for her efforts as a member of society.
③ Yoonjoo ~~is going to have surgery soon~~.
→ The letter said it's a relief that it ended well, so the surgery is finished.

23 이 사람은 식당이 손님을 상대하는 곳인데 주문도 제대로 못 받으면서 돈을 벌려고 하는 것은 말도 안 된다고 생각한다.

This person thinks that restaurants are places that deal with customers, so it is ridiculous that a restaurant is trying to earn money while being unable to even take orders correctly.

24 노인들이 실수를 해도 사람을 만나고 자신이 뭔가를 할 수 있다는 자신감을 회복하도록 일자리를 만든 식당이므로 답은 ④번이다.
① 손님들은 ~~이 식당의 음식이 맛있어서~~ 온다.
→ 노인들을 부모님같이 여겨서 감사의 마음으로 이곳을 찾는다.
② 손님들은 ~~아르바이트생들에게 불만을 표시한다~~.
→ 실수에도 화내지 않고 웃으면서 젖은 바지를 닦는다.
③ 식당의 간판은 ~~주인의 이름을 이용해서 만든 것이다~~.
→ 이해와 배려와 사랑의 앞 글자를 따서 만들었다.

This restaurant gives jobs to elderly people so they can meet people and restore their self-confidence that they can do something even if they make mistakes, so the answer is ④.
① Customers come to this restaurant ~~because the food is delicious~~.
→ Customers come to this place with gratitude as they consider the elderly people like their parents.
② Customers ~~express their dissatisfaction to the part-time workers~~.
→ Customers do not get angry even at mistakes and smile while they wipe off their wet pants.
③ The restaurant's sign was made ~~using the owner's name~~.
→ It was made by taking the first letters from the words understanding, consideration, and love.

25 '여전'은 '여전하다'는 말로 예전하고 똑같다, 바뀐 것이 없다는 의미이다. 그러므로 답은 ④번이다.
"여전" means "여전하다," which means the same as before, nothing has changed. Therefore, the answer is ④.

26 '상반기'는 1년 중 '1월~6월' 기간을 의미한다. '밀리다'는 말이 '다른 것보다 뒤처지게 되다'는 뜻이므로 1월~6월 사이에 소설이 인문서보다 인기가 적었다는 의미이다. 그런데 '탈

환하다'는 예전에 잃어버린 것을 다시 찾는다'라는 말이므로 휴가철에는 다시 예전에 인기 있던 소설의 위치를 찾았다는 말이 된다.

"상반기" means the period of "January to June" in 1 year. "밀리다" means "to fall behind compared to other things," so it means that from January to June, novels were less popular than humanities publications. However, "탈환하다" means "to find something that was lost in the past again," so it means that during the holiday season, novels that were popular in the past found their position again.

27 '헛발질'은 '목표물을 맞추지 못한 발길질'을 의미한다. 비가 올 것을 미리 알려 주는 뉴스가 정확하지 않아서 맞을 가능성이 28%라는 의미다.

"헛발질" means "a kick that could not hit its target." News that informs in advance that it will rain is not precise, so it means that the possibility of being correct is 28%.

28 현실에서 얘기할 때도 상대방을 배려해야 하는 것처럼 온라인에서도 배려해야 한다는 글인데, 앞에 '현실 공간'이라는 말과 어울리는 '온라인 공간'을 가리키는 말은 '가상 공간'이므로 '가상 공간에서든'이 답이다.

This text says that just as you have to consider the other person when talking in real life, you also have to be considerate online. At the beginning, the phrase "현실 공간 (real space)" and the matching phrase "온라인 공간 (online space)" is indicated by "가상 공간 (cyberspace)," so the answer is "가상 공간에서든."

29 일반적인 동호회와 교류하지 않는 동호회의 다른 점을 비교해서 생각해야 한다. 일반적인 동호회는 사적인 정보를 공개하지만 교류하지 않는 동호회는 이것을 싫어하는 사람들이 모여서 생겨난 것이다. 즉, 서로의 신상 정보를 요구하지 않는 것이다.

You must think about the differences between general clubs and no-sharing clubs and compare them. People in general clubs share personal information, but no-sharing clubs were created by people who do not want to do that. In other words, the members do not ask for personal information from one another.

30 재판장은 강아지를 땅에 내려놓자마자 강아지가 달려간 사람이 곧 그 강아지의 주인이라고 판단했다. 이는 동물이 어떤 사람과 유대관계를 맺고 있는지를 확인한 후 내린 판결이라고 할 수 있다.

The judge decided that the person to whom the puppy ran as soon as it was put down was the owner of the puppy. This can be said to be a ruling that was made after confirming with which person the animal had a bond.

31 정낭을 하나, 둘, 세 개 각각 다르게 걸쳐놓는 목적은 찾아오는 손님에게 집주인의 상황을 알려 줘서 손님을 배려하는 것이다.

The purpose of differently putting one, two, or three *jeongnang* is to let guests who come looking know about the homeowner's situation, so it is being considerate of guests.

32 '결정 장애 세대'는 언제나 최고의 정답을 골라야만 했던 학습 습관과 수많은 강요 속에서 살아왔기 때문에 스스로 결정하지 못하고 누군가의 도움을 받는다. 그러므로 답은 ④번이다.
① 보통 부모님들이 ~~결정 대리인 역할을 한다~~.
　→ 게시판이나 애플리케이션에 물어본다.
② 정보가 많기 때문에 ~~스스로 결정하는 데 많은 도움이 된다~~.
　→ 스스로 결정하지 못해서 문제다
③ '나'라는 존재를 확실히 하기 위해 결정할 때 ~~타인의 도움이 필요하다~~.
　→ '나'라는 존재를 확실히 하기 위해 결정할 때 자신이 결정해야 한다.

People of the indecisive generation have always lived under extreme pressure and the study habit of only having to choose the best answer, so they cannot make decisions themselves and instead receive someone's help. Therefore, the answer is ④.
① Usually, parents ~~make their decisions for them~~.
　→ They ask on message boards or applications.
② Since there is a lot of information, ~~it is very helpful for making decisions by themselves~~.
　→ They cannot make decisions by themselves, so it is a problem.
③ In order to ensure the existence of "me," when making decisions, ~~the help of others is necessary~~.
　→ In order to ensure the existence of "me," when making decisions, you must make them by yourself.

33 배기량 대신 자동차 가격을 기준으로 자동차세를 부과하면 중저가 차량은 세금이 줄고 고가의 외제 차량은 더 내게 돼서 합리적인 조세 정책이 된다고 했으므로 답은 ④번이다.
① 성능이 낮은 외제차는 ~~국산 자동차보다 값이 싸다~~.
　→ 외제차는 성능이 좋고 값이 비싸다.
② 기술이 발전하면서 ~~국산 자동차의 성능이 좋아졌다~~.
　→ 기술이 발전하면서 외제차의 성능이 좋아졌다.
③ 배기량 기준의 자동차세는 ~~합리적인 조세 정책이다~~.
　→ 배기량 기준의 자동차세는 형평성이 안 맞는 조세 정책이다.

The text says that if automobile taxes are imposed based on car prices instead of displacement, taxes on middle- to low-priced cars will be reduced and expensive foreign import cars will have to pay more, so it will become a reasonable tax policy. Therefore, the answer is ④.
① ~~Low-performance foreign import cars are cheaper than domestic cars~~.
　→ Foreign import cars have good performance and expensive prices.
② As technology developed, ~~the performance of domestic cars improved~~.
　→ As technology developed, the performance of foreign import cars improved.
③ An automobile tax based on displacement ~~is a reasonable tax policy~~.
　→ An automobile tax based on displacement is an unequal tax policy.

34 약물보다는 환경이 중독에 더 큰 영향을 미친다고 했으므로 답은 ②번이다.

① 두 실험 장소에 ~~각각 다른 물을 넣어 실험했다~~.
　→ 똑같은 물병 두 개를 주었다.
③ 여럿이 어울리는 자유로운 환경에서 ~~더 쉽게 중독된다~~.
　→ 쥐들이 거의 약물을 넣은 물을 먹지 않았다.
④ 쥐가 한 마리든지 여러 마리든지 중독성 실험에 ~~차이가 없다~~.
　→ 여러 마리의 쥐가 있을 때는 거의 중독되지 않았다.

It said that the environment had a greater influence on addiction than drugs, so the answer is ②.

① The experiment was done by ~~placing different water in each of the two experiment locations~~.
　→ They were given the same two water bottles.
③ Several mice ~~became more easily addicted~~ in a suitable natural environment.
　→ The mice hardly drank from the water bottle containing the drugged water.
④ ~~There was no difference~~ in the toxicity experiment whether there was one mouse or several mice.
　→ Almost none of the group of several mice became addicted.

35 마지막 문장에 나오는 "이제는 혼자서 누리는 기쁨과 만족이 좋더라도, 여럿이 있을 때 자연스럽게 어울릴 수 있어야 자신의 '싱글 라이프'를 더 풍성하게 만들 수 있지 않을까?"라는 말이 이 글의 주제를 나타낸다.

The theme of the text appears in the final sentence, "Now, even if you enjoy happiness and satisfaction alone, can you make your single life richer if you are naturally suited to being with many people?"

36 마지막 부분에 "그 사람의 이야기를 들어 주는 것 자체가 그 사람을 존중하고 격려하는 것이다. 또한 나 자신을 높이는 태도이기도 하다."라고 말했으므로 답은 ②번이다.

At the end, it says, "Listening to another person speaking is respecting and encouraging that person. Plus, it is an attitude that also elevates one's own self as well," so the answer is ②.

37 마지막 부분에 "어릴 적 교육이 올바른 성인으로의 성장에 바탕이 된다는 것을 기억해야 한다."라고 말했으므로 답은 ②번이다.

At the end, it says, "It should be remembered that childhood education is based on the development of upright adults," so the answer is ②.

38 글을 쓴 사람은 '독창을 할 수 있는 사람도 중요하지만, 합창을 할 수 있는 사람이 더 많아야 회사가 발전할 수 있다.'라고 생각하니까 그런 의미를 나타내는 답은 ①번이다.

The writer thinks, "People who can perform solos are also important, but the more people who can make a chorus, the more a company can develop," so the answer that has this meaning is ①.

39 '무기'와 관계되어 오른손으로 악수하는 이유를 ⓒ 뒤에서 설명했으니까 〈보기〉의 문장은 그 앞에 와야 한다. 그러므로 답은 ③번이다.

The reason connected with "weapons" for shaking hands using your right hand is explained after ⓒ, so the example sentence should come in front of it. Therefore, the answer is ③.

40 ㉠ 뒤에 '혼란을 주는 정보를 잘 지우고'라는 말이 있는데, 이 말은 곧 잊어버린다는 의미이다. 그러므로 〈보기〉의 '기억하기 위해 잊어버려야 한다'라는 말은 ㉠에 들어가야 한다.

After ㉠, it reads, "Erase confusing information," which means you will soon forget. Therefore, the example, which reads, "you must forget in order to remember," should go after ㉠.

41 ㉠ 뒤에 친구가 어떤 존재인지 설명하고 TV가 이런 역할을 하기도 한다고 부연 설명하고 있으므로, ㉠ 자리에 〈보기〉의 내용이 들어가야 한다.

After ㉠, since this is an additional explanation that explains what kind of being a friend is and says that TV can also play this role, the contents of the example sentence must go in the space for ㉠.

42 '내키지 않는다'는 것은 하고 싶지 않은 것이다. 그러므로 답은 ③번이다.

"내키지 않는다" means that she does not want to do it. Therefore, the answer is ③.

43 엄마가 자신들을 정말로 사랑했다는 것을 느끼도록 아이들에게 며칠 동안 사랑을 표현했으므로 답은 ④번이다.

① 이 부인은 남편을 생각하면 ~~사랑의 감정이 느껴진다~~.
　→ '속에서 불이 난다'는 말은 화가 난다는 의미이다.
② 이 부인은 ~~처음부터 끝까지 자신의 결심을 유지했다~~.
　→ 빨리 삶을 끝내고 싶냐는 상담사의 질문에 아니라고 대답했다.
③ 이 부인은 ~~깨끗해진 집 안을 보고 죽겠다는 생각을 바꿨다~~.
　→ 집안 살림과 자녀와 남편을 대하는 마음가짐이 달라지면서 생각이 바뀌었다.

She spent a few days expressing her love toward her children so that they could feel that their mother truly loved them, so the answer is ④.

① When this wife thinks about her husband, ~~she feels love~~.
　→ The phrase "속에서 불이 난다" means "to get angry."
② This wife ~~maintains her decision from the beginning to the end~~.
　→ She answered no to the counselor's question of whether she wanted to quickly end her life.
③ This wife changed her mind about dying ~~after she saw her cleaned-up house~~.
　→ She changed her mind as her mental attitude about housekeeping, her children, and her husband changed.

44 '오늘이 무슨 요일일까?' 생각하느라 시간이 걸렸다는 말은 그만큼 관심이 없다는 말이다.

"It took people long to think about what day it was" means that they did not care.

45 각 요일이 사람의 심리에 미치는 영향을 분석한 내용이므로 주제를 가장 잘 나타낸 것은 ④번이다.

The content analyzed the influence of each day of the week on people's mentality, so the subject that shows this the best is ④.

46 과학 발전과 경제 성장으로 인한 환경 문제는 더 이상 미래 세대의 문제가 아니고 지금 우리가 함께 대처 방안을 모색하여 해결해야 한다고 말하고 있으므로 답은 ④번이다.

It says that the problems caused by scientific development and economic growth are no longer the problems of future generations, and that now we must seek countermeasures together to solve this, so the answer is ④.

47 물자가 풍요해진 대신 환경이 많이 파괴되어 기후 위기가 왔으니 해결하기 위해 노력해야 한다고 말하고 있으므로 답은 ④번이다.

① 환경 문제는 ~~미래에 닥칠 문제다.~~
  → 이미 우리 자신에게 닥친 문제가 되었다.
② 다른 나라의 기후 변화는 ~~강 건너 불을 구경하는 것이다.~~
  → "강 건너 불구경"하듯이 할 수 없는 일이다.
③ 자연의 이상한 변화는 ~~일부 지역에서만 나타나는 현상이다.~~
  → 전 세계인들이 자연의 이상한 변화를 실제로 느끼고 있다.

It says that in exchange for abundant supplies, the environment was greatly destroyed and a climate crisis has arrived and so we must make efforts to solve it, so the answer is ④.

① Environmental problems ~~are problems that will be faced in the future.~~
  → They are problems that we ourselves have already come to face.
② Climate change in other countries ~~is something to fiddle at while Rome burns.~~
  → We cannot treat it by "fiddling while Rome burns."
③ Strange changes to nature ~~are phenomena that only occurr only in some areas.~~
  → All the people of the world are actually feeling strange changes to nature.

48 손쉽게 정보를 얻고 지식을 핵심만 추려서 내 것으로 만드는 간편한 세상이 되었을 때 우려되는 점을 지적하고 있다.

It is pointing out the concern that the world has become a simple place where information is easily obtained and knowledge is summarized by key points only.

49 글이 길어질 때 마지막 부분에 한 번 더 친절하게 써 주는 것은 '내용을 짧게 줄여서 요약한 것'이다.

When a text becomes longer, the thing that is kindly written one more time at the end is "summarizing by making the content shorter."

50 인간 고유의 생각하는 능력을 키우는 노력이 줄어들면 미래가 어두워질 것이라고 말했으므로 이런 능력을 키우려고 노력해야 미래가 밝다고 할 수 있다. 답은 ②번이다.

① 컴퓨터를 통해 사물을 관찰하고 분석하는 능력이 발전한다.
  → 스스로 생각하는 능력이 퇴보할 가능성이 높다.
③ 언론사가 요약형 뉴스를 제공하는 것은 요즘 세상과 맞지 않는다.
  → 언론사도 추세에 맞추어 요약형 뉴스를 제공한다.
④ 인스턴트 음식이 오래 숙성시켜 요리한 음식보다 깊은 맛이 있다.
  → 인스턴트 음식에 익숙해지면 오랜 시간 숙성해서 요리한 음식의 깊은 맛을 모른다.

It says that if efforts to cultivate humans' inherent thinking abilities are reduced, the future will grow dark, so it can be said that we must make efforts to cultivate these abilities for the future to grow brighter. The answer is ②.

① ~~The ability to observe and analyze things develops~~ by using computers.
  → The ability to think for oneself is likely to regress.
③ That the press offers summaries of news ~~does not suit today's world~~.
  → The press offers summaries of news in response to trends.
④ Instant food ~~has a deeper taste than food that has been cooked after ripening for a long time~~.
  → If you become used to instant food, you do not know the deep taste of food that has been cooked after ripening for a long time.

Part 3 실전 모의고사 2회 Mock Test 2

정답 Answers

듣기 ▶ P. 154~165

1. ②	2. ①	3. ④	4. ③	5. ②	6. ④	7. ③	8. ④	9. ④	10. ④
11. ②	12. ③	13. ①	14. ④	15. ③	16. ①	17. ④	18. ③	19. ③	20. ④
21. ③	22. ①	23. ③	24. ②	25. ④	26. ②	27. ④	28. ①	29. ②	30. ①
31. ②	32. ①	33. ③	34. ④	35. ③	36. ①	37. ④	38. ④	39. ③	40. ④
41. ④	42. ④	43. ④	44. ④	45. ②	46. ④	47. ②	48. ③	49. ④	50. ③

쓰기 ▶ P. 166~167

51. ㉠ 감사하는 마음으로 / 감사드리고 싶어서 / 감사드리려고

ㄴ 꼭 오셔서 / 참석하셔서 / 부디 오셔서

52. ㉠ 자신에게 좋은 책 / 자신에게 좋은 것 / 자기에게 좋은 책 / 자기에게 좋은 것 /
나에게 좋은 책 / 나에게 좋은 것

ㄴ 모두에게 / 다른 사람에게 / 타인에게

읽기 ▶ P. 168~189

1. ③	2. ④	3. ④	4. ③	5. ④	6. ②	7. ①	8. ②	9. ③	10. ②
11. ①	12. ③	13. ③	14. ④	15. ②	16. ④	17. ②	18. ①	19. ①	20. ②
21. ①	22. ④	23. ①	24. ④	25. ④	26. ①	27. ④	28. ②	29. ②	30. ③
31. ④	32. ③	33. ①	34. ④	35. ①	36. ①	37. ④	38. ③	39. ④	40. ①
41. ②	42. ①	43. ①	44. ④	45. ③	46. ④	47. ④	48. ④	49. ②	50. ②

53.

　20대에서　50대까지　천　명을　대상으로 스마트폰　의존도를　조사한　결과,　대부분의 의존도가　높은　것으로　나타났다.　스마트폰이　없으면　일상생활에　지장을　느끼는 비율이　20대는　74.3%,　30대는　69.8%, 40대는　65.1%,　50대는　56.2%로　나이가 젊을수록　높아졌다.
　스마트폰　사용에　대한　의견은　67.7% 가　시간을　아낄　수　있다고　답했고,　궁금한　것을　검색한다는　비율도　64.1%로 긍정적인　평가가　많았다.
　반면에　스마트폰　때문에　여가　시간이 줄었다는　응답이　38%,　일과　개인　생활의　구분이　어렵다는　응답이　26.6%로 부정적인　의견도　적지　않았다.

▶ P. 167

54.

　소비에　대해　정반대의　태도를　보이는　것은 욜로족과　노머니족이　관심을　끄는　것은 현재의　불안한　경제　상황과　관련이　있 다.　동전의　양면같이　다른　이　두　가지 의　소비　성향은　각각　장단점을　갖고 있다.
　불투명한　미래를　위하느니　현재를　위 해　아낌없이　쓰자는　욜로족은　소비　중 심적인　태도를　조장해서　다른　사람들에 게　박탈감을　느끼게　한다.　게다가　상업 주의에서　벗어날　수　없다는　단점이　있 다.
　반면에　불투명한　미래를　대비하기　위 해　최선을　다해　아껴　쓰는　노머니족은 지나친　소비를　절제하기　때문에　꼭　필 요한　소비까지　하지　않는다.　이는　소비 에서　생산으로　이어지는　경제　발전에 도움이　되지　않는다는　단점이　있다.
　하지만　욜로족은　낭비를　하는　것이 아니라,　자신만의　가치를　찾고　실현하면 서　오늘의　행복을　놓치지　않는　건강한 삶의　태도를　보인다고　할　수　있다.　노 머니족　역시　소비　지상주의　문화　속에 서　오늘　소비하는　기쁨을　아껴서　미래 의　든든한　자산을　통해　기쁨을　얻겠다 는　삶의　방식을　나타내는　개성의　표현 일　수　있다.
　결국　이　두　가지　소비　성향은　모두 진정한　자신을　찾고자　하는　주체성의 표현이며,　동시에　기성세대와　다른　소비 방식의　하나라고　할　수　있다.　다만　어 느　한쪽에　치우치기보다는　자신의　삶을 더욱　행복하게　만들　수　있는　합리적인 가치관이　무엇인지　신중하게　선택하는 것이　중요하다고　생각한다.

듣기 대본 Listening Script

아래 1번부터 50번까지는 듣기 문제입니다. 문제를 잘 듣고 질문에 맞는 답을 고르십시오.
Questions 1 to 50 are listening questions. Listen to each question carefully and choose the best answer.

[1~3] 다음을 듣고 가장 알맞은 그림 또는 그래프를 고르십시오.

▶ P. 154~155

1 여자 내일 결혼식 축의금은 어떻게 하지요? 각자 내나요?

    남자 아니요, 우리 부서 사람들이 모아서 같이 하기로 했어요.

    여자 잘됐네요. 그럼 얼마씩 준비하면 될까요?

2 여자 아파트 관리소에 가서 관리비 정산 다 했어요?

    남자 네, 오늘까지 사용한 전기와 수도 요금을 포함해 관리비 다 냈어요.

    여자 그럼, 이삿짐 차 출발하기 전에 빠트린 물건 없는지 집에 한 번만 더 들어가 보세요.

3 남자 '겨울 용품을 여름에 구입한 역시즌 상품 구매'에 대해 여성 1,000명에게 물었는데, 32.7%가 구매했다고 답했다. 구매 비용은 여성 53.9%가 10만~30만 원이라고 답했고, 10만 원 미만이 31.2%, 30만~50만 원이 10.4%, 50만 원 이상이 4.5% 순으로 나타났다. 주로 구매한 역시즌 상품은 패션 의류가 48.6%로 가장 많았고, 패션 잡화가 27.3%, 가전제품이 15.8%, 침구류가 8.3% 순으로 그 뒤를 이었다.

[4~8] 다음을 듣고 이어질 수 있는 말로 가장 알맞은 것을 고르십시오.

▶ P. 155~156

4 남자 이 바지가 마음에 들기는 하는데, 길이가 너무 길어서 못 입을 것 같아요.

    여자 길이는 줄이시면 돼요. 세탁소에 맡기거나 요 옆의 수선집에 부탁해도 돼요.

    남자 _____

5 남자 이건 내일 오후까지 도착해야 하는 서류인데, 빠른우편으로 보내면 가능할까요?

    여자 서울 시내라면 내일 오후까지 들어갑니다. 지방은 하루 더 걸릴 거예요.

    남자 _____

6 여자 여기서 의정부까지 가는 지하철이 있나요? 몇 호선을 타야 해요?

    남자 의정부에 한 번에 가는 지하철은 없고 두 번 갈아 타셔야 해요. 지하철보다는 버스가 나을 것 같은데요.

    여자 _____

[1~3] Listen to the following and choose the picture or graph that matches best.

1 W How are we going to give gift money at the wedding tomorrow? Do we each pay separately?

    M No, our department decided to gather the money and pay together.

    W Good. So then how much should each of us contribute?

2 W Did you go to the apartment management office and pay the maintenance fees?

    M Yeah, I paid the maintenance fees for electricity and water that we used through today.

    W Well, then before the moving truck departs, go inside the house one more time and check if we've left anything behind.

3 M 1,000 women were asked about "buying off-season winter products in the summer," and 32.7% answered that they bought them. 53.9% of the women said that the cost was "100,000-300,000 won," followed by "under 100,000 won (31.2%)," "300,000-500,000 won (10.4%)," and "more than 500,000 won (4.5%)." "Fashion apparel" was the most purchased off-season product at 48.6%, followed by "fashion accessories (27.3%)," "household appliances (15.8%)," and "bedding (8.3%)."

[4~8] Listen to the following and choose the word that best completes the dialogue.

4 M I like these pants, but they're too long, so I don't think I can wear them.

    W You can shorten the length. You can take them to the laundry or ask the alteration shop next door.

    M _____

5 M This document has to be delivered by tomorrow afternoon. Would that be possible if I send it via express delivery?

    W If the destination is in Seoul, it will arrive by tomorrow afternoon. If it's in a different region, it will take one more day than that.

    M _____

6 W Is there a subway train that goes from here to Uijeongbu? Which line should I take?

    M There is no subway that goes directly to Uijeongbu, and you have to transfer twice. It seems like it might be better to take a bus.

    W _____

7 여자 추석 연휴 동안 템플 스테이를 신청하셨다면서요.

남자 네, 3박 4일 동안 조용한 절에서 스님처럼 생활해 보는 거예요. 답답한 도시를 떠나 조용한 산사에서 지낼 생각에 벌써 마음이 설레요.

여자 _____

8 남자 다음 주 촬영에 꼭 필요하다던 카메라 렌즈는 구했어?

여자 응, 마침 내가 원하는 물건을 중고 거래 사이트에서 발견해서 판매자를 오늘 저녁에 만나기로 했어.

남자 _____

[9~12] 다음을 듣고 여자가 이어서 할 행동으로 가장 알맞은 것을 고르십시오.
▶ P. 156

9 여자 아빠는 아침에 보통 몇 시에 일어나요?

남자 아침에 일어나면 7시야. 왜, 내일 일찍 일어나야 하니?

여자 네, 내일 아침 8시 30분 비행기를 타는 외국 손님을 모시러 호텔에 일찍 가야 하는데, 못 일어날까 봐서 걱정이에요.

남자 그렇게 걱정되면 휴대 전화로 알람 시간을 맞춰 놓고 자.

10 여자 인터넷에서 1주일 동안 30% 할인된 가격으로 물건을 살 수 있다고 했는데 정상 가격을 다 받아요?

남자 네, 멤버십 카드가 있는 분에 한해서 30% 할인해 드리는 것입니다. 카드가 없으신가요?

여자 없는데요.

남자 괜찮습니다. 지금 바로 만들어 드리니까 카드를 만든 후에 할인 혜택을 받으시면 돼요.

11 여자 티켓을 보여 주시겠어요?

남자 여기 있습니다. 제 자리는 어디예요?

여자 앞에서 네 번째 줄 오른쪽 창가입니다.

남자 오늘 아침 신문 좀 받을 수 있을까요? 우리나라 소식이 궁금해서요.

12 남자 약이 나왔습니다. 식사하고 30분 후에 한 봉씩 드세요.

여자 네, 다른 주의 사항은 없나요?

남자 약을 드신 후에 졸릴 수 있으니까, 복용 후 2시간 정도는 운전을 피하는 게 좋습니다.

여자 네, 아침 먹고 바로 병원에 왔으니까 지금 약을 먹어도 괜찮을 것 같아요.

---

7 W I heard that you applied to do a templestay during the *Chuseok* holiday.

M Yes, I'll spend 3 nights and 4 days at a quiet temple like a monk. I'm already excited about the thought of getting away from this suffocating city and spending time at a quiet mountain temple.

W _____

8 M Did you buy the camera lens that you need for the shoot next week?

W Yeah, I found the one I wanted just in time on a second-hand website, and I'm going to meet the seller this evening.

M _____

[9~12] Listen to the following and choose the answer that would be most appropriate as the woman's next action.

9 W Dad, what time do you usually wake up in the morning?

M 7:00 in the morning. Why? Do you need to wake up early tomorrow?

W Yes, I need to go to the hotel early to escort a foreign guest who's taking a flight at 8:30 tomorrow morning, but I'm worried that I might not wake up in time.

M If you're that worried, set the alarm on your cell phone before you go to sleep.

10 W It said on the internet that you can buy items at a 30% discount for 1 week, but you're charging me the full price?

M Yes, the 30% discount is given only to those who have a membership card. Do you have a membership card?

W No, I don't have one.

M That's okay. I can make you one right now, and after the card is made, you can receive the discount.

11 W Could you show me your ticket, please?

M Here it is. Where is my seat?

W It's in the 4th row from the front, on the right side by the window.

M Would it be possible to get this morning's newspaper? I'm curious about the Korean news.

12 M Here is your medicine. Take one packet at a time 30 minutes after eating.

W Right, are there any other precautions?

M After taking the medicine, you can get sleepy, so it's good to avoid driving for about 2 hours after taking it.

W Yes, I ate breakfast and came right to the hospital, so it seems like it will be okay even if I take the medicine now.

13 남자 내일 서울대입구에서 김포공항까지 가야 하는데, 지하철로 한 번에 갈 수 있어?

여자 아니. 바로 가는 건 없고 2호선을 타고 가다가 영등포구청에서 5호선으로 갈아타거나 당산에서 9호선으로 갈아타야 돼.

남자 어느 쪽이 더 빠를까?

여자 둘 다 열한 정거장이라서 비슷하니까 아무거나 선택해.

14 여자 제가 외국인인데 이 대학에 입학하려면 어떻게 해야 해요?

남자 학교 홈페이지에서 대학 입학처의 외국인 전형 사이트로 들어 가시면 정보가 있어요.

여자 한국어로만 쓰여 있나요? 제가 아직 한국어 실력이 부족해서 이해하기 어렵거든요.

남자 염려 마세요. 영어로 자세하게 안내되어 있습니다.

15 남자 속도를 낮추세요. 여기는 최고 속도 80km 구간이에요.

여자 아 그래요? 고속도로 최고 속도는 100km인 줄 알았는데…….

남자 네, 맞아요. 하지만 여기서부터는 경사가 심해서 너무 빨리 달리면 사고의 위험이 있거든요.

여자 그래서 앞의 차가 조금 전에 갑자기 속도를 줄였군요.

16 남자 앗, 이게 뭐예요? 차 유리에 뭐가 붙어 있네요.

여자 주차 위반 스티커네요. 왜 지하 주차장에 주차 안 하고 여기에 하셨어요?

남자 지하에 주차장이 있는 줄 몰랐어요. 잠깐 세우고 볼일 보고 나 오면 괜찮을 줄 알았는데…….

여자 할 수 없죠. 불법 주차했으니까 벌금 40,000원을 내야겠네요.

13 M Tomorrow, I have to go to Gimpo Airport from Seoul National University Station. Can I go there directly by subway?

W No. There's no direct line. You have to take line 2 and transfer to line 5 at Yeongdeungpo-gu Office or transfer to line 9 at Dangsan.

M Which way would be faster?

W They both have 11 stations, so they're similar, so choose either one.

14 W I'm a foreigner, so what should I do if I want to attend this university?

M If you go on the university admissions site for foreigners on the school homepage, there is information there.

W Is it only written in Korean? My Korean skills are still lacking, so it's difficult for me to understand.

M Don't worry. A detailed guide is written in English.

15 M Slow down, please. The speed limit here is 80km/h.

W Ah, really? I thought that the speed limit on the expressway was 100km/h.

M Yes, you're right. But from here, the incline is steep, so it's dangerous if you drive too fast.

W So that's why the car in front of us suddenly slowed down a moment ago.

16 M Ah, what's this? There is something stuck to the car window.

W It's a parking violation sticker. Why did you park here instead of in the underground parking lot?

M I didn't know that there was an underground parking lot. I thought it would be okay to park here for a short time and run a quick errand...

W Well, there's nothing you can do about it. Since you parked illegally, you have to pay a 40,000 won fine.

17 여자 요즘 TV에 외국 프로그램이 많이 나오는데 어떤 프로그램을 주로 보세요?

남자 저는 미국 영화를 자주 보는데 자막 읽기가 불편해요.

여자 그럼, 성우들 목소리로 더빙한 것을 보시면 되잖아요.

남자 더빙은 영화 원래의 맛을 느낄 수 없는 단점이 있어요. 제일 좋은 방법은 제가 영어를 잘해서 직접 듣는 것인데, 영어 공부를 다시 시작하기도 그렇고…….

18 여자 어, 이상하다. 왜 라면 봉지들은 포장이 대부분 빨간색일까?

남자 라면 봉지가 대부분 빨간색인 이유는 입맛을 자극하기 위해서이기도 하지만 더 중요한 이유는 산화를 방지하기 위해서야.

여자 빨간색과 산화 방지는 무슨 관계가 있는 거지?

남자 빨간색 계열은 파장이 길어 청색 계열에 비해 빛을 덜 흡수해. 라면은 기름에 튀겨서 지방 함유량이 높기 때문에 외부 빛에 의해 잘 산패되거든. 그러니까 빛을 덜 흡수하게 빨간색을 사용하는 거야.

여자 아, 그런 과학적인 이유가 있구나.

19 여자 너는 술을 싫어해? 다른 사람들은 다 술집으로 갔는데 혼자만 집으로 돌아가네.

남자 나는 올해 스무 살이지만 만 나이로 스무 살이 안 돼서 술집에 못 들어가.

여자 그래? 만 나이가 뭐야?

남자 우리나라에서는 태어날 때부터 한 살로 계산하고 양력 새해가 되면 또 한 살을 더해서 말하지만, 법을 적용할 때는 정확한 나이를 기준으로 하기 때문에 만 나이를 알아야 돼.

여자 어떻게 계산하는 거야?

남자 현재 연도에서 출생 년도를 빼면 만 나이가 돼. 다만 생일이 지나지 않은 경우에는 한국 나이에서 한 살을 더 빼면 되고. 나는 생일이 2002년 9월 15일인데 오늘 2022년 5월 26일을 기준으로 계산하면 만 나이가 19살이거든.

20 여자 지적 장애인들은 학습 능력도 떨어지고 의사소통도 안 되는데, 그런 사람들의 디자인이 무슨 효과가 있겠어요?

남자 그렇지 않습니다. 피카소는 어린아이처럼 그리기 위해서 평생 동안 노력했습니다. 지적 장애인들은 '순수한 감성'을 평생 유지할 수 있으니까 디자이너로서 훌륭한 자질을 갖췄다고 생각합니다. 태어날 때부터 특별한 디자이너인 셈이죠.

여자 그래도 일반인들의 생각과 다른 그림이 많아서 패션이나 다른 상품에 적용하기 어려울 것 같은데요.

남자 저는 오히려 그런 차이가 사람들에게 신선하고 독특하게 느껴져서 대중들이 좋아할 것이라고 확신합니다. 장애인이라는 편견 없이 사회의 일원으로 일하는 기회도 줄 수 있고요.

17 W These days, a lot of foreign programs are appearing on TV. What kind of programs do you mainly watch?

M I often watch American movies, but it's uncomfortable to read subtitles.

W Well, then you could watch the dubbed version, you know.

M Dubbed versions have the drawback of being unable to feel the film's original flavor. The best way for me to become good at English is to listen to it directly, but it's difficult to start studying English again...

18 W Huh, that's strange. Why are most ramen packages red?

M Most ramen packages are red in order to stimulate your appetite, but more importantly, it's to prevent oxidation.

W What does the color red have to do with preventing oxidation?

M Red colors have longer wavelengths than blue colors, so they absorb less light. Noodles have a lot of fat because they're fried in oil, so they're vulnerable to acidification when exposed to light. Therefore, red colors are used so that they absorb less light.

W Ah, so there's that kind of scientific reason for it.

19 W Do you not like drinking? The other guys all went to a bar, but you're the only one going home.

M I'm 20 this year, but in international age I'm not 20 yet, so I can't go into bars.

W Really? What's international age?

M In Korea, you're already one year old when you're born, and when the new year on the solar calendar starts, you turn one year older, but when applying the law, the standard is your exact age, so you have to know your international age.

W How do you calculate it?

M If you subtract your birth year from the current year, you get your international age. However, if your birthday hasn't passed yet, you should subtract one year from your Korean age. My birthday is on September 15, 2002 and today is May 26, 2022, so if I calculate according to the standard, my international age is 19.

20 W People with intellectual disabilities have decreased learning abilities and communication skills, so what kind of effect could their designs possibly have?

M That's not true. Picasso tried his whole life to paint like a young child. I think that people with intellectual disabilities can maintain pure emotions through their whole lives, so they can be great designers. It means that they're special designers from the time they are born.

W Even so, many of their pictures are different from the general public's thoughts, so it seems like it would be difficult to apply them fashion or other products.

M On the contrary, I'm certain that the difference would feel fresh and unique to people, so the general public would like it. It can also give them the opportunity to work as a member of society without the prejudice of being a disabled person.

여자 여보, 어제 고등학교 친구를 만났는데, 이름을 바꿔서 앞으로 다른 이름으로 불러 달래요.

남자 부모님이 지어 주신 이름을 그렇게 자기 마음대로 바꿔도 되나요? 돈을 많이 벌기 위해서나 성공하고 싶어서 이름을 바꾸는 사람들이 있던데 그러면 부모님께 죄송하지 않을까요?

여자 그런 이유가 아니에요. 그 친구는 성과 이름을 같이 부르면 이상한 발음이 돼서 어릴 때부터 놀림을 많이 당했거든요. 성이 '박' 씨고 이름이 '아지'인데 같이 연결해서 부르면 '바가지'가 돼요. 그래서 어릴 때부터 아이들이 '바가지를 긁는다', '바가지요금', '바가지 머리' 등 등으로 불렀대요.

남자 그런 경우에는 이름을 바꿀 필요가 있겠네요. 나도 어렸을 때 악명 높은 범죄자와 성은 다르고 이름만 같았는데도 친구들이 놀려서 힘들었던 적이 있어요. 당신 이야기를 듣고 보니 그 친구 마음을 이해할 수 있게 되었어요.

여자 요즘 온라인이나 모바일 쇼핑몰에서 주로 쓰는 모바일 결제 서비스인 '페이 (pay)' 외에 은행 자동화 기기 (ATM)에서도 쓸 수 있는 새로운 페이가 나왔던데요.

남자 네, 하루하루 새로운 모바일 결제 서비스가 쏟아져 나오면서 앞으로 현금을 안 가지고 다니는 지갑 없는 세상이 올 겁니다. 지갑 속에 있던 신용 카드 대신 휴대 전화로 결제하게 되는 것입니다.

여자 핸드폰이 지갑이나 신용 카드를 대신하면 혹시 핸드폰을 잃어버리는 경우에 위험하지 않을까요?

남자 네, 그런 문제를 해결하기 위해 지문을 통해서 인증하게 만들었습니다. 사람의 지문이 일치할 가능성은 거의 없으니까요. 뿐만 아니라 잃어버릴 경우에 위치 찾기 기능으로 핸드폰을 찾거나 남이 쓰지 못하게 잠그는 기능도 있어서 보안에 대한 염려를 덜어 줍니다.

W Honey, I met a friend from high school yesterday and she said that she changed her name and asked me to call her by a different name in the future.

M Is it okay to change the name given to her by her parents like that? There are people who change their names in order to make more money or because they want to succeed, but don't they feel sorry toward their parents?

W It's not that kind of reason. That friend was often made fun of starting from when she was young because if you say her family name and first name together, the pronunciation is strange. Her family name is Park, and her first name is Ahjee, so if you connect them it becomes "Park Ahjee" [which sounds like the word for "bowl" or "rip-off"]. So since childhood, kids called her nagging, price gouging, bowl cut, etc.

M Well, in that case, it's necessary to change the name. I was also teased by my friends when I was young because even though my family name was different, my first name was the same as an infamous criminal, so I had a hard time. After hearing your story, I can understand how your friend feels.

W These days, in addition to the mobile payment service Pay that is mainly used in online or mobile shopping malls, a new kind of Pay has been released that can also be used at ATMs.

M Yes, with new mobile payment services coming out every day, in the future, we'll live in a world without wallets where we can go around without carrying cash. Instead of a credit card in a wallet, we'll make payments with a cell phone.

W If a cell phone Is used instead of a wallet or a credit card, won't it be dangerous if you happen to lose your phone?

M Yes, in order to solve that kind of problem, people have been made to validate their identity through their fingerprints. There's almost no possibility of matching another person's fingerprints. Not only that, but if you lose your phone, you can find it by using a search function, and there's also a function that locks it so that others are unable to use it, so security concerns are reduced.

[25~26] 다음을 듣고 물음에 답하십시오. ▶ P. 159

여자 우리나라의 저출산 문제는 일하는 여성들이 아이를 안 낳기 때문인 것 같은데요.

남자 정부가 아이를 낳으라고 말만 하지 말고 아이를 낳아도 지금처럼 일할 수 있다는 믿음을 줘야 합니다. 그런 믿음은 직장마다 어린이집을 의무적으로 짓고 부모가 육아 책임을 똑같이 질 때 생깁니다.

여자 이런 제도만 만들면 일하는 여성들의 저출산 문제가 해결될까요?

남자 한 가지 더 중요한 것은 아이는 엄마가 키워야 한다는 낡은 사고방식을 국민 모두가 버려야 한다는 것입니다. 남편이 육아를 '도와준다'는 표현부터 육아는 당연히 엄마가 맡아야 한다는 의식에서 출발한 것이잖아요. 육아에 대한 책임은 남녀가 동등합니다. 일하는 엄마가 아이와 같이 있지 않아도 미안해하지 않고 일할 수 있는 사회 분위기를 만들어야 합니다.

[25~26] Listen to the following and answer the questions.

W It seems that our country's problem of a low birth rate is due to working women who refuse to have babies.

M The government shouldn't just tell people to have children; it should make it so people believe that they'll be able to work the same way they do now even if they have a child. That kind of belief will form when every workplace has a mandatory daycare center and both parents take the same responsibility in childcare.

W If this kind of system is made, would it resolve the problem of the low birth rate among working women?

M Another important thing is that all citizens should throw away the old-fashioned way of thinking that mothers must raise children. The mere expression of husbands "helping out" with childcare came out of the sense that of course women have to handle childcare. We must make a social atmosphere where working mothers don't feel guilty and are able to work even if they aren't with their children.

[27~28] 다음을 듣고 물음에 답하십시오. ▶ P. 160

여자 목이 마른데, 시원한 아이스커피나 탄산음료를 마시면 좋겠다.

남자 시원한 아이스커피나 탄산음료는 갈증을 날려 주는 데 제격인 것 같지만 실제로는 체내 수분 보충에 도움이 되지 않아. 차라리 그냥 물을 마셔.

여자 어 그래? 왜 그러지? 나는 물보다 그런 것이 더 몸을 시원하게 해 주는 느낌인데.

남자 카페인의 이뇨 작용으로 인해 몸속 수분이 채워지는 게 아니라 오히려 수분을 배출시키기 때문에 우리 몸은 더 많은 물을 필요로 하게 돼. 또 카페인을 너무 많이 섭취하면 피부에도 수분 손실이 일어나 피부가 거칠어지고 주름도 쉽게 생겨.

여자 그러면 이제부터 갈증이 날 때는 물만 마셔야겠네.

[27~28] Listen to the following and answer the questions.

W I'm thirsty. I wish I could drink a refreshing iced coffee or soft drink.

M Refreshing iced coffee or soft drinks seem like they would be suitable for getting rid of thirst, but in reality, they don't help in replenishing hydration. It's better to just drink water.

W Oh, really? Why is that? I feel like they cool off my body more than water.

M Due to the diuretic effect of caffeine, the body isn't filled with water, but on the contrary, releases water, so it makes the body need more water. Additionally, if you ingest too much caffeine, it can also cause the loss of water in your skin, making it rough and more prone to forming wrinkles.

W Well, then from now on, I'll have to drink only water when I'm thirsty.

[29~30] 다음을 듣고 물음에 답하십시오. ▶ P. 160

남자 이번엔 굉장히 즐거운 직업을 소개해 드릴게요. 많은 사람들이 원하는 직업이겠죠? 먼저 워터 파크에서 놀이기구인 워터 슬라이드를 직접 타 보고, 얼마나 재미있는지, 얼마나 스릴 있는지 점수를 매기는 직업이 있다고 합니다. 놀면서 돈을 버는 일이죠.

여자 놀면서 돈도 번다면 진짜 너무 신나겠어요. 또, 자면서 돈을 받는 직업도 있다면서요?

남자 네, 바로 '수면 전문가'입니다. 이분들은 호텔 같은 숙박 업소에서 자면서 숙박 환경을 체크해 주는 직업입니다. 다양한 숙박 업소에 가서 자는 게 이분들의 업무입니다. 게다가 돈도 꽤 벌 수 있다네요.

여자 이 직업은 정말 제 적성에 딱 맞을 것 같아요. 제가 잠꾸러기거든요.

남자 그러시군요. 재미있는 직업이 또 있어요. 다른 나라에는 '신혼여행 테스터'라는 직업이 있다고 합니다. 6개월 동안 전 세계의 신혼여행지에서 여행을 즐기고 난 후에, 그에 대해 평가하는 것이 이분들의 업무입니다. 여행에 대해 잘 알아야 하고, 호텔, 관광지, 환경, 치안과 같은 다양한 요소를 꼼꼼하게 분석할 수 있는 능력을 갖춰야 한다고 합니다.

여자 지금까지 잘 들어 보지 못한 희귀하고 재밌는 직업을 소개해 주셨는데요. 세상에는 우리가 모르는 다양한 직업들이 참 많군요.

남자 네, 그중에서 자신에게 맞는 직업, 일하는 즐거움을 느낄 수 있는 직업을 고르는 것이 제일 중요한 것 같습니다.

[29~30] **Listen to the following and answer the questions.**

M This time, I'm going to introduce a really fun job. It must be a job that many people want, right? First, they say there's a job of actually riding the water slide rides at water parks and giving a score for how fun and how thrilling they are. It's a job where you make money while having fun.

W It really would be so exciting to make money while having fun. And I heard there's also a job where you make money while sleeping?

M Yes, that's a "sleep expert." These people have a job where they sleep at accommodation businesses like hotels and check the environment of the accommodations. Going to various accommodation businesses and sleeping is their job. And what's more, I heard you can make a lot of money.

W This job seems like it's made for me. I'm a sleepyhead.

M I see. There's another fun job. They say that in other countries, there's a job of being a "honeymoon tester." After 6 months enjoying traveling to honeymoon destinations around the world, it's their job to evaluate them. They say that you have to know a lot about traveling, and need to have the ability to carefully analyze various factors like hotels, tourist destinations, the environment, and public safety.

W You've introduced fun and rare jobs that haven't often been heard about until now. There certainly are a lot of various jobs that we don't know about in the world.

M Yes, and I think the most important thing is to choose from among them a job that suits you, and a job that you can enjoy while working.

[31~32] 다음을 듣고 물음에 답하십시오. ▶ P. 161

여자 김치를 기본 반찬으로 하는 우리의 음식 문화에서 식당이 김치에 따로 돈을 받는 건 너무 야박하지 않나요?

남자 좋은 재료로 만든 국산 김치를 계속 무료로 공급하기는 어렵습니다. 현재 국내 식당 김치의 90%를 싼 가격의 중국산 김치가 장악한 것도 그런 이유입니다.

여자 그럼, 김치값을 따로 받아야만 김치의 맛과 질을 올릴 수 있다는 말인가요?

남자 네, 김치에 들어가는 젓갈이나 고춧가루, 마늘, 생강 같은 좋은 재료를 제대로 쓰면 돈을 받아야죠. 제대로 만들어서 공짜로 주면 식당은 망합니다. 우리의 전통 김치를 우리 재료로 잘 만들어 나가기 위해서도 김치의 유료화는 꼭 필요하다고 생각합니다.

여자 일리 있는 말씀이지만, 소비자들이 식당에서 김치값을 따로 내고 사 먹을지 결국은 소비자의 선택에 달려 있군요.

[31~32] **Listen to the following and answer the questions.**

W Kimchi is an essential side dish to our food culture, so isn't it heartless for restaurants to charge separately for kimchi?

M It's difficult to continue providing domestic kimchi made with good ingredients for free. That's also why currently, inexpensive Chinese kimchi dominates as 90% of kimchi at domestic restaurants.

W Well, then are you saying that the taste and quality of kimchi can only increase if there's a separate charge for it?

M Yes, if good ingredients are used to make kimchi, such as pickled shrimp, chili powder, garlic, and ginger, they should charge money. Restaurants that make kimchi properly and provide it for free go bankrupt. I think that charging for kimchi is absolutely necessary in order to make our traditional kimchi well with our ingredients.

W That makes sense, but I guess it's up to consumers if they'll pay extra money for kimchi at a restaurant.

[33~34] 다음을 듣고 물음에 답하십시오.　▶ P. 161

남자 색맹이란 색상을 보지 못하는 것은 아니지만, 정확히 구별하지 못하는 것입니다. 예를 들어 빨강, 노랑, 파랑, 녹색, 주황색, 보라색, 갈색, 검정색이 들어 있는 8개의 크레파스가 있다면, 색맹인 사람들은 각각의 색을 구별하는 데 다소 어려움을 느낍니다. 색상이 어두워지면 더 구별하기 힘들게 됩니다. 이번에 우리 회사는 색맹인 사람들도 색을 쉽게 구별할 수 있도록 특수한 안경을 개발했습니다. 이 안경은 색맹을 치료하는 게 아니라, 빛의 파장을 조절해 색을 구별해 주는 필터를 사용해서 색의 구별이 좀 더 쉬워지게 하는 것입니다. 렌즈 보호뿐 아니라 눈이 나쁜 사람을 위해 도수까지 맞춰 주는 기능도 있습니다.

[35~36] 다음을 듣고 물음에 답하십시오.　▶ P. 162

여자 부모님과 여행을 가려고 하는데, 휴양지나 온천처럼 식상한 곳은 싫어하세요. 그렇다고 젊은 사람들 다니는 배낭여행을 가자니 힘들어하실 것 같습니다. 도대체 부모님을 만족시켜 드릴 만한 국내 여행지는 어디일까요?

남자 저는 '남해 독일 마을'과 '대구 근대 (近代) 골목'을 추천합니다. 이곳에 가면 뒤따라오시기만 하던 어른들이 앞서 걸으며 당시 생활상을 설명하는 모습을 볼 수 있을 것입니다. 경남 남해 독일 마을은 1960년대 가족과 나라를 위해 광부와 간호사로 일한 독일 교포들이 돌아와 다시 일군 마을입니다. 남해를 배경으로 독일식 주택이 들어서서 이국적인 분위기와 독일의 문화, 음식 등을 만날 수 있습니다. 대구 근대 골목은 한국 전쟁 때 큰 피해를 입지 않아서 '약전 골목' 등 1,000여 개의 골목이 예전 모습대로 고스란히 남아 있습니다. 이곳을 보는 동안 부모님들은 옛 추억을 떠올리며 대화가 많아집니다. 어른들이 식상한 휴양지를 싫어하는 이유는 여행을 가서도 대화를 나눌 이야깃거리가 별로 없어서 그런 것 아닐까요?

M　Color blindness does not mean that you cannot see colors, but it means that you cannot distinguish them precisely. For example, if you have 8 crayons, including red, yellow, blue, green, orange, purple, brown, and black, people with color blindness have some difficulty distinguishing each color. The darker the color, the harder it is to distinguish it. This time, our company has developed special glasses that help people with color blindness easily distinguish colors. These glasses do not cure color blindness, but they make it easier to distinguish colors by using a filter that adjusts the wavelength of light. In addition to lens protection, there is also a function that adjusts the frequency for people with bad eyes.

W　I'm planning to travel with my parents, but they hate cliché places like resorts and hot springs. But it seems like it would be difficult for them to go backpacking with young people. Where would be a satisfactory place for my parents for a domestic trip?

M　I recommend Namhae German Village and the Daegu Modern History Streets. If you go to these places, you'll see adults who used to only follow behind walking in front and explaining life at the same time. The German Village in Namhae, Gyeongnam, is a village of Korean-Germans who worked as miners and nurses and came back for their families and country in the 1960s. With the South Sea in the background, when you enter a German-style house, you can experience an exotic atmosphere as well as German culture, food, etc. Daegu's Modern History Streets didn't suffer much damage during the Korean War, so more than 1,000 alleys, such as Pharmacopeia Alley, remain intact with the same appearance that they initially had. While looking at these places, parents are reminded of their past memories and their conversations grow. Isn't it true that the reason why adults don't like the same old vacation resorts is that even when they go on a trip, there isn't much to talk about?

[37~38] 다음을 듣고 물음에 답하십시오. ▶ P. 162

여자 음력 8월 15일이 추석인데 해마다 늦여름에 추석이 돼서 추석 날짜를 계절에 맞게 바꿔야 한다고 생각합니다.

남자 그래도 추석은 전통 명절인데 생활의 편리를 위해 바꿀 수는 없습니다. 그대로 지켜야지요.

여자 추석 명절 때문에 햇과일을 찾는데, 날씨가 아직 더워서 익은 과일이 없고 과일값만 치솟아요.

남자 명절 때 물가가 오르는 건 당연한 것 아닌가요?

여자 물가만 문제가 아니라, 추석 이후에 수확이 많이 되는 과일이 추석이 지난 후에는 안 팔려서 과일이 썩고, 오히려 추석 때 맞춰서 과일을 판매하기 위해 과일에 성장 촉진제를 사용한다는 것이 문제입니다.

남자 그럼, 이런 문제들이 추석 날짜를 한 달 정도 미루면 다 해결된다는 뜻이군요.

여자 그렇죠. 1년 농사의 추수를 감사하는 원래 의미에도 맞고 명절 물가도 안정시키고 자연스럽게 익은 과일과 곡식을 먹게 되는 일석 삼조의 효과가 있습니다.

[37~38] Listen to the following and answer the questions.

W *Chuseok* is on August 15 of the lunar calendar, but since it's at the end of the summer every year, I think the date of Chuseok be changed according to the season.

M Even so, Chuseok is a traditional holiday. It can't be changed for the sake of convenience. We have to keep it as it is.

W We look for newly harvested fruit because of the Chuseok holiday, but since the weather is still hot, there isn't any ripe fruit, so the price of fruit skyrockets.

M Isn't it natural for prices to rise during the holidays?

W The prices aren't the only problem. The many fruits that are harvested don't sell after Chuseok has passed, so the fruit rots, and the problem is that in order to align with Chuseok and to sell fruit, growth accelerators are used on the fruit.

M Well, then this means that if Chuseok is postponed by about one month, everything will be solved.

W That's right. There are also the effects of matching the original meaning of appreciating the harvest, stabilizing holiday prices, and eating naturally ripened fruits and grains all at the same time.

[39~40] 다음을 듣고 물음에 답하십시오. ▶ P. 163

여자 "노 배드 패런츠 존 (No bad parents zone)"이라는 팻말을 출입문 유리에 붙이셨는데 무슨 의미인가요?

남자 그동안 아이들의 출입을 금지하는 식당이나 카페에 대한 찬반 양론이 팽팽하게 대립했잖아요. 그래서 이 문제를 해결하는 대안으로 시작한 운동입니다. 아이들을 제대로 관리하지 못하는 부모는 출입을 금지한다는 말이에요. 하지만 팻말을 붙인다고 해서 실제로 못 들어온다는 것은 아니에요. 다만 아이와 같이 방문한 부모님께 자녀 관리를 잘해 달라고 당부하는 것이죠. 서로가 조금만 신경을 쓰면 부모는 아이와 함께 영업장에 갈 수 있게 되고, 점주는 피해를 주는 고객에게 서비스를 거부할 권리를 갖게 되죠.

여자 _____

[39~40] Listen to the following and answer the questions.

W You put a sign saying "No bad parents zone" on the glass of the front door. What does that mean?

M The arguments for and against the matter of restaurants or cafes prohibiting children from entering had been very strained this entire time, hadn't they? So this is a movement started as an alternative to solve this problem. It means that parents who can't properly manage their children are prohibited from entering. But putting the sign up doesn't mean they can't actually come in. It's simply requesting that parents who visit with children manage them well. If we just care for one another a little bit, parents can go to businesses with their children, and shop owners will have the right to refuse service to customers who cause harm.

W _____

여자 가난은 쉽게 해결할 수 없는 문제입니다. 단순히 돈을 주고 물건을 보낸다고 세상이 변하지는 않습니다. 그래서 우리는 한 번에 어린이 한 명씩을 살리기로 생각을 바꿨습니다. 한 명의 어린이를 양육하는 데에는 많은 시간과 돈이 필요합니다. 하지만 가난에서 벗어날 수 있을 때까지 배움의 기회를 주고 건강을 챙기고 정서적 안정감을 키워 준다면 가난을 이겨 낼 수 있는 힘을 기를 수 있을 것입니다. 이러한 방식을 고수하는 이유는 한 사람을 통해 시작되는 변화를 믿기 때문입니다. 가난한 어린이가 미래에 대한 희망을 갖는 순간, 현실의 어려움은 더 이상 걸림돌이 되지 않습니다. 우리는 한 번에 한 명의 어린이를 돕지만 그 어린이를 통해 세상이 조금씩 달라질 것이라고 믿습니다. 사랑을 받은 어린이로부터 그 사랑이 또 다른 사람에게 전해질 것이니까요.

[41~42] Listen to the following and answer the questions.

W Poverty is a problem that cannot be solved easily. Simply saying you'll give money and send goods doesn't change the world. So we changed our thinking to save one child at a time. Raising a single child requires a lot of time and money. But until they can break free of poverty, if we give them learning opportunities, take care of their health, and develop their emotional stability, they can develop the strength to overcome poverty. The reason why we adhere to this method is because of our belief that change starts with one person. The moment that a poor child has hope for the future, the difficulties of reality are no longer an obstacle. We help one child at a time, but we believe that through that child, the world will change little by little. Because a child who receives love will deliver that love to another person.

[43~44] 다음을 듣고 물음에 답하십시오. ▶ P. 164

여자 웃으면 주름이 생길까 봐 웃을 때 눈꼬리를 잡고 웃는 사람이 있어요. 그럼 덜 웃으면 주름살도 덜 생기나요?

남자 이론적으로는 일리가 있는 얘기입니다. 웃음을 비롯한 얼굴 표정은 피부 콜라겐을 파괴시키는 작용을 일으키기 때문입니다. 하지만 그보다 더욱 중요한 것은 자외선을 피하고 자외선 차단제 및 수분을 공급하는 일입니다. 스트레스도 노화의 원인이고요. 활짝 웃는 습관을 통해 행복감을 높여 스트레스를 완화하고, 수분 보충과 자외선 차단에 더욱 신경을 쓰면 웃음으로 인한 주름에 큰 신경을 쓸 필요가 없습니다.

여자 유전적인 요인도 있다고 하는데, 예를 들어 엄마 얼굴에 주름이 없다면 나도 안 생길 거라고 기대할 수 있나요?

남자 주름살은 유전적 요인과 환경적 요인이 함께 영향을 미치기 때문에 어느 정도 사실입니다. 하지만 좀 더 큰 영향을 미치는 것은 환경적 요인입니다. 주름살이 잘 안 생기는 유전자를 물려받았다 해도 흡연을 즐긴다거나 햇볕을 많이 받는 야외 활동을 자주 한다면 주름이 쉽게 생길 수밖에 없습니다.

[43~44] Listen to the following and answer the questions.

W There are some people who grab the corners of their eyes when they smile because they're worried that they will develop wrinkles. So then if you smile less, will you develop fewer wrinkles?

M Theoretically, yes. The reason is that smiling and other facial expressions can cause skin collagen to be destroyed. However, it's more important to avoid UV rays, use sunscreen, and provide your skin with moisture. Stress is also a cause of aging. There is no need to pay attention to wrinkles caused by smiling if you pay more attention to applying sunscreen and providing moisture, and if you relieve your stress and increase your happiness through the habit of smiling.

W They say that there's also a genetic factor. For example, if my mother's face doesn't have wrinkles, can I also expect that I won't develop them?

M This is true to some extent because both genetic and environmental factors have an effect on wrinkles. However, environmental factors have a larger impact. Even if you are blessed with genes that don't form wrinkles, if you enjoy smoking or often do outdoor activities that cause you to get a lot of sunlight, you cannot help but easily develop wrinkles.

[45~46] 다음을 듣고 물음에 답하십시오. ▶ P. 164

여자 과거에는 눈물을 흘리는 것은 남자답지 못하다는 인식이 많았습니다. 울음을 나약한 것이라고 보았기 때문에 아무리 슬퍼도 자신의 감정을 쉽게 드러내지 못했던 것입니다. 하지만 울음은 인간에게 꼭 필요한 감정 표현 수단입니다. 눈물 속에 있는 염분, 무기질, 단백질의 영양분과 함께 스트레스 호르몬이 배출되기 때문에 울고 나면 마음이 시원해지는 치료 효과가 있습니다. 그리고 눈물은 자신의 감정과 상황을 다른 사람에게 알리는 중요한 의사소통 수단이기도 합니다. 눈물이 의사소통의 윤활유 역할을 함으로써 상대방으로부터 물리적, 정서적 도움을 받을 수 있으며, 반대로 다른 사람을 위로하는 수단이 될 수도 있습니다. 이처럼 울음은 여러 가지 좋은 점을 가지고 있기 때문에 이를 억압하는 것은 부당합니다. 그러므로 누구나 울고 싶을 때 마음껏 울 수 있는 사회가 건강한 사회라고 할 수 있습니다.

[45~46] Listen to the following and answer the questions.

W In the past, there were many perceptions that shedding tears was not manly. Because crying was seen as a weakness, men could not easily reveal their feelings no matter how sad they were. But crying is an absolutely necessary form of emotional expression for humans. Because stress hormones are discharged along with the nutrients of salt, minerals, and protein in tears, crying has a therapeutic effect that refreshes our minds. And tears are also an important method of communication, letting other people know our feelings and situation. Through the role that tears play in smoothing communication, we can receive physical and emotional help from other people, and likewise, tears can also be a method of comforting others. In this way, as crying has many good points, it is unfair to suppress it. Therefore, we can say that a society in which anyone can cry freely whenever they want to cry is a healthy society.

[47~48] 다음을 듣고 물음에 답하십시오. ▶ P. 165

남자 요즘은 옷이나 신발의 품질이 좋아져 과거처럼 쉽게 해져서 못 쓰게 되는 경우가 별로 없지만 철 지난 물건들은 그냥 집에 처박혀 있거나 버려지곤 합니다. 아이들의 장난감이나 교복, 생활용품도 중고로 구입하면 저렴하게 살 수 있는 물건이 많지만 직접 중고 제품을 구매해 쓰는 사람은 많지 않습니다. 이왕이면 새것을 써야 한다는 '신상품 강박증' 때문입니다. 그런데 국내에서도 막상 중고를 구입해 본 경험이 있는 사람들은 대체로 만족도가 높은 편입니다. 중고 물건을 약간 손질해서 파는 매장에 가 보면 새것이나 다름없어 보이는 것을 새 제품의 20% 가격으로 살 수 있기 때문입니다. 이와 달리, 고가의 해외 명품은 중고 거래도 활성화돼 있습니다. 수백만 원짜리 유명 가방은 찾는 사람이 많아서 중고도 신상품 가격 못지않게 팔리는 경우가 비일비재합니다. 품질과 디자인 수준 덕분이기도 하지만 그보다는 제품에 붙어 있는 이름값이 고객에게 심리적 만족감을 주기 때문입니다.

[47~48] Listen to the following and answer the questions.

M These days, because the quality of shoes and clothes is improving, there are few cases of products becoming unusable due to being easily worn out like in the past, but past-season items are simply stuck in the house or thrown away. Many children's toys, school uniforms, and household goods can be bought cheaply if they are bought second hand, but there are few people who directly buy and use second-hand products. This is due to the "new product obsession" that says you have to buy something new if you are going to buy something at all. However, even in Korea, people who have actually purchased second-hand products generally have a high level of satisfaction. The reason is that if you go to a store that slightly repairs and sells used goods, you can buy an item that looks like new at 20% of the price. On the other hand, second-hand transactions for high-priced, foreign luxury goods are also active. There are many people looking for famous bags worth millions of won, so it's common for bags to be sold at the same prices as new ones, even if they are used. This is thanks to the quality and design, but more than that, it's due to the mental satisfaction given to the customer by the brand value attached to the product.

남자 9월 9일은 장기 기증의 날입니다. 장기 기증은 사람의 생명을 살리는 고귀한 일이지만 시신에 손을 대는 것에 대한 거부감이 있기 때문에 아직도 많은 사람들이 장기 기증을 꺼립니다. 2016년 기준으로 사후 장기 기증을 약속한 등록자 수가 100만 명을 넘었지만, 아직 기증자 수가 절대적으로 부족하여 장기 기증만 받으면 생명을 건질 수 있는 환자들이 매년 600명 넘게 속절없이 죽어 가고 있습니다. 외국은 수천 명의 뇌사자가 장기를 기증하여 꺼져 가는 생명을 구하고 있는데 우리는 그에 비해 기증자 수가 턱없이 부족합니다. 장기 기증의 활성화를 위해서는 장기 배정 절차와 우선순위, 그리고 제반 규정의 문제점을 보완하고, 장기 기증의 홍보 예산을 늘려서 장기 기증 홍보를 범국민 차원에서 확대해 나가야 합니다. 생명 나눔을 통한 사랑의 정신을 학생들의 교육에 적극 반영하고 인간에 대한 사랑과 생명의 고귀함을 알릴 필요도 있습니다. 정부와 교육청이 장기 기증 단체들과 협조하여 생명 나눔 운동을 전개하는 것, 장기 기증자를 위한 생명 나눔 공원과 장기 기증 홍보관을 설립해 홍보를 강화하는 것도 필요합니다.

M September 9 is Organ Donation Day. Organ donation is a noble gesture that saves people's lives, but many people are still reluctant to donate their organs because they feel repulsed by the idea of touching a corpse. In 2016, more than 1 million registrants committed to organ donation, but the number of donors is still so low that more than 600 patients who would survive if they could only receive an organ donation die every year. In foreign countries, thousands of people are saving lives by donating the organs of brain-dead patients, but in Korea, we are extremely short of donors. In order to revitalize organ donation, we must supplement to solve the problems of organ allocation procedures, priorities, and regulations, and expand the promotion of organ donation at the national level by increasing the budget. It is also necessary to actively reflect the spirit of love through the sharing of life in student education and to show the nobility of human love and life. And the government and education office must also cooperate with organ donation organizations to develop a life-sharing campaign and establish life-sharing parks and organ donation promotion centers in order to strengthen public relations.

쓰기 지문 번역 Writing Script Translation

51

돌잔치 초대
우리 ○○이가 어느덧 건강하게 자라 첫 생일을 맞이하였습니다. 항상 관심과 사랑으로 지켜봐 주신 분들께 (㉠) 정성 어린 자리를 마련했습니다. (㉡) ○○이의 앞날을 축복해 주시기 바랍니다.

51

Invitation to a first birthday party
Our ○○ has grown up healthily and reached her first birthday. We have sincerely prepared this gathering (㉠) for those who have always watched over us with love and care. (㉡) Please bless the days ahead for ○○.

52

책에는 좋은 책도 나쁜 책도 없다. 그저 자기가 읽고 싶어서 읽고, 선택하고, 그것에서 아주 작은 것이라도 자기 삶에 적용될 수 있는 메시지 하나를 건져 올릴 수 있다면 그걸로 충분하다. 모두에게 좋은 책이 꼭 (㉠)은 아니다. 반대로 자신에게 좋았던 책이 (㉡) 꼭 좋은 책이 되는 것도 아니다. 누군가 필요 없어 버린 책이 다른 사람에게는 인생을 바꾼 책이 되는 것처럼 말이다.

52

There are neither good books nor bad books. If you can choose a book and read it because you want to, and if you can deduce from it even a very small message that can help your own life, that is more than enough. A book that is good for everyone may not necessarily be (㉠). On the contrary, a book that was good for me may not necessarily be a good book for (㉡). A book that was thrown away because someone did not need it may become a book that changes someone else's life.

▶ P. 167

[53] 다음은 스마트폰이 없으면 일상생활에 지장이 있는지에 대한 설문 조사 자료이다. 이 내용을 200~300자의 글로 쓰시오. 단, 글의 제목은 쓰지 마시오.

스마트폰이 없으면 일상생활에 지장이 있을까?

	그렇다	아니다
20대	74.3%	25.7%
30대	69.8%	30.2%
40대	65.1%	34.9%
50대	56.2%	43.8%

스마트폰 사용에 대한 의견

시간을 아낄 수 있다.	67.7%
궁금한 것을 검색할 수 있다.	64.1%
여가 시간이 오히려 줄고 있다.	38%
일과 개인 생활의 구분이 어렵다.	26.6%

조사 인원: 1,000명
조사 대상: 전국 만 20~59세의 스마트폰 이용자

---

[53] The following is survey data about whether there would be any inconvenience in their daily lives if they did not have a smartphone. Explain the content in a text of 200-300 characters. Do not write a title.

Is there any inconvenience in daily life without a smartphone?

	Yes	No
20s	74.3%	25.7%
30s	69.8%	30.2%
40s	65.1%	34.9%
50s	56.2%	43.8%

Opinion on the use of smartphones

They can save time.	67.7%
They can help us look up things we are curious about.	64.1%
They actually decrease leisure time.	38%
It is difficult to divide work and personal life.	26.6%

Survey Participants: 1,000 people
Survey Target: Smartphone users aged 20 to 59 nationwide

▶ P. 167

[54] 다음을 참고하여 600~700자로 글을 쓰시오. 단, 문제를 그대로 옮겨 쓰지 마시오.

최근 소비문화의 패턴은 소득의 양극화만큼이나 양극적 소비 형태를 보이는 것이 특징이다. 한쪽에서는 인생을 마음껏 쓰며 살라는 욜로(Yolo, you only live once)족들이 유행이고 다른 한쪽에서는 극단적 저축을 말하는 노머니(No Money)족이 주목받고 있다. 이러한 소비 태도에 대해 아래의 내용을 중심으로 자신의 생각을 쓰십시오.

• 욜로는 낭비인가? 아니면 오늘의 행복을 미루지 않는 소비인가?
• 노머니족은 미래를 위해 현재를 희생하는가? 미래에 대한 준비인가?
• 자신과 사회를 위한 바람직한 소비는 무엇인가?

---

[54] Refer to the following and write a text of 600-700 characters. Do not simply copy the text of the question when writing your answer.

Recently, consumption culture is characterized by its extreme expenditure and income pattern. On the one hand, there is a trend called "YOLO" (You Only Live Once), which emphasizes living life to your heart's content, and on the other hand, a way of extreme savings called "No Money" is receiving attention. Write your thoughts about these consumption attitudes, focusing on the following points.

• Is YOLO a waste? Or is it a consumption that does not delay today's happiness?
• Do No-Money people sacrifice the present for the future? Are they preparing for the future?
• What is the most desirable type of consumption for individuals and society?

읽기 지문 번역 Reading Script Translation

[1~2] (　　)들어갈 말로 가장 알맞은 것을 고르십시오.　▶ P. 168

1　젊었을 때 아무 준비도 안 하고 노년을 맞이하면 (　　)

2　화재 사고로 인해 사람도 다 구조하지 (　　), 애완견을 어떻게 찾아 드려요?

[1~2] Choose the most appropriate word for the blank.

1　If you do not make any preparations when you are young, and then you face your old age, (　　)

2　How can I help you find your pet when I (　　) rescue all of the people in the fire accident?

[3~4] 밑줄 친 부분과 의미가 가장 비슷한 것을 고르십시오.　▶ P. 168

3　자신의 잘못을 사과하지도 않고 오히려 화를 냈다.

4　한 시간 일찍 출발해서 다행히 비행기를 탔는데, 잘못하면 비행기를 놓쳤을 거예요.

[3~4] Choose the answer that has the most similar meaning to the underlined section.

3　He did not even apologize for his mistake and got angry instead.

4　Thankfully, I left 1 hour early and got on the plane, but if I hadn't, I would have missed the flight.

[5~8] 다음은 무엇에 대한 글인지 고르십시오.　▶ P. 169

5　먹고 살기 힘든 시기에 누구나 집에서 요리할 수 있는
　생활 밀착 예능!
　요리 불능 네 남자의 끼니 해결 프로젝트
　매주 화요일 저녁 9시 40분에 방송

6　자동차에 타서 가장 먼저 할 일은 안전을 준비하는 것입니다.
　당신의 생명을 지켜 주는 소중한 습관입니다.

7　내 집에서는 개미 소리, 아랫집에는 천둥소리
　남에 대한 배려가 이웃 간의 갈등을 줄일 수 있습니다.

8　당신도 행운의 주인공이 될 수 있습니다.
　1주일 동안 꾸는 행복한 꿈

[5~8] Choose the answer that says what the following is about.

5　An in-depth entertainment program that helps anyone cook at home in this time when it's hard to make a living!
　A project to resolve the meals of 4 men who cannot cook
　Airing every Tuesday evening at 9:40 p.m.

6　The first thing to do when you get in a car is to secure your safety.
　This is a precious habit that protects your life.

7　The sound of an ant in my house; the sound of thunder in the house downstairs
　Consideration for others can reduce conflicts between neighbors.

8　You too can be luck's main character.
　Dreaming a happy dream for 1 week

[9~12] 다음 글 또는 그래프의 내용과 같은 것을 고르십시오. ▶ P. 170~171

9

20XX 서울 자전거 대행진!

참가 접수를 시작합니다.

- 일시: 20XX년 6월 15일 오전 8시
- 출발 장소: 서울 광화문 광장
- 도착 장소: 상암동 월드컵 공원 평화 광장
- 참가 부문: 21km 퍼레이드
- 모집 인원: 5,000명 선착순
- 접수 기간: 4월 7일 10시부터 선착순 마감(입금자 기준)
- 참가비: 10,000원

* 2인 이상 단체 신청도 가능합니다.

10

급증하는 귀농·귀촌

70대 이상 9.3 / 30대 이하 16.7
60대 18.5
연령 분포 단위: %
40대 23.6
50대 31.9

귀농·귀촌 이유

(전국 귀농·귀촌인 1,000명 조사, 복수 응답)

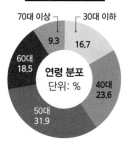

31.8% 조용한 전원생활

24.6% 도시 생활이 싫어서

23.9% 은퇴 후 여가 생활

21.8% 농촌 관련 사업

18.7% 자신과 가족 건강

11 글을 잘 쓰려면 우선 많이 읽어야 한다. 책을 많이 읽어도 글을 못 쓸 수는 있다. 그러나 많이 읽지 않고도 잘 쓰는 것은 불가능하다. 그리고 많이 쓸수록 더 잘 쓰게 된다. 축구나 수영이 그런 것처럼 글도 근육이 있어야 쓴다. 글쓰기 근육을 만드는 유일한 방법은 쓰는 것이다. 여기에 예외는 없어서 이것은 철칙이라고 할 수 있다.

12 우리 마음을 열어 보면 무엇이 있을까? 사랑과 감사, 기쁨도 있지만, 분노와 미움, 실망도 있다. 그런데 우리는 좋은 것만 말할 뿐, 어둡고 힘든 것은 꺼내 놓지 않는다. '이런 말을 하면 나를 속 좁고 못난 사람으로 생각할 거야.'라는 두려움 때문일 것이다. 한 심리학자는 "말하는 행위만으로도 자신이 만든 감옥에서 벗어날 수 있다."라고 했다. 또 한 작가는 "우리가 존재하는 이유는 분명히 표현하며 살기 위해서다."라고 했다. 마음의 고통에 대해 입이 말하지 않으면 몸이 말한다. 표현하라. 그래야 건강하고 자유로워진다.

[9~12] Choose the statement that agrees with the following text or graph.

9

20XX Seoul Bicycle March!

Participant registration is beginning.

Date and Time: June 15, 20XX at 8:00 a.m.

Place of Departure: Gwanghwamun Square, Seoul

Place of Arrival: Peace Plaza, Sangam-dong World Cup Park

Participation Zone: 21km parade

Number of Participants for Recruitment: 5,000 people, accepted in order of registration

Registration Period: Begins on April 7 at 10:00 a.m. on a first-come-first-served basis (payment required)

Participation Fee: 10,000 won

* Group registration for 2 or more people is also possible.

10

Sudden increase in farming, returning home

70s or older 9.3 / 30s or younger 16.7
60s 18.5
Age distribution Unit: %
40s 23.6
50s 31.9

Reason for farming, returning home

(nationwide survey of 1,000 people, multiple responses)

31.8% A quiet rural life

24.6% Because I dislike city life

23.9% Leisurely life after retirement

21.8% Business related to farming

18.7% Personal and family health

11 In order to write well, above all, you must read a lot. You may not be good at writing even if you read a lot of books. However, it is impossible to be good at writing if you do not read a lot. And the more often you write, the better you write. Just like soccer or swimming, you need muscles to write. The only way to gain muscles for writing is to write. This can be called an immutable law because there are no exceptions.

12 What can happen if we open our hearts? There's love, gratitude, and joy, but there's also rage, hatred, and disappointment. Nevertheless, we only speak of the good things, not things that are dark and difficult. This may be due to the fear that, "If I say these types of things, people will think I'm an ugly and narrow-minded person." A psychologist once said, "The mere action of speaking out could free us from the cage that we made for ourselves." In addition, an author said, "The reason for our existence is precisely to express and articulate ourselves." If the pain of our hearts isn't spoken by our mouths, our bodies will say it. Express it. You must do so to become healthy and free.

13 (가) 안타깝게도 아이는 잘못을 깨닫기보다는 누군가가 잘못하면 '때려라'를 먼저 배운다.

   (나) 잘못을 한 아이에게 부모가 매를 들어 가르치려 한다.

   (다) 때리는 것을 의사소통의 한 방법으로 받아들이게 되는 것이다.

   (라) 매보다는 충분한 설명을 통해 아이가 다시는 잘못하지 않는 방법을 배우기를 바란다.

14 (가) 삼림욕을 하면 마음이 상쾌해지는 효능이 있는데 수목에서 뿜어져 나오는 피톤치드 때문이다.

   (나) 피톤치드는 수목이 주변에 있는 해충이나 세균을 죽이기 위해 스스로 내뿜는 방향성 물질이다.

   (다) 삼림욕은 숲속을 걸으면서 신선하고 상쾌한 공기를 들이마시는 일을 말한다.

   (라) 해충에는 유독하지만 인체에 들어오면 나쁜 균을 죽이고 노폐물을 몸 밖으로 배출하는 역할을 한다.

15 (가) 낙타의 등 위에 놓인 책은 고작 몇 십 권이지만 아이들은 이 작은 도서관에서 상상력을 키우고 세상을 배운다.

   (나) 많은 사람들이 굶주림으로 고생하는 케냐에선 책을 읽는 건 엄두도 내지 못하는 사람들이 많다.

   (다) 이처럼 책을 보기 힘든 곳에 사는 사람들을 위해 세계 곳곳에서 작은 도서관이 운영되고 있다.

   (라) 이 지역 사람들을 위해 낙타 도서관이 탄생했다.

[13~15] Choose the option that places the statements in the right order.

13 (가) Unfortunately, rather than realizing they made a mistake, the child learns that someone who does something wrong gets hit.

   (나) Parents try to use spanking to teach children who have done something wrong.

   (다) Hitting becomes accepted as a way of communication.

   (라) Instead of spanking, it is more desirable for the child to learn how not to do something wrong again through sufficient explanation.

14 (가) If you stroll through the forest, there is an effect of refreshing your mind, and this is due to the phytoncide that comes out of trees.

   (나) Phytoncide is an aromatic substance excreted by trees in order to kill pests and harmful insects around them.

   (다) Forest bathing refers to walking through a forest and breathing fresh, refreshing air.

   (라) It is poisonous to insects, but when it enters the human body, it kills bad germs and discharges waste.

15 (가) There are only a few tens of books placed on the camel's back, but children learn about the world and nurture their imagination in this small library.

   (나) In Kenya, where many people suffer from hunger, reading a book is a luxury that people cannot afford.

   (다) In this way, small libraries have been built around the world in order to help people in places where it is difficult to find books.

   (라) Camel libraries were made for people in this region.

[16~18] ( )에 들어갈 말로 가장 알맞은 것을 고르십시오. ▶ P. 173

16 사람들은 60대에 운동을 시작하는 것이 너무 늦었다고 생각하지만 그렇지 않다. 60대부터라도 운동을 하면 그렇지 않은 사람에 비해 건강을 유지할 수 있다. 다만 강도 조절을 할 필요가 있다. 매일 낮은 강도의 운동을 짧게 하는 것이 (   )보다 건강에 유익하다.

17 클래식 공연에서는 악장과 악장 사이에 박수를 치는 것은 맞지 않는다. 이러한 관습은 리하르트 바그너로부터 시작됐는데, 그는 곡의 흐름이 깨지고 연주자에게 방해가 된다는 이유로 악장과 악장 사이에 박수를 금지시켰다. 그래서 박수는 모든 악장이 끝난 후에 치는 것이 좋다. 마지막 악장이 끝난 후에도 지휘자가 지휘봉을 내려놓지 않으면 박수를 치지 않는다. 마지막 음은 끝났지만 (   )는 뜻이다. 아무리 감동적이어도 박수는 지휘자가 돌아서서 인사할 때까지 기다렸다가 쳐야 한다.

18 신생아 살리기 모자 뜨기 캠페인이 있다. 아프리카나 아시아 등지에서 체온 조절과 보온이 필요한 생후 28일 미만의 신생아들에게 모자를 떠서 전달해 주는 운동이다. 이 캠페인을 통해 만들어진 모자는 신생아들의 체온을 따뜻하게 유지해서 저체온, 감기, 폐렴의 위협으로부터 (   ) 역할을 한다.

[16~18] Choose the most appropriate word for the blank.

16 People think that it is too late to start exercising in their 60s, but this is not the case. Even if they begin in their 60s, people who exercise can maintain their health better than people who do not. However, it is necessary to adjust the intensity. It is more beneficial to your health if you exercise every day at a low intensity for a short time than (   ).

17 At classical music performances, it is not appropriate to applaud between movements. This custom began with Richard Wagner, who prohibited applause between the movements because it might disturb the musicians. Therefore, it is good to applaud after all of the movements have ended. If the conductor does not put down the baton after the last movement has ended, the audience must not applaud. It means that the last note has ended, but (   ). No matter how impressive the performance is, you must wait to applaud until the conductor turns around and bows.

18 There is a campaign to knit hats to save newborn babies. It is a movement to deliver knitted hats to newborn babies fewer than 28 days old who need temperature control and warmth in places like Africa and Asia. The hats made through this campaign will keep newborn babies warm and (   ) from the threat of hypothermia, colds, and pneumonia.

[19~20] 다음을 읽고 물음에 답하십시오.   ▶ P. 174

일을 잘 못하거나 실수를 많이 할 때 영어로 '온통 엄지손가락'이라는 표현을 쓰는데, 아마도 일을 할 때 엄지손가락의 역할이 크지 않아서 생긴 표현인 것 같다. 하지만 휴대폰 사용이 일상화되면서 이 표현이 바뀌어야 할 것 같다. 현대인들이 손에서 잠시도 (　　　) 24시간 동안 휴대폰을 사용하면서 엄지손가락 사용이 늘었기 때문이다. 휴대폰으로 전화번호나 문자를 입력할 때 엄지손가락을 사용하는 것이 다른 어떤 손가락보다 쉽고 빠르다. 휴대폰의 등장으로 인해 그간 별로 주목 받지 못했던 엄지손가락의 역할이 부각된 것이다.

[19~20] Read the following and answer the questions.

When someone cannot do something well or makes a lot of mistakes, the expression "all thumbs" is used in English, which is an expression that was probably created because when working, our thumbs do not play a large role. However, as the use of cell phones has become routine, it seems this expression should be changed. This is because as modern people use their phones for 24 hours straight (　　　) them for even a moment, the use of thumbs has increased. When entering a phone number or text message on a cell phone, using your thumbs is faster and easier than any other fingers. Through the advent of cell phones, the role of the thumb, which had not received much attention before, stands out.

[21~22] 다음을 읽고 물음에 답하십시오.   ▶ P. 175

나는 시계의 분침과 시침 대신 구슬의 위치를 눈으로 보거나 만져서 시간을 확인하는 시계를 만들었다. 대학원에서 공부할 때 시간이 궁금한데도 '말하는 시계'를 사용하면 수업에 방해가 될까 봐 불편을 겪었던 시각 장애인 친구를 보고 아이디어를 얻었다. 내가 정말 원한 것은 비장애인과 장애인을 구분하지 않는 시계로, 시각 장애인은 디자인에 관심이 없을 거라는 편견을 깨고 기능과 디자인 면에서 사랑받는 시계를 만들고 싶었다. (　　　) 덕분에 우리 시계 구매자의 98%가 디자인과 패션에 관심이 많은 비장애인들이다.

[21~22] Read the following and answer the questions.

I made a watch that requires you to see or or touch the position of a bead to check the time instead of using a minute and hour hand. When I was studying in graduate school, I got the idea after seeing a visually impaired friend who was uncomfortable using a "talking watch," even when he was curious about the time, because it could disturb others during class. What I really wanted to was to create a watch that does not distinguish between people with and without disabilities, and a watch that would be loved for its function and design, breaking the prejudice that visually impaired people do not care about design. Thanks to (　　　), 98% of the people who buy our watch are people without disabilities who have a lot of interest in fashion and design.

[23~24] 다음을 읽고 물음에 답하십시오.   ▶ P. 176

오늘 아빠 친구분이 집에 오셨다. 아저씨는 우리 할머니를 보시더니 대뜸, "어머님, 오랜만이에요. 저 정석이에요. 알아보시겠어요?" 하시면서 할머니의 손을 덥석 잡으며 어쩔 줄 몰라 하셨다. 할머니는 정석이라는 아저씨를 찬찬히 뜯어보시더니, "아니, 정석이 아니야? 그동안 어디서 어떻게 살았냐? 어쩌면 그리 소식을 뚝 끊고 무심하게 살 수 있나, 이 사람아!" 하시며 눈물을 글썽거리셨다. 할머니가 그러시자 누가 먼저라고 할 것 없이 세 분은 서로의 손을 잡고 눈물을 흘리셨다.
그 장면을 보고 있으니 아무 사정을 모르는 나마저도 눈물이 핑 돌았다. 그런 한편으로는 이상하다는 생각이 들었다. 나는 친구들의 엄마를 부를 때 '아줌마'라고 한다. 나와 제일 친한 미연이의 엄마를 부를 때도 '미연이 아줌마'라고 부르는데, 왜 아빠 친구분은 남의 엄마를 '어머니'라고 부를까?

[23~24] Read the following and answer the questions.

Today, my father's friend came to our house. When he saw my grandmother, he immediately said, "Mother, it's been a long time. I'm Jeongseok. Do you remember me?" and tightly held her hands, not knowing what to do. My grandmother looked at him slowly and closely, and said, with tears in her eyes, "Oh, my, are you Jeongseok? Where have you been all this time? How could you just cut off all communication and live so carelessly?" Without waiting for someone to speak first, the three of them held each other's hands and cried.
Even though I did not know anything about the situation, I teared up, too. On the one hand, I thought that it was strange. When I address my friends' mothers, I call them "ma'am." Even when addressing my best friend Miyeon's mother, I call her "ma'am." Why would my father's friend call someone else's mother "Mom?"

[25~27] 다음 신문 기사의 제목을 가장 잘 설명한 것을 고르십시오.   ▶ P. 177

25 부모 불안 심리 자극, 사교육 시장 '활활'

26 '중소기업 인력난 해소' 머리 맞댄다

27 "연애도 못하는 판에…" 내 집 마련 등진 청년들

[25~27] Choose the answer that best describes the title of the following newspaper articles.

25 Parents' Anxiety Provoked, Private Education Market Roaring

26 Small Business Owners Put Heads Together to Solve Manpower Shortages

27 "I Can't Even Date…" Youths Turn Their Backs on Home Ownership

[28~31] ( )에 들어갈 말로 가장 알맞은 것을 고르십시오. ▶ P. 178~179

28 딸아이는 매일 20분 정도의 거리를 걸어서 초등학교에 다닌다. 어느 날 학교에 갈 때는 흐리기만 하던 날씨가 점점 어두워지더니 비가 내리기 시작했다. 집에 돌아올 시간이 되자 비는 더 세지고 천둥과 번개까지 쳤다. 궂은 날씨에 아이가 겁을 먹을까 봐 차를 몰고 아이의 학교로 향했다. 그러다 길을 따라 걸어오는 딸을 발견했다. 그런데 딸아이는 번개가 칠 때마다 발걸음을 멈추고 번갯불을 향해 (   ) 나는 딸을 불러서 차에 태우고 아이에게 물었다.

"왜 빨리 걷지 않고 번개가 칠 때마다 자꾸 멈춰 섰니?"

그러자 딸아이는 이렇게 대답했다.

"엄마, 하늘에서 제 사진을 계속 찍으니까 예쁘게 찍히려고요."

29 한 학교에서 재미있는 실험을 했다. 교장 선생님이 세 명의 교사를 불러서 이렇게 말했다.

"여러분은 우리 학교에서 가장 훌륭하고 전문적인 교사로 선발되었습니다. 그래서 우리 학교 아이들 중에 지능이 가장 뛰어난 학생 90명을 뽑아서 특별반을 만들어 여러분께 맡기려고 합니다. 우수한 선생님들이 우수한 학생들을 잘 지도해 주시기 바랍니다." 그런데 세 선생님은 우수한 선생님이 아니라 그냥 무작위로 선택한 사람들이었고, 학생들도 평범한 아이들이었다. 교장 선생님이 거짓말을 한 것이다. 놀라운 것은 그 결과였다. 평범한 선생님이 평범한 학생들을 지도했는데, 다른 학생들보다 학업 성취도가 20~30% 높게 나왔다. 다른 사람이 자신을 존중하고 기대하고 있을 때 (   ) 변하려고 노력하게 되고, 그러다 보니 실제로 그렇게 된 것이다.

30 '혼밥'이라는 말을 들어 본 적 있는가? 혼자 밥을 먹는 걸 가리키는 말이다. 이제는 '혼밥'에서 나아가 혼자 술을 마시는 사람들 즉, '혼술족'까지 등장했다. (   ) 자신만의 편안함을 즐기려는 사람들이 그만큼 늘고 있다는 뜻이다. 이렇다 보니 젊은 층들 사이에서는 '취향을 존중해 달라'라는 말도 나오는데, 세태 변화라고 하지만 함께 할 사람을 찾기 어려운 우리 사회의 쓸쓸한 단면이라는 분석도 있다.

31 이동하면서 간편하게 읽을 수 있는 전자책(e-book)이 학생들과 젊은 직장인 사이에서 인기를 끌고 있다. 하지만 잘못된 자세로 전자책을 읽으면 목에 무리를 줄 수 있어 주의가 필요하다. 거북목 증후군은 가만히 있어도 (   ) 자세를 일컫는다. 하루 종일 컴퓨터 모니터를 봐야 하는 사무직 종사자나 컴퓨터 게임을 즐기는 젊은 층에게 흔히 발생하며, 지하철이나 버스에서 스마트폰으로 전자책을 보는 이들도 예외가 아니다. 목이 뻣뻣해지고 어깨와 등으로 통증이 전해지며, 눈도 쉽게 피로해지고 손이 저린 증상이 지속되면 거북목 증후군을 의심해 봐야 한다.

[28~31] Choose the most appropriate word for the blank.

28 My daughter walks about 20 minutes to her elementary school every day. One day when she was going to school, the weather, which had only been cloudy, gradually became darker, and rain began to fall. When it was time to come home, it started raining harder, and thunder and lightning struck. Worried that my child would be frightened by the nasty weather, I drove my car to my child's school. Just then, I found my daughter walking along the street. But every time lightning struck, my daughter stopped walking and (   ) toward the lightning bolt. I called out to my daughter, picked her up in the car, and asked her a question.

"Why did you stop every time the lightning struck instead of walking quickly?"

At that time, my daughter replied like this.

"Mom, the sky kept taking my picture, so I was trying to look pretty."

29 An interesting experiment was done at a school. The principal called three teachers and said, "You have been selected as the most outstanding and professional teachers at our school. So we will make a special class by selecting 90 of the most talented students at our school and leave it in your hands. I would like excellent teachers to advise excellent students well." But the three teachers were not outstanding teachers but randomly selected people, and the students were also ordinary children. The principal told a lie. The surprising thing was the result. Ordinary teachers taught ordinary students, but their academic achievement was 20-30% higher than that of other students. When other people are respectful and have high expectations, they make an effort to change (   ), and that is what actually happens.

30 Have you heard the word *honbap*? It is a word that indicates eating a meal by yourself. Now, from the word honbap, the word *honsul* has appeared to describe people who drink alcohol by themselves It means that the number of people who want to enjoy their own convenience and (   ) is increasing. As a result, there is a saying among members of young generations that goes, "Respect my taste." Some say this is a social change, but there is also an analysis that calls it a bitter side of our society, where it is difficult to find someone with whom we can do things together.

31 E-books, which are easy to carry and read on the go, are gaining popularity with students and young professionals. However, you need to be careful of neck damage that can be caused from reading e-books with bad posture. Torticollis refers to posture that (   ) even when you are still. It often occurs in white-collar workers who have to look at a computer monitor all day long or members of younger generations who enjoy computer games, and it does not exclude those who read e-books on their smartphones on the subway or bus. If your neck becomes stiff and pain travels through your shoulders and back, and if your eyes become easily fatigued and there is persistent numbness in your hands, you should suspect torticollis.

[32~34] 다음을 읽고 글의 내용과 같은 것을 고르십시오. ▶ P. 180~181

32 사람들은 특별한 이익이 주어지지 않는 한, 현재 상황을 바꾸지 않으려는 경향이 있다. 얻는 이득이 훨씬 크다는 생각이 들지 않는 한 현재를 유지하려는 심리적 편향이 바로 현상 유지 편향이다. 경제적 선택에서도 이런 현상이 나타나는데, 현금으로 재산을 상속을 받았을 때와 주식이나 채권으로 재산을 상속받았을 때 상속인의 행동이 달라진다. 현금을 받으면 투자를 하거나 저금을 하는 등 투자 계획을 짜지만 주식이나 채권을 받으면 그냥 보유하는 경우가 많다. 유럽에서는 운전면허를 신청할 때 장기 기증 의사를 묻는데, 이때 기본 선택 사항에 '장기 기증 의사가 있다'라고 표기되어 있으면 기증률이 높고, 표기돼 있지 않으면 낮다고 한다.

33 서울의 한 골목길. 불빛이 새어 나오지만 아무도 없는 수상한 가게 하나가 눈에 띈다. 문을 열고 들어가 보지만 '어서 오세요.'라는 인사는커녕 인기척 하나 느낄 수 없다. 이곳은 무인 서점이다. 마음에 드는 책을 골라 책값을 돈 통에 넣는 방식으로 살 수 있다. 옆에 놓인 바구니에서 거스름돈도 직접 챙겨가면 된다. '거스름돈이 부족해요. 15,000원 지불했고 나중에 2,000원 챙겨갈게요.' 서점 주인과 손님은 각자 장부에 남긴 기록으로 소통한다. 알아서 계산하고 지불하는 방식이지만 지금껏 도난 사고 한 번 없을 정도로 잘 운영되고 있다. 아직은 생소할 수 있는 '사람 없는 가게'가 곳곳에서 모습을 드러내고 있다. 사람을 대면하면서 느끼는 피로감을 덜고 인건비도 줄일 수 있기 때문이다.

34 "남은 삶이 얼마 될지 모르지만 어떤 모험이든 맞이할 준비가 돼 있다. 대통령 때보다 지금이 더 행복하다. 멋진 인생이었다. 수천 명의 친구를 사귀었고, 흥분되고 모험에 가득 찬, 감사한 삶이었다. 이제 모든 것은 신의 손에 달려 있음을 느낀다."
암세포가 뇌로 전이된 사실을 공개하는 미국 전 대통령의 얼굴은 미소로 가득 차 있었다. 기자 회견장을 가득 메운 기자들을 향해 종종 농담을 던지기까지 했다. 자신에게 과연 어느 정도의 시간이 남아 있는지 알지 못하는 상황에서도 미국 전 대통령의 태도는 더없이 침착하고 편안해 보였다. 가장 성공한 대통령은 아니지만 미국 역사상, 아니 어쩌면 전 세계 정치 역사상 가장 성공한 퇴임 대통령으로 평가받고 있는 그는 죽음 앞에서도 거인의 풍모와 남다른 품위를 과시했다.

[32~34] Read the following and choose the statement that agrees with the content of the text.

32 People have a tendency not to change the current situation unless it could benefit them. The mentality of intending to keep the current situation as long as you do not think that you could gain a much larger benefit is called status quo bias. This phenomenon also occurs in economic decisions. The behavior of an heir changes when that person inherits property in cash or when that person inherits stocks or bonds. When receiving cash, an heir makes investment plans such as investing or opening a savings account, but if the heir receives stocks or bonds, in many cases, that person simply keeps things that way. In Europe, when applying for a driver's license, you are asked if you are willing to donate organs. At this time, if the basic option reads, "I have an intention to donate my organs," the organ donation rate is high, but if it is not written this way, the rate is lower.

33 An alleyway in Seoul. I catch sight of a suspicious shop from which light is streaming out, but no one is there. I open the door and go in, but I do not perceive any indication that someone is there, not even a greeting of "Welcome." This is an unmanned bookstore. You can choose a book that you like and buy it by putting money into a money container. You can also get your change by yourself from the basket next to it. "There's not enough change. I paid 15,000 won and will take 2,000 won later." The bookstore owner and customers communicate through records that they each leave in the account book. This is a method of customers calculating and paying by themselves, but it operates well enough that there has never been an incident of theft. "A shop without people" may still be unfamiliar, but it is appearing in various places. This is because there is less fatigue from dealing with people face to face, and labor costs can also be reduced.

34 "I don't know how much life I have left, but I am ready to encounter any kind of adventure. I am happier now than when I was the president. It has been a wonderful life. I have made thousands of friends. It was exciting and full of adventure, and I am thankful for it. Now I feel that everything is in God's hands."
The former American president's face was filled with a smile as he announced that cancer cells had spread to his brain. He even made jokes with the reporters who filled the press conference room. Even without knowing how much time he had left, the former American president could not have appeared more calm or relaxed. He may not have been the most successful president, but he is regarded as the most successful former president in American history or even in the world's political history, and even in the face of death, he showed a giant's presence and dignity unlike any other.

35 무더운 더위를 피하려고 오랜만에 바닷가를 찾았는데 여기저기서 '찰칵, 찰칵' 사진 찍는 소리가 들린다. 식당에서도 음식이 나오면 '와' 하는 소리와 함께 휴대 전화 사진기가 먼저 음식 위로 올라간다. 자신의 일상을 사진으로 찍어서 SNS에 올리고 지인들에게 내보이면서 자신을 인정받으려는 요즘 시대의 흔한 풍경이다. 그러다 보니 사실과 보이는 것 중에 무엇이 중요한지가 뒤바뀐 것 같다. 과학 기술의 도움을 받아 자신의 '셀카' 사진을 더 날씬하고 더 멋있게 수정해서 남에게 보이기 때문에 정작 그 사람을 실제로 만난다면 혹시 다른 사람이 아닌가 하는 오해를 하기도 한다. 언제 어디서나 남에게 보이는 나의 모습만 신경 쓴다면 정말 자신의 참모습을 위한 노력은 줄어들 수밖에 없다. SNS에 남겨지는 '좋아요'라는 타인의 인정보다 자신이 보람을 느끼고 자랑스러운 사람이 되도록 노력하는 것이 더 중요하지 않을까?

36 청소년들은 인터넷뿐만 아니라 일상생활에서까지 축약어를 사용한다. 청소년들이 축약어를 사용하는 가장 큰 이유는 '재미있고 사용하기가 편리하기' 때문이다. 그러나 언어의 정체성을 알 수 없는 축약어를 무분별하게 남발하는 것은 옳지 않다. 게다가 사고와 표현의 관계를 고려할 때 비슷한 형태의 축약어를 습관적으로 반복해서 사용하는 것은 학생들의 사고력 신장에도 부정적인 영향을 끼친다. 그뿐만 아니라 자기소개서, 보고서 등 다양한 글쓰기 과제에서도 축약어를 습관적으로 사용하게 되는 경우가 많다. 또래들과의 편리한 소통을 위한 언어 습관이 오히려 타인이나 사회와의 소통마저 단절시키는 것은 아닌지 반성이 필요하다.

37 우리는 가전제품의 발달로 여성들이 가사 노동으로부터 해방됐다고 생각한다. 그러나 정작 여성의 가사 노동은 줄기는커녕 오히려 늘어났다. 요즘은 좋은 세탁기 덕분에 부피가 크고 무거운 빨래도 어머니 혼자서 거뜬히 해낼 수 있다. 그러나 세탁기가 없었을 때 이런 빨래는 집안의 남자들, 즉 할아버지, 아버지, 아들의 몫이었다. 가전제품이 생긴 이후 이런 노동은 고스란히 어머니의 몫이 되어 버렸고, 가사 노동으로부터 해방된 것은 집안의 남자들이 된 것이다.

38 현대인에게 고질적인 병은 미디어 중독과 관계 중독증이다. 우리는 출근하면 제일 먼저 컴퓨터를 켠 뒤 이메일을 확인하고 메신저를 켠다. 약속 없는 주말에는 자신을 패자라고 생각하며 자신을 가혹하게 자책하는 사람도 있다. 우리는 혼자 남겨지는 외로움을 참지 못한다. 관계 중독증에 빠져 살던 한 방송 작가는 처음에는 외로워서 글을 쓰기 시작했다. 매일 퇴근 후 집에 돌아와 편지를 쓰기 시작했다. 일주일에 많게는 8~9통, 적게는 3통씩 두 달 넘게 꾸준히 쓰다 보니 마음이 회복되기 시작했다. 뿐만 아니라 주변 사람들이 자신이 쓴 편지를 여러 사람한테 전달하고 그것이 방송국에 있는 사람한테까지 전해져서 라디오 작가 제의를 받게 되었다. 덕분에 그는 퇴근 후에는 대본 작업을 하면서 관계에 얽매이지 않고 외로움을 즐길 수 있는 시간을 찾게 되었다. 글을 써 보자. 간단한 메모나 일기라도 말이다. 당신의 외로움이 명작으로 탄생할지 아무도 모른다.

38 Chronic diseases among modern people are media addictions and relationship addictions. When we go to work, the first thing we do is turn on the computer, check our email, and turn on the messenger. There are people with no plans on the weekends who think of themselves as losers and harshly blame themselves. We cannot bear the loneliness of being left alone. One broadcast writer who had fallen into a relationship addiction first started writing out of loneliness. He started to write letters every day after he came home from work. In one week, he wrote at least 3 letters, or as many as 8-9 letters for more than two months, and his heart started to recover as he wrote consistently. Not only that, but he delivered the letters he had written to various people around him, even to people at the broadcasting station, and so he received an offer to be a radio writer. Thanks to that, he was able to work on a script after leaving work and found time to enjoy loneliness without being bound to relationships. Let's try writing. Even simple memos or diaries. Nobody knows whether your loneliness may become a masterpiece.

[39~41] 주어진 문장이 들어갈 곳으로 가장 알맞은 것을 고르십시오.
▶ P. 183~184

[39~41] Choose the most appropriate place for the given sentence.

39 아프리카의 한 부족은 다른 부족에 비해 유난히 범죄율이 낮다. 특히 범죄를 저지른 사람이 다시 범하는 재범률이 매우 낮다. (㉠) 이유는 그 부족만의 특별한 재판 때문이다. 이 부족은 누군가가 죄를 범하면, 그를 마을 한가운데 세우고 마을 사람들이 며칠간 한마디씩 던진다. (㉡) 비난의 말이나 돌을 던지는 것이 아니다. "지난번에 저에게 먹을 것을 줘서 감사했어요.", "저를 보고 웃어 줘서 고마웠어요.", "우리 아들이 다쳤을 때 도와줘서 감사했어요." (㉢) 이런 식으로 범죄를 저지른 사람이 과거에 행했던 미담, 선행, 장점 등을 한마디씩 해 주는 것이다. 이를 통해 착했던 과거를 깨닫게 한 후, 새사람이 된 것을 축하하는 축제로 재판을 마무리하게 된다. (㉣)

┌─────── 보기 ───────┐
자신이 누구인지를 다시 돌아보게 함으로써, 새로운 삶을 살도록 만드는 것이다.
└────────────────────┘

39 A certain tribe in Africa has a significantly lower crime rate than that of other tribes. In particular, the repeated offense rate of past criminals committing another crime is very low. (㉠) This is on account of this tribe's special trial. In this tribe, when someone commits a crime, they put them in the center of the village, and for several days, the villagers fling words at them one at a time. (㉡) What they fling are not words of blame or stones. "Thank you for giving me something to eat last time," "Thank you for looking at me and smiling," or, "Thank you for helping me when my son was injured." (㉢) In this way, the villagers tell moving stories, good deeds, merits, etc. that the person who committed a crime did in the past one by one. After recognizing the person's kind past through this process, the trial ends with a festival to celebrate becoming a new person. (㉣)

┌─────── Ex. ───────┐
By looking back again on who you are, it makes you able to live a new life.
└────────────────────┘

40 더울 때는 왜 찬물보다 미지근한 물로 샤워하는 것이 좋을까? (㉠) 더우면 땀을 흘려 체온을 낮추고 추우면 밖으로 열을 안 빼앗기려고 피부 근처에서 순환하는 혈액의 양을 줄여 체온을 유지하게 되는 것이다. (㉡) 따라서 체온보다 약간 따뜻한 물로 샤워를 하면 땀이 나고, 땀을 흘림으로써 열이 몸 밖으로 빠져나간다. (㉢) 당장 덥다고 찬물로 샤워를 하면, 체내에서는 찬물 샤워로 낮아진 체온을 높이려고 몸이 더 열을 발산하기 때문에 오히려 더 더워지는 역효과가 날 수 있다. (㉣)

┌─────── 보기 ───────┐
우리 몸은 36~37℃의 체온을 일정하게 유지하려고 한다.
└────────────────────┘

40 When it is hot, why is it better to shower with lukewarm water instead of cold water? (㉠) When you are hot, sweating lowers your body temperature, and when you are cold, your body maintains its temperature by reducing the amount of blood circulating near the skin to keep heat from escaping. (㉡) Therefore, if you take a shower with water that is slightly warmer than your body temperature, you will sweat and drain heat from your body. (㉢) If you immediately shower with cold water, you may cause the adverse effect of becoming warmer because your body emits more heat in order to raise your body temperature, which was lowered by the cold water of the shower. (㉣)

┌─────── Ex. ───────┐
The body tries to maintain a constant body temperature of 36-37℃.
└────────────────────┘

41 중년 남성의 전유물로만 여겨졌던 탈모가 최근에는 나이와 성별을 가리지 않고 확산되는 추세다. (㉠) 특히 20~30대 젊은 층에서 탈모 환자가 급격히 늘어나고 있다. (㉡) 탈모 환자 300명을 대상으로 조사한 결과 탈모로 인해 대인 관계에 부담을 느끼는 사람이 가장 많았다. (㉢) 이성 관계에 어려움을 겪거나 취업·면접 등에서 불이익을 겪은 탈모 환자가 그 뒤를 이었다. (㉣) 이런 현상은 산업과 기술이 발전할수록 사람들의 스트레스는 더 심해지고 환경이 오염되면서 그 영향을 받았기 때문인 것으로 보인다.

> **보기**
>
> 안타까운 점은 젊은 탈모 환자들이 대인 관계는 물론 취업과 연애, 결혼 등에 어려움을 겪고 있다는 점이다.

41 Hair loss, which was regarded as a problem only for middle-aged men, has recently been spreading regardless of age and gender. (㉠) In particular, the number of hair-loss patients in their 20s-30s is rapidly increasing. (㉡) The results of a survey of 300 hair-loss patients showed that the highest number of people felt burdened by their hair loss in interpersonal relationships. (㉢) This was followed by hair-loss patients who suffered difficulties in their dating lives or disadvantages in employment or interviews. (㉣) This phenomenon seems to be due to the fact that as industries and technologies develop, people's stress becomes more severe, and as the environment becomes polluted, they are being affected by it.

> **Ex.**
>
> Unfortunately, young hair-loss patients suffer from difficulties in interpersonal relationships, such as employment and dating, marriage, etc.

[42~43] 다음을 읽고 물음에 답하십시오.　　▶ P. 185

오늘 아들이 대학에 입학하기 위해 전국의 수험생과 함께 수능 시험을 치렀다. 시험 때만 되면 갑자기 날씨가 추워지는 입시 한파가 올해도 예외 없어서 어제보다 기온이 7도나 떨어진 쌀쌀한 날씨였다. 그동안 더운 여름에도 책과 씨름하며 공부한 아들이 어떤 성적을 거둘지, 부모로서 초조하고 안타까웠다. 아내는 소화가 잘되는 음식으로 시험 중간에 먹을 도시락을 싸면서 직장 때문에 시험장까지 같이 가지 못하는 것을 내내 아쉬워했다. 평소에는 말이 없고 무뚝뚝한 아들이지만, 시험을 앞두고 긴장하는 마음을 풀어 주고 싶어서 시험장에 도착할 때까지 이야기도 나누고 음악도 들려주었다.

시험장 앞은 수험생과 가족들, 그리고 선배를 응원하려고 몰려온 후배들로 붐볐고, 응원하는 노래와 격려하는 구호로 소란스러웠다. 수험표와 펜 등 필요한 것은 잘 챙겼는지 확인하고 아들에게 시험 잘 보라고 격려하며 헤어졌다. 아들이 그동안에 쌓은 실력만큼 시험 문제를 풀고 실수만 하지 않았으면 좋겠다고 마음으로 빌며 회사 쪽으로 가는데 갑자기 아들에게서 전화가 왔다.

"아버지, 아까 그 시험장으로 다시 와 주세요."

순간 가슴이 철렁 내려앉았다.

'수험표를 잃어버렸나? 어디가 아픈 건 아닐까?' 머릿속으로 온갖 안 좋은 상상을 하면서 급히 시험장으로 갔다. 걱정하던 나와 달리 환하게 웃으며 나를 기다리던 아들이 갑자기 넙죽 엎드려 절하면서, "아버지, 그동안 잘 키워 주셔서 고맙습니다."하고 큰 소리로 외쳤다. 그리고는 쏜살같이 문 안으로 뛰어 들어갔다.

[42~43] Read the following and answer the questions.

Today, my son went to take the college entrance exam together with students from all over the country. This year was no exception to the entrance exam cold snap, when the weather suddenly turns cold at the time of the exam; it was chilly with a temperature that was 7 degrees lower than yesterday. As a parent, I was nervous and anxious about what kind of score my son would get after wrestling with books and studying even during the hot summer. My wife prepared a lunchbox with easily digestible food for him to eat in the middle of the exam, and she was sorry that she could not go with him to the test center due to her job. My son has always been a blunt person of few words, but since I wanted to relieve his nervousness before the exam, I shared stories with him and also played music until we arrived at the test center.

Students and their families, as well as seniors who came to cheer on their juniors, were crowded in front of the test center, and it was noisy with cheering songs and encouraging slogans. I made sure that my son had brought his exam ticket, pens, and necessary items, encouraged him to do well on the exam, and left. As I went to my office, I hoped that my son would solve the test problems with the skills that he had accumulated during that time, and that he would not make mistakes, but suddenly, I got a phone call from my son.

"Father, please come back to the test center."

In that moment, my heart sank.

"Did he lose his exam ticket? Is he sick?" I imagined all sorts of bad things in my head as I rushed to the test center. Unlike my worried self, my son was waiting for me with a bright smile, and he suddenly bowed deeply to me and shouted in a loud voice, "Father, thank you for raising me well all this time." Then he shot through the door like an arrow.

[44~45] 다음을 읽고 물음에 답하십시오. ▶ P. 186

어느 부부가 말싸움을 하다가 마을의 어른을 찾아가서 문제를 해결해 달라고 요청했다. 말싸움의 원인은 막 태어난 첫아들의 이름을 짓는 것이었다. 부인이 먼저 말했다. "남편은 시아버님의 이름을 따서 아이의 이름을 짓겠다고 하는데, 저는 제 아버지의 이름을 따서 지어 주고 싶어요." 마을의 어른은 각자 아버지의 이름이 뭐냐고 물었다. 부부는 동시에 "'명수'입니다. 총명하고 뛰어나다는 뜻이지요" 마을의 어른은 "두 분의 이름이 같으니까 잘됐네요, 그대로 이름을 지으면 되는데, 왜 말싸움을 하는 거요?" 그 말에 부인이 다시 말했다. "시아버님은 사기꾼으로 일생을 살았고 제 아버지는 정직한 삶을 살았는데, 그대로 이름을 지으면 누구의 이름을 딴 것인지 불분명하잖아요." 마을의 어른은 한참 고민하다가 이렇게 말했다. " 그 아이의 이름을 그대로 명수라고 지으세요. 그리고 사기꾼이 되는지 정직한 사람이 되는지 지켜보세요. 그러면 (   ) 분명해질 겁니다" 사람들은 아이의 이름을 지을 때, 온갖 좋은 말을 찾아서 가장 좋은 이름을 짓는다. 그러나 이름보다 더 중요한 것이 있다. 이름이 인격을 결정하지는 않는다. 어떻게 사는지가 그 이름값을 결정한다. 이름에 맞는 인격, 인격에 맞는 이름을 갖추어야 한다. 그것은 본인의 선택이다.

[44~45] Read the following and answer the questions.

While arguing, a couple went to see a village elder and asked the elder to solve their problem. The cause of the argument was the naming of their first son, who had just been born. The wife spoke first. "My husband says he'll name the child after my father-in-law, but I want to name him after my father." The village elder asked what each father's name was. The couple answered at the same time, "It's Myungsoo. It means clever and outstanding." The elder said, "How wonderful, their names are the same. You can give him that name just like that, so why are you arguing?" At those words, the wife spoke again. "My father-in-law lived his whole life as a swindler and my father lived an honest life, but if we name him like that, it's unclear whom he's named after, isn't it?" The elder considered this for a long while and then said this: "Name the child Myungsoo, just like that. And then watch and see if he becomes a swindler or an honest person. Then (   ) will become clear." When people name a child, they find all sorts of good words and give them the best name. But there are things more important than a name. A name does not determine a personality. How a person lives determines the value of the name. You must have a personality that fits your name, and a name that fits your personality. That is up to you.

[46~47] 다음을 읽고 물음에 답하십시오. ▶ P. 187

한 세정제 회사는 무료로 음식을 제공하는 팝업 레스토랑을 열어 많은 사람들에게 큰 인기를 끌고 있다. 그 회사가 팝업 레스토랑을 열어 사람들에게 음식을 무료로 제공하는 방식이 매우 이색적이다. 음식을 먹고 난 손님들에게 음식값을 지불하게 하는 대신 설거지를 하도록 유도하고 있다. 영수증을 자세히 살펴보면 손님이 무료로 음식을 먹고 난 후 설거지를 해야 할 다섯 가지 목록을 확인할 수 있다. 다섯 목록은 바로 냄비, 접시, 컵, 숟가락과 젓가락이다. 손님들에게 음식을 무료로 제공하면 할수록 계속 적자가 날 텐데 이 회사는 왜 이런 특별한 레스토랑을 연 것일까? 자기 회사의 세정제를 홍보하기 위한 마케팅 전략이 이곳에 숨어 있다. 식당을 찾는 손님들에게 세정제를 사용해 설거지를 경험하도록 유도한 것이다. 자사의 좋은 제품을 고객이 직접 사용하고 품질을 직접 경험해 보도록 유도하고 있다. 이 회사의 마케팅 전략은 벌써 대성공한 것 같다. 수많은 사람들이 이 제품을 직접 사용하고 입소문을 내고 있기 때문이다.

[46~47] Read the following and answer the questions.

A detergent company has opened a pop-up restaurant that offers free food and is gaining huge popularity with many people. It is very unusual for that company to open a popup restaurant and to offer food to people for free. They are prompting customers who eat food to wash dishes instead of paying for the food. If you look closely at the receipts, you can see a list of five items that you should wash after eating free food. The five things listed are pots, plates, cups, spoons, and chopsticks. The more free food that is provided to customers, the more you will continue to have a deficit, so why did this company open this kind of special restaurant? There is a marketing strategy hidden in place to promote the detergent of their own company. It was to prompt customers who found the restaurant to experience washing the dishes by using the company's detergent. It is prompting customers to directly use the company's own good product and to personally experience its quality. This company's marketing strategy already seems to have greatly succeeded. The reason is that countless people are personally using this product and generating word of mouth.

"로봇이 왜 남자애들 거야?" 장난감 성차별에 항의하는 소녀에게 대형 마트가 사과했다. 70년대 레고 (LEGO)에 들어 있던 설명서에는 "부모님들께, 레고를 이용해 무엇이든 만들 수 있습니다. 남자아이들이 인형의 집을 좋아할 수도, 여자아이들이 우주선을 좋아할 수도 있습니다. 중요한 건 아이들이 무엇이든 만들게 놔두는 것입니다."라는 글이 있다. 시대가 지나면서 오히려 장난감에 남녀 구분이 생겼다. 여자아이 장난감은 대부분이 분홍색이고 요리, 살림과 관련된 아기자기한 것이 많다. 그러나 여자아이용 음료수 판매대 레고를 선물 받은 한 소녀는 이를 멋진 로봇으로 조립했다. 그런데도 여전히 여자아이는 바비 인형에 분홍색을 좋아하고 (   ) 편견이 여전하다. 인간은 정말 태어나면서부터 여자는 분홍, 남자는 파랑에 끌리는 걸까? 그렇지 않다. 색깔에 대한 인식이 변한 건 2차 세계 대전 이후다. 전후 본격화된 공장 생산에서 남자 아이 장난감은 파랑, 여자아이 장난감은 분홍으로 찍어 내면서 생긴 편견이다. 그러나 성별 색깔 구분이 생긴 건 채 100년이 안 된 일이다. 남자아이가 분홍색을, 여자아이가 파란색을 좋아하더라도 전혀 이상할 게 없는 일이다. 최근 이러한 편견을 깨는 작업의 일환으로 미국 대형 유통업체는 매장 제품을 '소년용', '소녀용'으로 구별하지 않기로 했다. 그 대신 '아동용'이라는 용어를 사용하고 색깔 구분도 없앴다. 이러한 정책에 다수의 고객들은 '아동기에 성에 대한 편견이 굳어지는 것을 막아 주게 될 것'이라면서 환영했다.

"Why are robots only for boys?" A large mart has apologized to a girl who claimed gender discrimination in toys. In the 70s, there was a manual in LEGO that said, "Dear parents, LEGO can be used to make anything. Boys can like doll houses, and girls can like rocket ships. The important thing is to let kids make anything they want." But as time passed, contrary to this, gender divisions in toys were established. Most girls' toys are pink, and there are a lot of cute things related to cooking or housework. However, one girl who received a gift of LEGO that was designed to make a girls' beverage stand made an awesome robot instead. Even so, there is still a stereotype that girls like Barbie dolls and pink, and (   ). Are women really attracted to pink and men attracted to blue from the time when they are born? The answer is no. The perception of color changed after World War II. The stereotype was formed n the regularized factory production after the war, as toys for boys were blue and toys for girls were pink. So gender color discrimination is less than 100 years old. There is absolutely nothing strange if a boy likes pink and a girl likes blue. Recently, to break this type of prejudice, a large retailer in the United States decided not to distinguish store products as "for boys" or "for girls." Instead, it uses the term "children," and it removed color distinctions. Many consumers welcomed this kind of policy as it would "prevent gender stereotypes at a young age."

해설 Questionnaire Explanation

1 내일 결혼식의 축의금을 부서 사람들이 모아서 내기로 했으므로 답은 ②번이다.
The department decided to gather everyone's gift money and pay together at the wedding ceremony tomorrow, so the answer is ②.

2 '이삿짐 차가 출발하기 전에'라고 말했으므로 답은 ①번이다.
The woman says, "Before the moving truck departs," so the answer is ①.

3 역시즌 구매를 한 사람과 안 한 사람의 비율, 구매 비용으로 얼마를 썼는지 조사한 결과, 그리고 어떤 물건을 구매했는지 등을 정확하게 듣고 숫자를 기억해서 순서를 정리해야 한다. 그 후에 그림과 대조해서 일치하는 것을 찾아야 한다.
You must precisely listen to the ratio of people who bought products during the off-season and people who didn't, the survey results of how much they spent, and what kind of items were purchased, and you must remember the numbers and arrange them in order. After that, you have to find the corresponding answer by comparing the pictures.

4 여자가 바지 길이를 줄이기 위해 수선집에 맡기면 된다고 말했으므로 이어지는 말은 수선과 연결되어야 한다.
The woman says that the man can go to an alteration shop to get his pants shortened, so the phrase that comes next should be connected with alterations.

5 여자가 빠른우편으로 하면 시내는 내일 오후까지 들어간다고 말했으므로 그것을 선택하는 말이 와야 한다.
The woman says that if the mail is sent by express delivery within the city, it will arrive by tomorrow afternoon, so a phrase that chooses that option should come next.

6 남자가 지하철보다는 버스가 나을 것 같다고 말했으므로 버스에 대한 정보를 묻는 말이 이어져야 한다.
The man says that it seems like it would be better to take a bus instead of the subway, so a phrase that asks for information about the bus should follow.

7 남자가 템플 스테이를 설명하고 그에 대한 기대를 말했으므로 여자가 곧 템플 스테이를 하러 갈 사람에게 어떤 말을 할지 골라야 한다.
The man explains the templestay and says that he is looking forward to it, so you must choose what the woman will say to someone who is going to do a templestay soon.

8 인터넷 중고 거래 사이트로 물건을 살 친구에게 할 말을 골라야 한다.
You have to choose what the man will say to his friend who will buy an item through a second-hand transaction website.

9 남자가 "휴대 전화로 알람 시간을 맞춰 놓고 자."라고 말했으므로 여자는 그런 행동을 할 것이다.
The man says, "Set an alarm on your phone before you go to sleep," so the woman is going to do that kind of action.

10 남자가 멤버십 카드를 바로 만들어서 할인 혜택을 받을 수 있다고 했으므로 여자는 카드를 만들 것이다.
The man says that the woman can immediately make a membership card and receive a discount, so the woman is going to make a membership card.

11 남자가 오늘 신문을 받을 수 있냐고 물었으므로 여자는 신문을 줄 것이다.
The man asks if he can receive today's newspaper, so the woman is going to give him a newspaper.

12 여자가 아침 먹고 바로 병원에 와서 지금 먹어도 괜찮을 거라고 말했으므로 약을 먹을 것이다.
The woman says that since she ate breakfast and came directly to the office, it will be okay to take the medicine now, so she is going to take the medicine.

13 여자가 두 가지 방법 다 열한 정거장이라고 말했으므로 답은 ①번이다.
② 9호선을 먼저 ~~타고 2호선으로 갈아타야 한다.~~
→ 2호선을 먼저 타고 가다가 갈아타야 한다.
③ 남자는 서울대입구에서 ~~영등포구청까지 가려고 한다.~~
→ 서울대입구에서 김포공항에 가려고 한다.
④ ~~5호선으로 갈아타는 것이 9호선으로 갈아타는 것보다 빠르다.~~ → 둘 다 비슷하다.
The woman says that both methods include 11 stations, so the answer is ①.
② ~~He should take line 9 first and then transfer to line 2.~~
→ He should take line 2 first and then transfer from there.
③ The man intends to go from Seoul National University Station ~~to Yeongdeungpo Office.~~
→ He intends to go from Seoul National University Station to Gimpo Airport.
④ ~~Transferring to line 5 is faster than transferring to line 9.~~
→ The two are similar.

14 남자가 대학 입학처의 외국인 전형 사이트로 들어가면 정보가 있다고 말했으므로 답은 ④번이다.

① 여자는 ~~한국 사람이다.~~ → 외국인이다.

② 여자는 ~~한국어를 완벽하게 할 수 있다.~~
   → 아직 실력이 부족해서 이해하기가 어렵다.

③ 이 학교는 ~~한국어로만 입학 정보를 안내해 준다.~~
   → 외국인 전형 사이트가 있다.

The man says that there is information on the university admissions site for foreigners, so the answer is ④.

① The woman ~~is Korean.~~ → She is a foreigner.

② The woman ~~can speak Korean perfectly.~~
   → Her skills are still lacking, so it is difficult for her to understand.

③ This school ~~only provides admissions information in Korean.~~
   → There is a site for foreigners.

15 여기서부터는 경사가 심해서 최고 속도가 80km로 줄었으므로 답은 ③번이다.

① ~~남자가~~ 운전하고 있다. → 여자가 운전하고 있다.

② 앞에 가는 차는 속도를 ~~낮추지 않았다.~~
   → 앞의 차가 속도를 줄였다.

④ 고속도로에서 최고 속도는 ~~원래 80km이다.~~
   → 원래는 100km인데 여기만 80km이다.

Starting from here, the speed limit has been reduced to 80km/h. because the incline is steep, so the answer is ③.

① ~~The man~~ is driving. → The woman is driving.

② The car in front ~~has not slowed down.~~
   → The car in front reduced its speed.

④ On the expressway, the speed limit ~~is usually 80km/h.~~
   → It is usually 100km/h, but here only, it is 80km/h.

16 여자가 불법 주차했으니까 벌금 40,000원을 내야겠다고 말했으므로 답은 ①번이다.

② 남자는 ~~지하 주차장에 차를 세웠다.~~
   → 지하 주차장이 있는 줄 몰랐다.

③ 차 유리에 ~~광고용 스티커가 붙어 있다.~~
   → 주차 위반 스티커가 붙어 있다.

④ 이 사람들은 주차 위반 벌금을 ~~내지 않을 것이다.~~
   → 낼 수밖에 없다고 말했다.

The woman says that the man has to pay a 40,000 won fine because he parked illegally, so the answer is ①.

② The man ~~parked his car in an underground parking lot.~~
   → He did not know that there was an underground parking lot.

③ ~~There is an advertisement sticker attached to~~ the car window. → A parking violation sticker is attached.

④ These people are ~~not going to pay the parking violation fee.~~
   → The woman says that they have no choice but to pay it.

17 남자는 영어를 잘해서 직접 미국 영화를 보는 것이 제일 좋은 방법이라고 생각한다.

The man is not good at English, so he thinks the best way to improve is to directly watch American movies.

18 여자가 라면 포장이 왜 빨간색인지 묻는 질문에 남자는 산화 방지와 관련된 과학적인 이유를 들어 설명하고 있다.

The man is answering the woman's question about why ramen packages are red by explaining the scientific reason related to preventing oxidation.

19 남자는 술집에 못 들어가는 이유를 말하면서 한국식 만 나이 계산법을 설명하고 있다.

The man is explaining how to calculate Korean age and international age while saying the reason why he cannot enter bars.

20 남자는 지적 장애인들의 디자인이 신선하고 독특해서 대중들이 좋아할 거라고 확신하고, 상품화를 통해 장애인들이 사회의 일원으로 일하는 기회도 줄 수 있다고 말하고 있다.

The man is saying that he is certain that the general public will like intellectually disabled people's designs because they are fresh and unique, and that people with disabilities can be given a chance to work as members of society through their goods.

21 남자는 성공을 위해서 이름을 바꾸는 것은 부모님께 죄송하지만 놀림을 당하는 경우는 바꿀 수도 있다는 것을 이해하고 있다.

The man thinks that one should feel sorry to their parents for changing their name for the sake of success, but he also understands changing it in cases of being teased.

22 여자의 친구 이름은 성이 '박' 씨고 이름이 '아지'이므로 답은 ①번이다.

② 남자는 ~~악명 높은 범죄자와 친구였다.~~
   → 성은 다르고 이름만 같았다.

③ 여자의 친구는 ~~부모님이 지어주신 이름을 좋아한다.~~
   → 놀림을 받아서 이름을 좋아하지 않는다.

④ 남자는 어릴 때 ~~이름의 발음 때문에 친구들이 놀렸다.~~
   → 악명 높은 범죄자와 이름이 같아서 놀림을 당했다.

The woman's friend's family name is 박 and her first name is 아지, so the answer is ①.

② The man ~~was friend with a notorious criminal.~~
   → He had a different family name but the same first name.

③ The woman's friend ~~likes the name given to her by her parents.~~
   → She gets teased, so she does not like her name.

④ When the man was young, ~~his friends teased him because of the pronunciation of his name.~~
   → He was teased because his name was the same as that of a notorious criminal.

23 남자는 새로운 모바일 결제 서비스가 하루가 다르게 나와서 앞으로 지갑이 없는 시대가 될 것이라고 말하고 있다.

The man is saying that since new mobile payment methods come out every day, in the future, it will be an era without wallets.

24 새로운 페이는 잃어버리는 경우에 위험한 문제를 해결하려고 지문을 통해서 인증하게 만들었으므로 답은 ②번이다.
① ~~지금 아무도 지갑을 사용하지 않는다.~~
→ 10~20년 후에 지갑이 없는 세상이 올 것이다.
③ ~~새로운 페이는 은행 자동화 기기에서만 사용할 수 있다.~~
→ 온라인이나 인터넷 쇼핑몰에서도 사용한다.
④ 핸드폰을 잃어버리면 ~~다른 사람이 대신 사용할 수 있다.~~
→ 지문 인증이나 잠금 장치로 다른 사람이 사용할 수 없다.

In order to resolve dangerous problems in case you lose your phone, the new payment method can only be verified through fingerprints, so the answer is ②.
① ~~Currently, no one uses wallets~~.
→ In 10-20 years, it will be a world without wallets.
③ The new payment method ~~can only be used at bank ATMs~~.
→ It can also be used online or at internet shopping malls.
④ If you lose your cell phone, ~~another person can use it instead of you~~.
→ A different person cannot use it due to fingerprint verification or locking mechanisms.

25 여자는 아이는 국민 모두가 엄마가 키워야 한다는 낡은 사고 방식을 버리고 일하는 엄마가 아이와 같이 있지 않아도 미안해하지 않을 수 있는 사회 분위기를 만들어야 한다고 주장한다.
The woman is asserting that all citizens should throw away the old-fashioned way of thinking that mothers must raise children, and we must make a social atmosphere where working mothers do not feel guilty and are able to work even if they are not with their children.

26 여자는 육아에 대한 책임은 남녀가 동등하다고 말했으므로 답은 ②번이다.
① ~~남자들이~~ 아이를 낳으라고 말한다.
→ 정부가 아이를 낳으라고 말한다.
③ 우리나라의 출산율은 ~~점점 높아지는 추세다~~.
→ 점점 낮아지는 추세다.
④ 여자는 아이를 엄마가 키워야 한다는 생각에 ~~찬성한다~~.
→ 낡은 사고방식이라고 비판하고 있다.
The woman says that men and women have an equal responsibility to raise children, so the answer is ②.
① ~~Men~~ say to have children.
→ The government says to have children.
③ Korea's birth rate ~~is gradually increasing~~.
→ It is gradually getting lower.
④ The woman ~~agrees with~~ the idea that mothers should raise children.
→ She is criticizing this old-fashioned way of thinking.

27 남자는 목이 말라서 아이스커피나 탄산음료를 마시려는 여자에게 물을 마시라고 하면서 이유를 설명하고 있다.
The man tells the woman who wants to drink iced coffee or a soft drink because she is thirsty that she should drink water, and he explains the reason.

28 남자는 아이스커피나 탄산음료가 체내 수분 보충에 도움이 되지 않으니까 차라리 그냥 물을 마시라고 말했으므로 답은 ①번이다.
② 카페인의 이뇨 작용으로 ~~수분이 채워진다~~.
→ 오히려 수분을 배출시키기 때문에 몸은 더 많은 물이 필요로 하게 된다.
③ ~~아이스커피나 음료수가 갈증을 없애는 데 가장 좋다~~.
→ 차라리 물을 마시는 게 좋다고 권유하고 있다.
④ 카페인이 들어 있는 음료는 ~~피부를 더 부드럽게 만들어 준다~~.
→ 수분 손실이 일어나 피부가 거칠어지고 주름도 쉽게 생긴다.
The man says that iced coffee or soft drinks do not help in replenishing hydration in the body, so you should just drink water, so the answer is ①.
② The diuretic effect of caffeine ~~fills the body with water~~.
→ On the contrary, it expels water, so it makes the body need more water.
③ ~~Iced coffee or soft drinks are the best for getting rid of thirst~~.
→ He recommends drinking water as the best.
④ Drinks with caffeine ~~make the skin softer~~.
→ It causes the loss of moisture, so skin becomes drier and wrinkles develop more easily.

29 남자가 이번에는 즐거운 직업을 소개하겠다고 말하면서 사람들이 잘 들어 보지 못한 다양한 직업을 소개하고 있다. 그러므로 남자는 '다양한 직업을 소개하는 사람'이다.
While saying that this time, he is going to introduce fun jobs, the man is introducing various jobs that have not often been heard about. Therefore, the man is "someone who introduces various jobs."

30 여자가 말한 잠꾸러기라는 말은 자는 것을 좋아하고 많이 자는 사람이므로 답은 ①번이다.
② 수면 전문가는 ~~잠에 대해서 연구하는 직업이다~~.
→ 숙박업소에서 자면서 숙박 환경을 체크해 주는 직업이다.
③ ~~워터 파크에서 안전 사고를 막는 일을 소개하고 있다~~.
→ 워터 슬라이드를 직접 타보고, 얼마나 재미있는지, 얼마나 스릴 있는지 점수를 매기는 일을 소개하고 있다.
④ 신혼 여행 테스터는 ~~신혼여행을 가는 사람만 할 수 있다~~.
→ 일반인이 6개월 동안 신혼여행지를 다니며 평가하는 일이다.
"잠꾸러기," which the woman says, is a person who likes to sleep and who sleeps a lot, so the answer is ①.
② A sleep expert ~~is a job of researching sleep~~.
→ It is a job of sleeping at accommodation businesses and checking the environment of the accommodations.
③ ~~He is introducing a job of preventing safety accidents~~ at water parks.
→ He is introducing a job of actually riding the water slide rides at water parks and giving a score for how fun and how thrilling they are.

④ ~~Only someone going on their honeymoon can be~~ a honeymoon tester.
   → It is the job of an ordinary person who spends 6 months traveling to honeymoon destinations and evaluates them.

31~32

남자는 우리의 전통 김치를 우리 재료로 잘 만들어 나가기 위해서도 김치의 유료화는 꼭 필요하다고 주장한다.

The man is asserting that a separate charge for kimchi is absolutely necessary in order to make our traditional kimchi well with our ingredients.

33 이 사람은 색맹을 치료하는 게 아니라, 빛의 파장을 조절해서 색을 구별해 주는 필터를 사용해서 색의 구별이 좀 더 쉬워지게 하는 안경에 대해 설명하고 있다.

This person is explaining about glasses that do not cure color blindness, but make it easier to distinguish colors by using a filter that adjusts the wavelength of light.

34 색맹용 안경은 색맹을 치료하는 게 아니라, 빛의 파장을 조절하고 색을 구별해 주는 필터를 사용해서 색의 구별이 좀 더 쉬워지게 하는 것이므로 답은 ④번이다.
   ① 색맹은 ~~색상을 보지 못하는 것이다.~~
      → 색상을 정확히 구별하지 못하는 것이다.
   ② ~~시력 교정을 위해~~ 색맹용 안경을 써야 한다.
      → 색을 쉽게 구별할 수 있도록 색맹용 안경을 써야 한다.
   ③ 색맹들은 색깔이 어두워지면 ~~색깔 구별이 더 쉬워진다.~~
      → 색상이 어두워지면 더 구별하기 힘들게 된다.

Colorblind glasses do not cure color blindness, but they make it easier to distinguish colors by using a filter that adjusts the wavelength of light, so the answer is ④.
   ① Color blindness ~~means that one cannot see colors.~~
      → It means that one cannot distinguish colors precisely.
   ② One must use colorblind glasses ~~in order to correct one's vision.~~
      → One must use colorblind glasses in order to be able to distinguish colors more easily.
   ③ For colorblind people, the darker a color becomes, ~~the easier it is to distinguish it.~~
      → The darker a color becomes, the more difficult it is to distinguish it.

35 남자는 부모님을 만족시켜 드릴 만한 국내 여행지는 어디인지 묻는 여자의 질문에 '남해 독일 마을'과 '대구 근대 (近代) 골목'을 추천하고 있다.

The man is answering the man's question about where would be a satisfactory domestic travel destination for her parents by recommending Namhae German Village and the Daegu Modern History Streets.

36 남자가 두 곳 모두 뒤따라오시기만 하던 어른들이 앞서 걸으며 당시 생활상을 설명하는 모습을 볼 수 있을 것이라고 말했으므로 답은 ①번이다.
   ② 남해의 독일 마을은 ~~한국을 좋아하는 독일 사람들이 만~~

든 마을이다.
   → 1960년대 가족과 나라를 위해 광부와 간호사로 일한 독일 교포들이 돌아와 일군 마을이다.
③ 두 곳을 여행할 때는 ~~젊은이들이 부모님께 자세한 설명을 해 드려야 한다.~~
   → 두 곳 모두 어른들이 앞서 걸으며 당시 생활상을 설명하는 모습을 볼 수 있다.
④ 대구 근대 골목은 ~~현대식 골목이 옛날의 골목 문화를 대신하고 있어서 새롭다.~~
   → 1,000여개의 골목이 옛날 모습대로 고스란히 남아 있다.

The man says that in both places, adults who used to only follow behind can be seen in walking in front and explaining life at the same time, so the answer is ①.
② Namhae's German Village ~~was made by German people who liked Korea.~~
   → It is a village of Korean-Germans who worked as miners and nurses, and came back for their families and country in the 1960s.
③ When traveling in both of these places, ~~young people have to give detailed explanations to their parents.~~
   → In both places, you can see adults walking in front and explaining life at the same time.
④ The Daegu Modern History Streets ~~are new because they replace old alley culture with modern alleys.~~
   → More than 1,000 alleys remain intact with the same appearances as they had in the past.

37 여자는 늦여름에 추석이 오기 때문에 추석 날짜를 계절에 맞게 바꿔야 한다고 생각한다.

The woman thinks that the date of Chuseok should be changed according to the season because it usually comes at the end of the summer.

38 추석 때 맞춰서 과일을 판매하기 위해 과일에 성장 촉진제를 사용한다고 말했으므로 답은 ④번이다.
   ① 추석 때는 ~~물가가 안정되는 현상이 있다.~~
      → 날씨가 아직 더워서 익은 과일이 없고 과일값만 치솟는다.
   ② 추석 날짜를 바꾸면 ~~장점이 한 가지뿐이다.~~
      → 농사의 추수 감사와 명절 물가 안정, 자연스럽게 익은 과일과 곡식을 먹는 효과가 있다.
   ③ 추석 명절을 한 달 정도 ~~빠르게 정하는 것이 좋다.~~
      → 추석 날짜를 한 달 정도 미뤄야 한다.

The woman said that during Chuseok, in order to sell fruit, growth accelerators are used, so the answer is ④.
① During Chuseok, ~~there is a phenomenon of prices becoming stable.~~
   → There is no ripe fruit because the weather is still hot, so the price of fruit skyrockets.
② If the date of Chuseok is changed, ~~there is only one advantage.~~
   → There are the effects of giving thanks for the harvest, stabilizing holiday prices, and eating naturally ripened fruits and grains.

③ ~~It would be good to set the Chuseok holiday one month earlier.~~
→ The date of Chuseok should be pushed back by about one month.

39 남자가 서로가 조금만 신경을 쓰면 부모는 아이를 데려갈 수 있게 되고, 업소는 피해를 주는 고객에게 서비스를 거부할 권리를 갖게 된다고 말했으므로 부모와 영업장 둘 다 만족할 거라 예상하는 말이 이어질 것이다.
The man says that if we just care for one another a little bit, parents can bring their children to businesses, and shop owners will have the right to refuse service to customers who cause harm, so the words that follow are expecting both the parents and businesses to be satisfied.

40 그동안 아이들의 출입을 금지하는 식당이나 카페에 대한 찬반 양론이 팽팽하게 대립했으므로 답은 ④번이다.
① 영업장은 고객에게 ~~서비스를 거부하면 안 된다.~~
→ 피해를 주는 고객에게 서비스를 거부할 권리를 갖는다.
② 영업장에서는 아이들이 ~~스스로 행동을 잘 해야 한다.~~
→ 부모님이 자녀 관리를 잘 해야 한다.
③ 이 팻말이 있으면 ~~아이들이 영업장에 들어갈 수 없다.~~
→ 실제로 못 들어 오는 것은 아니다.
He says that the arguments for and against the matter of restaurants or cafes prohibiting children from entering had been very strained this entire time, so the answer is ④.
① Businesses ~~cannot refuse service~~ to customers.
→ They have the right to refuse service to customers who cause harm.
② Within the business, children ~~must behave well on their own.~~
→ Parents must manage their children well.
③ If this sign is there, ~~children cannot enter the business.~~
→ It does not mean they cannot actually come in.

41 이 사람은 가난한 환경에 있는 어린이를 한 명 한 명에게 가난을 이겨 낼 수 있는 힘을 길러 준다면 세상을 바꿀 수 있다고 주장한다.
This person claims that if we help each child in a poor environment develop the power to overcome poverty, the world can be changed.

42 이 사람은 한 어린이를 양육하기 위해서 가난에서 벗어날 때까지 배움의 기회를 주고 건강을 챙기고 사회 정서적 안정감을 키워 주어야 한다고 말하고 있으므로 답은 ④번이다.
① 당장의 환경을 개선하면 ~~가난을 벗어날 수 있다.~~
→ 가난을 이겨 낼 힘을 길러 주는 게 중요하다
② 돈을 주고 물건을 보내야 ~~가난을 해결할 수 있다.~~
→ 이렇게 한다고 세상이 변하지 않는다.
③ 한 명의 어린이가 ~~세상을 변화시킬 가능성은 별로 크지 않다.~~
→ 이 사람은 '한 명의 어린이를 통해 세상이 조금씩 달라질 것이라고 믿는다'고 말했다.

This person is saying that in order to raise a child, you must give them learning opportunities, take care of their health, and develop their social and emotional stability until they can break free from poverty, so the answer is ④.
① If you improve the immediate environment, ~~you can get out of poverty.~~
→ It is important to develop the power to overcome poverty.
② We must give money and send goods ~~in order to be able solve poverty.~~
→ This does not change the world.
③ The possibility of one child ~~changing the world cannot be strong.~~
→ This person said, "We believe that through one child, the world will change little by little."

43 이 사람은 자외선을 피하고 수분을 공급하는 습관과 환경적 요인이 주름살이 덜 생기게 한다고 주장하고 있다.
This person is asserting that avoiding UV rays, having habits of providing moisture, and certain environmental factors can lead to fewer wrinkles.

44 남자는 더욱 중요한 것은 자외선을 피하고 자외선 차단제 및 수분을 공급하는 일이 더욱 중요하다고 말했으므로 답은 ④번이다.
① 흡연은 ~~주름살과 전혀 관계가 없다.~~
→ 흡연은 주름이 쉽게 생기게 한다.
② ~~엄마의 주름살은 딸에게 똑같이 유전된다.~~
→ 사실이지만 환경적 요인이 더 영향을 미친다.
③ 활짝 웃으면 ~~주름이 더 생겨 신경이 쓰인다.~~
→ 행복감을 높여 스트레스를 완화하므로 신경 쓸 필요 없다.
The man says that the most important thing is to avoid UV rays, use sunscreen, and apply moisture, so the answer is ④.
① ~~There is no relationship at all between smoking and wrinkles.~~ → Smoking makes wrinkles develop more easily.
② ~~A mother passes down the same wrinkles to her daughter.~~
→ This is true, but environmental factors have a greater impact.
③ If you smile widely, ~~you must pay attention, or you will develop more wrinkles.~~
→ There is no need to pay attention because you increase your happiness and relieve stress.

45 울음은 인간에게 꼭 필요한 감정 표현 수단이며, 중요한 의사소통 수단이면서 동시에 다른 사람을 위로하는 수단이기도 하다고 말하고 있다. 이처럼 울음은 여러 가지 좋은 점을 가지고 있으므로 답은 ②번이다.
She says that crying is an absolutely necessary form of emotional expression for humans and an important method of communication, and at the same time, is also a method of comforting others. In this way, crying has many good points, so the answer is ②.

46 여자는 울음을 나약한 것이라고 보고 이를 억압하는 것은 부당하기 때문에 누구나 울고 싶을 때 마음껏 울 수 있는 사회가 건강한 사회라고 주장하고 있다. 따라서 답은 ④번이다.

The woman claims that because seeing crying as a weakness and suppressing it is unfair, a society in which anyone can cry freely whenever they want to cry is a healthy society. Therefore, the answer is ④.

47 고가의 해외 명품은 중고 거래도 활성화돼 있다고 말했으므로 답은 ②번이다.

① 요즘 옷이나 신발은 ~~쉽게 못 쓰게 돼서 다 버려진다~~.
 → 옷이나 신발의 품질이 좋아져 쉽게 해지지 않는다.
③ 아이들의 장난감은 ~~위생을 위해 신제품 사용을 권한다~~.
 → 중고로 구입하면 저렴하게 살 수 있는 물건이 많다고 말한다.
④ 국내에서 중고품을 사용한 사람들은 ~~대체로 실망이 크다~~.
 → 중고를 구입해 본 경험이 있는 사람들은 대체로 만족도가 높다.

She says that second-hand transactions for high-priced foreign luxury goods are becoming active, so the answer is ②.

① These days, clothes or shoes ~~easily become unusable, so they are all thrown away~~.
 → The quality of clothes or shoes is improving, so they are not easily worn out.
③ For children's toys, ~~the use of new products is encouraged for the sake of hygiene~~.
 → She says that you can inexpensively purchase many products second hand.
④ In Korea, people who have used second-hand products ~~are largely disappointed~~.
 → People who have tried buying second-hand products generally have a high level of satisfaction.

48 이 사람은 중고 물품 구매의 장점에도 불구하고 이왕이면 새것을 써야 한다는 '신상품 강박증' 때문에 중고 거래가 안 되는 것을 안타까워하고 있다.

This person is saddened by the fact that second-hand transactions are not happening due to a "new product obsession" that says you have to buy something new if you are going to buy something at all, despite all of the advantages of buying second-hand products.

49 장기 기증만 받으면 생명을 건질 수 있는 환자들이 매년 600명 넘게 속절없이 죽어가고 있다고 말했으므로 답은 ④번이다.

① 장기 기증을 위한 홍보가 ~~이미 충분하다~~.
 → 장기 기증 홍보를 범국민 차원에서 확대해 나가야 한다.
② 우리는 ~~장기 기증자가 많아서 염려가 없다~~.
 → 장기 기증자 수가 턱없이 부족하다
③ 뇌사자가 다른 사람에게 생명을 나눠 주는 것은 ~~불가능하다~~.
 → 뇌사자가 장기를 기증하여 꺼져 가는 생명을 구할 수 있다.

He says that more than 600 patients who would survive if they could only receive an organ donation die every year, so the answer is ④.

① The promotion of organ donation ~~is already sufficient~~.
 → The promotion of organ donation must be expanded at a nationwide level.
② ~~There is no concern because we have a lot of organ donors~~.
 → The number of organ donors is extremely low.
③ ~~It is not possible~~ for brain-dead patients to share life with other people.
 → Brain-dead patients can donate their organs to save the lives of people who are about to die.

50 이 사람은 장기 기증의 날을 맞아 장기 기증의 활성화를 위해 제도 개선과 정부, 교육청 차원의 생명 나눔 운동을 펼칠 것을 말하고 있다.

This person is saying that for Organ Donation Day, in order to revitalize organ donation, systematic improvement and nationwide life-sharing movements will be conducted by the government and education office.

쓰기 ▶ P. 166~167

51 ㉠에서 정성 어린 자리를 마련한 이유는 항상 관심과 사랑으로 아이를 지켜봐 주신 분들께 '감사하고 싶어서'다. ㉡에서는 자리를 마련했으므로 아이를 축복해 주려면 그 자리에 와서 해야 한다. 그러므로 '꼭 오셔서 / 참석하셔서 / 부디 오셔서' 등이 답이다.

In ㉠, the reason for sincerely preparing this gathering is that "we want to thank" those who have always watched over the child with love and care. In ㉡, they have prepared a place, so those who intend to congratulate the child should come to that place. Therefore, the answer is "꼭 오셔서 / 참석하셔서 / 부디 오셔서," etc.

52 ㉠과 ㉡이 들어 있는 두 문장은 '반대로'라는 말로 연결되어 서로 대조되는 문장이다. 그러므로 '모두에게 좋았던 책'과 '자신에게 좋았던 책'이 대비되어 ㉠은 '자신에게 좋은 책'이 들어가고 반대로 ㉡은 '모두에게 좋은 책'이 들어간다.

The sentences in ㉠ and ㉡ are connected with the phrase "반대로," so they are sentences that contrast with each other. Therefore, to compare "a book that is good for everyone" with "a book that was good for me," "a book that was good for me" should go in ㉠, and on the contrary, "a book that is good for everyone" should go in ㉡.

53 먼저 설문 조사의 목적과 조사 대상이 누구인지를 정확히 알아두고 숫자나 도표로 나타난 결과를 설명하듯이 말로 정리해야 한다. 특히 숫자나 도표에서 드러나는 특징을 찾아서 자신의 의견으로 마무리하면 좋다. 여기서는 스마트폰이 없으면 지장이 있다고 느끼는 비율이 나이가 젊을수록 높아지

는 것을 알 수 있으므로 이것을 쓰고, 스마트폰 사용의 긍정적인 점과 부정적인 점이 다 있으므로 두 가지를 대비하면서 정리하면 좋은 글쓰기가 된다.

First, you need to know the objective of the survey and who the target of the survey was, and then you need to organize the numbers or graphs shown in the results as you would explain them. In particular, it is good to find the characteristics revealed by the numbers or graphs, and finish with your own opinion. Here, we can see that the rate of feeling there is an inconvenience in daily life without a smartphone increases as the age becomes younger, so write this, and if you summarize while comparing the positive and negative aspects of using smartphones, you can write a good essay.

54 극단적 소비 형태인 두 가지 소비 방식에 대한 각각 부정적 견해와 긍정적 견해를 문제에서 제시했으므로, 두 가지의 장점들을 비교하고 이어서 두 가지의 단점을 비교해서 쓰는 방법이 있다. 아니면 한 가지 소비 형태의 장점과 단점을 연결해서 쓰고 다른 한 가지 소비 형태도 장점과 단점을 같이 서술해서 비교할 수도 있다. 그 후에 이와 연관된 자신의 생각을 서술해서 결론을 맺으면 좋다.

Since both negative and positive views on each of the two extreme forms of consumption have been presented in the question, there is a way of writing that compares the advantages, and then the disadvantages, of both. Or you can compare them by connecting the advantages and disadvantages of one form of consumption and then describing the advantages and disadvantages of the other form of consumption. After that, it is good to conclude by describing your own thoughts related to this.

읽기 ▶ P. 168~189

1 젊었을 때 아무 준비도 안 하고 노년을 맞이하면 나타날 결과를 말해야 한다. '당연히 그럴 것'임을 나타내는 '-기 마련이다'가 답이다.

You have to say the result that will occur if you do not make any preparations when you are young and then face your old age. The answer is "-기 마련이다," which means "naturally that will happen."

2 사람도 다 구조하지 못한 상황이라는 설명을 하고, 그래서 애완견 찾는 것은 더욱 할 수 없다고 말해야 한다. 어떤 일이 이루어지는 판이나 상황을 설명하는 연결 어미는 '-(으)ㄴ/는 마당에'이다.

You have to say that there is nothing more you can do to find the pet in this situation where not even all of the people can be rescued. The connective ending that explains some kind of event or situation that will take place is "-(으)ㄴ/는 마당에."

3 '어떤 사실을 부정하는 것은 물론 그보다 덜하거나 못한 것까지 부정하는' 말은 '-은/는커녕'이다.

The phrase that means "denying some kind of fact and going beyond that or even denying a mistake" is "-은/는커녕."

4 '괜찮거나 잘된 일이라는 뜻'을 나타내는 말은 '망정'이다. 일찍 출발해서 잘된 일이었다는 말로 연결되어야 한다.

The phrase that shows the meaning "to be okay" or "for something to turn out well" is "망정." You must connect it with the phrase saying that it turned out well that she left early.

5 '매주 화요일 저녁 9시 40분에 방송'이라는 말은 TV나 라디오와 관계가 있다.

The phrase "airing every Tuesday at 9:40 p.m." is related to TV or radio.

6 자동차의 안전과 연관된 것은 안전벨트를 매는 것이다.

The thing connected with car safety is buckling your seat belt.

7 '아랫집에는 천둥소리'라는 말은 아랫집에 크게 들린다는 말이다.

"The sound of thunder in the house downstairs" means that a sound is heard loudly downstairs.

8 행운과 1주일 동안 꿈을 꾸는 것과 관계있는 것은 '복권'이다.

The thing related to luck and dreaming for 1 week is "the lottery."

9 21km 퍼레이드를 총 5,000명이 참가하여 달리는 것이므로 답은 ③번이다.
① 무료로 참가해도 된다. → 참가비 10,000원이 있다.
② 참가자는 따로따로 신청만 가능하다.
  → 2인 이상 단체 접수가 가능하다.
④ 참가자는 당일 도착하는 순서대로 참가할 수 있다.
  → 4월 7일 10시부터 접수하는 순서대로 5,000명이 참가할 수 있다.

A total of 5,000 people will participate in the 21km parade, so the answer is ③.
① You can participate for free.
  → The participation fee is 10,000 won.
② Participants can only register separately.
  → Group registration is possible for 2 or more people.
④ People can participate in the order in which they arrive on on that day.
  → 5,000 people can participate, determined by the order in which they register starting on April 7 at 10:00 a.m.

10 60대가 18.5%이고 30대 이하가 16.7%로 60대가 30대 이하보다 많으므로 답은 ②번이다.
① 70살 이상인 사람은 귀농하지 않는다.
  → 70대 이상이 9.3%이다.

③ 40대가 50대보다 귀농·귀촌하는 사람이 ~~많다~~.
→ 40대가 23.6%, 50대는 31.9%다.
④ 귀농·귀촌하는 가장 큰 이유는 ~~건강 때문이다~~.
→ 귀농·귀촌하는 가장 큰 이유는 전원생활 때문이다.

As 18.5% were in their 60s and 16.7% were in their 30s or younger, there were more people in their 60s than people in their 30s or younger, so the answer is ②.

① People above the age of 70 ~~do not farm~~.
→ 9.3% were in their 70s or older.
③ ~~There are more people farming or returning home in their 40s than people in their 50s~~.
→ 23.6% were in their 40s and 31.9% were in their 50s.
④ The biggest reason for farming or returning home ~~is due to health~~.
→ The biggest reason for farming or returning home is a quiet rural life.

11 글을 잘 쓰려면 우선 많이 읽어야 하고 많이 쓸수록 더 잘 쓰게 되므로 답은 ①번이다.
② 축구나 수영은 노력 없이 잘하게 된다.
→ 운동을 통해 근육을 키워야 잘하게 된다.
③ 글을 많이 읽는 사람은 모두 글을 잘 쓰게 된다.
→ 많이 읽어도 글을 못 쓸 수 있다.
④ 글을 잘 쓰려면 운동을 통해 근육을 만들어야 한다.
→ 운동 근육이 아니라 글을 잘 쓰는 능력을 키워야 한다.

In order to write well, above all, you must read a lot, and the more you write, the better you will write, so the answer is ①.

② ~~You can become good at soccer or swimming without having any skill~~.
→ You must cultivate muscles through exercise in order to become good.
③ ~~All people who read a lot also write well~~.
→ Even if you read a lot, you may not write well.
④ In order to write well, ~~you must make muscles through exercise~~.
→ You must cultivate the skill to write well, not muscles for exercise.

12 마음의 고통에 대해 입이 말하지 않으면 몸이 말한다고 했으므로 답은 ③번이다.
① 우리는 어둡고 힘든 마음을 쉽게 이야기한다.
→ 우리는 어둡고 힘든 얘기를 꺼내 놓지 않는다.
② 마음의 고통을 말하지 않는 것이 건강한 방법이다.
→ 표현해야 건강하고 자유로워진다.
④ 우리가 존재하는 이유는 ~~고통을 자기 혼자서 이겨내기 위해서이다~~.
→ 우리가 존재하는 이유는 표현하며 살기 위해서이다.

The text says that if the pain of our hearts is not said with our mouths, our bodies say it, so the answer is ③.

① We ~~easily talk about dark and difficult things~~.
→ We do not bring up dark and difficult things.
② ~~Not talking about the pain in your heart is a healthy method~~.
→ You have to express it in order to be healthy and free.
④ The reason for our existence ~~is to overcome pain by ourselves~~.

→ The reason for our existence is to express ourselves and live.

13 가장 일반적인 명제를 말한 문장은 (나)다. (나)에서 아이라고 말했으므로 그 아이가 느끼는 것을 설명한 (가)가 이어지고 (가)의 내용을 다시 설명한 것이 (다)다. 마지막으로 이야기의 결론을 말한 것이 마지막 문장인 (라)다.

The sentence that says the most general proposition is (나). In (나), it talks about children, so (가) explains what those children feel, and (다) explains the content of (가) again. Finally, the sentence that concludes the story in the last sentence is (라).

14 가장 일반적인 명제를 말한 문장은 (다)다. (다)에서 '삼림욕'을 말하고 (가)에서 그 효능이 '피톤치드' 때문이라고 말했다. 그 '피톤치드'가 무엇인지 설명한 것이 (나)이고 마지막으로 '피톤치드'의 역할을 설명한 (라)가 온다.

The sentence that says the most general proposition is (다). In (다), it says "forest bathing," and (가) says its effect is due to phytoncide. (나) explains what that phytoncide is, and finally, (라) explains the role of phytoncide.

15 책을 보기 어려운 케냐의 어려운 현실을 말한 다음, 그 지역을 위해 만들어진 낙타 도서관에 대해 나와야 한다. 낙타 도서관이란 무엇인지 설명하고, 이런 방식으로 세계 여러 나라에서 작은 도서관들이 운영된다고 말했으므로 (나)-(라)-(가)-(다) 순이다.

After talking about the difficult reality of Kenya, where it is hard to come by books, the sentence introducing camel libraries for this region appears. It explains what camel libraries are and how small libraries are being run in many countries around the world in this way, so the order is (나)-(라)-(가)-(다).

16 앞에서 강도 조절이 필요하다고 말한 후 비교하는 문장이 나왔는데 '낮은 강도의 운동을 짧게'와 비교해서 나올 말은 그 반대인 '높은 강도의 운동을 오래'가 되어야 한다.

After saying that it is necessary to adjust the intensity in the previous sentence, a sentence that makes a comparison appears, and the phrase that will be compared with "exercising at low intensity for a short time" should be the opposite, "exercising for a long time at a high intensity."

17 앞에서 '마지막 음은 끝났다'라고 했으므로 그 뒤에 올 수 있는 것은 '여음을 즐기는 것'뿐이다.

In front of the parentheses it says, "The last note has ended," so the only thing that can come after that is "enjoying the reverberation."

18 '신생아 살리기 모자 뜨기 캠페인'이므로 '저체온, 감기, 폐렴의 위협'으로부터 모자가 하는 역할은 '생명을 지켜 주는' 일이다.

It is a "campaign to knit hats to save newborn babies," and the role of hats regarding "the threat of hypothermia, colds, and pneumonia" is "to protect life."

19 ( ) 뒤의 "24시간 동안 휴대폰을 사용한다"는 말은 휴대폰과 항상 같이 있고 분리되지 않는다는 뜻이므로 가장 적합한 표현은 "잠시도 손에서 떼지 않는다"이다.

The words "use their phones for 24 hours straight" that follow the blank mean that they are always with their cell phones and are not separated, so the most suitable expression is "without taking their hands off them for even a moment."

20 과거에는 별로 주목받지 못했던 엄지손가락의 역할이 휴대폰의 사용으로 인해 부각되게 되었다는 것을 말하고 있다.

It says that the role of the thumb, which had not received much attention in the past, has come to stand out through the use of cell phones.

21 "기능과 디자인 면에서 사랑받는 시계를 만들고 싶었다."라는 말은 두 가지를 다 이루고 싶은 것이고 그런 의미의 속담은 '두 마리 토끼를 잡다'라는 말이다.

The phrase that says, "I wanted to make a watch that would be loved for its function and design," means that he wants both things to happen, and the proverb with that meaning is 두 마리 토끼를 잡다 (to catch two rabbits).

22 이 시계 구매자의 98%가 디자인과 패션에 관심이 많은 비장애인들이라고 말했으므로 답은 ④번이다.
① 이 시계는 ~~디자인에 대해 신경 쓰지 않았다.~~
 → 디자인 면에서 사랑받고 싶었다.
② 이 사람은 ~~시간을 말해 주는 시계를 만들었다.~~
 → 이미 있었지만 시각장애인 친구가 수업에 방해될까 봐 쓰지 않았다.
③ 이 사람은 ~~시각 장애인과 가까워서 지낸 적이 없다.~~
 → 시각 장애인 친구가 있다.

98% of the people who buy this watch are people without disabilities who have a lot of interest in design and fashion, so the answer is ④.
① This watch ~~did not have any attention paid to its design.~~
 → They wanted it to be loved for its design.
② This person ~~made a watch that says the time out loud.~~
 → There already is such a watch, but the visually impaired friend worries that it will disturb their class, so they do not use it.
③ This person ~~has never been close with a visually impaired person.~~
 → This person has a friend who is visually impaired.

23 할머니가 남자에게 어쩌면 그리 소식을 끊고 무심하게 살았냐고 물었고 뒤에 눈물을 글썽이셨으므로 그동안 연락하지 않은 것에 대한 야속한 마음이 나타나고 있다.

With tears in her eyes, she asked how he could cut off all communication and live so carelessly, and since she had tears in her eyes, it is showing a bitter feeling about him not making any contact during that time.

24 나는 친구들의 엄마를 부를 때 '아줌마'라고 하는데 아빠 친구는 할머니를 '어머니'라고 부르는 것이 이상하다고 했으므

로 답은 ④번이다.
① 아빠 친구는 우리 집에 자주 오는 분이다.
 → 아빠 친구는 오랜만이라고 말했다.
② 할머니는 아빠 말고도 아들이 한 명 더 있다.
 → 아빠 친구가 어머니라고 부른 것이고 진짜 아들이 아니다.
③ 글 쓴 사람은 친구 엄마를 ~~어머니라고 부른다.~~
 → '미연이 아줌마'라고 부른다.

It said that I call my friends' mothers "ma'am," but strangely, my father's friend calls my grandmother "mother," so the answer is ④.
① My father's friend ~~comes to our house often~~.
 → They said it has been a long time since they have seen him.
② ~~Grandmother has one more son besides my father~~.
 → My father's friend calls her "mother," but he is not her real son.
③ The writer calls their friends' mothers ~~"mother."~~
 → The writer calls them "ma'am."

25 '활활'은 불이 뜨겁게 타는 모습을 나타낸다. '사교육 시장이 활활'은 사교육 시장의 열기가 뜨겁게 오른다는 의미다.

"활활" indicates a fire burning hotly. "사교육 시장이 활활" means that the private education market is heating up.

26 '인력난'은 일할 사람을 구하기가 어렵다는 말이다. '머리를 맞댄다'는 말은 여러 사람이 어떤 일을 의논하거나 결정하기 위하여 서로 마주 대한다는 의미이므로 답은 ①번이다.

"인력난" means it is difficult to find people to do work. "머리를 맞댄다" means that many people face each other in order to discuss or decide something, so the answer is ①.

27 '-는 판에'는 그런 상황을 설명하는 말이다. '등지다'는 '관계를 끊고 멀리하거나 떠나다'라는 의미이므로 돈이 없어서 연애도 못하는 상황이라서 내 집 마련은 관심도 없고 멀리한다는 의미를 찾아야 한다.

"-는 판에" is a phrase explaining that kind of situation. "등지다" means "to end a relationship and distance oneself or leave" so you have to find the meaning of having no interest in and avoiding home ownership due to a condition of not being able to date because they have no money.

28 사진에 예쁘게 찍히려고 하는 행동이 나와야 하므로 '미소를 지었다'가 답이다.

The answer is "미소를 지었다 (she smiled)" because the behavior of trying to take pretty pictures must appear.

29 다른 사람이 자신을 존중하고 기대할 때 실제로 그렇게 된 것은 당사자 스스로 그 방향으로 노력한 결과이므로 '기대에 부응하는 쪽으로'가 답이다.

When other people are respectful and have high expectations, the result is that people make an effort to actually become that way themselves, so the answer is "기대에 부응하는 쪽으로."

30 뒤 문장에서 '자신만의 편안함을 즐기려는 사람들이'라고 했으므로 다른 사람을 신경 쓰지 않는다는 의미의 '남들 눈치를 보지 않고'가 답이다.
The sentence after the parentheses reads, "People who want to enjoy their own convenience," so the answer meaning not to pay attention to other people is "남들 눈치를 보지 않고."

31 거북목 증후군이므로 거북이 목의 특징을 잘 묘사한 표현이 들어가야 한다. 그러므로 답은 ④번이다.
Since it is talking about torticollis, an expression that describes the characteristics of a turtle's neck must go in the parentheses. Therefore, the answer is ④.

32 사람들은 특별한 이익이 주어지지 않는 한, 현재 상황을 바꾸지 않으려는 경향이 있으므로 답은 ③번이다.
① 사람들은 현재 상태를 ~~바꾸려고 하는 의지가 강하다.~~
→ 바꾸지 않으려는 경향이 강하다.
② 상속인들은 현금으로 재산을 상속 받으면 그대로 둔다.
→ 적극적으로 투자 계획을 짠다.
④ 기본 선택 사항에 '장기 기증 의사가 있다'라고 표기되어 있으면 ~~기증을 안 한다.~~ → 장기 기증률이 높아진다.
There is a tendency for people not to change their current situation if it would not give them any particular benefit, so the answer is ③.
① People ~~have a strong will to change the current situation,~~
→ There is a strong tendency not to change it.
② ~~If heirs receive an inheritance in cash, they will keep it that way.~~ → They make plans to actively invest it.
④ If the basic option reads, "I have an intention to donate my organs," ~~people do not donate.~~
→ The organ donation rate increases.

33 무인 서점은 손님이 알아서 계산하고 지불하는 방식이므로 ①번이 답이다.
② 이 가게에는 ~~'어서 오세요' 인사가 항상 들린다.~~
→ 이 가게에서는 인사는 커녕 인기척 하나 느낄 수 없다.
③ 거스름돈을 받으려면 ~~나중에 주인이 있을 때 와야 한다.~~
→ 나중에 손님이 와서 챙겨 가면 된다.
④ 사람 없는 가게는 ~~오래전부터 있었기 때문에 사람들에게 친숙하다.~~ → 아직은 생소하다.
An unmanned bookstore uses a method of customers calculating and paying by themselves, so the answer is ①.
② At this store, ~~a "welcome" greeting is always heard.~~
→ At this store, you cannot feel any indication that someone is there, not even a greeting.
③ If you need to receive change, ~~you must come later when the owner is there.~~
→ The customer can come later and take it.
④ Stores without people ~~have existed since a long time ago, so people are familiar with them.~~
→ They are still unfamiliar.

34 이 사람은 자신의 생명이 얼마 남아 있는지 알지 못하는 상황에서도 더없이 침착하고 편안해 보였는데 이것이 담담한

태도이므로 답은 ④번이다.
① 이 사람은 ~~자신의 죽음을 알리는 것을 두려워한다.~~
→ 암세포가 뇌로 전이된 사실을 공개하는데 얼굴이 미소로 가득 차 있었다.
② ~~이 사람의 건강은 의학적으로 해결할 수 있는 상태다.~~
→ 이제 모든 것은 신의 손에 달려 있음을 느낀다고 했다.
③ 이 사람에 대한 평가는 ~~지금보다 대통령 때가 더 좋다.~~
→ 성공한 대통령은 아니지만 가장 성공한 퇴임 대통령으로 평가받는다.
This person does not know how much time he has left, but even so, he could not have appeared more calm and relaxed, so the answer containing this attitude is ④.
① This person ~~is afraid of finding out about his own death.~~
→ His face was filled with a smile as he announced that cancer cells had spread to his brain.
② ~~This person's health is a condition that can be resolved medically.~~
→ He said he feels that everything is in God's hands now.
③ Evaluations of this person ~~were higher when he was president than they are now.~~
→ He was not successful as a president, but he is regarded as the most successful former president.

35 ②~④번도 본문의 내용과 일치하지만 화자가 말하고 싶은 내용은 타인의 인정보다 자신이 보람을 느끼고 자랑스러운 사람이 되도록 노력하는 것이 더 중요하다는 것이다.
②-④ also correspond with the text, but the content that the speaker wants to say is that trying to be a proud person who feels their self-worth is more important than acknowledgement from others.

36 청소년이 축약어를 사용하는 이유를 설명한 후에 축약어 사용으로 인해 발생하는 여러 가지 문제를 지적하고 있다.
After explaining why adolescents use abbreviations, they point out a number of problems that arise from the usage of abbreviations.

37 세탁기 덕분에 여자 혼자서도 큰 빨래를 할 수 있게 되면서 여성의 가사 노동은 더 늘어났다고 한다.
It says that while women are able to do large amounts of laundry alone thanks to washing machines, the amount of housework for women has increased.

38 외로워서 글을 쓰다가 작가가 되고 외로움을 즐기게 된 사람을 소개하면서 글을 써 보라고 얘기하고 있다.
It is introducing a person who became a writer after writing out of loneliness and came to enjoy loneliness, while also saying, "Let's try writing."

39 '-는 것이다'라는 말은 보통 한 번 말한 내용을 다시 풀어서 말할 때 쓰인다. 〈보기〉의 '자신이 누구인지를 다시 돌아보게 함으로써, 새로운 삶을 살도록 만드는 것이다.'라는 내용과 같은 말은 '착했던 과거를 깨닫게 한 후, 새사람이 된 것을 축하하는 축제로 재판을 마무리한다.'라는 내용이므로 ㉣에 들어가야 한다.

The phrase "–는 것이다" is usually used to rephrase something that you said once before. The phrase with the same content as "자신이 누구인지를 다시 돌아보게 함으로써, 새로운 삶을 살도록 만드는 것이다" from the example sentence is "착했던 과거를 깨 닫게 한 후, 새사람이 된 것을 축하하는 축제로 재판을 마무리한다," so the answer must go in ⓔ.

40 〈보기〉에서 우리 몸이 일정한 체온을 유지하려는 특성을 말 했으므로 구체적으로 체온을 유지하는 방법을 설명한 문장 의 앞에 와야 한다. 그러므로 답은 ①번이다.
In the example sentence, it says that the body has the characteristic of trying to maintain a constant temperature, so a sentence that specifically explains how the body maintains its temperature has to come before it. Therefore, the answer is ①.

41 〈보기〉에서 젊은 탈모 환자들이 어려움을 이야기했고 그 후 에 실제적인 조사 결과를 말한 내용이 나와야 하므로 답은 ②번이다.
The example is about the difficulties of young hair loss patients, and after that, content that is about practical survey results must appear, so the answer is ②.

42 '가슴이 내려앉다'라는 말은 나쁜 일이 생기거나 그런 일이 생길까 봐 놀란다는 의미다.
The phrase "가슴이 내려앉다" means to be startled that something bad has happened or worried that something will happen.

43 아내는 시험장까지 같이 가지 못하는 것을 내내 아쉬워했다 는 말은 정말 가고 싶어 했다는 말이다.
② 아들은 평소에도 아버지와 자주 얘기하는 아이였다.
→ 말이 없고 무뚝뚝한 아들이었다.
③ 아버지는 아들이 요행으로 시험을 잘 보기를 빌었다.
→ 실력만큼 시험 문제를 풀고 실수만 안 하기를 바랐다.
④ 아버지는 아들이 전화한 이유를 처음부터 알고 있었다.
→ 전혀 몰라서 걱정하면서 아들에게 갔다.
The sentence saying that the wife was sorry that she could not go with her son to the test center means that she really wanted to go.
② The son usually ~~talked with his father often~~.
→ He was a blunt son of few words.
③ The father ~~wished for his son to do well on the exam through good luck~~.
→ He only wanted his son to solve the exam problems as well as he could with his skills and not make any mistakes.
④ The father knew ~~from the beginning~~ the reason why his son called.
→ He had no idea and worried as he went to his son.

44 아이의 이름을 '명수'라고 지은 뒤에 그 아이가 어떤 사람이 되는지를 지켜보면 어느 할아버지 이름을 땄는지 알 수 있다 는 내용이므로 답은 ④번이다.
The content is about how, after naming the child "Myungsoo," if they wait and see what kind of person the child becomes,

they can know which grandfather he was named after, so the answer is ④.

45 이름을 짓는 것에 대한 일화를 소개하면서 모두 좋은 이름을 지으려고 노력하지만, 이름 자체보다 어떤 인생을 사느냐가 더 중요하다고 말하고 있다. 따라서 답은 ③번이다.
By introducing the story of giving someone a name, it says that everyone tries to give a good name, but rather than the name itself, how a person lives their life is more important. Therefore, the answer is ③.

46 "회사의 마케팅 전략은 벌써 대성공한 것 같다"고 말했으므 로 칭찬하고 있는 ④번이 정답이다.
① 손님에게 설거지를 시키는 것에 대해 ~~항의하고 있다~~.
→ 많은 사람에게 인기를 끌고 있으므로 항의하는 것이 아니다.
② 적자가 나는 레스토랑 운영에 대해 ~~의문을 제기하고 있다~~.
→ 그 내용을 설명하기 위해 질문 형식을 했고 뒷부분에 이미 대답이 있으므로 정말 의문을 제기하는 것이 아 니다.
③ 무료로 음식을 제공하는 방식이 이색적이라고 ~~비난하고 있다~~.
→ 이색적이라는 말은 보통과 달라서 신기해 할 때 쓰는 말이고 비난하는 의미는 없다.
It says "the company's marketing strategy already seems to have greatly succeeded," so ④, paying a compliment, is the correct answer.
① ~~It is complaining~~ about having the customers wash the dishes.
→ It is gaining popularity with many people, so it is not complaining.
② ~~It is raising doubts~~ about running a restaurant that has a deficit.
→ To explain that content, it posed a question, and the answer is already in the part that follows, so it is not really raising doubts.
③ ~~It is criticizing~~ the method of offering food for free as unusual.
→ The word "unusual" is used when curious about something that is different from the ordinary, and there is no meaning of criticism.

47 수많은 사람들이 세정제를 직접 사용하고 입소문을 내고 있 으므로 답은 ④번이다.
① 이 회사는 ~~사회봉사로 무료 식당을 운영한다~~.
→ 자기 회사 제품인 세정제를 광고하기 위해 식당을 운 영한다.
② ~~자기 회사 세정제를 사는 손님에 한해 무료로 먹을 수 있 다~~.
→ 음식을 먹고 설거지하는 손님이 무료로 먹을 수 있다.
③ 손님이 무료 음식을 먹으려면 ~~반드시 세정제 광고를 해 야 한다~~.
→ 반드시 설거지를 해야 한다.
Countless people personally use the detergent and generate word of mouth, so the answer is ④.

① This company ~~is operating a free restaurant as a community service~~.
→ It is operating a restaurant in order to advertise the company's own product, which is detergent.

② ~~Only guests who buy the company's detergent~~ can eat for free.
→ Guests who do dishes after eating can eat for free.

③ If guests want to eat free food, ~~they absolutely must advertise the detergent~~.
→ They must wash dishes.

48 최근에 장난감의 소년용, 소녀용 구별도 없애고 색깔의 구분도 없어졌다는 변화를 이야기하고 있다.

It is talking about a recent change of eliminating the distinction of toys for boys and toys for girls as well as eliminating the distinction of color.

49 앞부분에 나온 여자아이들의 바비 인형과 분홍색에 대비되는, 남자아이들이 좋아하는 특징을 골라야 하므로 답은 ②번이다.

You must choose the characteristics liked by boys to contrast with the girls' Barbie dolls and the color pink in the first part of the sentence, so the answer is ②.

50 남녀가 선천적으로 좋아하는 색깔이 있다는 생각은 편견이고 그 편견을 깨려는 노력을 긍정적으로 보고 있으므로 답은 ②번이다.

① 70년대 레고 회사는 설명서에서 ~~남녀 구분을 강조했다~~.
→ 레고를 이용해 무엇이든 만들 수 있다고 했다.

③ 남자아이가 분홍색을, 여자아이가 파란색을 좋아하면 ~~이상한 것이다~~.
→ 전혀 이상할 게 없는 일이다.

④ 전쟁 후에 공장에서 장난감을 찍어 내면서 ~~남녀 아이들의 색깔 편견이 없어졌다~~.
→ 전후 공장 생산에서 남자아이 장난감은 파랑, 여자아이 장난감은 분홍으로 찍어 내면서 편견이 생겼다.

It says that the thought that boys and girls have colors that they innately like is a stereotype, and positively views efforts to break this type of prejudice, so the answer is ②.

① In the 70s LEGO manual, it ~~emphasized divisions between boys and girls~~.
→ It said LEGO could be used to make anything.

③ ~~It is strange~~ if a boy likes pink and a girl likes blue.
→ There is absolutely nothing strange about it.

④ After the war, as toys were made in factories, ~~the stereotype about boys' and girls' colors disappeared~~.
→ In the regularized factory production after the war, the stereotype was formed as toys for boys were blue and toys for girls were pink.

TOPIK 글쓰기 지도안 TOPIK Writing Guide

● 다음은 잘못된 쓰기의 한 예시이다. 다음 글에서 나타난 오류가 무엇인지 알아보고, 한국어 글쓰기에 맞는 어휘와 문법을 확인해 보자.

The following is an example of a writing response with mistakes. In the following essay, let's look for the errors that were made and check the vocabulary words and grammar that are correct for Korean writing.

잘못된 쓰기 예시 Example of a writing response with mistakes

한 80년 전만 해도 [2]결혼하는 여자가 [3]8명에의 아이들을 낳는 건 일반적인 일이었다. 하지만 최근현대 한국의 출산률은 감소하고 있다. 대부분에의 부부들은 2명 이상에의 아이를 갖고 싶어 [4]않한다(하지않는다).

출산률을 감소의 원인은 몇 가지가 있다. 첫 번째, 결혼율은 낮아지고 이혼율은 증대가하고 있기 때문이다. 그 이유는 요즘 청년들이 나자기만의 만족과 시간을 중요시 여하가고 가족의 소중한함 것을 [6]몰모르기 때문이다. 또한 여자들이 사회적으로 인정을 [7]받았는데으면서 자기 직장 일에 두되고 남자를 만나야 하는 필요성을 못 느끼기 때문이다. 두 번째, 의학적인 발달이 있었기 때문이다. 예를 들면 피임을 지킬할 수 있는 방법이 늘어지나면서 자연스럽게 임신할 수 있게 [8]됐나던 상황을 막을 수 있기 때문이다. 마지막으로 경재제 적인 문제 때문에 아이를 많이 않안 낫낳는 부부들도 늘어겼났다.

하지만 사람들은 지금의 삶만 생각하면 않안 된다. 미래의 삶도 고려해야 한다. 왜냐하면 한 4040년 후면 노인 인구

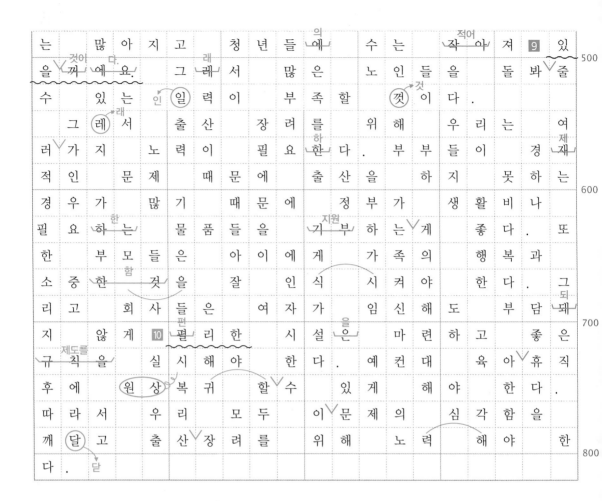

1. 원고지 쓰는 법과 띄어쓰기 Rules and word spacing used for squared manuscript paper

2. 명사 수식형의 시제 구분 Distinguishing tenses of noun modifications

3. 바른 조사 사용법 Correct usage of particles

4. 바른 부정형 사용법 Correct usage of negative forms

5. 비슷한 의미 또는 혼동되는 단어의 정확한 사용
   Accurate usage of vocabulary words with similar meanings or easily confusable words

6. 불규칙 활용법 Irregular conjugations

7. 바른 연결 어미 사용법 Correct usage of connective endings

8. '되'와 '돼'의 구분법 Method of distinguishing "되" and "돼"

9. 바른 종결 어미 사용법 Correct usage of final endings

10. 꼭 알아야 하는 맞춤법 Spelling you absolutely must know

① 원고지 쓰는 법과 띄어쓰기

Rules and word spacing used for squared manuscript paper

쓰기 문제의 답안을 작성할 때에는 내용에도 신경을 써야 하는 한편, 원고지 작성법에도 주의를 기울여야 한다. 특히 단어의 띄어쓰기에서 실수가 생기면 감점이 되므로 원고지에 맞게 쓰는 형식을 정확하게 알아야 한다.

When writing your answers to the writing questions, on the one hand, you must pay attention to the content, but you must also pay careful attention to the method of writing on squared manuscript paper. In particular, if a mistake occurs in the word spacing of vocabulary words, points are deducted, so you must know the correct form of writing on squared manuscript paper.

(1) 원고지의 한 칸에는 글자를 한 자씩 쓴다. One character is written in each space of the manuscript paper.

| 원 | 고 | 지 | 의 | | 한 | | 칸 | 에 | 는 | | 한 | | 자 | 씩 | | 쓴 | 다 | . |

(2) 문장 부호도 한 칸에 한 자씩 쓴다. Punctuation marks are also written in one space each.

| 선 | 생 | 님 | , | 이 | 게 | | 뭐 | 예 | 요 | ? |

(3) 말줄임표는(……) 두 칸을 사용한다. Ellipses (......) use two spaces.

| 아 | 직 | | 끝 | 나 | 지 | | 않 | 았 | 는 | 데 | … | … | . |

(4) 로마 숫자나 한 자로 된 아라비아 숫자는 한 칸에 한 자씩 쓴다. 단, 두 자 이상의 아라비아 숫자는 앞에서부터 한 칸에 두 자씩 채워 쓴다.

Roman and Arabic numerals made into one character each use one space. However, Arabic numerals that are two or more characters fill one space with two characters each, starting from the front.

20	15	년		10	월		23	일	은		형	의		생	일	이	다	.
우	리		형	은		몸	무	게	가		11	7	킬	로	그	램	이	나
된	다	.																

(5) 영어 알파벳 소문자도 한 칸에 두 자씩 쓴다. 하지만 대문자는 한 칸에 한 자씩 쓴다.

Small letters in the English alphabet are also written with two characters in one space. However, capital letters are written with one character in each space.

| K | – | P | op | 이 | | 아 | 시 | 아 | | 여 | 러 | | 나 | 라 | 에 | 서 | | 인 |

(6) 띄어쓰기할 때에는 한 칸을 비우고 계속 써 나가면 된다.

When spacing words, you can leave one space empty and continue writing.

| 어 | 려 | 운 | ∨ | 일 | 은 | ∨ | 서 | 로 | ∨ | 도 | 와 | 야 | ∨ | 한 | 다 | . |

(7) 띄어쓰기 칸이 왼쪽 칸 맨 처음이 될 때는 띄지 않고 그냥 쓰며 바로 윗줄의 오른쪽 끝에 V를 한다.

When you need to skip a space between words but the empty space is the first one on the line, do not skip that space. In addition, at the end of the right side of the line directly above, write a V.

이렇게 오랜 시간∨동안 기다리게 해서∨
죄송합니다.

(8) 모든 단어와 단어는 띄어 쓴다. Skip a space between all vocabulary words.

가방과 구두가 같은 색이라서 정말
잘 어울린다고 생각했다.

(9) 느낌표(!)나 물음표(?)는 글자와 마찬가지로 한 칸에 하나씩 쓰고 이어지는 글은 한 칸을 띄어 쓴다.

Like characters, exclamation points (!) and question marks (?) are each written in one space, and you should leave a space before starting the next word.

언제요? 내일 오신다고요? 와! 드
디어 엄마가 여행을 끝내고 집에 오신

(10) 마침표, 쉼표 등의 문장 부호도 한 칸에 하나씩 쓰는데 느낌표나 물음표와는 달리 뒤이어 오는 단어와 사이를 띄우지 않고 바로 이어서 쓴다.

Punctuation marks such as periods and commas are also written in one space each, but unlike exclamation points and question marks, there is no space between the punctuation mark and the following word; the following word is written immediately afterward.

이튿날, 학교에 갔다. 친구들이 반갑게

(11) 조사가 있으면 반드시 띄어 써야 한다. If there is a particle, it must be written with spaces.

친구가 제주도에서 생선과 굴을 나에
게 보냈는데 굴은 먹고 생선은 냉장고

(12) 명사나 의존 명사를 꾸며 주는 관형형 어미 '-(으)ㄴ', '-는', '-(으)ㄹ' 다음에는 꼭 띄어야 한다.

When a noun and bound noun are modified by the adnominal endings "-(으)ㄴ," "-는," or "-(으)ㄹ," there must be a space between the ending/noun and the bound noun.

좋은 날씨에도 집에만 있는 친구를
불러낼 방법이 없을까? 우리가 친구가
된 지 20년이 지났는데도 놀 줄 모르
고 책만 읽어서 만나고 싶으면 내가
친구 집에 갈 수밖에 없다. 친구가 사
는 데가 우리 집과 가까워서 다행이지

(13) 대화 글은 첫 칸을 비우고 쓴다. In dialogue texts, leave the first space empty.

(14) 대화 글이 계속 이어지는 경우에도 대화 각 문장의 처음을 시작할 때는 맨 앞 칸을 비우고 쓴다.
Even in cases when the dialogue text continues, when starting a paragraph in a dialogue, always leave an empty space in the front.

(15) 대화 글과 바탕글이 이어지는 경우에는 첫 칸을 비우지 않고 쓴다.
If a dialogue text is followed by background text, do not leave the first space blank.

	"	곤		고	향	으	로		돌	아	갈		거	야	.	"	
	"	네	가		가	면		엄	마	가		기	뻐	하	시	겠	다	.	"
하	고		내	가		대	답	했	다	.							
	"	엄	마	와		한		달		정	도		같	이		지	낼	예
정	이	야	.	하	지	만		일	자	리	를		구	하	면		다	시
헤	어	져		살	지	도		몰	라	.	"						

(16) 한 문단이 끝나고 새로운 문단이 시작될 때는 첫 번째 칸을 띄어 써야 한다.
When one paragraph ends and a new paragraph starts, you must leave the first space empty.

	어	느		가	을	날	,	급	하	게		이	메	일	을		보	낼
일	이		있	어	서		카	페	에		들	어	가		노	트	북	을
켰	다	.	커	피		향	에	서		가	을		냄	새	가		퍼	지	고
은	은	한		음	악	이		흐	르	고		있	었	다	.			
	갑	자	기		한		학	생	이		문	을		밀	치	고		소	리

(17) '하다' 동사나 형용사는 '하다'를 앞의 말과 항상 붙여 쓴다.
Verbs or adjectives with "하다" are always written with "하다" attached to the preceding word.

	날	씨	가		따	뜻	하	니	까		밖	에	서		운	동	한		후
에		쇼	핑	하	러		가	자	.										

(18) 기타 혼동되는 띄어쓰기 Other word spacing that gets confused

	이		책	의		글	자	가		크	다	.				

'이 책', '저 옷', '그 사람' 등은 '이', '그', '저' 등이 관형사가 되므로 다 띄어 써야 한다.
"이," "그," "저" etc. become determiners, so they must all be written with spaces ("이 책," "저 옷," "그 사람").

	첫		번	째		참	가	자	는		고	등	학	생	입	니	다	.	

차례나 횟수를 나타내는 '번째'는 '첫', '두'와 연결해서 말할 때 띄어 써야 한다.
When connecting "첫" or "두" with "번째" to show order or numbers, you must write them with spaces.

| 비 | 도 | | 안 | | 오 | 고 | | 바 | 람 | 도 | | 불 | 지 | | 않 | 아 | 요 | . |

'안 + 부정 표현'은 띄어 써야 한다.
"안 + negative expression" must be written with spaces.

| 미 | 성 | 년 | 자 | 는 | | 못 | | 보 | 는 | | 영 | 화 | 예 | 요 | . | | |

'못 + 부정 표현'은 띄어 써야 한다.
"못 + negative expression" must be written with spaces.

| 그 | 런 | | 옷 | 을 | | 입 | 어 | | 보 | 고 | | 싶 | 으 | 면 | | 친 | 구 | 한 |

'이런, 저런, 그런 + 명사'는 띄어 써야 한다.
"이런, 저런, 그런 + noun" must be written with spaces.

| 아 | 플 | | 때 | 와 | | 비 | 가 | | 올 | | 때 | | 집 | | 생 | 각 | 이 |

'때'는 단어이므로 앞 말과 같이 쓸 때 띄어 써야 한다.
"때" is a word, so when writing it together with a preceding word, it must be written with spaces.

| 약 | 속 | 했 | 으 | 니 | 까 | | 꼭 | | 올 | | 거 | 예 | 요 | . | | | |

'–(으)ㄹ 거'에서 '거'는 '것'을 구어적으로 이르는 의존 명사인데, 의존 명사는 앞 말과 띄어서 쓴다.
"거" in "–(으)ㄹ 거" is a colloquial form of the bound noun "것," and bound nouns must be written spaced out from the preceding word.

2 명사 수식형의 시제 구분
Distinguishing tenses of noun modifications

명사 혼자 쓰지 않고 앞에 수식하는 말과 연결할 때 어떻게 연결해야 될지 몰라서 실수하는 경우가 많다. 명사를 수식하는 규칙은 다음과 같다.

There are many cases where mistakes are made because the writer does not know how to connect words when using modifying words in front of nouns that are not written alone. The following are rules for modifying nouns.

(1) 일반적인 규칙 정리 General rules

N + 인 + N		직업이 의사인 친구 a friend whose occupation is a doctor	N + 이/가 아닌 + N	직업이 의사가 아닌 친구 a friend whose occupation is not a doctor
A + −(으)ㄴ + N		좋은 날씨 good weather 따뜻한 날씨 warm weather	안 + AV + −(으)ㄴ + N	안 좋은 날씨 weather that is not good 안 따뜻한 날씨 weather that is not warm
			A + −지 않은 + N	좋지 않은 날씨 weather that is not good 따뜻하지 않은 날씨 weather that is not warm
동사 Verb	현재 Present	V + −는 + N	사진을 찍는 사람 a person who takes pictures	안 + V + −는 + N	사진을 안 찍는 사람 a person who does not take pictures
				V + −지 않는 + N	사진을 찍지 않는 사람 a person who does not take pictures
	과거 Past	V + −(으)ㄴ + N	어제 먹은 음식 food that was eaten yesterday 동생이 요리한 음식 food that was cooked by a younger sibling	안 + V + −(으)ㄴ + N	어제 안 먹은 음식 food that was not eaten yesterday 동생이 요리 안 한 음식 food that was not cooked by a younger sibling
				V + −지 않은 + N	어제 먹지 않은 음식 food that was not eaten yesterday 동생이 요리하지 않은 음식 food that was not cooked by a younger sibling
	미래 Future	V + −(으)ㄹ + N	내일 입을 옷 clothes that will be worn tomorrow 내일 줄 선물 a gift that will be given tomorrow	안 + V + −(으)ㄹ + N	내일 안 입을 옷 clothes that will not be worn tomorrow 내일 안 줄 선물 a gift that will not be given tomorrow
				V + −지 않을 + N	내일 입지 않을 옷 clothes that will not be worn tomorrow 내일 주지 않을 선물 a gift that will not be given tomorrow

(2) 일반 명사 외에 의존 명사도 같은 수식 규칙을 따른다.

In addition to general nouns, bound nouns also follow the same rules of modification.

① 것

EX 진짜인 것과 가짜인 것 things that are real and things that are fake

중요한 것 important things

지금 배우는 것은 옛날에 배운 것과 달라요.

The things I am learning now are different from the things that I learned in the past.

② 데

EX 분위기가 최고인 데 the place with the best atmosphere

아픈 데가 없어요. There is no pain anywhere.

내일 만날 데가 어디예요? Where is the place where we will meet tomorrow?

(3) 일반적인 내용을 표현하는 문장에서는 시제 관계없이 현재형으로 나타낸다. 단, 행동이 이미 완료되어서 과거에 일어났다는 것을 표현할 때는 시제를 구분해서 써야 한다.

In sentences that express general content, the present tense is shown without relation to tense. However, when expressing that an action has already been completed and happened in the past, you must write it by distinguishing the tense.

EX 100년 전에도 담배를 피우는 사람이 있었고, 지금 피우는 사람이 있고, 앞으로도 피우는 사람이 있을 것이다.

There were people who smoked 100 years ago, and there are people who smoke now, and there will be people who smoke in the future.

조금 전에 담배를 피운 사람이 누구예요? 냄새가 아직도 나요.

Who is the person who was smoking a little while ago? It still smells.

담배를 피울 사람은 나가서 피우세요. People who will smoke, please go outside and smoke.

(4) 하지만 '때'를 명사로 수식하는 경우는 시제와 관계없이 '-(으)ㄹ 때'로 나타낸다.

However, in cases that modify "때" as a noun, "-(으)ㄹ 때" is shown without relation to tense.

EX 심각한 질병일 때만 수술해요. Surgery is only done when there is a serious disease.

10년 전에 한국에 올 때는 한국어를 전혀 몰랐어요. When I came to Korea 10 years ago, I didn't know any Korean at all.

요즘 한국어를 공부할 때 사전이 필요해요. These days, you need a dictionary while studying Korean.

내년에 친구가 결혼할 때 제가 노래를 부르기로 했어요. I decided to sing a song when my friend gets married next year.

(5) 단, 그 행동이 끝난 완료 상태의 시점을 말할 때는 '-았/었/였을 때'의 형태로 쓴다.

However, when speaking from the point of view that the action has been completed, it is written in the form "-았/었/였을 때."

EX 차 사고가 났을 때 경찰이 왔다. The police came when the car accident happened.

술을 마셨을 때 운전하면 안 된다. vs 술을 마실 때 안주가 필요하다.

You should not drive when you have drunk alcohol. vs You need bar snacks while drinking alcohol.

<명사 수식을 잘못 쓴 사례> Examples of incorrectly written noun modifications

지난번에 **만났은** 사람 (×)	→	지난번에 **만난/만났던** 사람 (○) a person you met the last time
다음 주에 **보내겠는** 서류 (×)	→	다음 주에 **보낼** 서류 (○) documents that will be sent next week
옛날에 **갔은** 곳 (×)	→	옛날에 **갔던** 곳 (○) a place where you went in the past
친절하지 **않는** 사람 (×)	→	친절하지 **않은** 사람 (○) a person who is not kind

지난주에 **썼지 않는** 휴대 전화 요금이 나왔다. (×)
→ 지난주에 **쓰지 않은** 휴대 전화 요금이 나왔다. (○) A fee was charged for the cell phone that was not used last week.

3 바른 조사 사용법
Correct usage of particles

조사는 문장 내에서 명사, 대명사, 수사 등에 연결되어 뒤에 오는 다른 단어와의 문법적 관계를 표시하거나, 특별한 의미 요소를 첨가하는 기능을 지닌 말이다.

Particles indicate a grammatical relationship by connecting nouns, pronouns, numerals, etc. with a different word that comes afterward in a sentence, and they have the ability to add a special semantic element.

(1) 명사와 조사는 붙여 쓰고 조사 뒤는 반드시 띄어 써야 한다.
Nouns and particles are written together, and you must leave a space after the particle.

(2) '이/가, 을/를, 은/는, 와/과'의 경우에, 앞 단어의 마지막 음절에 받침이 있는지 없는지 여부에 따라 사용하는 조사가 달라진다.
In the cases of "이/가, 을/를, 은/는, 와/과," the particle used changes according to whether or not there is a final consonant in the last syllable of the preceding word.

> **EX** 받침이 있는 경우 In cases where there is a final consonant: 술집이 / 술집을 / 술집은 / 술집과
>
> 받침이 없는 경우 In cases where there is no final consonant: 회사가 / 회사를 / 회사는 / 회사와

(3) 보통 의미에 따라 조사를 2개 겹쳐서 쓸 수 있는데 '이/가, 을/를, 은/는'은 겹쳐서 쓸 수 없다.
Usually, it is possible to write 2 particles one after the other according to the meaning, but "이/가, 을/를, 은/는" cannot be written one after the other.

> **EX** 친구 + **가** + 도 + 올 거예요. → 친구**(가)**도 올 거예요. A friend will also come.
>
> 가수 + **를** + 도 + 만나요. → 가수**(를)**도 만나요. I also meet a singer.
>
> 영어 + **를** + 만 + 안 배웠어요. → 영어**(를)**만 안 배웠어요. I only did not learn English.
>
> 노래는 잘 불러요. 춤 + **은** + 만 + 못 춰요. → 춤**(은)**만 못 춰요. I just can't dance.

Tip

조사를 2개 겹쳐서 사용할 수 있는 경우 Cases when 2 particles can be used one after the other

EX 집에서는 술을 안 마셔요. (에서 + 는) I do not drink alcohol at home.
부모님과만 의논했어요. (과 + 만) I only consulted with my parents.
학교에도 가 봤어요. (에 + 도) I also went to school.
선생님께도 말씀드렸어요. (께 + 도) I also told the teacher.
병원으로도 보내 드릴 수 있어요. (으로 + 도) I can also send it to the hospital.
여기에서부터 시작해 봅시다. (에서 + 부터) Let's try starting from here.

내<u>가</u> 학생이다. (×)   →   나는 학생이다. (○) *자신을 소개하는 경우
I am a student. *in cases when you are introducing yourself

수업이 끝나면 집<u>을</u> 가요. (×)   →   수업이 끝나면 집에 가요. (○) When class is finished, I go home.

중국 베이징부터 왔어요. (×)   →   중국 베이징에서 왔어요. (○) I am from Beijing, China.

친구<u>에</u> 전화했어요. (×)   →   친구에게/한테 전화했어요. (○) I called my friend.

어머니가 바나나가 좋아해요. (×)   →   어머니가 바나나를 좋아해요. (○) My mother likes bananas.

날씨가 추우면 물이 얼음<u>에</u> 돼요. (×)   →   날씨가 추우면 물이 얼음이 돼요. (○) When the weather is cold, water becomes ice.

회사가 부모님께 연락했어요. (×)   →   회사에서 부모님께 연락했어요. (○) The company contacted my parents.

백화점<u>에</u> 선물을 샀어요. (×)   →   백화점에서 선물을 샀어요. (○) I bought a gift at the department store.

책상 위<u>에서</u> 놓았어요. (×)   →   책상 위에 놓았어요. (○) I put it on the desk.

4 바른 부정형 사용법

Correct usage of negative forms

한국어로 부정의 표현을 나타내는 방법은 단어의 품사와 시제 등에 따라 달라진다. 부정형 문장을 정확하게 알아 실수를 줄이자.

In Korean, the method of conveying an expression in the negative form changes according to the word's tense and part of speech. Let's reduce mistakes by learning how to properly form sentences with negations.

(1) 품사별 사용법 Usage by part of speech

		현재 Present	과거 Past	미래 (의지/추측) Future (volition/guess)
명사 Noun	긍정형 Affirmative form	N + 이다	N + 이었다	N + 이겠다 / 일 것이다
	부정형 Negative form	N + 이/가 아니다	N + 이/가 아니었다	N + 이/가 아니겠다 / 아닐 것이다
형용사 Adjective	긍정형 Affirmative form	A 기본형 basic form	A + −았/었/였다	A + −겠다 / −(으)ㄹ 것이다
	부정형 Negative form	안 + A 기본형 basic form, A + −지 않다	안 + A + −았/었/였다 A + −지 않았다	안 + A −겠다 / −(으)ㄹ 것이다 −지 않겠다 / −지 않을 것이다
동사 Verb	긍정형 Affirmative form	V −ㄴ/는다	V + −았/었/였다	V + −겠다 / −(으)ㄹ 것이다
	부정형 Negative form	안 + V −ㄴ/는다 V + −지 않는다	안 + V + −았/었/였다 V + −지 않았다	안 + V −겠다 / −(으)ㄹ 것이다 −지 않겠다 / −지 않을 것이다
이/가 있다 to be; to have	긍정형 Affirmative form	이/가 있다	이/가 있었다	이/가 있겠다 / 있을 것이다
	부정형 Negative form	이/가 없다	이/가 없었다	이/가 없겠다 / 없을 것이다
−(으)ㄹ 수 있다 to be able to do (something)	긍정형 Affirmative form	−(으)ㄹ 수 있다	−(으)ㄹ 수 있었다	−(으)ㄹ 수 있겠다 / 있을 것이다
	부정형 Negative form	−(으)ㄹ 수 없다	−(으)ㄹ 수 없었다	−(으)ㄹ 수 없겠다 / 없을 것이다
알다 to know	긍정형 Affirmative form	알다/안다 (ㅂ 불규칙 활용 ㅂ irregular conjugation)	알았다	알겠다 / 알 것이다
	부정형 Negative form	모른다	몰랐다 (르 불규칙 활용 르 irregular conjugation)	모르겠다 / 모를 것이다

(2) 명령형과 청유형의 사용법 Usage of the imperative and propositive forms

	긍정형 Affirmative form	부정형 Negative form	예문 Example sentence
명령형 Imperative form	V + -(으)십시오	V + -지 마십시오	커피 주지 마십시오. 우유를 주십시오. Please do not give me coffee. Please give me milk. → 커피 주지 말고 유유를 주십시오. ("마십시오 + 그리고" are contracted into "말고.") → 커피 말고 우유를 주십시오. ("마십시오 + 그리고" are contracted into "말고.")
청유형 Propositive form	V + -(으)ㅂ시다	V + -지 맙시다	택시를 타지 맙시다. 지하철을 탑시다. Let's not take a taxi. Let's take the subway. → 택시 말고 지하철을 탑시다. ("맙시다 + 그리고" are contracted into "말고.")

〈부정형을 잘못 쓴 사례〉 Examples of incorrectly written negative forms

저는 **안** 군인이에요. (×) → 저는 군인이 **아니에요.** (○) I am not a soldier.

중요한 일이 **안이에요.** (×) → 중요한 일이 **아니에요.** (○) It is not important.

그건 제 **가방이 않이라** 언니 가방이에요. (×)
→ 그건 제 **가방이 아니라** 언니 가방이에요. (○) That's not my bag; it's my older sister's bag.

오늘은 **생일이 말고** 결혼기념일이에요. (×)
→ 오늘은 **생일이 아니고** 결혼기념일이에요. (○) Today is not my birthday; it's my wedding anniversary.

그 사람을 **찾을 수 못해요.** (×) → 그 사람을 **찾을 수 없어요/못 찾아요/찾지 못해요.** (○) I cannot find that person.

열심히 **공부하지 않하면** 시험에 떨어질지도 몰라요. (×)
→ 열심히 **공부하지 않으면/공부 안 하면** 시험에 떨어질지도 몰라요. (○) If you do not study hard, you could fail the test.

물이 **깨끗하지 안 해서** 마시지 않았어요. (×)
→ 물이 **깨끗하지 않아서/안 깨끗해서** 마시지 않았어요. (○) The water is not clean, so I did not drink it.

않 바쁘시면 이 책 읽어 보세요. (×)
→ **안 바쁘시면/바쁘지 않으시면** 이 책 읽어 보세요. (○) If you are not busy, try reading this book.

아이가 **자고 없어요.** (×) → 아이가 **안 자고 있어요/자고 있지 않아요.** (○) The baby is not sleeping.

날씨가 **춥지 말고** 바람도 안 불어요. (×)
→ 날씨가 **춥지 않고** 바람도 안 불어요. (○) The weather is not cold, and the wind is not blowing.

편지를 **썼지 않다.** (×) → 편지를 **쓰지 않았다/안 썼다.** (○) I did not write a letter.

어제는 **일요일이지 않았다.** (×) → 어제는 **일요일이 아니었다.** (○) Yesterday was not Sunday.

오늘 저녁에는 약속이 **있지 않다.** (×) → 오늘 저녁에는 약속이 **없다.** (○) I do not have any appointments this evening.

택시를 **타지 않고** 지하철을 타세요. (×) → 택시를 **타지 말고** 지하철을 타세요. (○) Don't take a taxi; take the subway.

기다리지 않고 먼저 가세요. (×) → **기다리지 말고** 먼저 가세요. (○) Don't wait; go first.

안경 아니고 렌즈를 끼세요. (×) → **안경 말고** 렌즈를 끼세요. (○) Don't wear glasses; wear contact lenses.

입어 안 보고 옷을 샀어요. (×) → **안 입어 보고/입어 보지 않고** 옷을 샀어요. (○) I bought clothes that I did not try on.

값을 **깎아 안 주면** 살 수 없어요. (×) → 값을 **안 깎아 주면/깎아 주지 않으면** 살 수 없어요. (○)
If you do not lower the price, I cannot buy it.

5 비슷한 의미 또는 혼동되는 단어의 정확한 사용

Accurate usage of vocabulary words with similar meanings or easily confusable words

단어의 의미가 비슷하거나 발음이 비슷해서 잘못 사용하는 단어가 많다. 단어의 의미를 정확하게 알아서 문장을 쓸 때 실수를 줄여야 한다.

There are many words that are mistakenly used because they have similar meanings or because their pronunciations are similar. You must reduce errors while writing sentences by knowing the exact meanings of words.

❶	–(으)러	가거나 오는 목적을 나타내는 연결 어미 a connective ending that shows an objective for coming or going 예 점심 먹으러 식당에 간다. I am going to the restaurant to eat lunch.
	–(으)려	'–(으)려고'의 준말로 의도나 상태를 나타내는 연결 어미 a connective ending that shows an intention or condition using the abbreviation of "–(으)려고" 예 친구에게 돈을 빌리려 한다. I try to borrow money from my friend.
❷	–(으)로서	자격격 조사 a qualification particle 예 인간으로서 그럴 수는 없다. As a human being, that is something one cannot do.
	–(으)로써	도구격 조사 a tool particle 예 부모가 좋은 행동을 보임으로써 자녀를 교육한다. Parents educate their children by behaving well.
❸	–(으)므로	까닭을 나타내는 연결 어미 a connective ending that shows reason or cause 예 확실한 증거가 없으므로 무죄라고 생각한다. I think they are innocent because there is no indisputable evidence.
	–(으)ㅁ으로	명사형 어미 '–(으)ㅁ'과 조사 '으로'의 결합 combines the noun ending "–(으)ㅁ" and the particle "으로" 예 열심히 일함으로(써) 삶의 보람을 느낀다. I feel the value of living by working hard.
❹	가르치다	지식이나 기능, 이치 따위를 깨닫거나 익히게 하다 to cause the acquisition or realization of knowledge, function, logic, etc. 예 선생님이 학생들을 가르쳐요. The teacher teaches the students.
	가리키다	손가락 따위로 어떤 방향이나 대상을 집어서 보이거나 말하거나 알리다 gesturing with your finger in some direction to point out, say, or announce something 예 시계 바늘이 이미 오후 네 시를 가리키고 있었다. The hands of the clock are already pointing at 4 o'clock.
❺	–거리	1. 내용이 될 만한 재료 content that turns into material 예 반찬거리, 일거리 groceries (ingredients for side dishes)/work (to be done) 2. 제시한 수나 시간 동안 해낼 만한 일 something that can be done during a given number of hours 예 한 시간 거리의 일, 빵이 한 입 거리밖에 안 된다. one hour's worth of work/It is only one mouthful of bread.
	–걸이	물건이 걸릴 수 있게 만들어진 돌출된 부분이나 물건 an item or protruding part made in order to be able to hang something up 예 옷걸이, 모자걸이 clothes hanger/hat rack
❻	나가다	일정한 지역이나 공간의 범위와 관련하여 그 안에서 밖으로 이동하다, 앞쪽으로 움직이다 to move outward or forward from the inside in relation to a certain area or range of space 예 앞에 나가서 노래하세요. Go to the front and sing.
	나아가다	일이 점점 되어 가다, 목적하는 방향을 향하여 가다 for something to be gradually becoming; for something to be going in the desired direction 예 동물뿐만 아니라 나아가서는 인간도 치료할 수 있는 신약을 만들고 싶다. I want to make a new medicine that can treat not only animals but also humans.

❼ 누적	포개어 여러 번 쌓음, 또는 포개져 여러 번 쌓이다 piled up several times; to stack on top of one another several times **데** 오랫동안 직원들의 불만이 누적되어 결국 파업을 한다. The employees' complaints build up over a long time, and they eventually go on strike.	
축적	지식, 경험, 자금 따위를 모아서 쌓거나 모아서 쌓은 것을 의미 accumulating and gathering knowledge, experience, funds, etc.; the meaning of gathering and accumulating **데** 물이 떨어질 때 발생하는 에너지를 축적해서 전기를 만든다. Electricity is produced by accumulating the energy that arises when water falls.	
❽ –는데	뒤 절에서 어떤 일을 설명하거나 묻거나 시키거나 제안하기 위하여 그 대상과 상관되는 상황을 미리 말할 때에 쓰는 연결 어미 a connective ending used when explaining, asking, compelling, or suggesting something in the following clause and and mentioning in advance a situation that relates to that subject **데** 비가 오는데 우산 좀 빌려주시겠어요? It's raining. Would you please lend me an umbrella? 복사기가 고장 났는데, 누구한테 수리를 부탁할까요? The copy machine is broken. Who should I ask to fix it?	
–는 데(에)	'일'이나 '것'의 뜻을 나타내는 말 a phrase that shows the meaning of a thing or a task **데** 그 책을 다 읽는 데 삼 일이 걸렸다. Reading that whole book took 3 days. 사람을 돕는 데에 애, 어른이 어디 있겠습니까? What does it matter if it's a child or an adult when it comes to helping people?	
❾ 늘이다	본디보다 길어지게 하다 to be made longer than usual **데** 짧은 바지를 5cm만 늘여 주세요. Please make these short pants just 5cm longer.	
늘리다	수나 분량, 시간 따위가 본디보다 많아지게 하다 for a number, amount, time, etc. to be made greater than usual **데** 부동산 투자로 재산을 많이 늘렸다. Wealth has increased a lot through real estate investment.	
느리다	어떤 동작을 하는 데 걸리는 시간이 길다 for an action to take a long time to be done **데** 할머니 걸음이 느리니까 우리도 천천히 걸어요. Grandmother's steps are slow, so we walk slowly, too.	
❿ 달리다	1. 빨리 뛰어가다 to run quickly **데** 엄마를 본 아이가 엄마를 향해 달리기 시작했다. The child who saw his mother started to run toward her. 2. 물건이 일정한 곳에 붙어 있다 for something to be stuck in a certain place **데** 올 가을에는 나무에 사과가 많이 달렸다. This fall, there were a lot of apples hanging from the trees. 3. 재물이나 기술, 힘 따위가 모자라다 insufficient wealth, technology, strength, etc. **데** 명절 전에는 물건이 많이 팔려서 포장하는 일손이 달린다. Before the holidays, many items are sold, so there is a lack of workers to package them.	
딸리다	'달리다'의 3번 의미를 세게 하는 말인데 '달리다'로 쓰는 것이 좋다. a stronger way to say "달리다," but it is better to write "달리다." **데** 노인들이 젊은 사람들과 같이 운동하기에는 체력이 딸린다. Elderly people lack the physical fitness to exercise together with young people.	
⓫ 던지	지난 사실을 돌이켜 서술하여, 문장을 이어 주거나 끝맺을 때 사용하는 어미 an ending used to connect or end sentences when looking back and describing a past fact **데** 얼마나 춥던지 손발이 다 얼었다. My hands and feet were frozen. That's how cold it was.	
든지	1. 나열된 동작이나 상태 가운데 어느 것이든 선택될 수 있음을 나타낸다. indicates that any of a list of states or actions can be selected **데** 전화하시든지 직접 가시든지 하세요. Call or go in person. 2. 무엇이 일어나도 뒤의 내용이 성립하는 데 상관이 없음을 나타내기도 한다. indicates that regardless of what happens, what follows will not be affected **데** 무엇을 하든지 자신감을 잃지 마세요. No matter what you do, do not lose your self-confidence.	

⑫	두껍다/얇다	두꺼운 정도를 의미한다. a degree of thickness 📋 여름에는 얇은 옷을 입고 겨울에는 두꺼운 옷을 입는다. Wear thin clothes in summer and wear thick clothes in winter. 얇은 책은 금방 읽지만 두꺼운 책은 시간이 걸린다. A thin book is read quickly, but a thick book takes a long time.
	굵다/가늘다	물체의 둘레나 너비, 부피, 글씨의 획 등과 어울려 쓰인다. used in conjunction with an object's circumference, width, volume, handwriting strokes, etc. 📋 머리카락이 가늘어요. My hair is thin. 옛날엔 허리가 가늘었는데 살이 찌면서 허리가 굵어졌어요. In the past, my waist was thin, but as I gained weight, my waist became thick.
⑬	드리다	윗사람에게 물건을 주거나 말씀을 여쭈다 to give an item to or address a person in a superior position 📋 어른께 인사드리다 to greet an adult
	들이다	1. 재물이나 힘을 쏟다 to expend wealth or power 📋 돈을 들여 만들다 to make something by spending money 2. 안으로 들어오게 하다 to make something go inside something else 📋 안방으로 불러들이다 to call into a main room
⑭	들르다	지나는 길에 잠깐 거치다 to go through for a moment on a passing street 📋 가게에 들르다 to stop by a store
	들리다	귀로 소리를 느끼다 to perceive a sound with the ears 📋 새 소리가 들리다. The sounds of birds were heard.
⑮	맞추다	1. 서로 꼭 맞도록 하다, 서로 마주 대다 to match each other; to touch each other 📋 호흡을 맞추다, 입을 맞추다 to keep in sync/to kiss 2. 정도에 알맞게 하다 to make adequate to some degree 📋 간을 맞추다 to season to taste 3. 시킬 일, 주로 물건을 만드는 일을 약속해 부탁하다 to request a promise to do something, primarily to make an item 📋 옷을 맞추다 to make (custom) clothes * '마추다'로 쓰지 않는다. This is not written as "마추다."
	맞히다	물음에 옳은 답을 하다 to answer a question with the right answer 📋 정답을 맞히다 to get the correct answer
⑯	매기다	사물의 가치나 차례를 정하다 to set the value or order of something 📋 값을 매기다, 점수를 매기다 to set a price/to set a score
	먹이다	'먹다'의 사동형 the causative form of "먹다" 📋 밥을 먹이다 to feed (someone)
⑰	매다	1. 풀리지 않게 묶다 to tie something up so that it will not come undone 📋 소를 매다, 넥타이를 매다 to tie up a cow/to tie a necktie 2. 논이나 밭 등지의 잡풀을 뽑다 to pull the weeds in a rice paddy or field 📋 밭에서 잡초를 매다 to pull weeds in a field
	메다	1. 물건을 어깨에 지다 to carry something on one's shoulders 📋 가방을 어깨에 메다 to carry a bag on one's shoulder 2. 구멍이 막히다 to get choked up 📋 너무 슬퍼서 목이 메어 말을 할 수 없어요. I was so sad that I got choked up and could not talk.

⑱ **머지않다**	시간적으로 멀지 않다 for something to be not far off in terms of time	
	🅔🅧 머지않아 사실이 밝혀질 것이다. The truth will soon be revealed.	
	낙엽이 떨어지는 걸 보니 겨울이 머지않았다. Since the leaves were falling, winter was not far off.	
멀지 않다	거리가 많이 떨어져 있지 않다, 수준이 기준점에 많이 모자라지 않다 for there not to be much distance; for a level to be not far below a reference point	
	🅔🅧 회사가 멀지 않아서 걸어서 다닐 수 있어요. The office is not far away, so I can get there by walking.	
⑲ **목**	머리와 몸통을 잇는 신체의 한 부분 the part of the body that connects the head and torso	
	🅔🅧 목에 목걸이를 걸어 주세요. Please put the necklace around my neck.	
몫	여럿으로 나누어 가지는 각 부분 for each portion to be divided into several sections	
	🅔🅧 피자 두 쪽은 동생 몫이에요. Two pieces of the pizza are for my younger sibling.	
⑳ **무치다**	나물에 갖은 양념을 넣어 버무리다 to mix seasonings with vegetables	
	🅔🅧 콩나물을 무치다 to season bean sprouts	
묻히다	'묻다'의 피동형 passive form of "묻다"	
	🅔🅧 오랫동안 땅 속에 묻혀 있던 유적을 발굴했다. They unearthed the ruins that had been buried in the ground for a long time.	
㉑ **묵다**	1. 오래 되다 to become old	
	🅔🅧 묵은 쌀 old rice	
	2. 머무르거나 밤을 보내다 to stay or spend the night	
	🅔🅧 친구 집에서 3일 묵을 예정이다. I will stay at my friend's house for 3 days.	
묶다	움직이지 못하게 얽어매다 to tie up so that something can't move	
	🅔🅧 긴 머리를 묶은 여자 a woman who ties up her long hair	
㉒ **바치다**	1. 웃어른께 드리다 to offer something to an elder	
	🅔🅧 옷을 갖다 바치다 to bring clothes	
	2. 고스란히 쏟다 to devote oneself entirely	
	🅔🅧 나라를 위해 목숨을 바치다 to give one's life for one's country	
	3. 세금 등을 내다 to pay taxes, etc.	
	🅔🅧 국민들이 나라에 바친 세금을 잘 사용해야 한다. The taxes paid by citizens of the country must be used well.	
받치다	1. 우산 따위를 펴서 들다 to open an umbrella	
	🅔🅧 비가 와서 우산을 받치고 나갔다. It was raining, so I opened my umbrella and went out.	
	2. 밑에서 다른 물건으로 괴다 supporting something else from underneath	
	🅔🅧 커피 잔 받침에 티스푼을 놓으세요. Put the teaspoon on the coffee cup saucer.	
받히다	'받다'의 피동형 the passive form of "받다"	
	🅔🅧 우리 차가 다른 차에 받혀서 많이 망가졌다. Our car was hit by another car and damaged a lot.	
㉓ **반드시**	꼭, 틀림없이 surely, certainly	
	🅔🅧 이번에는 반드시 시험에 합격하겠다. This time, I will definitely pass the exam.	
반듯이	비뚤거나 기울어지지 않고 바르게 properly without tilting or swaying	
	🅔🅧 책이 반듯이 놓여 있다. The book is lying flat.	

㉔ 배다	배 속에 새끼나 알을 가지다 to have babies or eggs inside one's stomach	
	ⓔ 우리 고양이가 새끼를 뱄다. Our cat is pregnant.	
베다	1. 베개로 고개를 받치다 to lay one's head on a pillow	
	ⓔ 베개를 베고 잠들었다. I put my head on the pillow and fell asleep.	
	2. 끊거나 자르다 to sever or cut	
	ⓔ 낫으로 풀을 베어라. Cut the grass with a scythe.	
㉕ 벌리다	1. 둘 사이를 넓히다 to widen the space between two things	
	ⓔ 팔을 벌려서 뛰어오는 아이를 안았어요. She spread out her arms and hugged the child that ran to her.	
	2. 펴다 to unfold	
	ⓔ 새가 날개를 벌리고 날기 시작했어요. The bird spread its wings and began to fly.	
	3. 열다 to open	
	ⓔ 가방을 벌려서 돈을 가득 담았어요. I opened the bag and filled it with money.	
	4. 돈벌이가 되다 to earn money	
	ⓔ 돈이 잘 벌리는 사업이 뭐예요? What is a business that earns a lot of money?	
벌이다	1. 일을 베풀다 to have/throw an event	
	ⓔ 일을 크게 벌이다, 싸움을 벌이다 to start a big job/to get into a fight	
	2. 물건을 늘어놓다 to spread things out	
	ⓔ 책들을 잔뜩 벌여 놓고 논문을 쓴다. She spread out a lot of books and wrote her thesis.	
	3. 가게를 차리다 to set up a store	
	ⓔ 신발 가게를 벌이다 to open a shoe store	
㉖ 부닥치다	부딪히어 바싹 가깝게 되다 to bump together closely	
	ⓔ 난관에 부닥쳤다. He encountered difficulties.	
부딪다	물건과 물건이 힘차게 마주 닿다, 마주 대다 for things to forcibly come into contact with one another; to touch together	
	ⓔ 그릇을 부딪지 마시오. Do not bump the bowl.	
부딪치다	'부딪다'의 강조어, 맞닥뜨리다, 직면하다 emphatic "부딪다"; to run into; to encounter	
	ⓔ 만나고 싶지 않은 사람과 길에서 부딪쳤다. I encountered someone I did not want to meet on the street.	
부딪히다	'부딪다'의 피동형 the passive form of "부딪다"	
	ⓔ 달리는 자전거에 부딪혔다. My leg was run into by a bike.	
㉗ 부치다	1. 힘이 모자라다 to lack strength	
	ⓔ 노인에게 농사일은 힘이 부치는 일이다. Farming is too much work for the elderly.	
	2. 남을 시켜 물건 따위를 보내다 to order someone else to send something	
	ⓔ 편지를 부치다 to consign a letter	
	3. 회부하다 to submit, to refer	
	ⓔ 재판에 부치다, 회의에 부치다 to put a case on trial/to submit (an issue) to a committee	
	4. 음식을 익혀 만들다 to cook food	
	ⓔ 빈대떡을 부치다 to fry mung bean pancakes	
	5. 물건을 흔들어 바람을 일으키다 to shake an item to create wind	
	ⓔ 부채를 부치다 to fan a fan	
붙이다	'붙다'의 사동형 the causative form of "붙다"	
	ⓔ 종이를 붙이다, 졸려서 눈을 붙이다, 담배에 불을 붙이다 to attach a piece of paper/to be tired and close one's eyes/to light a cigarette	

㉘ 빌다	1. 바라며 기도하다 to wish and pray	
	📝 하나님께 빌다 to pray to God	
	2. 용서를 호소하다 to beg for forgiveness	
	📝 잘못했다고 빌다 to apologize for doing something wrong	
빌리다	빌려주다, 빌려 오다 to loan; to borrow	
	📝 친구한테 돈을 빌렸어요. I borrowed some money from my friend.	
㉙ 빗	머리털을 빗는 데 쓰는 물건 an item used to comb one's hair	
	📝 긴 머리를 빗으로 예쁘게 빗었다. She beautifully combed her long hair with a comb.	
빚	남에게 갚아야 할 돈 money that must be paid back to someone else	
	📝 돈이 없어서 여기저기에서 빚을 얻어 사업을 시작했다. I didn't have any money, so I acquired debt here and there and started a business.	
빛	빛깔 color	
	📝 아침 일찍 태양이 빛을 비추면 하루가 시작된다. The day begins when the sun shines early in the morning.	
㉚ 상황	일이 되어 가는 과정이나 형편 a process or situation of events	
	📝 취직도 못하고 돈도 없어서 결혼할 상황이 아니다. This is no condition in which to get married because I can't get a job and I don't have any money.	
상태	사물·현상이 놓여 있는 모양이나 형편 form or circumstances in which a matter or status lies	
	📝 수술 후에 몸 상태를 보고 항암 치료를 할지 결정한다. After the surgery, they will check the condition of your body and decide if they will do chemotherapy.	
㉛ 새다	1. 날이 밝아 오다, 새우다 for day to break; for night to pass	
	📝 날이 새면 이곳을 떠날 거예요. When day breaks, I am going to leave this place.	
	2. 구멍, 틈으로 조금씩 흘러나오다 to trickle out little by little through a hole or crack	
	📝 물이 새다, 비밀이 새다. The water flows out./The secret came out.	
세다	힘이 많다, 딱딱하고 뻣뻣하다 to be strong; to be stiff and firm	
	📝 기운이 세다, 바람이 세다, 성격이 세다 to have strong energy/the wind is strong/to have a strong personality	
㉜ 쉬다	1. 음식이 오래되거나 상해 맛이 시큼하게 되다 for food to become old or its taste to turn sour	
	📝 김치가 쉬다. The kimchi spoils.	
	2. 목청에 탈이 생겨 목소리가 흐려지다 A sickness forms in the vocal chords, so the voice becomes murky.	
	📝 감기로 목이 쉬다 to have a hoarse throat from a cold	
시다	1. 맛이 식초맛 같다 to taste like vinegar	
	📝 귤이 시다. The tangerine is sour.	
	2. 뼈마디가 삐어서 시큰시큰하다 The joint it twisted, so it is sore.	
	📝 운동하다가 다쳐서 발목이 시다. My ankle aches because I injured it while exercising.	
	3. 하는 짓이 비위에 거슬리다 for an action being done to be offensive	
	📝 눈꼴이 시어 못 보겠다. It is disgusting, so I can't look.	
㉝ 싸이다	물건을 보자기나 종이 따위의 안에 넣는다는 뜻인 '싸다'의 피동형 the passive form of "싸다," which means to put an item in cloth or paper	
	📝 기자들에게 둘러싸인 유명한 가수 a famous singer surrounded by reporters	
쌓이다	여럿을 포개 놓는다는 뜻인 '쌓다'의 피동형 the passive form of "쌓다," which means to pile up several things	
	📝 피로가 쌓이다, 눈이 쌓이다 for fatigue to accumulate/for snow to accumulate	

㉞	얽히다	이리저리 얽어 매이다, 여러 가지가 서로 엇갈리다 for this and that to be tied together; for several things to cross one another 📖 일에 얽히다, 결혼에 얽힌 재미있는 이야기 to get entwined in work/a fun story about getting tangled in marriage
	엉기다	액체 따위가 한데 뭉치어 굳어지다 for liquid to clump and solidify 📖 우유가 엉겨서 치즈가 된다. Milk congeals and becomes cheese.
	엉키다	일이나 물건이 서로 얽혀 풀어지지 않게 되다 for things to get tangled together so they cannot be undone 📖 실이 엉키다. The thread gets tangled.
㉟	–에 달려 있다	무엇이 뒤의 내용에 의해 결정되다 for something to be determined by the content that follows 📖 일의 성패는 네 손에 달려 있다. The success of your work lies in your hands.
	–기 나름이다	그 됨됨이나 하기에 달려 있다 to depend on an action or personality 📖 사람에 대한 평가는 생각하기 나름이다. The assessment of a person depends on one's thinking.
	–에 따라	1. 어떤 일이 다른 일과 더불어 일어나다 for something to occur together with something else. 📖 경제 개발에 따른 공해 문제 a pollution problem following economic development 2. 어떤 경우, 사실, 기준 따위에 의거하다 to be based on some kind of situation, fact, standard, etc. 📖 거리에 따라 택시 요금이 달라진다. The taxi fare changes depending on the distance.
㊱	오죽	여간, 얼마나 very; how (much) 📖 오죽 배가 고팠으면 쓰레기통을 뒤지겠어요? If you were extremely hungry, would you rummage through a trash can?
	오직	다만, 오로지 only; exclusively 📖 내가 사랑하는 것은 오직 너 하나뿐이다. You are the only thing that I love.
㊲	왠지	왜 그런지 모르게 또는 뚜렷한 이유도 없이 without knowing why; without a clear reason 📖 그 얘기를 들으니 왠지 불길한 예감이 든다. After hearing that story, for some reason, I have an ominous feeling.
	웬	어찌 된, 어떠한 what; how 📖 웬 사람들이 이렇게 많이 모였어요? Why are there so many people gathered here? 웬만한 음식은 다 먹어 봤어요. I ate all of the decent food.
㊳	이따가	조금 지난 뒤에 after a little while has passed 📖 이따가 보자. See you soon.
	있다가	'있다'에 연결 어미 '다가'가 붙은 활용형 the inflectional form of "있다" with the connective ending "다가" attached 📖 조금만 더 있다가 가자. 여기에 오래 있다가 방금 갔는데. Let's stay for just a little while longer and then go./After being here for a long time, he just left.
㊴	잃어버리다	지녔던 물건이 자기도 모르게 없어지다 for an item that you were carrying to disappear without you knowing it 📖 시계를 잃어버리다 to lose one's watch
	잊어버리다	알았던 것을 기억하지 못하게 되다 to become unable to remember something that you used to know 📖 약속을 잊어버리다 to forget a promise
㊵	작다	크기가 크지 않다 a size that isn't large 📖 키가 작다, 사과가 작다 to be of a small height/the apple is small
	적다	양이 많지 않다 a quantity that isn't much 📖 월급이 적다, 학생 수가 적다 the monthly salary is low/the number of students is low

㊶ 장사	1. 기개와 체질이 썩 굳센 사람, 힘센 사람 a person whose spirit and constitution are very strong; a powerful person 🔵 몸이 커서 힘도 장사다. His body is large, so his strength is also great. 　씨름을 잘하는 천하장사 a strong person who is good at Korean wrestling 2. 물건을 파는 일 the business of selling things 🔵 장사가 잘된다. 직장 그만두고 장사를 할까 생각 중이다. 　Business is going well./I am thinking about quitting my job and starting a business.	
장수	1. 상업하는 사람 a person who does business 🔵 옛날에는 물을 파는 물장수도 있었어요. In the past, there were also merchants who sold water. 2. 군사를 거느리는 우두머리 (將帥) a chief leading the military 🔵 군인들 50,000명을 이끄는 장수 a commander who leads 50,000 soldiers	
㊷ 저리다	살이나 뼈가 오래 눌려 피가 통하지 않고 둔하다 for flesh or bone to pressed for a long time so that blood does not flow, becoming sluggish 🔵 좁은 차 안에서 잤더니 다리가 저리다. After sleeping in a small car, my leg was numb.	
절이다	염분을 먹여 절게 하다 to pickle something with salt 🔵 김치를 담글 때 먼저 배추를 절인다. When making kimchi, first you pickle the cabbage.	
㊸ 젖히다	1. 안쪽이 겉면으로 드러나게 하다 to reveal the inside out 🔵 모자를 뒤로 젖히고 물을 마셨다. He bent his hat back and drank water. 2. 속의 것이 겉으로 드러나게 열다 to open something to reveal something that is inside 🔵 웃통을 벗어 젖히다, 문을 열어 젖히다 to take one's top off/to throw open a door	
제치다	거치적거리지 않게 치우다 to clear something out of the way 🔵 상대 팀 선수를 제치다. The other team passed the player.	
제키다	살가죽이 조금 다쳐 벗겨지다 for flesh or skin to be slightly injured and scraped 🔵 넘어질 때 손등이 제켜서 아프다. I grazed the back of my hand when I fell, so it hurts.	
㊹ 조그만	'조그마하다'의 관형형 '조그마한'의 준말 a modified form of "조그마하다" abbreviated into "조그마한" 🔵 조그만 의자 a tiny chair	
조금만	적은 분량을 뜻하는 명사 '조금'에 보조사 '만'이 붙은 형태 a form of the noun "조금," which means a small amount, with the auxiliary particle "만" attached 🔵 조금만 먹어라. Eat just a little.	
㊺ 조금	적은 정도나 분량, 짧은 동안 a small degree or amount; a short time 🔵 조금 후에 전화 드리겠습니다. I will call you a little later.	
쪼금	'조금'을 세게 하는 말 strongly saying "조금" 🔵 은행에 저금했더니 이자가 쪼금 붙었다. 　After depositing money into the bank, it yielded a very small amount of interest. ※문장에서는 '조금'으로 쓰는 것이 좋다. It is good to write it as "조금" in sentences.	
㊻ 조리다	양념하여 국물이 거의 없게 바짝 끓이다 to season and boil until there is almost no broth 🔵 생선을 조리다 to boil down fish	
졸이다	속으로 조바심 내다 to push down one's worries 🔵 마음을 졸이다 to be anxious	

❹	좇다	뒤를 따르다, 대세를 따르다, 복종하다 to follow behind; to go with the flow; to obey
		예 여론을 좇다, 사람들이 인간관계보다 돈을 좇아간다 to follow public opinion/People follow money more than they follow human relationships.
	쫓다	1. 있는 자리에서 몰아내다 to remove from an existing position
		예 음식에 자꾸 오는 파리를 쫓다 to chase out a fly that keeps going into the food
		2. 급한 걸음으로 뒤를 따르다 to follow behind at a fast pace
		예 형을 쫓아가다 to chase after an older brother
❹	집다	물건을 잡거나 줍다 to grab or pick up an item
		예 집게로 쓰레기를 집다 to pick up trash with a pair of tongs
	짚다	1. 신체나 지팡이로 받치다 to support something using one's body or a cane
		예 지팡이를 짚다 to use a cane
		2. 맥 위에 손가락을 대다 to put a finger on one's pulse
		예 맥을 짚다 to take one's pulse
		3. 요량해서 짐작하다 to guess by estimating
		예 이야기도 안 들어보고 넘겨 짚다 to guess without even listening to what someone is saying
❹	짓다	재료를 들어 만들다 to make something using materials/ingredients
		예 밥을 짓다 to make rice
		모양이 나타나도록 만들다 to make in order to create a shape
		예 미소를 짓고 사진을 찍어요. Smile and take a picture.
		확정된 상태로 만들다 to create a settled conclusion
		예 결말을 짓다 to come to an end
	짖다	개나 까치가 큰 소리를 내다 a loud noise made by a dog or a magpie
		예 개가 시끄럽게 짖다. The dog barks noisily.
	짙다	빛깔, 화장 등이 진하다 for color, makeup, etc. to be deep
		예 짙은 화장 heavy makeup
❺	한참	시간이 상당히 흐르는 동안 while quite a lot of time passes
		예 한참 동안 기다리다 to wait for a long time
	한창	가장 성할 때 when flourishing the most
		예 한창 나이다, 꽃이 한창 필 때다, 더위가 한창이다 to be at a prime age/to be when the flowers are at peak bloom/This is the hottest part.

6 불규칙 활용법
Irregular Conjugations

어간과 어미가 결합하여 활용할 때 어간이나 어미의 모습이 바뀌는 동사나 형용사들은 한국어의 일반적인 음운 규칙을 적용할 수 없다. 그래서 말을 할 때나 쓸 때나 크게 혼동되는 경우가 많다. 이런 불규칙 활용 동사나 형용사를 잘 정리해서 쓰기의 실수를 줄이자.

When combining a stem and an ending, the general phonetic rules of Korean cannot be applied to verbs or adjectives that change the appearance of the stem or ending. Therefore, there are many cases that can be greatly confusing when speaking or writing. Let's reduce mistakes in writing by organizing the verbs and adjectives that use this type of irregular application.

(1) ㄷ 불규칙 용언 Irregular ㄷ

'듣다, 깨닫다'처럼 받침 'ㄷ'이 모음으로 시작되는 어미 또는 매개 모음 '-으' 앞에서 'ㄹ'로 변하는 용언이다. 'ㄷ' 받침으로 끝나는 일부 동사가 '-아/어' 또는 '-으'와 결합할 때 'ㄷ'이 'ㄹ'로 바뀐다. 그러나 동사 어간과 자음이 직접 연결될 때는 원래대로 'ㄷ' 받침을 쓴다. 대표적인 ㄷ 불규칙 용언으로는 (노래를) 듣다, (길을) 걷다, (이름을) 묻다, (짐을) 싣다, (잘못을) 깨닫다 등이 있다.

Words such as "듣다" and "깨닫다" are predicates with a final consonant "ㄷ" that changes to "ㄹ" in front of the binding vowel "-으" or in endings that start with vowels. For partial verbs that end in the final consonant "ㄷ," the "ㄷ" changes to "ㄹ" when combining with "-아/어" or "-으." However, when directly connecting a consonant with a verb stem, it is written in its original form with a final consonant of "ㄷ." Representative irregular predicates with ㄷ include (노래를) 듣다 (to listen to a song), (길을) 걷다 (to walk on the street), (이름을) 묻다 (to ask someone's name), (짐을) 싣다 (to load one's luggage), and (잘못을) 깨닫다 (to realize a mistake).

> 🖙 (노래를) 듣다 / 듣고 / 듣다가 / 듣지만 – 들어요 / 들어서 / 들으면 / 들으니까
>
> (길을) 걷다 / 걷지 마세요 / 걷기 싫어요 – 걸어 보세요 / 걸으려고 / 걸었어요

〈잘못 쓴 사례〉 Examples of incorrect writing

길을 **걸으고** (×) **거르고** (×) 있어요.	→ 길을 **걷고** 있어요. (○) I am walking down the street.
노래를 **들으다가** (×) 생각났어요.	→ 노래를 **듣다가** 생각났어요. (○) I thought of it while listening to a song.
비행기에 짐을 **실고** (×) 있어요.	→ 비행기에 짐을 **싣고** 있어요. (○) The luggage is being loaded onto the airplane.

차 트렁크에 짐을 **실으지만** (×) 몇 개는 안고 타야 해요.
→ 차 트렁크에 짐을 **싣지만** 몇 개는 안고 타야 해요. (○)
Some luggage is loaded into the car trunk, but we have to keep some of it in the car.

차 트렁크에 짐을 모두 **실었어요.** (×) → 차 트렁크에 짐을 모두 **실었어요.** (○) All of the luggage was loaded into the car trunk.

(2) ㅂ 불규칙 용언 Irregular ㅂ

'줍다, 무겁다'처럼 어간이 'ㅂ' 받침으로 끝나는 동사나 형용사 중 일부가 모음으로 시작되는 어미 앞에서 '우'로 변하는 용언이다. 대표적인 ㅂ 불규칙 용언으로는 맵다, 덥다, 반갑다, 뜨겁다, (길에서 돈을) 줍다, (빵을) 굽다 등이 있다.

Words like "줍다" and "무겁다" are predicate verbs or adjectives whose stems end with a final consonant "ㅂ" that changes to "우" in front of endings that begin with a vowel. Representative irregular predicates with ㅂ include 맵다 (to be spicy), 덥다 (to be hot), 반갑다 (to be pleasant), 뜨겁다 (to be hot), (길에서 돈을) 줍다 (to pick up money off the street), and (빵을) 굽다 (to bake bread).

> 🖙 빵을 굽고 / 굽지만 / 굽는 사람 – 구워서 / 구우면 / 구우려고 / 구워 주세요

〈잘못 쓴 사례〉 Examples of incorrect writing

날씨가 **더웁고** 습하다. (×)	→ 날씨가 **덥고** 습하다. (○) The weather is hot and humid.
길에서 돈을 **주서서** 기분이 좋았다. (×)	→ 길에서 돈을 **주워서** 기분이 좋았다. (○)
	I picked up some money on the street, so I was in a good mood.

한국 음식이 **매워지만** 맛있다. (×)	→	한국 음식이 **맵지만** 맛있다. (○) Korean food is spicy but delicious.
한국어가 **어려워세요**? (×)	→	한국어가 **어려우세요**? (○) Is Korean difficult for you?
빵을 집에서 **굽으니까** 더 맛있어요. (×)	→	빵을 집에서 **구우니까** 더 맛있어요. (○)
		The bread is more delicious because it was baked at home.
차가우지 않은 물 주세요. (×)	→	**차갑지** 않은 물 주세요. (○) Please give me water that is not cold.

(3) ㅅ 불규칙 용언 Irregular ㅅ

'잇다, 낫다'처럼 어간이 'ㅅ' 받침으로 끝나는 동사 중 일부가 모음으로 시작되는 어미 앞에서 받침 'ㅅ'이 탈락하는 용언이다. 대표적인 ㅅ 불규칙 용언으로는 (집을) 짓다, (병이) 낫다, (전선을) 잇다, (물을) 붓다, (카레를) 젓다, (줄을) 긋다 등이 있다.

Words like "잇다" and "낫다" are predicate verbs whose stems end with a final consonant "ㅅ" that is eliminated in front of endings that begin with a vowel. Representative irregular predicates with ㅅ include (집을) 짓다 (to build a house), (병이) 낫다 (to get well from a disease), (전선을) 잇다 (to splice wire), (물을) 붓다 (to pour water), (카레를) 젓다 (to stir curry), and (줄을) 긋다 (to draw a line).

> 부모님이 이름을 짓습니다 / 짓고 – 지어 주세요 / 지어서 / 지으니까 / 지으려고 / 지으면
>
> 약을 먹어서 병이 낫지만 / 낫다가 / 낫습니다 – 나으면 / 나았어요 / 나아도 / 나으세요

〈잘못 쓴 사례〉 Examples of incorrect writing

약을 먹어서 병이 **낳어요**. (×)	→	약을 먹어서 병이 **나았어요**. (○) My illness got better because I took medicine.

약을 먹어서 병이 **낫으면** 다시 병원에 안 가도 돼요. (×)

→ 약을 먹어서 병이 **나으면** 병원에 안 가도 돼요. (○)

If your illness gets better after taking medicine, you do not have to go to the hospital.

물을 **부서서** 불을 꺼요. (×)	→	물을 **부어서** 불을 꺼요. (○) Put out the fire by pouring water on it.
작년에 이곳에 집을 **졌어요**. (×)	→	작년에 이곳에 집을 **지었어요**. (○) Last year, a house was built here.

(4) 으 불규칙 용언 Irregular 으

'뜨다, 아프다'처럼 어간이 '–으' 모음으로 끝나는 동사나 형용사가 모음으로 시작되는 어미 앞에서 '–으' 모음이 탈락하는 용언이다. 특히 어간이 2음절 이상일 때 '–아/어'는 앞의 모음이 '–아/오'면 '–아'와 결합하고 다른 모음이면 '–어'와 결합한다. 대표적인 으 불규칙 용언 으로는 쓰다, 끄다, 크다, 뜨다, 아프다, 고프다, 슬프다, 기쁘다, 나쁘다, 예쁘다 등이 있다.

Words like "뜨다" and "아프다" are predicates whose stems end in the vowel "–으," which is eliminated in front of verbs or adjectives whose endings begin with a vowel. In particular, when a stem has 2 or more syllables, if the vowel in front is "–아/오," it combines with "–아," and if it is a different vowel, it combines with "–어." Representative irregular predicates with 으 include 쓰다 (to write), 끄다 (to turn off), 크다 (to be big), 뜨다 (to float), 아프다 (to hurt), 고프다 (to be hungry), 슬프다 (to be sad), 기쁘다 (to be joyful), 나쁘다 (to be bad), and 예쁘 다 (to be pretty).

> 메일을 쓰고 / 쓰세요 / 쓰니까 / 쓰다가 – 써요 / 써서 / 썼어요
>
> 머리가 아프고 / 아프지만 / 아픕니다 – 아파요 / 아파서 / 아팠어요
>
> 영화가 슬프고 / 슬프지만 / 슬픕니다 – 슬퍼요 / 슬퍼서 / 슬펐어요

〈잘못 쓴 사례〉 Examples of incorrect writing

메일을 **씄어요**. (×)	→	메일을 **썼어요**. (○) I wrote an email.
메일을 **써면** 한번 보여 주세요. (×)	→	메일을 **쓰면** 한번 보여 주세요. (○)
		If you write an email, please show it to me once.

메일을 **써다가** 지웠어요. (×) → 메일을 **쓰다가** 지웠어요. (○) I erased the email after writing it.

머리가 **아퍼요**. (×) → 머리가 **아파요**. (○) My head hurts.

머리가 **아퍼서** 약을 먹었어요. (×) → 머리가 **아파서** 약을 먹었어요. (○) My head hurts, so I took some medicine.

영화가 **슬퍼니까** 손수건을 준비하세요. (×) → 영화가 **슬프니까** 손수건을 준비하세요. (○)
The movie is sad, so prepare a handkerchief.

영화가 그렇게 **슬파요**? (×) → 영화가 그렇게 **슬퍼요**? (○) Is the movie that sad?

(5) **르 불규칙 용언** Irregular 르

'흐르다, 부르다'처럼 '르'로 끝나는 동사나 형용사가 모음으로 시작되는 어미 앞에서 '-으' 모음이 탈락하는 용언이다. '르' 앞의 모음이 '-아/오'면 '-아'와 결합하고 다른 모음이면 '-어'와 결합하면서 'ㄹ'이 첨가되어 '-ㄹ라/ㄹ러'로 바뀐다. 대표적인 르 불규칙 용언으로는 모르다, 고르다, 오르다, 다르다, 부르다, 누르다, 서두르다 등이 있다.

Words like "흐르다" and "부르다" are predicates that end with "르" that eliminate the vowel "-으" in front of verb or adjective endings that start with vowels. If the vowel in front of "르" is "-아/오," it combines with "-아," and if it is a different vowel, it combines with "-어," so when "ㄹ" is added, it changes to "-ㄹ라/ㄹ러." Representative irregular predicates with 르 include 모르다 (to not know), 고르다 (to choose), 오르다 (to go up), 다르다 (to be different), 부르다 (to call out), 누르다 (to press), and 서두르다 (to hurry).

EX 그 사람 이름을 모르고 / 모르지만 / 모르는 – 몰라요 / 몰라서 / 몰라도 / 몰랐어요

빨리 서두르니까 / 서두르면 / 서두르다가 / 서두릅니다 – 서둘러요 / 서둘러도 / 서둘렀어요

〈잘못 쓴 사례〉 Examples of incorrect writing

그 사람 이름을 **몰아요**. (×) → 그 사람 이름을 **몰라요**. (○) I do not know that person's name.

잘 **몰으면** 물어보세요. (×) → 잘 **모르면** 물어보세요. (○) If you do not know, please ask.

사실 잘 **몰르고** 그냥 대답했어요. (×) → 사실 잘 **모르고** 그냥 대답했어요. (○)
I did not really know the truth and just answered.

이 부분은 저도 **몰라니까** 다시 확인할게요. (×) → 이 부분은 저도 **모르니까** 다시 확인할게요. (○)
I don't know this part either, so I will check it again.

그는 노래를 **불르지** 않아요. (×) → 그는 노래를 **부르지** 않아요. (○) That person does not sing.

노래방에서 노래를 **불러다가** 춤도 췄어요. (×) → 노래방에서 노래를 **부르다가** 춤도 췄어요. (○)
I danced after singing in the karaoke room.

누가 이름을 **불어서** 쳐다봤어요. (×) → 누가 이름을 **불러서** 쳐다봤어요. (○)
Someone called my name, so I looked around.

아무리 **부러도** 절 쳐다보지 않더라고요. (×) → 아무리 **불러도** 절 쳐다보지 않더라고요. (○)
No matter how much I call them, they don't look at me.

(6) **ㅎ 불규칙 용언** Irregular ㅎ

'ㅎ'으로 끝나는 형용사 중 일부 뒤에 모음 '-아/어-'로 시작하는 표현이 오면 'ㅎ'이 탈락한 후 '이'가 더해져서 '-애/얘-'로 바뀐다. 그리고 모음 '-으-'로 시작하는 표현이 오면 'ㅎ'이 탈락된다. 대표적인 ㅎ 불규칙 용언으로는 노랗다, 빨갛다, 파랗다, 까맣다, 하얗다, 이렇다, 저렇다, 그렇다, 어떻다 등이 있다

If an expression starting with the vowels "-아/어-" comes after some adjectives ending with "ㅎ," "이" is added after "ㅎ" is omitted and changes to "-애/얘-." If an expression starting with the vowel "-으-" comes after, "ㅎ" will be omitted. Representative irregular predicates with ㅎ include 노랗다 (to be yellow), 빨갛다 (to be red), 파랗다 (to be blue), 까맣다 (to be black), 하얗다 (to be white), 이렇다 (to be like this), 저렇다 (to be like that), 그렇다 (to be as such), and 어떻다 (how).

ⓔ 바나나가 노랗고 / 노랗습니다 – 노라면 / 노라니까 / 노란 – 노래요 / 노래서 / 노랬어요

음식도 그렇지만 / 그렇고 / 그렇다고 – 그러니까 / 그러세요 / 그러려고 – 그래요 / 그래서 / 그랬어요

〈잘못 쓴 사례〉 Examples of incorrect writing

사과가 겉은 **빨가치만** 속은 연주황색이에요. (×)   →   사과가 겉은 **빨갛지만** 속은 연주황색이에요. (○)
                              The outside of the apple is red, but the inside is yellow.

얼굴이 **빨게서** 더운 줄 알았어요. (×)   →   얼굴이 **빨개서** 더운 줄 알았어요. (○)
                              Your face is red, so I thought you were hot.

상처 부위기 **빨개니까** 빨리 병원에 가보세요. (×)   →   상처 부위기 **빨가니까** 빨리 병원에 가보세요. (○)
                              The area around the wound is red, so go to the hospital quickly.

날씨가 **어떄요**? (×)   →   날씨가 **어때요**? (○) How is the weather?

어뜬 사람을 좋아해요? (×)   →   **어떤** 사람을 좋아해요? (○) What kind of person do you like?

(7) ㄹ 불규칙 용언 Irregular ㄹ

'살다, 길다'처럼 어간이 'ㄹ' 받침으로 끝나는 모든 동사나 형용사가 'ㄴ, ㅂ, ㅅ, 오'로 시작되는 어미 앞에서 'ㄹ'이 탈락되는 용언을 말한다. 그리고 매개 모음 '-으'와 결합하지 않는다. 대표적인 용언으로는 알다, 살다, 놀다, 멀다, 길다, 둥글다, 만들다, 열다, 들다, 밀다, 불다, 날다, 썰다, 질다, 풀다 등이 있다.

Words like "살다" and "길다" are predicates whose stems end with a final consonant "ㄹ" that is eliminated in front of all verbs and adjectives whose endings start with "ㄴ, ㅂ, ㅅ, 오." It does not combine with the binding vowel "-으." Representative predicates are 알다 (to know), 살다 (to live), 놀다 (to play), 멀다 (to be far), 길다 (to be long), 둥글다 (to be round), 만들다 (to make), 열다 (to open), 들다 (to enter, to hold), 밀다 (to push), 불다 (to blow), 날다 (to fly), 썰다 (to slice), 질다 (to be watery), and 풀다 (to release, to solve).

ⓔ 잘 알아요 / 알았어요 / 알면 / 알려고 – 아니까 / 압니다 / 아세요

넥타이를 풀었어요 / 풀어서 / 풀면 / 풀려고 – 푸세요 / 푸는 / 풉니다

〈잘못 쓴 사례〉 Examples of incorrect writing

하늘을 **나르는** / **날으는** 비행기 (×)   →   하늘을 **나는** 비행기 (○) a plane flying in the sky

빵을 **만들으고** 싶어요. (×)   →   빵을 **만들고** 싶어요. (○) I want to make bread.

친구하고 **놀으니까** 기분이 좋아요. (×)   →   친구하고 **노니까** 기분이 좋아요. (○)
                              I am in a good mood because I am playing with my friend.

바람 **불으는** 날 (×)   →   바람 **부는** 날 (○) a windy day

문을 바깥으로 **미르세요** / **밀으세요**. (×)   →   문을 바깥으로 **미세요**. (○) Push the door out.

7 바른 연결 어미 사용법
Correct usage of connective endings

두 개 이상의 문장을 연결해서 쓸 때 앞의 문장과 뒤의 문장의 연결이 올바르지 않으면 글을 읽는 사람이 내용을 이해하기 어렵고 글의 내용을 오해할 수 있다. 그런 실수를 줄이기 위해 정확한 연결 어미 사용법을 알아야 한다.

When connecting two or more sentences in writing, if the connection between the preceding and following sentences is not correct, it is difficult for the reader to understand the content, and the reader may misunderstand the text. In order to minimize that kind of mistake, you must know exactly how to use connective endings.

(1) 이유를 나타내는 연결 어미 Connective endings that show a reason

① **이유를 나타내는 연결 어미 '–니까'는 뒤 문장으로 청유형이나 명령형이 오는 것이 자연스럽다.**
For the connective ending "–니까," which shows a reason, it is natural for the propositive or imperative form to come in the sentence that follows.

> **EX** 비가 **오니까** 집에서 쉬자. Since it's raining, let's rest at home.
>
> 너무 **머니까** 걷지 말고 택시를 타세요. Since it's far, take a taxi instead of walking.

② **'–아/어/여서'는 앞의 문장에 항상 현재 시제를 써야 한다.**
For "–아/어/여서," the preceding sentence must always be written in the present tense.

> **EX** 어제 친구를 **만났어서** 기분이 좋았다. (×)
> → 어제 친구를 **만나서** 기분이 좋았다. (○) I met my friend yesterday, so I was in a good mood.
>
> 내일 시험이 **있겠어서** 공부해야 한다. (×)
> → 내일 시험이 **있어서** 공부해야 한다. (○) There is an exam tomorrow, so I have to study.
>
> 예전에 여기에 나무가 **없었어서** 우리가 나무를 심었다. (×)
> → 예전에 여기에 나무가 **없어서** 우리가 나무를 심었다. (○) There were no trees here in the past, so we planted a tree.

③ **'–므로'는 이야기의 논리적 귀결의 이유를 말할 때 사용한다. 일반 대화의 표현으로는 거의 사용하지 않는다.**
"–므로" is used when saying the reason for a logical consequence of a story. It is almost never used in expressions of general conversation.

> **EX** 진범이 **잡혔으므로** 잘못 벌을 받은 사람은 석방해야 한다.
> The true criminal was caught, so the person who was wrongly punished must be released.
>
> 모든 결과가 일치했다. **그러므로** 이것은 명백한 사실이다.
> All of the results matched. Therefore, this is an obvious fact.
>
> 이 학생은 우수한 성적을 **받았으므로** 이 상장을 드립니다.
> This student has received excellent grades, so we are giving her this certificate of merit.
>
> 돈이 **없으므로** 은행에서 돈을 찾았다. (×)
> → 돈이 **없어서** 은행에서 돈을 찾았다. (○) I did not have any money, so I went to get some money at the bank.

④ **'명사 + 이기 때문에'와 '명사 + 때문에'는 의미가 다르다. '명사 + 이기 때문에'는 그 명사라는 사실이 이유가 되는 것이고, '명사 + 때문에'는 그 명사가 뒤의 행동을 하게 되는 원인이 된다는 의미다.**
"Noun + 이기 때문에" and "noun + 때문에" have different meanings. "Noun + 이기 때문에" means the fact of that noun becomes a reason, and for "noun + 때문에," that noun becomes the cause for an action that follows it.

ex 오늘이 **일요일 때문에** 회사에 안 간다. (×)

　→ 오늘이 **일요일이기 때문에** 회사에 안 간다. (○) Today is Sunday, so I do not go to the office.

비이기 때문에 오늘 경기를 취소했다. (×)

　→ **비 때문에** 오늘 경기를 취소했다. (○) The game was canceled today due to the rain.

(2) '위하다'의 사용법 Usage of "위하다"

① '−기 위하다'나 '명사 + 을/를 위하다'의 형태로 사용하는데 일반적인 이유보다는 물건이나 사람을 이롭게 하거나 돕거나 소중하게 여긴다는 의미로 쓴다. 또는 어떤 목적을 이룬다는 의미로 써야 한다.

This is used in the form of "−기 위하다" or "noun + 을/를 위하다," and more than providing a general reason, it means to benefit, to help, or to regard a person or item as precious. It should otherwise be used with the meaning of accomplishing some kind of purpose.

ex 아이들을 위해서 열심히 일하는 부모 parents working hard for the sake of their children

아픈 개를 위해서 따뜻한 이불을 덮어 주었다. I spread out a warm blanket for the sick dog.

시험에 합격하기 위해서 공부하는 학생들이 많다. There are many students studying in order to pass the test.

② '−기 위해서 + 동사'와 '−기 위한 + 명사'의 형태로 써야 한다.

This should be written in the form of "−기 위해서 + verb" and "−기 위한 + noun."

ex 살을 빼기 **위한** 매일 5km를 뛰어요. (×)　　→　살을 빼기 **위해서** 매일 5km를 뛰어요. (○)
　　　　　　　　　　　　　　　　　　　　　　　　　I run 5km every day in order to lose weight.

아이들을 **위해서** 책이에요. (×)　　→　아이들을 **위한** 책이에요. (○) This is a book for children.

(3) '동사 + −(으)러' "Verb + −(으)러"

뒤에 이어지는 '가다/오다'의 목적을 나타내는 말이라서 '명사 + (으)로'로 표현하는 조사 '로'와 혼동해서는 안 된다.

This is a phrase that shows the purpose for what follows (coming or going), so you should not confuse it with the particle "로" expressed in "noun + (으)로."

ex 사진을 **찾으로** 왔어요. (×)　　→　사진을 **찾으러** 왔어요. (○) I came to find my pictures.

퇴근 후에 **집으러** 가요. (×)　　→　퇴근 후에 **집으로** 가요. (○) After leaving work, I go home.

숟가락으러 먹어야 해요. (×)　　→　**숟가락으로** 먹어야 해요. (○) You should eat with a spoon.

(4) 용언을 명사화하는 '동사 + −기'와 '동사 + −는 것'의 사용은 다르다.

The uses of the nominalizing predicate "verb + 기" and "verb + −는 것" are different.

'동사 + −기'는 그 행위에 초점을 둔다면 '동사 + −는 것'은 그 행동을 하는 사실이나 그 내용을 더 강조해서 의미가 다르다.

"Verb + −기" places the focus on the action while "verb + −는 것" emphasizes the fact of that action or its content, so their meanings are different.

ex 게는 껍질이 있어서 먹기 어렵지만 자주 먹는 것이 좋다.

Crabs are difficult to eat because they have shells, but it is good to eat them frequently.

질문을 크게 쓰면 알기 쉽지만 공부를 안 해서 아는 것이 별로 없어요.

It is easy to know if you write a lot of questions, but I do not know much because I do not study.

입기 불편한 옷은 안 입는 것이 몸에 좋아요.

It is good for your body not to wear clothes that are uncomfortable.

(5) –는데

뒤 절에서 어떤 일을 설명하거나 묻거나 시키거나 제안하기 위하여 그 대상과 상관되는 상황을 미리 말할 때에 쓰는 연결 어미이다. 여러 가지 의미로 사용하는데 앞 문장이 뒤 문장의 이유가 될 때는 뒤 문장이 명령문이나 권유하는 문장이 되는 게 자연스럽다. ('–니까'와 비슷한 역할을 한다.) 이런 경우 뒤 문장이 설명문이나 의문문이 되면 어색한 문장이 되므로 주의해야 한다.

This is a connective ending used to describe an object or related situation in advance in order to suggest, order, ask, or explain something in the clause that follows. It is used used with several different meanings, but when the preceding sentence becomes the reason for the sentence that follows, it is natural for the following sentence to be an imperative or suggestion. (It plays a similar role to "–니까.")
In these cases, if the sentence that follows is an explanation or a doubt/question, the sentence becomes awkward, so you should be careful.

> **Ex** 비가 오는데 우산을 **샀어요**. (×)
>   → 비가 오는데 우산을 **삽시다/사십시오**. (○) It is raining, so let's buy an umbrella.
>
> 오늘 일요일인데 집에서 **쉬어요**. (×)
>   → 오늘 일요일인데 집에서 **쉽시다/쉴까요**? (○) Today is Sunday, so let's rest at home / shall we rest at home?

(6) –니(까)

일반적으로 '–니까'는 이유를 나타내는 표현으로 많이 사용되지만, 앞의 행동을 한 순간에 새로운 사실을 알거나 발견하게 된 것을 나타내는 의미도 있다. 이것을 '–면'으로 쓰지 않도록 주의하자.

Generally, "–니까" is often used as an expression showing a reason, but it also has the meaning of coming to know a new fact or discovering something in the moment of the action that precedes it. Let's be careful not to use it as "–면."

> **Ex** 뒤를 **돌아보면** 사장님이 계셨어요. (×)
>   → 뒤를 **돌아보니까** 사장님이 계셨어요. (○) I looked behind me and saw that the boss was there.

8 '되'와 '돼'의 구분법
Method of distinguishing "되" and "돼"

한국어의 문장에서 '되다'라는 단어를 많이 사용하는데 어간 '되'와 연결되는 어미에 따라 '되'와 '되어'의 축약형인 '돼' 두 가지로 쓴다. 이 두 가지 맞춤법이 혼동되어 실수가 많기 때문에 정확한 용법을 알아야 한다.

In Korean, the word "되다" is often used in sentences, but it is written in 2 ways depending on the ending that connects to the stem "되": these are "되" and "돼," which is a contraction of "되어." There are many errors confusing the spelling of these two, so you must know the exact way to use them.

(1) '되다'가 기본형인데, 어간 '되'에 '–어', '–고', '–니까', '–는데' 등과 같은 어미가 붙어서 '되어', '되고', '되니까', '되는데' 등으로 말한다. 그런데 '되'에 '–어'가 붙어서 사용하는 '되어', '되었어요', '되어라', '되어도' 등은 '되어'를 '돼'로 축약해서 '돼', '됐어요', '돼라', '돼도' 등으로 쓸 수 있다. 하지만 '되'에 직접 연결된 '–고', '–니까' 등은 '돼고', '돼니까'처럼 사용할 수 없으니 주의한다.

"되다" is the basic form, and by attaching endings such as "–어," "–고," "–니까," "–는데," etc. to the stem "되," it is used as "되어," "되고," "되니까," "되는데," etc. However, when attaching "–어" to "되" to use "되어," "되었어요," "되어라," "되어도," etc, "되어" can be contracted as "돼" and used as "돼," "됐어요," "돼라," "돼도," etc. But you cannot directly connect "되" with "–고," "–니까," etc. and use it as "돼고" or "돼니까," so you must be careful.

> **Ex** 집에 가도 **되**? (×) → 집에 가도 **돼**? (○) Can I go home?
>
> 빵이 **돼다가** 말았어요. (×) → 빵이 **되다가** 말았어요. (○) The bread was ruined.
>
> 12시가 **돼니까** 비가 오더군요. (×) → 12시가 **되니까** 비가 오더군요. (○) I see it is raining now that it is 12:00.

(2) 그런데 이렇게 설명해도 너무 어려우면 확실하게 구별하는 한 가지 방법을 기억하는 것이 좋다. '되다'라는 말과 '–하다'라는 말의 활용이 같기 때문에 '되어 → 돼'로 활용하는 것은 '하다 + 여 → 해'로 활용되는 경우와 동일한 방법을 사용한다. 그리고 '되'를 활용하는 상황과 '하'를 활용하는 상황이 일치한다. 그러므로 '돼'를 사용해야 하는지 '되'를 사용해야 하는지 잘 모를 때, 그 자리에 '해'와 '하'를 대신 넣어 보자. 만약 '해'를 넣는 것이 자연스럽다면 '돼'를 쓰고, '하'를 넣는 것이 자연스럽다면 '되'를 쓰면 된다.

However, if it is still too difficult even after this explanation, it is good to remember one method of clearly distinguishing them. The application of "되다" and "–하다" is the same, so the same method is used when applying "되어 → 돼" and when applying "하다 + 여 → 해." Additionally, situations utilizing "되" and situations utilizing "하" coincide. Therefore, when you don't know whether you should use "돼" or "되," try putting "해" and "하" in that position instead. If it is natural to put "해," use "돼," and if it is natural to put "하," use "되."

Ex 빨리 어른이 **(되/돼)**고 싶어요?

→ 빨리 어른이 **되고** 싶어요? Do you want to quickly become an adult?

하고 싶어요? (○) 해고 싶어요? (×)

부자가 **(됬/됐)**지만 아직도 회사에 다녀요.

→ 부자가 **됐지만** 아직도 회사에 다녀요. She became wealthy but still works at a company.

했지만 (○) 핬지만 (×)

* 아래 글을 보고 다시 한번 활용하는 방법을 익혀 보자.

Let's look at the text below and familiarize ourselves again with the application method.

다음 달에 생일인데, 생일 후에 20살이 **돼요**. 어릴 때는 빨리 어른이 **되고** 싶었는데, 막상 어른이 **된다고** 생각하니까

(해요) (하고) (한다고)

걱정이 많네요. 어른이 **되면** 자기의 문제는 자기가 알아서 해야 **되잖아요**. 그런데 20살이 **돼도** 저는 계속 학생이라서

(하면) (하잖아요.) (해도)

공부해야 **돼서** 독립적인 생활을 하는 사람이 **될** 수 없어요. 앞으로 4년 후에나 정말 어른다운

(해서) (할)

어른이 **될** 테니까 그 때까지는 조금 어린 사람처럼 행동해도 **되겠지요?**

(할 테니까) (하겠지요?)

Next month is my birthday, and after my birthday, I will be 20 years old. When I was young, I wanted to quickly become an adult, but when I think about becoming an adult in reality, I have a lot of concerns. When I become an adult, I have to resolve my problems by myself. But even when I turn 20, I will still be a student, so I have to study, and I therefore cannot become a person who lives an independent lifestyle. After 4 years or so, I will become a truly grown-up adult, so until then, I can behave like a young person, right?

9 바른 종결 어미 사용법
Correct usage of final endings

토픽 쓰기 문제에서 출제되는 설명문이나 논설문의 경우에 특정 주제 및 대상에 대한 설명 또는 자신의 생각을 주장하는 글이기 때문에 읽는 사람이 불특정 다수가 된다. 그런 경우는 대화로 말하는 형태나 또는 듣는 사람에 대한 존대, 하대를 의식하지 않고 사실 자체만 전달해야 한다. 그러므로 문장의 끝은 중립적이고 건조한 종결 어미로 마무리해야 한다. 그런 종결 어미를 정리하면 다음과 같다.

Explanatory texts or editorials in TOPIK writing questions are texts that explain a particular subject and target or assert a person's thoughts, so the reader becomes the unspecified majority. In such cases, you must convey a fact itself without noticing the form in which the conversation is being held or the honorific or informal form as related to the listener. Therefore, the end of the sentence should be completed with a neutral and dry ending. Those types of final endings are organized as follows.

		시제 Tense	긍정 Affirmative	예문 Example sentence	부정 Negative	예문 Example sentence
서술문 Declarative sentence	명사 Noun	현재 Present	이다/다	중요한 사실이다. / 열심히 노력한 결과다. It is an important fact. / It is a result for which I worked hard.	이/가 아니다	중요한 사실이 아니다. / 열심히 노력한 결과가 아니다. It is not an important fact. / It is not a result for which I worked hard.
		과거 Past	이었다/였다	큰 걱정이었다. / 즐거운 취미였다. It was a great concern. / It was an enjoyable hobby.	이/가 아니었다	큰 걱정이 아니었다. / 즐거운 취미가 아니었다. It was not a great concern. / It was not an enjoyable hobby.
		미래/추측 Future/ Guess	이겠다(일 것이다) / 겠다(일 것이다)	지금 미국은 밤이겠다. (밤일 것이다.) / 좋은 뉴스겠다. (뉴스일 것이다.) Right now, it must be nighttime in America. / It must be good news.	이/가 아니겠다 (아닐 것이다)	지금 미국은 밤이 아니겠다. (아닐 것이다.) / 좋은 뉴스가 아니겠다. (아닐 것이다.) Right now, it must not be nighttime in America. / It must not be good news.
	형용사 Adjective	현재 Present	–다	새로운 기술이 필요하다. / 환경을 바꿔 보는 것도 좋다. New technology is needed. / Changing the environment is also good.	안 –다 –지 않다	새로운 기술이 안 필요하다. (필요하지 않다.) / 환경을 바꿔보는 것이 안 좋다. (좋지 않다.) New technology is not needed. / Changing the environment is not good.
		과거 Past	–았/었/였다	종이가 얇았다. / 지진의 피해가 컸다. / 관계가 복잡했다. The paper was thin. / The damage from the earthquake was great. / The relationship was complicated.	안 –았/었/였다 –지 않았다	종이가 안 얇았다. (얇지 않았다.) / 지진의 피해가 안 컸다. (크지 않았다.) / 관계가 안 복잡했다. (복잡하지 않았다.) The paper was not thin. / The damage from the earthquake was not great. / The relationship was not complicated.
		미래/추측 Future/ Guess	–겠다 (–(으)ㄹ 것이다)	선물을 받으면 기쁘겠다. (기쁠 것이다.) If he receives a gift, he will be happy.	안 –겠다 (안 –(으)ㄹ 것이다) –지 않겠다 (않을 것이다)	선물을 받으면 안 기쁘겠다. (안 기쁠 것이다.) (기쁘지 않겠다.) (기쁘지 않을 것이다.) If he receives a gift, he will not be happy.
	동사 Verb	현재 Present	–ㄴ다 / 는다	식물도 숨을 쉰다. / 가끔은 곤충도 잡는다. Plants also breathe. / Sometimes I catch insects, too.	안 –ㄴ다 / 는다 –지 않는다	식물도 숨을 안 쉰다. (쉬지 않는다.) / 곤충을 안 잡는다. (잡지 않는다.) Plants do not breathe. / I do not catch insects. * 단, 명사에 ‘–하다’가 붙은 동사는 ‘–하다’ 앞에 ‘안’이 들어간다. However, for verbs that attach "–하다" to a noun, "안" goes in front of "–하다." 신고 안 한다 (O) / 안 신고 한다 (X) / 신고하지 않는다 (O)

서술문 Declarative sentence	동사 Verb	과거 Past	−았/었/였다	두 대통령이 만났다. / 두 사람은 같이 사진을 찍었다. The two presidents met. / Two people took a picture together.	안 −았/었/였다 −지 않았다	두 대통령이 안 만났다. (만나지 않았다.) / 두 사람은 사진을 안 찍었다. (찍지 않았다.) The two presidents did not meet. / The two people did not take a picture.
		미래/추측 Future/ Guess	−겠다 (−(을)것이다)	그 사람이 포기하겠다. (포기할 것이다.) It seems like that person will give up.	안 −겠다(안 −(으) ㄹ 것이다) −지 않겠다 (않을 것이다)	그 사람이 포기 안 하겠다. (포기 안 할 것이다.) (포기하지 않겠다.) (포기하지 않을 것이다.) It seems like that person will not give up.
의문형 Interrogative			N + −(이)ㄴ가? A + −(은)가? V + −나? Past + −았/었/였나?	이것은 진실인가? Is this true? 결과보다 과정이 중요한가? Is the process more important than the result? 유행은 반복되나? Do trends repeat? 그동안 우리는 최선을 다했나? Did we do everything we could during that time?	N + 이/가 아닌 가? A + −지 않은가? V + −지 않나? Past + −지 않았 나?	이것은 진실이 아닌가? Isn't this true? 결과보다 과정이 중요하지 않은가? Isn't the result more important than the process? 왜 사실을 밝히지 않나? Why wasn't the truth revealed? 부작용을 왜 말하지 않았나? Why didn't you tell me the side effects?
청유형 Propositive			V + −자	오늘의 승리를 기억하자. Let's remember today's victory.	V + −지 말자	오늘의 부끄러움을 잊지 말자. Let's forget about today's shamefulness.
명령형 Imperative			V + −(으)라	마지막까지 힘을 내라. Have strength until the end.	V + −지 말라	중도에 포기하지 말라. Don't give up in the middle.

〈예문 Example〉

지하철 문이 닫힐 때 재빨리 뛰어서 타는 사람들이 **있다**. 지하철로 출퇴근하는 사람이라면 모두 **안다**. 이 순간의 선택이 출근 시간을 최소한 '10분' 늦게 만든다는 것을 **말이다**. 환승 횟수가 늘어날수록 이 시간은 더 **늘어난다**. 오늘 아침에도 10분 더 자고 싶어서 아침밥도 **안 먹었다**. 그렇게 얻은 귀한 시간을 지하철을 기다리는 데 허비할 수는 **없다**. 그래서 뛰는 **거다**. 지하철에 이미 탄 사람들을 보면 조금 미안하고 **창피하다**. 하지만 지각보다는 창피한 것을 선택하는 게 더 **낮지 않은가**?

There are people who rush quickly to get on while the subway doors are closing. Anyone who commutes on the subway **knows** this. The choice made in this moment makes the time you get to work at least 10 minutes later. As the number of transfers **increases**, this time increases. Even this morning, I wanted to sleep for 10 more minutes, so I **did not** even **eat breakfast**. **I cannot** waste my valuable time waiting for the subway. Therefore, I run. When I see the people who have already gotten on the subway, I feel a little sorry and **embarrassed**. But **isn't it better** to choose being embarrassed over being late?

10 꼭 알아야 하는 맞춤법
Spelling you absolutely must know

쓰기에서는 맞춤법이 중요한데 단순히 맞춤법을 외워야 하는 것도 있지만 일정한 규칙을 몰라 계속 같은 실수를 하는 경우도 있다. 정확한 글을 쓰기 위해 맞춤법의 일정한 규칙을 알아두어야 한다.

Spelling is important in writing, and sometimes you simply have to memorize spelling, but there are also cases of not knowing certain rules and continuously making the same mistakes. In order to write precise texts, you must know certain rules of spelling.

(1) 명사나 동사의 받침을 찾는 방법 The method of finding the final consonant of a noun or verb

'명사 + 이/가 조사'로 연결해서 쓸 때 '이'와 연결되는 명사는 마지막 글자에 받침이 있다. 그리고 그 받침이 '이'와 연음되어 소리가 난다. 따라서 그 소리가 그대로 앞 명사의 받침이 된다.

When connecting "noun + particle 이/가" to the connecting noun, there is a final consonant in the last character of the noun. That final consonant is prolonged with "이" to make a sound. Accordingly, that sound becomes the preceding noun's final consonant.

> **Ex** [지비] 멀다. → **집이** 멀다. The house is far. (집 + 이)
>
> [갑씨] 싸다. → **값이** 싸다. The price is inexpensive. (값 + 이)

① 동사나 형용사는 '어간 + 고'로 말하면 받침이 있는지 없는지 알 수 있다.

For verbs or adjectives, if you say "stem + 고," you can know whether there is a final consonant or not.

> **Ex** 해가 [지고] 있다. → 해가 지고 있다. The sun is setting. (받침 ×)
>
> 개가 [짇꼬] 있다. → 개가 짖고 있다. The dog is barking. (받침 ○)

② 그 후에 '어간 + −아/어/여'로 연결해서 말하면 받침 있는 단어의 정확한 받침을 찾을 수 있다.

After that, if you connect "stem + −아/어/여" and say it, you can find the exact final consonant of words that have final consonants.

> **Ex** 밥을 [머거요]. → 밥을 **먹어요**. Eat a meal. (먹 + 어요)
>
> 의자에 [안자요]. → 의자에 **앉아요**. Sit in the chair. (앉 + 아요)
>
> 개가 [지저요]. → 개가 **짖어요**. The dog barks. (짖 + 어요)

③ '어간 + 고'로 말할 때 '코'로 발음되면 그 단어는 받침에 'ㅎ'이 있다.

When saying "stem + 고," if it is pronounced "코," that word has the final consonant "ㅎ."

> **Ex** 날씨가 [조코] 기온도 높다. → 날씨가 **좋고** 기온도 높다. The weather is good and the temperature is high. (좋 + 고)
>
> 공부가 [실코] 힘들다. → 공부가 **싫고** 힘들다. I hate studying, and it is difficult. (실 + ㅎ + 고 → 싫고)

(2) 피동이나 사동을 나타내는 접미사 '이, 히'가 결합된 단어의 맞춤법

Spelling of words with suffixes showing passivity or causation combined with "이" or "히"

> **Ex** 바람 때문에 문이 [다쳤어요]. → 닫 + 히 + 었어요 → 바람 때문에 문이 **닫혔어요**. The door closed because of the wind.
>
> 쥐가 고양이한테 [자피면] 큰일나요. → 잡 + 히 + 면
>
> → 쥐가 고양이한데 **잡히면** 큰일나요. There will be trouble if the mouse is caught by the cat.
>
> 이름표를 가방에 [부치세요]. → 붙 + 이 + 세요 → 이름표를 가방에 **붙이세요**. Attach your name tag to your bag.
>
> 아이를 뒷자리에 [안치고] 오세요. → 앉 + 히 + 고
>
> → 아이를 뒷자리에 **앉히고** 오세요. Put your child in the backseat and come.

(3) ㄷ, ㅌ 받침이 '이' 모음과 만나면 [지, 치]로 들리지만 맞춤법은 바뀌지 않는다.
If the final consonants ㄷ and ㅌ meet with the vowel "이," they sound like [지, 치], but their spelling does not change.

> **Ex** 아침 일찍 [해도지]를 보고 싶다. → 해돋 + 이
> → 아침 일찍 해돋이를 보고 싶다. I want to see the sunrise early in the morning.
> 친구와 [가치] 살아요. → 같 + 이 → 친구와 같이 살아요. I live together with my friend.

(4) 관형형 '–(으)ㄹ + 명사'나 의존 명사는 뒤의 명사가 겹자음(특히 ㄲ)으로 들리지만 단자음으로 써야 한다.
For the modifier "–(으)ㄹ + noun" or dependent nouns, the noun that follows sounds like it begins with a double consonant (especially ㄲ), but it must be written as a single consonant.

> **Ex** 저는 모두 할 [쑤] 있어요. → 저는 모두 할 수 있어요. I can do everything.
> 여기에 앉을 [꺼]예요. → 여기에 앉을 거예요. I will sit here.

다만, 그 의미가 의문의 뜻을 가지고 있을 때는 겹자음으로 쓴다.
However, when it carries the meaning of doubt, it is written as a double consonant.

> **Ex** 내일 정말 비가 올까? Is it really going to rain tomorrow?
> 이 문제를 어떻게 할꼬? How should I solve this problem?

(5) 'ㄴ' 받침과 'ㄹ'로 시작되는 단어의 발음은 [ㄹ + ㄹ]로 하지만 'ㄴ + ㄹ'로 쓴다.
Words featuring a final consonant "ㄴ" followed by a character that starts with "ㄹ" are pronounced [ㄹ + ㄹ] but written "ㄴ + ㄹ."

> **Ex** 내일 [열락]해요. → 내일 연락해요. Contact me tomorrow.
> 졸업 후의 [질로] 문제 → 졸업 후의 진로 문제 the problem regarding a career after graduating
> 그 회사를 [실뢰]해요. → 그 회사를 신뢰해요. I trust that company.

(6) '에'와 '애'의 사용법 Usage of "에" and "애"

① '애'는 일반 단어에서 쓰고 '에'는 조사로 쓴다.
"애" is used in general words, and "에" is used as a particle.

> **Ex** 애들이 놀아요. 애국심, 애정 영화 The children play. / patriotism, romantic movie
> 집에 가요. 친구에게 받았어요. I go home. / I received it from a friend.

② '에'는 외래어 표기에 많이 쓴다.
"에" is often used in loanwords.

> **Ex** 에필로그 (epilogue), 에너지 (energy)

(7) 관형격 조사 '의'는 [에]로 발음하지만 '의'로 쓴다.
The genitive case marker "의" is pronounced [에] but written "의."

> **Ex** 친구[에] 가방 → 친구의 가방 a friend's bag
>
> 일본[에] 역사 → 일본의 역사 Japan's history

(8) 데/대의 사용법 Usage of 데/대

① '대'는 일반 단어로 쓰고 문법적인 기능을 하는 것은 '데'를 많이 쓴다.
"대" is used in general words, and "데" is often used in grammatical functions.

> **Ex** 대학생, 대기업, 조선 시대, 1900년대, 30대 직장인
>
> university student, large corporation, Joseon Dynasty, 1990s, employee in his 30s
>
> • 연결 어미 −는데 connective ending −는데
>
> 비가 오는데, 어제 영화를 봤는데, 정말 맛있는데요. It's raining, / I saw a movie yesterday, / It's really delicious.
>
> • 장소를 나타내는 의존 명사 dependent noun indicating a place/location:
>
> 가까운 데로 갑시다. 갈 데가 없어요. 아픈 데가 어디예요?
>
> Let's go somewhere nearby. / There is nowhere to go. / Where does it hurt?

② 다른 사람이 말한 것을 인용할 때 축약한 표현은 '대'가 되어 문법적인 기능으로 사용한다.
When quoting something that a different person said, the contracted expression "대" is used as a grammatical function.

> **Ex** 엄마가 머리가 아프다고 해요. → 엄마가 머리가 아프대요. Mom says that her head hurts.
>
> 할아버지가 이 책을 썼다고 해요. → 할아버지가 이 책을 썼대요. Grandfather said that he wrote this book.

(9) '게'와 '개'의 사용법 Usage of "게" and "개"

① '개'는 일반 단어로 쓰고 문법적인 기능을 하는 것은 '게'를 많이 쓴다.
"개" is used in general words, and "게" is often used in grammatical functions.

> **Ex** 개학, 개업, 개막식, 무지개, 안개, 병마개 beginning of school, opening, opening ceremony, rainbow, fog, stopper/cork

② '게'는 용언을 부사로 만드는 부사형 어미다.
"게" is an adverbial ending that makes a predicate out of an adverb.

> **Ex** 옷을 따뜻하게 입어요. 맵게 해 주세요. 가족들이 알게 되면 안 돼요.
>
> Dress warmly./Please make it spicy./My family cannot find out.

③ 의존 명사 '것 + 이'가 '게'로 축약되어 사용한다.
Dependent nouns contract "것 + 이" into "게."

> **Ex** 예쁜 게 많네요. 어제 배운 게 뭐예요? 이게 그림이군요.
>
> There are a lot of pretty things. / What did you learn yesterday? / This is a picture.

(10) 한자 숫자와 외국 단위 사용 Usage of Sino-Korean numerals with foreign units

외국에서 유래된 단위 명사를 사용할 때는 한자 숫자와 써야 한다.

When using unit nouns derived from foreign countries, you must write them with Sino-Korean numerals.

> **Ex** 다섯 km (×) → 오 킬로미터, 5km
>
> 여덟 giga (×) → 팔 기가, 8 giga

수험번호

| 0 | 1 | 2 | 3 | 4 | 5 | 6 | 7 | 8 | 9 |

번호	답란			
1	①	②	③	④
2	①	②	③	④
3	①	②	③	④
4	①	②	③	④
5	①	②	③	④
6	①	②	③	④
7	①	②	③	④
8	①	②	③	④
9	①	②	③	④
10	①	②	③	④
11	①	②	③	④
12	①	②	③	④
13	①	②	③	④
14	①	②	③	④
15	①	②	③	④
16	①	②	③	④
17	①	②	③	④
18	①	②	③	④
19	①	②	③	④
20	①	②	③	④

번호	답란			
21	①	②	③	④
22	①	②	③	④
23	①	②	③	④
24	①	②	③	④
25	①	②	③	④
26	①	②	③	④
27	①	②	③	④
28	①	②	③	④
29	①	②	③	④
30	①	②	③	④
31	①	②	③	④
32	①	②	③	④
33	①	②	③	④
34	①	②	③	④
35	①	②	③	④
36	①	②	③	④
37	①	②	③	④
38	①	②	③	④
39	①	②	③	④
40	①	②	③	④

번호	답란			
41	①	②	③	④
42	①	②	③	④
43	①	②	③	④
44	①	②	③	④
45	①	②	③	④
46	①	②	③	④
47	①	②	③	④
48	①	②	③	④
49	①	②	③	④
50	①	②	③	④

주관식 답안은 정해진 답란을 벗어나거나 답란을 바꿔서 쓸 경우 점수를 받을 수 없습니다.
(Answers written outside the box or in the wrong box will not be graded.)

51	㉠	
	㉡	
52	㉠	
	㉡	

53 아래 빈칸에 200자에서 300자 이내로 작문하십시오 (띄어쓰기 포함).
(Please write your answer below; your answer must be between 200 and 300 letters including spaces.)

53

					50
					100
					150
					200
					250
					300

※ 54번은 뒷면에 작성하십시오. (Please write your answer for question number 54 at the back.)

연습용

한국어능력시험
TOPIK II

1 교시 (쓰기)

| 성 명 (Name) | 한 국 어 (Korean) | |
| | 영 어 (English) | |

수 험 번 호

8

| ⓪ | ① | ② | ③ | ④ | ⑤ | ⑥ | ⑦ | ⑧ | ⑨ |

문제지 유형 (Type)

홀수형 (Odd number type) ◯
짝수형 (Even number type) ◯

| ※ 결 시
확인란 | 결시자의 영어 성명 및
수험번호 기재 후 표기 | ◯ |

※ 위 사항을 지키지 않아 발생하는 응시자에게 있습니다.

| ※ 감독관
확 인 | 본인 및 수험번호 표기가
정확한지 확인 | (인) |

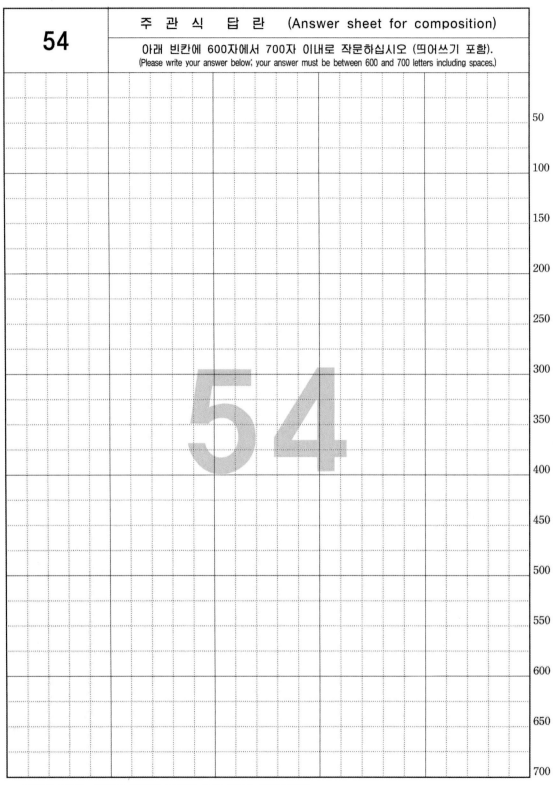

54

주 관 식 답 란 (Answer sheet for composition)

아래 빈칸에 600자에서 700자 이내로 작문하십시오 (띄어쓰기 포함).
(Please write your answer below; your answer must be between 600 and 700 letters including spaces.)

50

100

150

200

250

300

350

400

450

500

550

600

650

700

※ 주어진 답란의 방향을 바꿔서 답안을 쓰면 '0'점 처리됩니다.
(Please do not turn the answer sheet horizontally. No points will be given.)

연습용

한국어능력시험
TOPIK II

2 교시 (읽기)

| 성 명
(Name) | 한 국 어
(Korean) | |
| | 영 어
(English) | |

수 험 번 호

					8						
0	0	0	0	0		0	0	0	0	0	0
1	1	1	1	1		1	1	1	1	1	1
2	2	2	2	2		2	2	2	2	2	2
3	3	3	3	3		3	3	3	3	3	3
4	4	4	4	4		4	4	4	4	4	4
5	5	5	5	5		5	5	5	5	5	5
6	6	6	6	6		6	6	6	6	6	6
7	7	7	7	7		7	7	7	7	7	7
8	8	8	8	8	●	8	8	8	8	8	8
9	9	9	9	9		9	9	9	9	9	9

문제지 유형 (Type)	
홀수형 (Odd number type)	○
짝수형 (Even number type)	○

| ※ 결 시
확인란 | 결시자의 영어 성명 및
수험번호 기재 후 표기 | ○ |

※ 위 사항을 지키지 않아 발생하는 불이익은 응시자에게 있습니다.

| ※ 감독관
확 인 | 본인 및 수험번호 표기가
정확한지 확인 | (인) |

번호	답	란
1	① ② ③ ④
2	① ② ③ ④
3	① ② ③ ④
4	① ② ③ ④
5	① ② ③ ④
6	① ② ③ ④
7	① ② ③ ④
8	① ② ③ ④
9	① ② ③ ④
10	① ② ③ ④
11	① ② ③ ④
12	① ② ③ ④
13	① ② ③ ④
14	① ② ③ ④
15	① ② ③ ④
16	① ② ③ ④
17	① ② ③ ④
18	① ② ③ ④
19	① ② ③ ④
20	① ② ③ ④

번호	답	란
21	① ② ③ ④
22	① ② ③ ④
23	① ② ③ ④
24	① ② ③ ④
25	① ② ③ ④
26	① ② ③ ④
27	① ② ③ ④
28	① ② ③ ④
29	① ② ③ ④
30	① ② ③ ④
31	① ② ③ ④
32	① ② ③ ④
33	① ② ③ ④
34	① ② ③ ④
35	① ② ③ ④
36	① ② ③ ④
37	① ② ③ ④
38	① ② ③ ④
39	① ② ③ ④
40	① ② ③ ④

번호	답	란
41	① ② ③ ④
42	① ② ③ ④
43	① ② ③ ④
44	① ② ③ ④
45	① ② ③ ④
46	① ② ③ ④
47	① ② ③ ④
48	① ② ③ ④
49	① ② ③ ④
50	① ② ③ ④

한국어능력시험
TOPIK II

1 교시 (듣기)

성명 (Name)	한국어 (Korean)	
	영어 (English)	

수험번호											

문제지 유형 (Type)

홀수형 (Odd number type) ○
짝수형 (Even number type) ○

※ 결시 결시자의 영어 성명 및 확인란 수험번호 기재 후 표기

※ 위 사항을 지키지 않아 발생하는 응시자에게 있습니다.

본인 및 수험번호 표기가
정확한지 확인 (인)

※ 감독관 본인 인 확인 정확한지 확인

번호	답 란
1	① ② ③ ④
2	① ② ③ ④
3	① ② ③ ④
4	① ② ③ ④
5	① ② ③ ④
6	① ② ③ ④
7	① ② ③ ④
8	① ② ③ ④
9	① ② ③ ④
10	① ② ③ ④
11	① ② ③ ④
12	① ② ③ ④
13	① ② ③ ④
14	① ② ③ ④
15	① ② ③ ④
16	① ② ③ ④
17	① ② ③ ④
18	① ② ③ ④
19	① ② ③ ④
20	① ② ③ ④

번호	답 란
21	① ② ③ ④
22	① ② ③ ④
23	① ② ③ ④
24	① ② ③ ④
25	① ② ③ ④
26	① ② ③ ④
27	① ② ③ ④
28	① ② ③ ④
29	① ② ③ ④
30	① ② ③ ④
31	① ② ③ ④
32	① ② ③ ④
33	① ② ③ ④
34	① ② ③ ④
35	① ② ③ ④
36	① ② ③ ④
37	① ② ③ ④
38	① ② ③ ④
39	① ② ③ ④
40	① ② ③ ④

번호	답 란
41	① ② ③ ④
42	① ② ③ ④
43	① ② ③ ④
44	① ② ③ ④
45	① ② ③ ④
46	① ② ③ ④
47	① ② ③ ④
48	① ② ③ ④
49	① ② ③ ④
50	① ② ③ ④

한국어능력시험 TOPIK II

1 교시 (쓰기)

성 명 (Name)	한 국 어 (Korean)	
	영 어 (English)	

수 험 번 호

8

(답안 마킹 숫자 0~9 반복)

문제지 유형 (Type)
- 홀수형 (Odd number type) ○
- 짝수형 (Even number type) ○

※ 결시 결시자의 영어 성명 및
  확인란 수험번호 기재 후 표기 ○

※ 위 사항을 지키지 않아 발생하는 응시자에게 있습니다.

※ 감독관 본인 및 수험번호 표기가
  확 인 정확한지 확인   (인)

주관식 답안은 정해진 답란을 벗어나거나 답란을 바꿔서 쓸 경우 점수를 받을 수 없습니다.
(Answers written outside the box or in the wrong box will not be graded.)

51	㉠	
	㉡	
52	㉠	
	㉡	

53 아래 빈칸에 200자에서 300자 이내로 작문하십시오 (띄어쓰기 포함).
(Please write your answer below; your answer must be between 200 and 300 letters including spaces.)

(grid for writing with markers at 50, 100, 150, 200, 250, 300)

※ 54번은 뒷면에 작성하십시오. (Please write your answer for question number 54 at the back.)

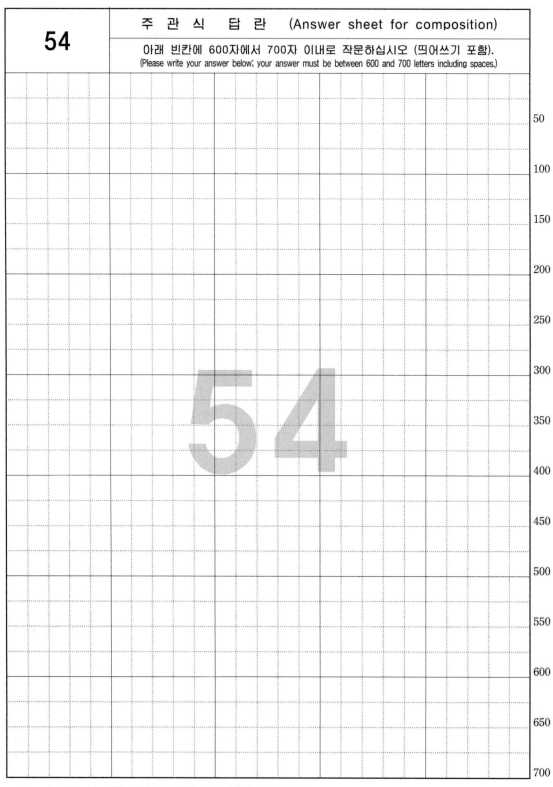

번호	답 란
1	① ② ③ ④
2	① ② ③ ④
3	① ② ③ ④
4	① ② ③ ④
5	① ② ③ ④
6	① ② ③ ④
7	① ② ③ ④
8	① ② ③ ④
9	① ② ③ ④
10	① ② ③ ④
11	① ② ③ ④
12	① ② ③ ④
13	① ② ③ ④
14	① ② ③ ④
15	① ② ③ ④
16	① ② ③ ④
17	① ② ③ ④
18	① ② ③ ④
19	① ② ③ ④
20	① ② ③ ④

번호	답 란
21	① ② ③ ④
22	① ② ③ ④
23	① ② ③ ④
24	① ② ③ ④
25	① ② ③ ④
26	① ② ③ ④
27	① ② ③ ④
28	① ② ③ ④
29	① ② ③ ④
30	① ② ③ ④
31	① ② ③ ④
32	① ② ③ ④
33	① ② ③ ④
34	① ② ③ ④
35	① ② ③ ④
36	① ② ③ ④
37	① ② ③ ④
38	① ② ③ ④
39	① ② ③ ④
40	① ② ③ ④

번호	답 란
41	① ② ③ ④
42	① ② ③ ④
43	① ② ③ ④
44	① ② ③ ④
45	① ② ③ ④
46	① ② ③ ④
47	① ② ③ ④
48	① ② ③ ④
49	① ② ③ ④
50	① ② ③ ④

한국어능력시험
TOPIK II

1 교시 (듣기)

| 성 명 | 한 국 어 (Korean) |
| (Name) | 영 어 (English) |

수험번호

8	⓪	⓪	⓪	⓪	⓪	⓪	⓪	⓪	⓪	⓪	⓪
	①	①	①	①	①	①	①	①	①	①	①
	②	②	②	②	②	②	②	②	②	②	②
	③	③	③	③	③	③	③	③	③	③	③
	④	④	④	④	④	④	④	④	④	④	④
	⑤	⑤	⑤	⑤	⑤	⑤	⑤	⑤	⑤	⑤	⑤
	⑥	⑥	⑥	⑥	⑥	⑥	⑥	⑥	⑥	⑥	⑥
	⑦	⑦	⑦	⑦	⑦	⑦	⑦	⑦	⑦	⑦	⑦
	⑧	⑧	⑧	⑧	⑧	●	⑧	⑧	⑧	⑧	⑧
	⑨	⑨	⑨	⑨	⑨	⑨	⑨	⑨	⑨	⑨	⑨

문제지 유형 (Type)

홀수형 (Odd number type) ○
짝수형 (Even number type) ○

※ 결시자의 영어 성명 및 수험번호 기재 후 표기
결시 확인란 ○

※ 위 사항을 지키지 않아 발생하는 불이익은 응시자에게 있습니다.

감독관 확인 본인 및 수험번호 표기가 정확한지 확인 (인)

번호	답 란			
1	①	②	③	④
2	①	②	③	④
3	①	②	③	④
4	①	②	③	④
5	①	②	③	④
6	①	②	③	④
7	①	②	③	④
8	①	②	③	④
9	①	②	③	④
10	①	②	③	④
11	①	②	③	④
12	①	②	③	④
13	①	②	③	④
14	①	②	③	④
15	①	②	③	④
16	①	②	③	④
17	①	②	③	④
18	①	②	③	④
19	①	②	③	④
20	①	②	③	④

번호	답 란			
21	①	②	③	④
22	①	②	③	④
23	①	②	③	④
24	①	②	③	④
25	①	②	③	④
26	①	②	③	④
27	①	②	③	④
28	①	②	③	④
29	①	②	③	④
30	①	②	③	④
31	①	②	③	④
32	①	②	③	④
33	①	②	③	④
34	①	②	③	④
35	①	②	③	④
36	①	②	③	④
37	①	②	③	④
38	①	②	③	④
39	①	②	③	④
40	①	②	③	④

번호	답 란			
41	①	②	③	④
42	①	②	③	④
43	①	②	③	④
44	①	②	③	④
45	①	②	③	④
46	①	②	③	④
47	①	②	③	④
48	①	②	③	④
49	①	②	③	④
50	①	②	③	④

한국어능력시험 TOPIK II

1 교시 (쓰기)

성 명 (Name)	한 국 어 (Korean)	
	영 어 (English)	

수 험 번 호

8

문제지 유형 (Type)

홀수형 (Odd number type) ○
짝수형 (Even number type) ○

※ 결시 결시자의 영어 성명 및 수험번호 기재 후 표기 ○

※ 위 사항을 지키지 않아 발생하는 불이익은 응시자에게 있습니다.

감독관 본인 및 수험번호 표기 확인 인 정확한지 확인 (인)

주관식 답안은 정해진 답란을 벗어나거나 답란을 바꿔서 쓸 경우 점수를 받을 수 없습니다.
(Answers written outside the box or in the wrong box will not be graded.)

51	㉠	
	㉡	
52	㉠	
	㉡	

53

아래 빈칸에 200자에서 300자 이내로 작문하십시오 (띄어쓰기 포함).
(Please write your answer below; your answer must be between 200 and 300 letters including spaces.)

50
100
150
200
250
300

53

※ 54번은 뒷면에 작성하십시오. (Please write your answer for question number 54 at the back.)

주 관 식 답 란 (Answer sheet for composition)

아래 빈칸에 600자에서 700자 이내로 작문하십시오 (띄어쓰기 포함).
(Please write your answer below; your answer must be between 600 and 700 letters including spaces.)

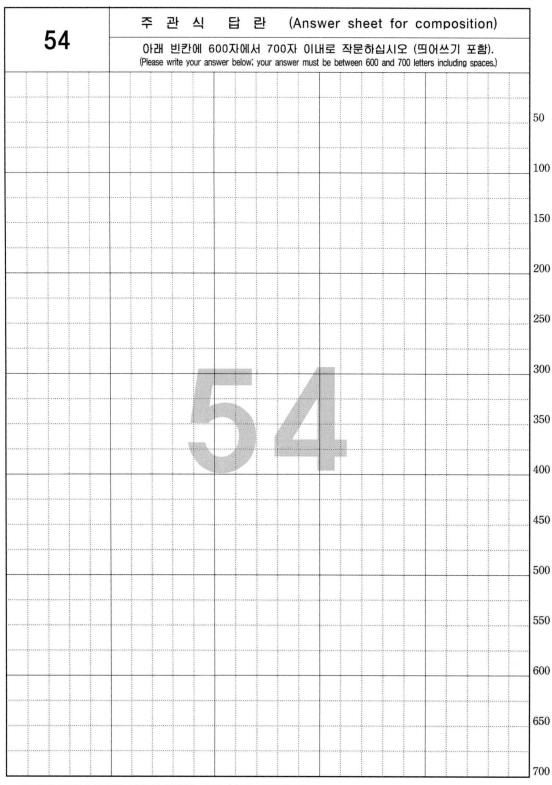

50

100

150

200

250

300

350

400

450

500

550

600

650

700

※ 주어진 답란의 방향을 바꿔서 답안을 쓰면 '0'점 처리됩니다.
(Please do not turn the answer sheet horizontally. No points will be given.)

한국어능력시험
TOPIK II
2 교시 (읽기)

| 성명 (Name) | 한국어 (Korean) | |
| | 영어 (English) | |

	수험번호												
		⓪	⓪	⓪	⓪	⓪		⓪	⓪	⓪	⓪	⓪
		①	①	①	①	①		①	①	①	①	①
		②	②	②	②	②		②	②	②	②	②
		③	③	③	③	③		③	③	③	③	③
	8	④	④	④	④	④		④	④	④	④	④
		⑤	⑤	⑤	⑤	⑤		⑤	⑤	⑤	⑤	⑤
		⑥	⑥	⑥	⑥	⑥		⑥	⑥	⑥	⑥	⑥
		⑦	⑦	⑦	⑦	⑦		⑦	⑦	⑦	⑦	⑦
		⑧	⑧	⑧	⑧	⑧	●	⑧	⑧	⑧	⑧	⑧
		⑨	⑨	⑨	⑨	⑨		⑨	⑨	⑨	⑨	⑨

문제지 유형 (Type)

홀수형 (Odd number type) ○
짝수형 (Even number type) ○

※ 결시자의 영어 성명 및 수험번호 기재 후 표기 ○

결시 확인란

※ 위 사항을 지키지 않아 발생하는 불이익은 응시자에게 있습니다.

본인 및 수험번호 표기가
정확한지 확인 (인)

감독관 확인

번호	답란			
1	①	②	③	④
2	①	②	③	④
3	①	②	③	④
4	①	②	③	④
5	①	②	③	④
6	①	②	③	④
7	①	②	③	④
8	①	②	③	④
9	①	②	③	④
10	①	②	③	④
11	①	②	③	④
12	①	②	③	④
13	①	②	③	④
14	①	②	③	④
15	①	②	③	④
16	①	②	③	④
17	①	②	③	④
18	①	②	③	④
19	①	②	③	④
20	①	②	③	④

번호	답란			
21	①	②	③	④
22	①	②	③	④
23	①	②	③	④
24	①	②	③	④
25	①	②	③	④
26	①	②	③	④
27	①	②	③	④
28	①	②	③	④
29	①	②	③	④
30	①	②	③	④
31	①	②	③	④
32	①	②	③	④
33	①	②	③	④
34	①	②	③	④
35	①	②	③	④
36	①	②	③	④
37	①	②	③	④
38	①	②	③	④
39	①	②	③	④
40	①	②	③	④

번호	답란			
41	①	②	③	④
42	①	②	③	④
43	①	②	③	④
44	①	②	③	④
45	①	②	③	④
46	①	②	③	④
47	①	②	③	④
48	①	②	③	④
49	①	②	③	④
50	①	②	③	④